裸K线操盘技法1

趋势跟踪篇

崔海军　著

地震出版社
Seismological Press

图书在版编目（CIP）数据

裸K线操盘技法．1，趋势跟踪篇／崔海军著．—北京：地震出版社，2018.10

ISBN 978-7-5028-4911-5

Ⅰ.①裸…　Ⅱ.①崔…　Ⅲ.①股票投资—基本知识
Ⅳ.①F830.91

中国版本图书馆CIP数据核字（2018）第141588号

地震版　XM4200

裸K线操盘技法1——趋势跟踪篇

崔海军　著

责任编辑：薛广盈　吴桂洪

责任校对：凌　樱

出版发行：地震出版社

北京市海淀区民族大学南路9号　　邮编：100081

发行部：68423031　68467993　　传真：88421706

门市部：68467991　　传真：68467991

总编室：68462709　68423029　　传真：68455221

证券图书事业部：68426052　68470332

http：//www.dzpress.com.cn

E-mail：zqbj68426052@163.com

经销：全国各地新华书店

印刷：廊坊市华北石油华星印务有限公司

版（印）次：2018年10月第一版　2018年10月第一次印刷

开本：787×1092　1/16

字数：417千字

印张：23.25

书号：ISBN 978-7-5028-4911-5/F（5614）

定价：68.00元

目　录

前　言

1924年，一个叫庇古的经济学家给全世界出了一道题：

假设从城市A到城市B有两条道路，一条路比较好，但较窄；而另一条路凹凸不平，但较宽。走好的一条路需要花5分钟，而走坏的一条路需要花30分钟。在没有管制的情况下，人们会选择走好的一条路。所以，好的那条路就会变得十分拥挤，开车用的时间也会不断地增加，直到用在好路上的时间也是30分钟为止。

那我们应该怎么办呢？

就像我们讲的题目一样，从A城到B城，会有很多路。股市投资也是同样的道理，趋势理论中的“顺势而为”就是类似题目当中的那一条比较好的路，可如何才能达到顺势？这却是一直困扰投资者的问题，因为许多投资者由于相信顺势而为的操作等待股票出现多头趋势后介入，却更多的是买在了顶部，从而也让许多投资者对顺势而为的操作产生了疑惑。

那我们为什么不能从个股与大盘走势的不一致中，去分析并探究出一点儿东西呢？

“只有退潮了，才知道谁在裸泳。”这是巴菲特对股票投资者所讲的话。意思是，在股票没有大跌的时候，你是看不出来这只股票到底是不是好股票，只有大跌的时候才知道哪只股票好。股市就像海水一样，肯定有涨潮与落潮。

因此，本书的宗旨是通过裸K线分析，通过市场的非同步性扑捉交易机会，及时在股票趋势出现向上拐点的时候立刻介入，在股票趋势出现向下拐点的时候抛出。

回顾自己多年的炒股经历，其中的跌宕起伏，历历在目，带来的不仅是收入上的稳定盈利，更重要的还是性格上的塑造。在近10年的炒股生涯中，有幸得到很多人的帮助，在我一次次跌倒的过程中扶我一把，感谢在前行的路上给我帮助的每个人，实在无以回报，愿意把我的这套“裸K线操盘技法”奉献给大家，也算是抛砖引玉吧，同时希望可以得到大家的建议和指正。

中国股市是伴随着中国特有的国情逐步发展和壮大起来的，创立至今，从无变有，由小变大，走过23年的发展历程，它依然是个新兴的市场。回顾2015年的表现，从上半年牛市冲天的狂热，到7月份一泻千里的煎熬，动辄上百点的上蹿下跳更是家常便饭。频繁的大起大落，远高于成熟市场的震荡幅度，这些都暴露出A股市场的非理性及不成熟的一面。

股市是一个复杂的利益博弈系统，影响因素之多，参与成员之广，堪称宏大。宏观经济走向，财政金融政策，企业经营业绩，各类突发因素甚至投资者的心理因素，都会对股市产生巨大的影响，这些因素的影响都会在上市公司、证券公司、基金公司、私募基金、机构投资者、散户等各个利益主体基于自身利益的行动中被放大或缩小。

股票市场自1620年出现以来，人们都在不断探索着它的运行规律，并诞生了两种最主要的分析流派，基本面分析与技术分析。

以判断金融市场未来走势为目标，对经济和政策数据进行透彻分析，称为基本面分析。它是以证券的内在价值为依据，着重于对影响证券价格及其走势的各项因素进行分析，以此决定投资购买何种证券及何时购买。基本面分析主要适用于周期相对比较长的证券价格预测、相对成熟的证券市场以及预测精确度要求不高的领域。但在中国这个只有20多年的新兴市场中，在这个非理性及不成熟的市场中，在这个投机泛滥的市场中，单纯的依赖基本面分析是有失偏颇的。

技术分析是指以市场行为为研究对象，以判断市场趋势并跟随趋势的周期性变化来进行股票及一切金融衍生品交易决策的方法的总和。其主要依据是市场行为包容一切信息。由于技术分析对于投资者的知识结构没有过于严格的要求，因此远远比基本面分析应用得广。但是考虑对象的范围相对较窄，对长期的市场趋势难以进行有效的判断，因此更适用于短期的行情预测。

技术分析主要分为道氏理论、江恩理论、波浪理论、庄家的博弈理论等，在实战操作中还有心理分析流派、学术体系流派等，这些不同的流派是并行不悖的，可互相补充和校正。投资者可综合利用，多方验证，建立适合于自己的操作系统。

裸K线操盘技法的建立，是笔者长期实战操盘经验与理论研究的总结，同时也是对各种技术流派的凝练与提纯。其核心依据是市场的主动性，任何与大盘指数非同步的走势必然存在着主力行为。我们不必过度分析这里的“主力”是私募基金、游资或涨停板敢死队等，因为这些对于我们个人投资者是没有太大意义的。

(1) 裸K线操盘技法的前提是裸K线，以及对其走势的量化。因为任何指标（包括均线等）的添加都会影响我们对于走势的判断，所以我们通过对股价不同阶段（趋势阶段、整理阶段、反转阶段）及关键点位的量化来判断趋势的延续或反转、加强或消弱。

(2) 裸K线操盘技法是在K线图及分时走势图上进行不同的分析，为自己的股票交易奠定坚实的基础。

(3) 任何K线走势图及分时走势图都有其相对性和片面性，由于趋势的延续性及人类视觉的局限性，往往会对股价高低、振幅大小、成交量等产生误区，厘清头绪，分辨是非，才能更好地把裸K线操盘技法应用到实战中。

(4) 裸K线操盘技法让我们系统地分析在大盘指数的不同阶段，个股发生逆势行为所产生的原因，同时通过对逆势周期、行为、力度的分析，通过详细而准确的数据去判断趋势的强弱，从而准确地把握买卖点。

(5) 通过对裸 K 线的分析，了解逆势行为是异动发生的根本原因，异动是逆势行为产生的结果，从逆势的角度去分析 K 线及分时异动的产生，才是致胜之道。

(6) 在沪深所有的个股中，绝大多数的走势是和大盘同步的，我们会简单地介绍一下同步性个股机会的把握。

(7) 最后我们通过大量的篇章放在对操作案例的解析上，通过对中长线及短线操作的案例，希望可以对不同操作手法的投资者带来实际的帮助。

实践是检验真理的唯一标准。裸 K 线操盘技法不仅提供了理论上的支撑，而且提供了数据上的论证，为我们对于趋势的研究及买卖点的选择提供了有力的论据。

在这里我们只是简单地论述了一下裸 K 线操盘技法的内容，本书将在正文部分系统全面地讲解其核心内容，适合于各种层次的投资者丰富并提升自己的技术分析能力，同时所列的经典技术分析图和通俗易懂的讲解，也能帮助新入市的投资者掌握股市的基本规律，提高股市交易的成功率和收益率。

本书抱着一切为了读者，一切为了投资者回报最大化，一切为了提高读者投资技能不断提升的原则，作者将和微时代工作室全体成员为读者提供完备的售后服务、互动交流及一对一的指导，为了更好地服务广大读者，以及广大投资爱好者，特设立网络交流平台，投资者及热心读者都可以发送电子邮件到 cuihaijun711@163. com，提出自己的建议，发表自己的心得，倾诉自己在投资方面所面临的困难及问题。

尽管作者竭尽全力减少本书的错误，但百密一疏，书中难免有疏漏之处，敬请广大读者批评指正，并提出宝贵意见。

股市有风险，投资需谨慎。要想成为市场的弄潮儿，还需要多多学习，希望本书能给读者带来些许启发。

第一章　裸 K 线的基本含义与意义

当我们打开电脑进到行情分析界面，首先映入眼帘的是 K 线走势图。无论是散户投资者还是机构投资者，都是通过这些图来分析市场中多空力量的对比，来预测判断未来趋势，来捕捉市场买卖点的绝佳时机。自从日本的本间宗久创立 K 线以来，K 线理论逐渐成为市场中最为流行的图表分析方法。

大部分投资者在分析时，总是借助于均线、指标等辅助工具，往往忽略了其重要的 K 线与成交量。随着市场中投资者经验的积累和水平的提高，裸 K 线的研究逐渐会受到重视，笔者相信回归原始的裸 K 线研究将会成为市场分析的主流。

一、裸 K 线的基本含义

裸 K 线，顾名思义是指软件界面上，没有任何技术指标的 K 线图。在 K 线走势图上，上方是由每根蜡烛组成的 K 线图，下方是相对应的成交量。任何技术指标都是以价格、成交量为标的，都是两者相互复合叠加构成的，抛开一切，追求最本源的，才能看到事物的本质。如图 1-1 所示。

注解： 在本书中如无特殊说明，所选用指标、公式及图片等皆来自于同花顺分析软件。

二、裸 K 线的优点及缺点

K 线本身是某个周期的最低价、最高价、开盘价和收盘价的总和，其他所有指标都是以这四个参数为基础的，当然有的也添加了成交量的因素。只看 K 线避

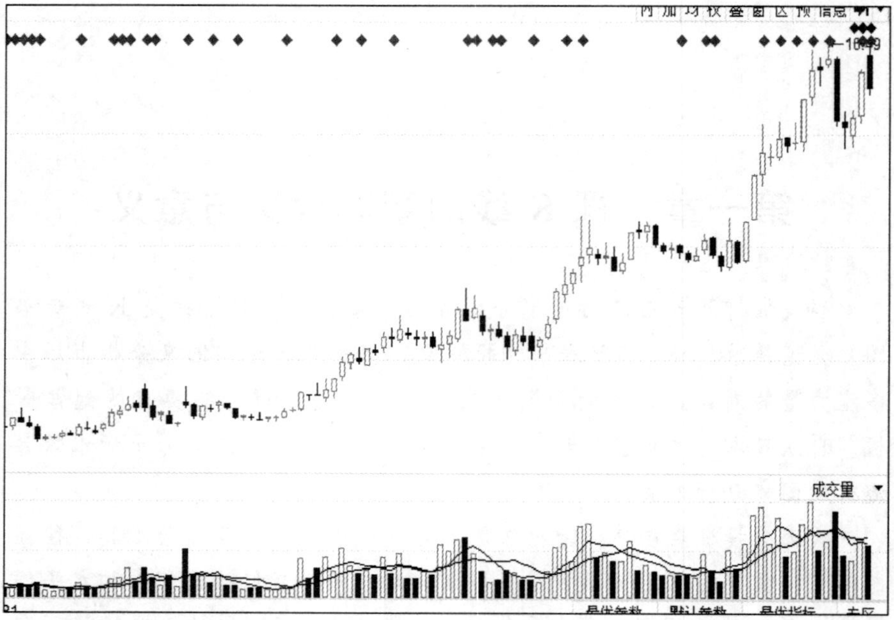

图 1-1　裸 K 线走势图

免了其他指标的干扰，还原了 K 线的本质，但是必须对 K 线及 K 线组合及分时形态等有深刻的理解，才能有效判断趋势的延续或反转。

三、裸 K 线之价量时空

由于在裸 K 线的分析界面上，没有其他指标，我们只能通过 K 线及 K 线组合去分析趋势的延续或反转。那么作为技术分析四大要素的价格、量能、时间、空间，我们应该怎么去分析呢？

1. 价格

作为市场中最重要的核心因素，市场中所有参与者中最核心的要素，价格的高低本身没有什么意义，关注价格因素时需要考虑多方面的因素。

（1）其价格本身在所有股票价格所处的位置；

（2）在整个行业内价格所处的位置；

（3）在市场走势中所处的位置，是底部、中部还是高位；

（4）在历史走势中所处的位置。

爱因斯坦在《相对论》中提出了四维空间的概念，根据爱因斯坦的概念，我们的宇宙是由时间和空间构成。如果个股是宇宙，那么价格就是时间，空间即为历史走势，空间构成也就是个股在所有股票中的价格位置、行业内价格位置及市场走势中的位置。

2. 量能

作为价格分析中最重要的辅助分析工具，其在市场短期波动中尤为重要。量价分析在技术分析中占有重要的地位，在裸K线分析中同样如此。量能在K线走势图及分时走势图中分别以换手率及量比的形式存在。

（1）相对于市场的气氛及个股的活跃性；

（2）相对于历史走势；

（3）相对于同行业、同热点、同概念等板块及其个股。

股票价格的决定因素从根本上来说，还是供求关系，供不应求则股价上涨，供大于求则股价下跌，量能作为其直接表现形式，为市场走势提供源源不断的动力。换手率及量比的存在作为K线分析及分时分析重要的参照因素而存在。

注解： 成交量：反映成交的数量多少，一般可用成交股数和成交金额两项指标来衡量。

换手率：某股票成交的股数与其上市流通股总数之比，它说明该股票交易活跃程度。

量比：衡量相对成交量的指标，它是开市后每分钟的平均成交量与过去5个交易日每分钟平均成交量之比。

3. 时间

作为买入或卖出的时间，在技术分析中也是非常重要的，关乎我们的盈亏情况，持股时间的长短也构成了不同的操盘手法。

（1）市场趋势的开启及逆转；

（2）市场中短暂休整的开始及结束；

（3）趋势发展的规模。

买卖时机的选择决定了持仓的风险和利润的来源，一切的理论实际就是为买卖的那一刻，时机的选择不能单凭一时冲动，要综合考虑。无论中长线，还是短线的投资者需要观察若干周期的行情动态，这样才有好的开始，好的开始即是成功的一半。

4. 空间

空间是指股价可能上涨或者下跌的空间，其大小直接决定了我们盈亏的幅度，决定了我们的资金使用效率。

（1）历史的高低点，黄金分割点等；

（2）形态理论的分析；

（3）成交量的堆积位置。

如图1－2所示，股价的位置决定空间，主力的行为及大盘氛围决定了空间的大小，空间的大小决定了我们盈利或亏损的最大承受额，同时也在很大程度上决定我们风险的大小。综合分析其上升或下跌的压力位支撑位，寻求趋势中的相对最大空间，使自己处于进可攻，退可守的地方。

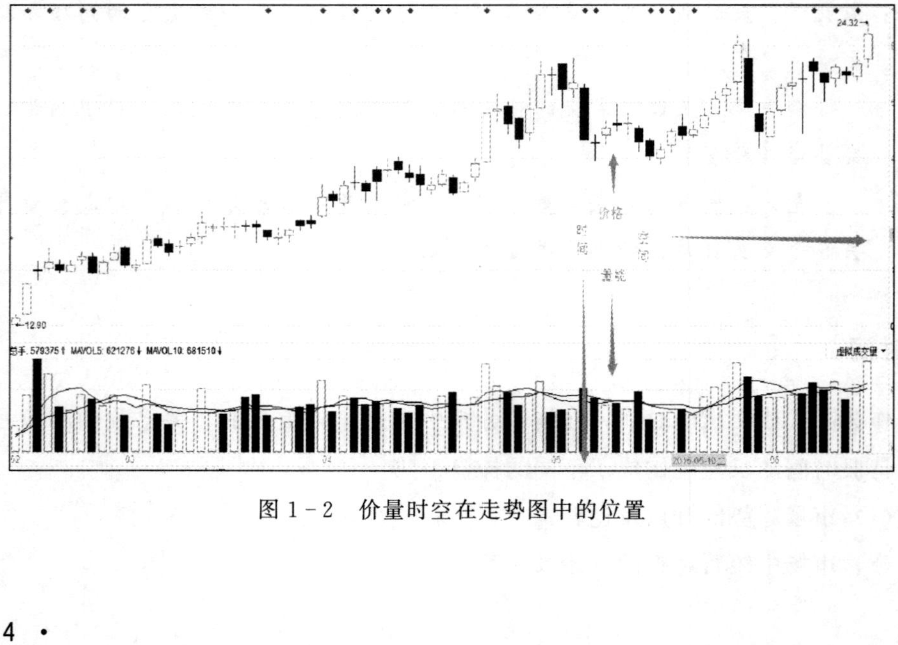

图1－2　价量时空在走势图中的位置

第二章　K 线及分时图上的趋势量化

既然我们在软件界面去掉了所有指标，只剩下裸 K 线，那我们应该如何分析趋势的延续及反转、加强及消弱呢？可能会有人说，技术分析，盘感呀！但是任何技术分析或盘感都必须有切实可靠的依据，必须让人信服的证据，那么本章我们将回答这个问题，探讨一下 K 线及分时图上的趋势量化。

一、K 线上的趋势量化

K 线趋势的研究我们要针对其重心、方向、整理期间的量化延续或反转的量化以及关键点位的表现量化。任何趋势的演变都是在重心的作用下完成的，因此便产生了向上、向下及水平的方向。其水平方向的研究便是预测未来是延续还是反转的可能性，关键点位的表现量化帮助我们从另一个角度去分析市场的趋势走向。

1. 趋势重心

市场中重心是价格与量能的结合，是两者因素的叠加，而非简单的几何图形的中心。缩量的上涨，趋势重心可能未能赶上价格的脚步，这是一种稳定良好的状态，可以安心持有，可等市场重心转移到头部时再平仓出局也不迟。连续放量的拉升，每天高达 10％的换手率，重心也在不断地上移，风险也在不断地增加。任何买卖点的出现，并非是市场的中心发生转移，而是趋势重心发生了偏移。

（1）图 2－1 为市场趋势的轮回转换，那么重心在其中起到什么样的作用呢？

①趋势是市场发展的方向，方向主要有上升方向、下降方向及水平方向，趋势的发展伴随着重心的转移。

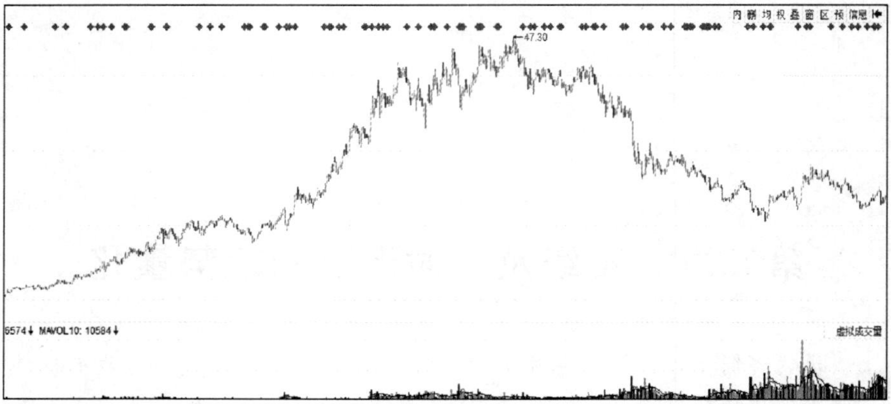

图 2-1 趋势在市场中的轮回

②任何市场发展方向与重心相同的趋势，即为主要趋势；趋势中方向和重心是对主要趋势的短暂休整，而非改变其方向及重心，我们称之为次要趋势；任何趋势重心不变，方向发生偏移时的现象，称之为短暂趋势。

（2）任何理论必须结合实践，我们不是探讨高深理论的研究性课题，我们关注的是应用，在股票市场的运行过程中，那对于我们的操作有什么用处呢？

①任何底部的形成，都是成交量不断堆积的过程，有的可能时间长，有的可能时间短，不管底部价格的波动是否剧烈，重心和中心的重合是明确无误的。

②市场初期的量升价涨是一种良性的配合，趋势的发展是不断向前的，短暂回调可能会使价格稍微停滞，但重心的持续向上让我们放心持有。

③随着趋势的不断发展，回调的幅度和时间在不断的加强，但这只是趋势发展的次要趋势，并没有改变市场的方向，重心的转移永远是滞后的，但这确是最安全的状态。

④随着价格高位的震荡，或者回调后次高位的整理，使重心与中心再次重合，风险的急剧增加，让我们开始远离这个市场。

⑤市场永远是涨得慢，跌得快，趋势行情的逆转，重心开始急剧下移，开始领先于趋势发展的方向，领先于趋势的中心，在重心的不断作用下，下跌的速度开始加快。

⑥下跌趋势中短暂整理依然难以抵挡重心的下移，价格的短暂的回升只不过是暴跌前的回光返照。

⑦随着市场下行趋势的放缓，背离的不断产生，重心下行的趋势开始趋缓，

并且再次和市场的中心重合，沉寂的市场开始躁动不安，下一轮的趋势可能在慢慢的酝酿中。

2. 趋势方向的量化

趋势方向的量化永远是市场中最核心的要素，何为强，何为弱，本书将从看图说话的角度去分析，长短、角度及量能配合是趋势方向量化的三个要素。

（1）最直观的因素：长度。

单从K线上来看，主升浪或者主跌浪的长短是最直观的因素。浪形越长，力度越强，投机性越强；浪形越短，力度越弱，投机性越弱。当然，力度强可能是主力实力强悍，也可能是主力竭尽全力的最后一击；力度弱可能是主力实力虚弱，也可能是主力稳定有规律。

如图2-2至图2-4所示，三个不同的个股在相同时间内，浪形长度不同的K线走势图，主力实力的强弱一目了然。

注解： 投机性是指主力在市场中利用资金的优势短时间内操纵股价的波动，短时间内给人视觉上强有力的冲击，以达到吸引市场注意的效果，但是稳定性稍差。力度，有多层意思，原意指曲谱或音乐表演中音响的强度，现指力量的强度。

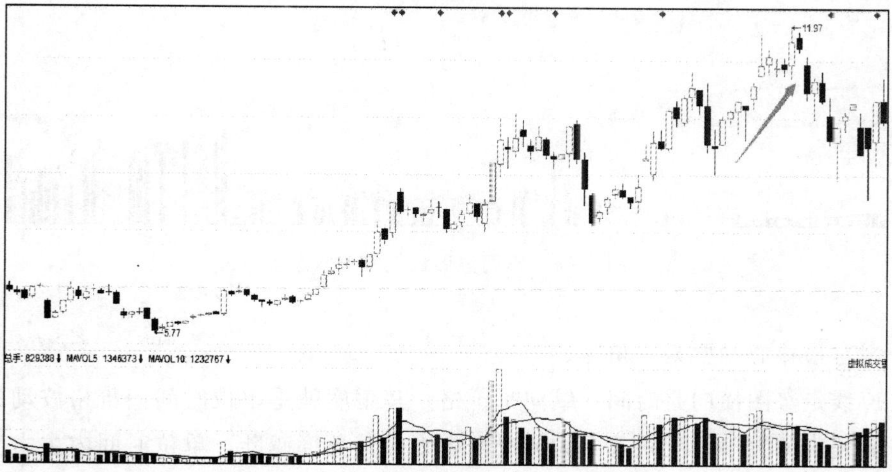

图2-2　不同浪形长度的个股走势

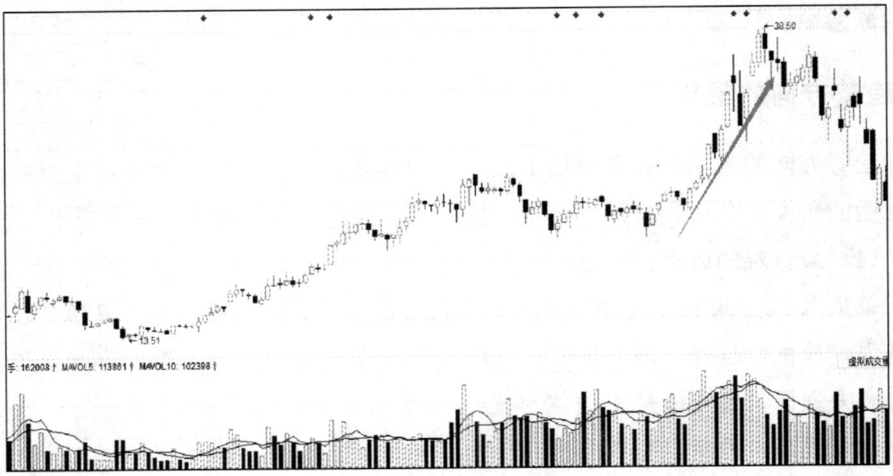

图 2-3　不同浪形长度的个股走势

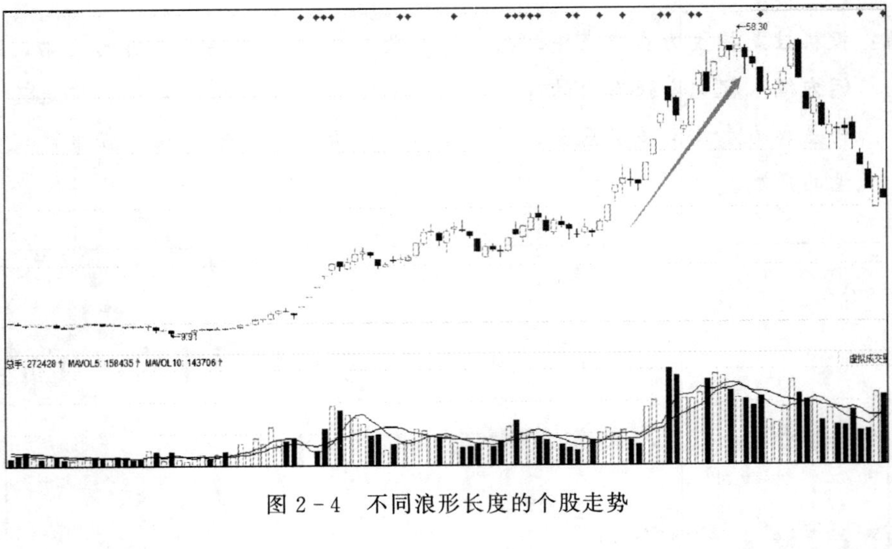

图 2-4　不同浪形长度的个股走势

(2) 最核心的要素：角度。

K 线走势图横向是时间，纵向是价格，其角度就是单位时间内价格波动的大小。其角度的大小，反映着主力的资金实力，其角度越陡，单位时间内主力实力越强；角度越小，单位时间内主力实力越弱。对于一只股票走势来说，正常的上涨角度是 45°，也就是走势一般的角度。大于 45°的上涨，则相对强势，小于 45°，则相对弱势。最强势的股票是连续涨停，最弱势的股票是连续跌停。那这里为什么加上单位时间内呢？主要是主力对于市场操作的态度，实力强可能是在逞强，逞一时之勇；实力弱可能是在示弱，修身养性。

如图 2-5 所示，我们可以看到，角度越来越陡，趋势越来越强，最后角度开始变小，趋势开始有放缓的趋向了。

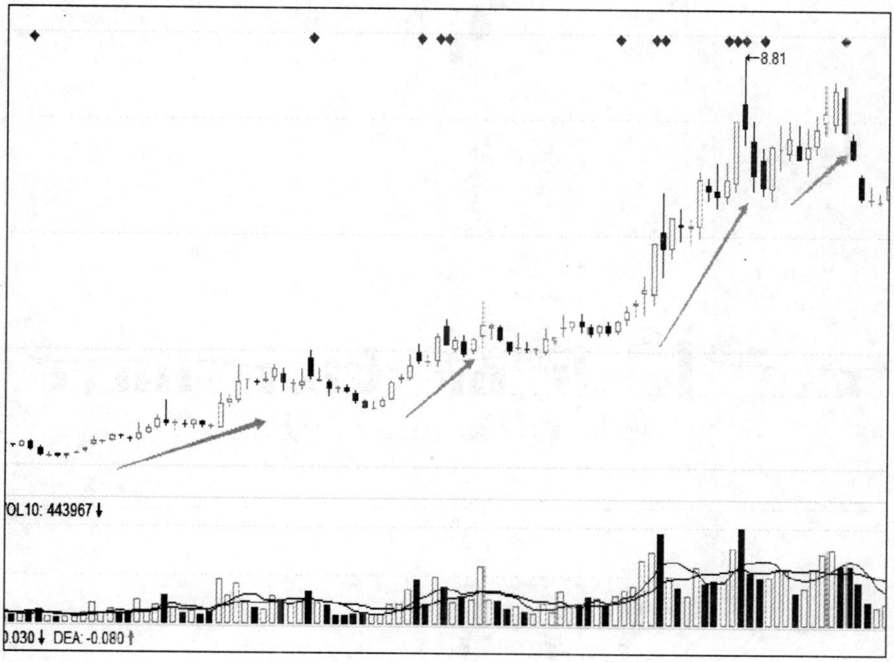

图 2-5　上升趋势中个股角度的变化

(3) 最广为人知的要素：量能配合。

即使是股票市场的初学者，言必称量增价涨，量跌价缩，等等。量能配合是市场中应用最广泛的要素，也是最有效的因素之一，我们在这里用图 2-6 和图 2-7 做个简单的介绍。

最好的趋势自然是浪形最长，角度最陡，量价配合；其次是浪形长度一般，角度一般，量价配合，最弱的波形短，角度最小甚至为零，量价不配合，可能趋势不久就要逆转了。

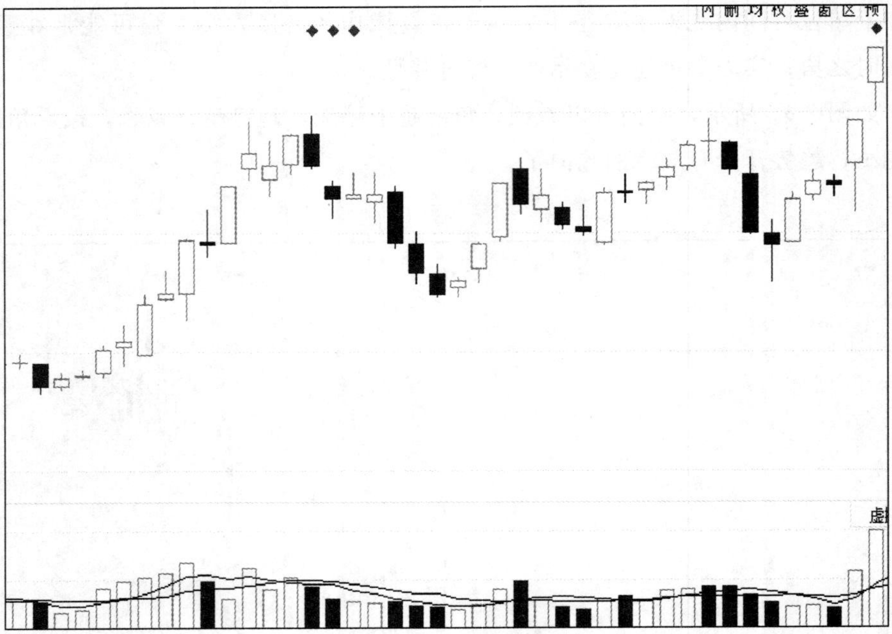

图 2-6　量增价涨，量跌价缩，趋势完美

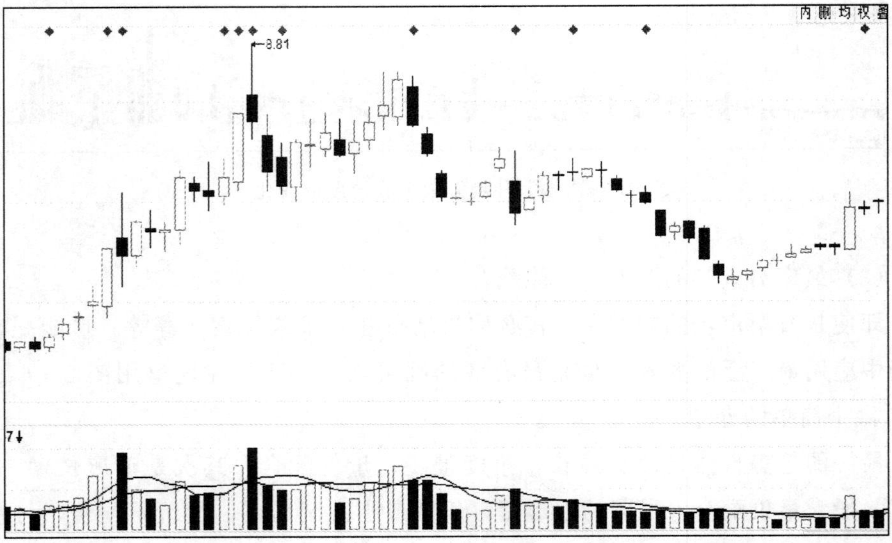

图 2-7　下跌期间，阴线放量，阳线缩量，止损为要

3. 整理期间的量化

任何上涨都伴随着回调，任何下跌都伴随着反弹，无论是回调还是反弹，它们都是在不改变原有趋势的情况下进行的整理。强势整理，可能带来更强的下一浪，弱势整理，可能带来趋势的逆转。

俗话说，上涨看回调，下跌看反弹。随着技术分析的普及，越来越多的投资者开始在上升浪中的回调买入，在下跌浪的反弹中卖出。于是，主力也越来越配合投资者的心理，开始人为的制造回调，以引诱投资者获利卖出，以便吸纳筹码。在下跌过程中，人为的制造反弹，以引诱前期套牢者补仓或者抄底盘介入，以便出货。回调期间的分析显得至关重要，是趋势的延续还是趋势的结束，是掉入市场的陷阱，还是绝佳的入场点，我们需要谨慎仔细地分析，以洞察市场的玄机。

整理的时间、幅度、角度、量能及整理时机的把握，构成了整理期间分析的五要素。整理的时间、幅度及角度共同构成了整理力度的分析。量能分析则主要关乎于整理期间的时间长短，整理时机的选择反映着主力对于趋势的把握。下面我们来逐条分析：

（1）整理时间、幅度及角度。

三者分别代表了市场整理期间所用的时间、整理的幅度和角度。由于K线及分时走势图横坐标是时间，纵坐标是价格，所以整理时间与幅度也就决定了浪形整理的角度。

如图2-8所示，形象地展现出三者之间的关系，最强势的整理是整理幅度小，时间短；或者整理幅度大，时间短；或者整理幅度小，时间长；最弱势的整理是整理时间长，幅度大，角度大。

图中虽然整理时间长，但是整理幅度很小，后市仍然值得期待。

（2）整理时量能。

回调期间量能过大，获利盘回吐及套牢盘的止损导致上行压力过大，需要时间和空间来消化，量能萎缩至极致，出现放量阳线拉升时可介入。但萎缩到什么程度，从价格角度来看，一般回调到上一浪的高点或黄金分割点或成交量密集区等。从量能的角度考虑，一般萎缩到上一浪起涨时第一根拉升阳线量能的1/2～1/3。

如图2-9所示，价格：回调到38.2%；

量能：萎缩至上一浪起涨阳线的34.2%；

回调形态：三重底；

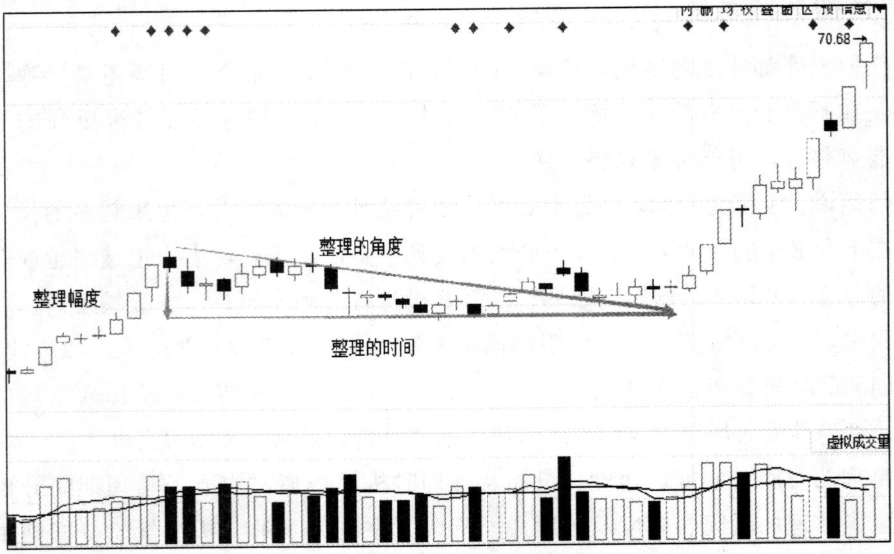

图 2-8　整理期间的时间、幅度及角度

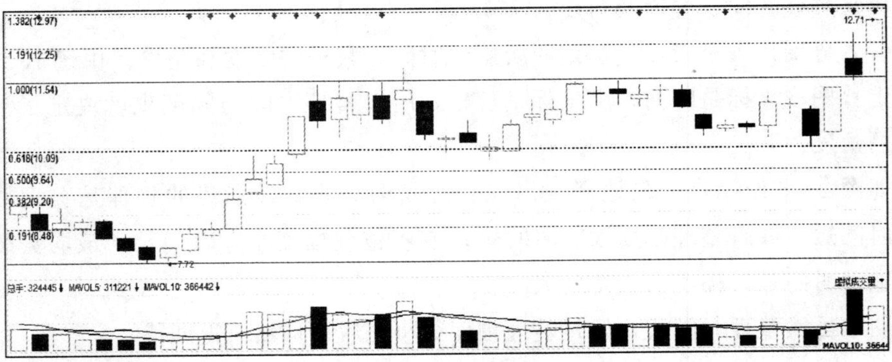

图 2-9　回调期间的量能量化

买点：第三底右侧放量阳线时买入。

反弹之所以成为反弹，在于它不会破坏市场的下行趋势，阶段性量能的放大代表着市场中抄底盘的介入及前期套牢盘的补仓，其反弹的高度一般为顶部箱体的下沿或下行趋势线或黄金分割点等。从量能的角度看，当出现滞涨行情时，即为反弹的结束，如图 2-10 所示。

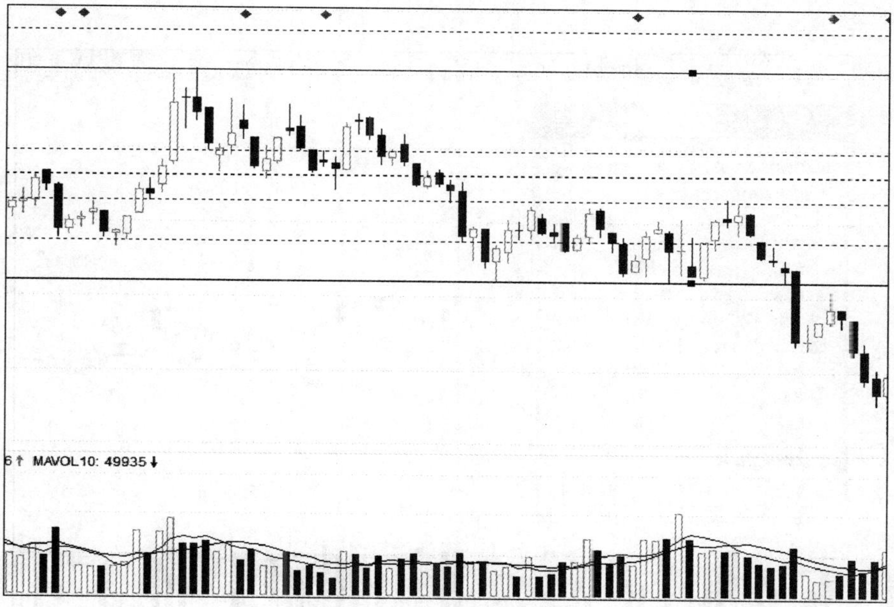

图 2-10　反弹期间的量能量化

价格：反弹至 50%；

量能：出现量价背离时即为结束；

反弹形态：箱体；

卖点：跌破箱体下沿时。

（3）整理时机的把握。

上升趋势的回调及下降趋势的反弹，在其时间上的选择，应选在大盘指数回调或反抽的时候，可以有效利用当时的市场气氛达到自己的目的。但是也有不少主力利用市场逆势的效应来人为的制造市场的恐慌或者躁动，从而短时间造成人心的浮动。在大盘上涨过程中，利用大幅度的杀跌或者横盘，来消磨市场的耐心而收集筹码。在大盘下行趋势中，利用在市场弱势中连续阳线以达到鹤立鸡群的效果，来引诱投资者做出冲动买入的决定。

大盘指数上涨 8.58%，而该股却逆势下跌了 16.93%，相信不少投资者都已经平仓去买强势股了，后面的涨幅也就与我们无缘了，如图 2-11 所示。

如图 2-12 所示，该股利用当时市场的三连阴杀跌制造恐慌整理，大盘 3 天下跌 8.22%，个股杀跌 14.46%，利用当时的市场气氛，可以起到事倍功半的效果。

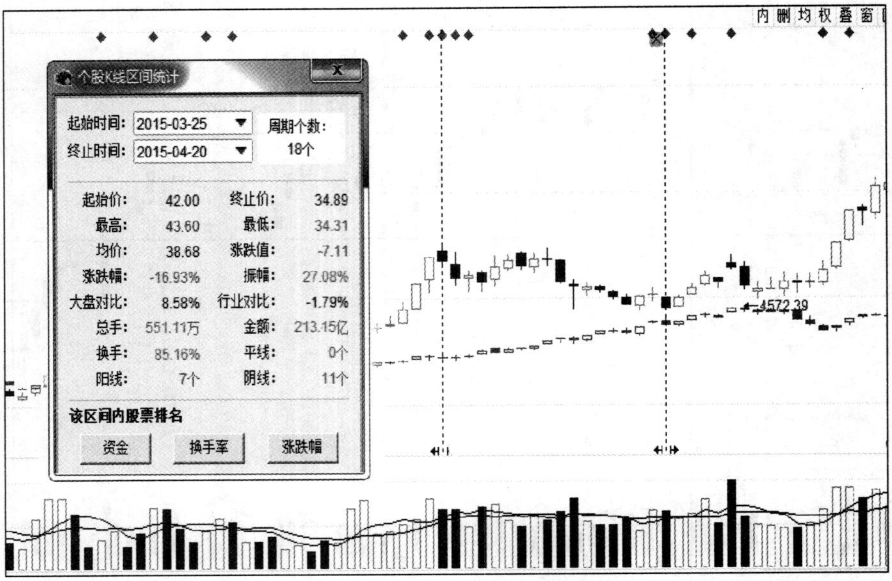

图 2-11 逆势回调整理

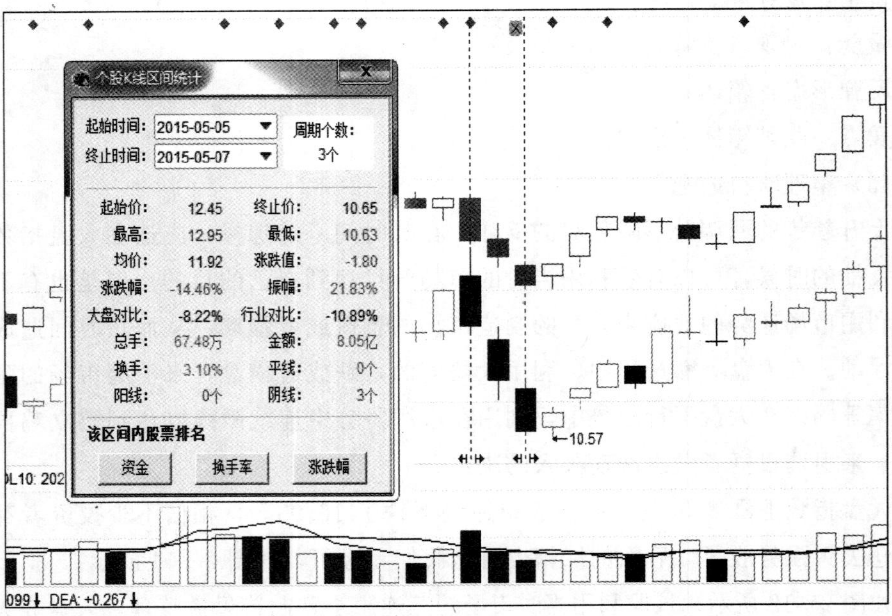

图 2-12 个股借势回调整理

整理期间的分析，是趋势分析中的重要组成部分，关系着趋势延续的上行压力，也关系着趋势是否有发生逆转的可能。同时，整理期间是主力最薄弱的地带，上涨的必须性及回调洗盘的必要性，决定了我们可以利用主力的弱点在回调结束之际买入，搭上主力拉升的快车。下跌过程中的反弹阶段，主力利用反弹继续出货，同时也是投资者最后的逃命时机，如果分析不当，误入了主力的陷阱，可能需要忍受长时间的套牢之苦。

4. 延续或反转的量化

整理结束后，在回调未转为下跌的情况下，在反弹未转变为反转的情况时下一浪随之展开，那么我们怎么量化上涨趋势是加强还是削弱，下跌趋势是猛烈了还是更缓和了呢？还是从我们上面讲述的三个角度去分析：长度、角度、量能配合。

（1）长度分析。

浪形的长度越长，趋势延续性越好，下一浪的长度长于上一浪，趋势必然得到了延续。

如图 2－13 所示，该股经过回调整理后，浪形的长度减小了，趋势的延续性变弱了，我们要随时关注，激进型投资者可逢高卖出，稳健型投资者可等 3 日不创新高时卖出。

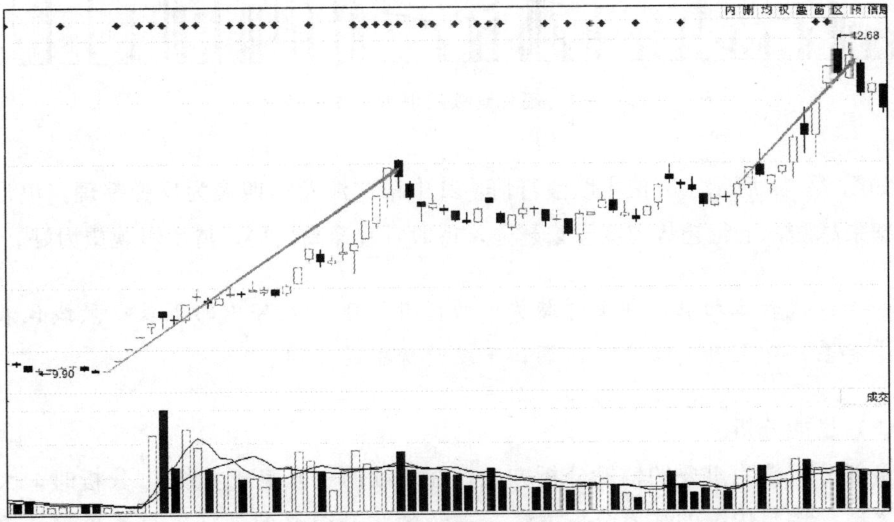

图 2－13　趋势延续后浪形长度的改变

(2) 角度分析。

浪形长度的延长，代表着趋势的延续性良好，而浪形的角度，则代表着市场趋势的力度，角度越来越陡，趋势越来越强，角度越来越小，力度自然越来越弱。

图如2-14所示，该股五浪上升，经过第二浪及第四浪的回调整理，浪形的角度越来越陡，趋势力度越来越强，投资者可以在第二浪或第四浪回调结束后买入。

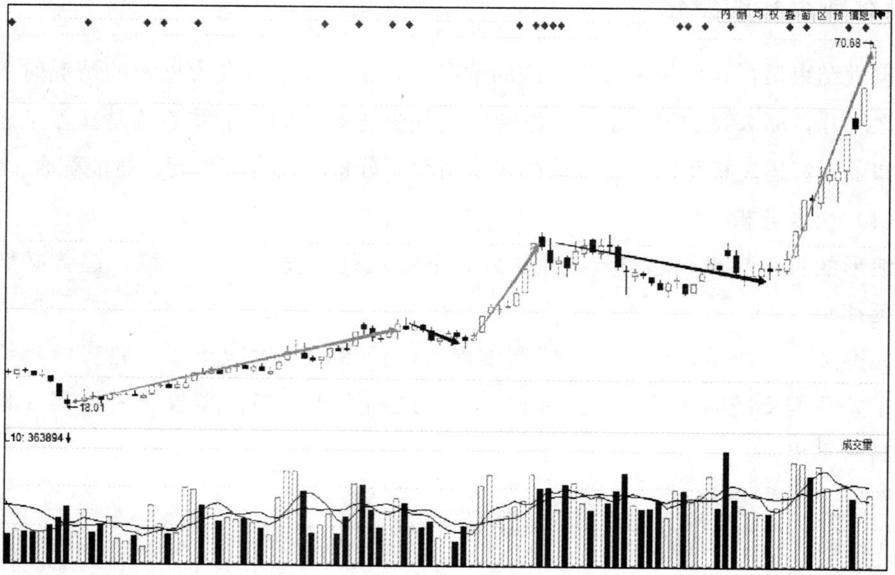

图 2-14 趋势延续后浪形角度的改变

如图2-15所示，五浪主跌浪行情，其中第二浪及第四浪为反弹整理，浪形的角度越来越陡，下行趋势力度越来越强，持股者宜逢高出局，持币者观望为好。

注解： 灰线代表推动浪，即上升趋势中的拉升，下跌趋势中的下跌；黑线代表调整浪，即上升趋势中的回调，下跌趋势中的反弹。

(3) 量能分析。

量能分析作为重要的辅助分析方法，在连续的主升浪或主跌浪 分析时，大有用武之地。按照传统的技术分析方法，连续的主升浪必然伴随着量增价涨，连续的主跌浪必然伴随着价增量跌，否则的话，其上升或下降趋势的延续可能会得到

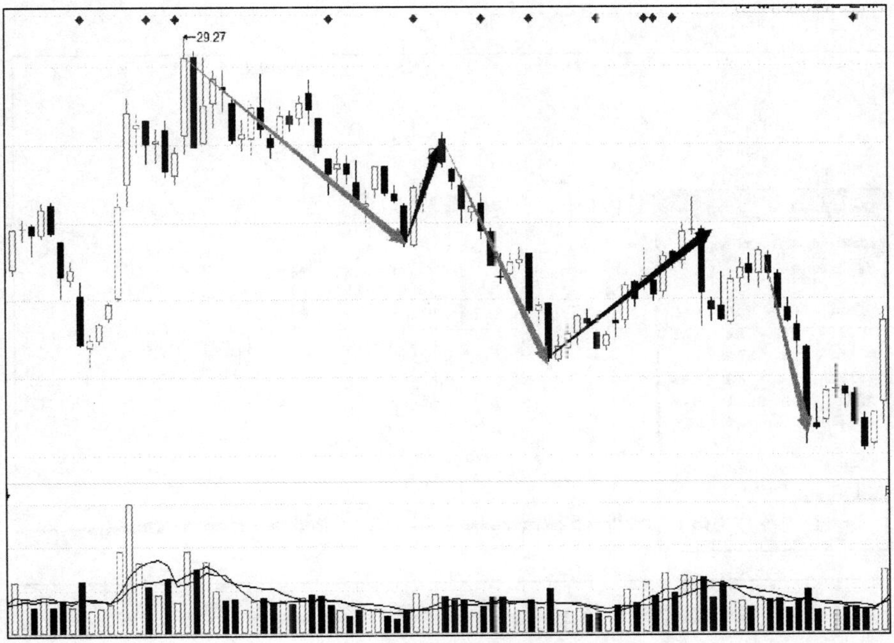

图 2-15　趋势延续后浪形角度的改变

缓和甚至逆转。

如图 2-16 至图 2-18 所示，分别为下跌浪中的三个主跌浪，我们来对比一下：

第一浪：涨跌幅-34.00%，周期个数 83 个，平均跌幅-0.4%；

第二浪：涨跌幅-29.04%，周期个数 66 个，平均跌幅-0.44%；

第三浪：涨跌幅-22.67%，周期个数 21 个，平均跌幅-1.0%。

总体上，从平均跌幅来看，三个下跌趋势的主跌浪跌幅是在不断地扩大，下跌力度不断地加强，其下降趋势得到很好的延续。

也存在这么一种可能，上升或下降趋势经过洗盘的整理，再次试图延续原来的趋势，但已经力不从心了，趋势开始朝着相反的方向发展。那么它们具体有什么逆转的信号呢？我们还是试着从几个不同的角度去分析：

①上涨回调结束后，拉升不过前期高点，如图 2-19 所示；下跌反弹结束后，续跌不跌破前期低点，如图 2-20 所示。

②上升趋势创出新高，但回调跌破了前底，如图 2-21 所示；下跌趋势跌破

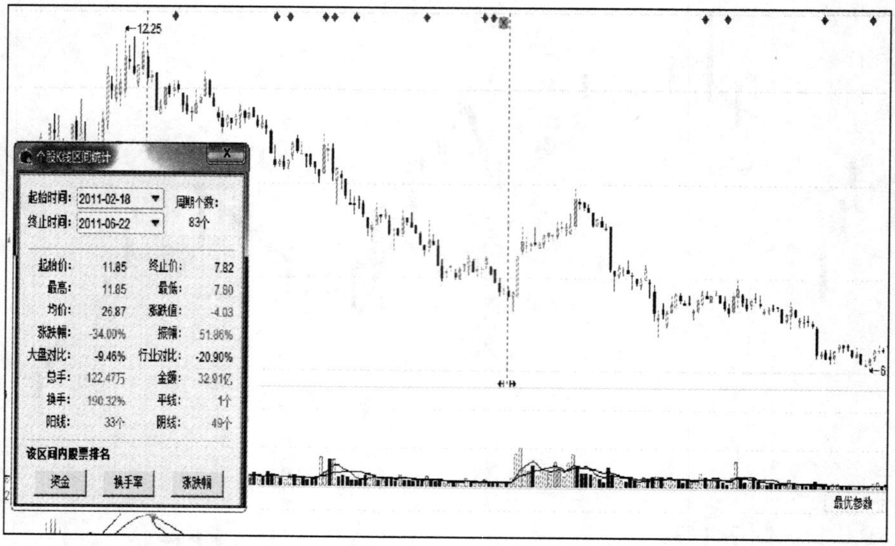

图 2－16　下跌趋势中主跌浪的区间统计

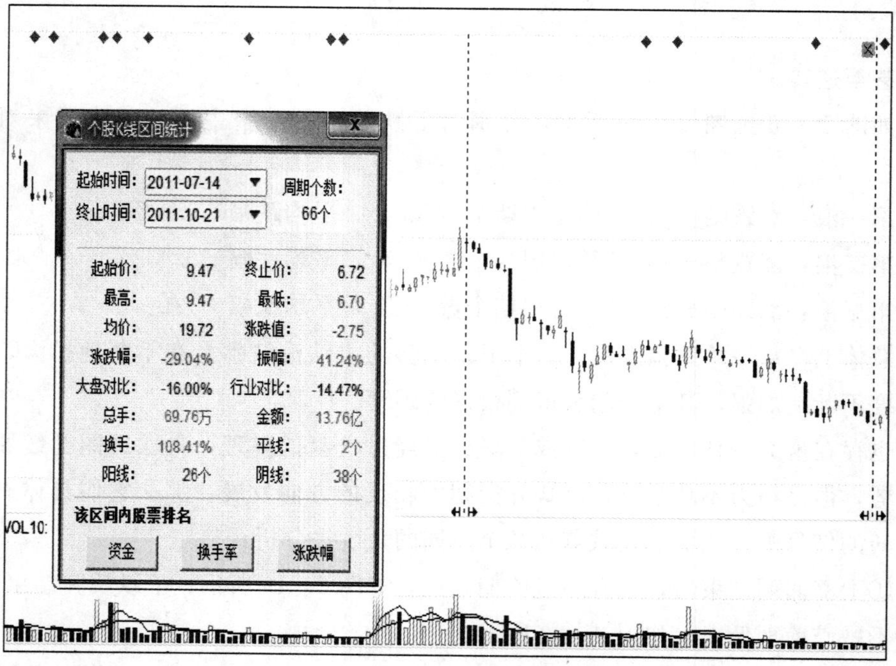

图 2－17　下跌趋势中主跌浪的区间统计

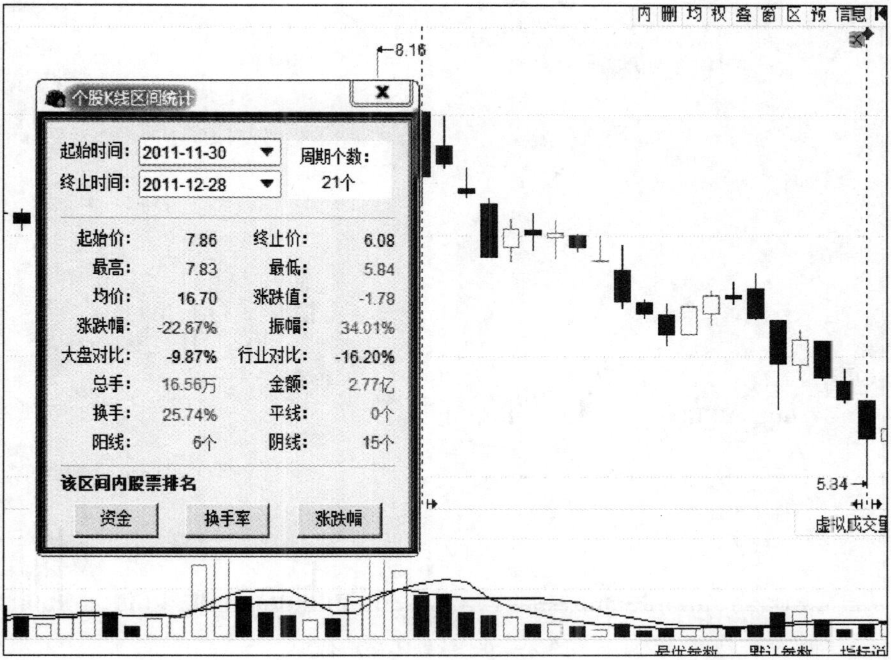

图 2-18 下跌趋势中主跌浪的区间统计

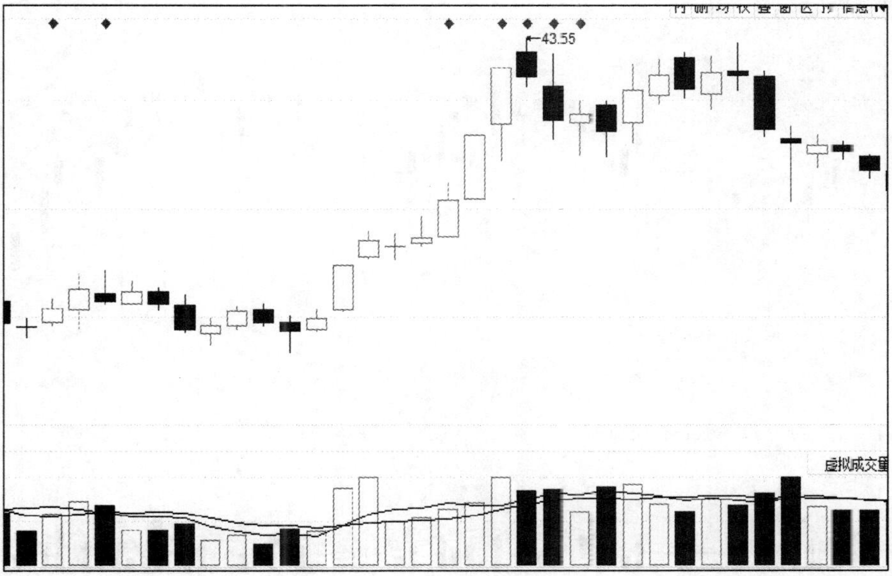

图 2-19 拉升超不过前高

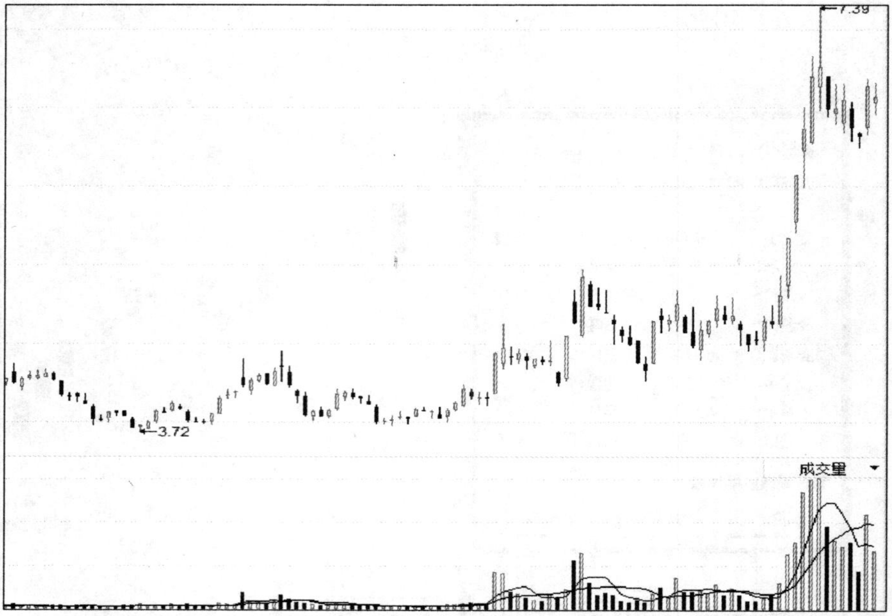

图 2－20　续跌不破前低

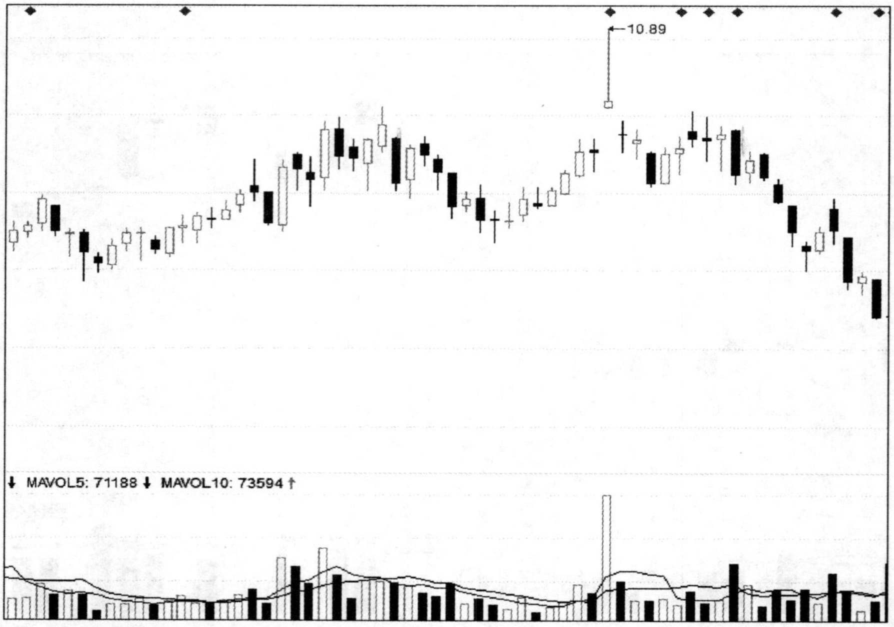

图 2－21　下降趋势回调破前低

新低，但反弹冲过前高，如图 2－22 所示。

俗话说，尽人事，知天命。在股市中同样如此，对待已发生的事情，分析要具体明确，买卖点要恰如其分，但任何的分析都不能保证市场100%的成功概率。错了就出来，对了就坚持。对待趋势的逆转我们要保持理性情绪，不要整天生活在埋怨与焦躁之中。

图 2－22　上升趋势反弹破前高

5. 关键点位的表现量化

通过对趋势波段及整理波段的量化，我们可以分析趋势的延续或者反转，现在重点研究一下关键点位的表现量化，以求从另一个角度分析趋势的走向。

关键点位即压力支撑位，主要包括每个波段的高点及低点、筹码成交密集区、平台整理区、均线、跳空缺口等。

当股价上行至某一个价位区间的时候，会面对由于股价短线上涨获利回吐的影响，或者前期套牢盘急于解套的压力，如何突破，反映着市场上行趋势的力度。当股价下跌至某一价位区间的时候，会面对由于股价前期套牢盘的补仓及买方力量的重新介入，如何跌破，反映了市场下行趋势的力度。

最有力度的突破方式，是以跳空缺口的形式，其次是长阳线，然后中小阳线，高开低走的假阴线也需要我们特别注意。突破后继续拉升当然最好，回调的话，也要站在压力位之上，回调幅度越小，回调时间越短，量能越小，继续拉升的可能性越大。在大盘拉升之际突破前期高点，主力走势稳健有力，在大盘整理期间或者回调期间突破高点，主力实力不容小视，但也要防止有诱多的可能。当我们对跌破支撑位进行分析量化时，道理也是一样的。

如图 2-23 所示，主力在大盘反弹之际放量突破，在大盘未突破前高的情况下提前突破前高，以窄幅波动的方式整理，回调力度较弱，回调时间保持在 7 个交易日，实力较强，后期走势值得期待。

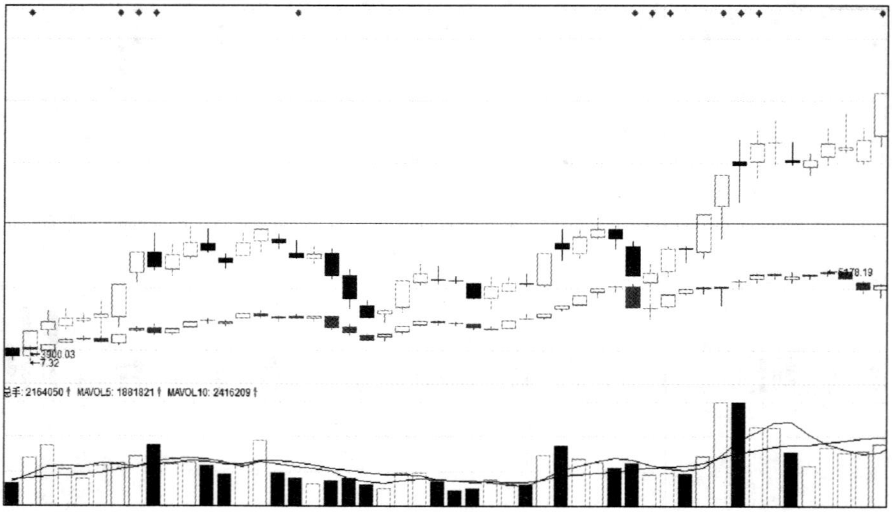

图 2-23　面对前高压力位时的表现

如图 2-24 所示，在大盘指数创出新高的当天，该股却以长上影线中阳线突破前高，量能萎缩，突破后未能连续拉升，反而回调跌破了压力线，后期的走势不容乐观。

分析市场趋势，我们不仅可以从其拉升或下跌的力度去考虑，同样也可以从趋势遇到压力位或支撑位的表现来分析，强势的突破，趋势的延续性自然比弱势的突破更强一些。

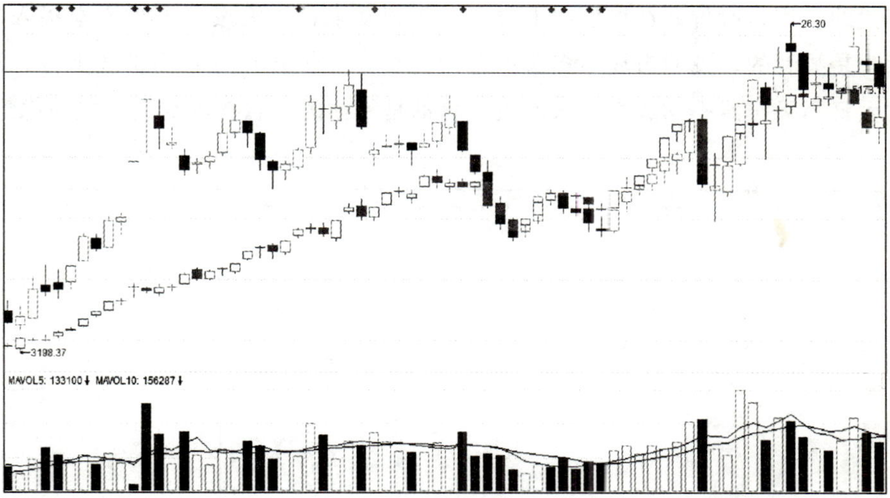

图 2-24 面对前高压力位的表现

注解： 黄线：在本书中如没有特别说明，在K线走势图及分时走势图中皆代表大盘指数，即上证指数。

二、分时图上的趋势量化

分时走势图是由每分钟交易的最后一笔价格组成的分时走势曲线，由于市场中不可能无限制的划分，其作为最小单位具有不可划分性。趋势作为市场运动的方向，在一个由240点组成的图形中，趋势的延续性相对K线图是比较弱的，很容易受到各种因素的影响。

其分时走势图形成的原因主要有两个：

(1) 市场因素，即受大盘或板块的影响而发生变化；

(2) 是非市场因素，即受主力控制而发生变化。

1. 趋势重心

如图 2-25 所示，分时走势图横坐标为交易时间及成交量，纵坐标为交易价格，中间的水平线为昨日收盘价，黄线为分时均价线，白线为分时走势曲线，分时均价线作为市场多空力量的分水岭，也是发生日当天的平均买卖成本. 具有不可替代的作用。股价开在均价线上方，意味着发生日当天按照平均成本买入的投资者都是盈利的，说明市场中多头占主动优势，股价开在分时均价线下方，意味着发生日当天按照平均成本买入的投资者都是亏损的，意味着空头占主动优势。

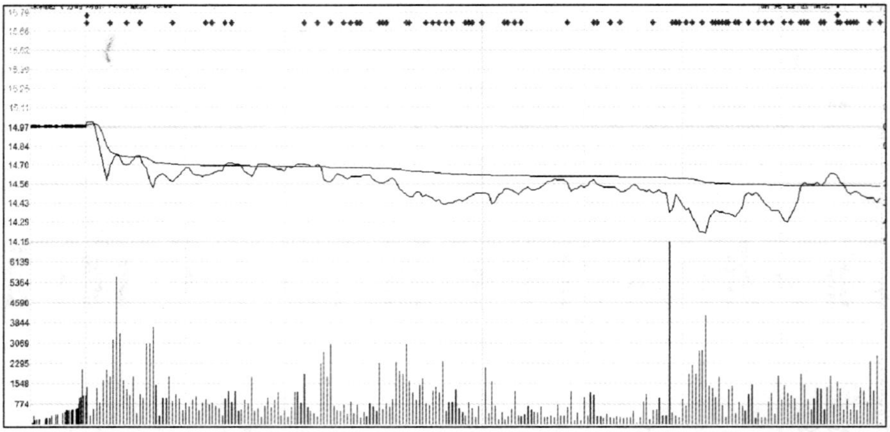

图 2－25　分时走势图

在 K 线的趋势量化中，我们谈到了趋势重心，在分时走势图上，趋势重心就是分时均价线，分时均价线作为当天的趋势重心，起到还原市场本质的作用，同时对股价当天的运行轨迹起到压力和支撑的作用。

以图 2－25 为例，全天的交易重心在 14.54 元附近，分时走势全天在均价线下方波动，呈弱势形态，说明趋势有更多的可能会延续下行的姿态。趋势重心的设置有利于防止主力制造的多头陷阱及空头陷阱。

如图 2－26 所示，该股在连续两个涨停板后走出了宽幅震荡的行情，振幅高达 11％，但它的重心是相对平直的直线，均价线相对于昨日收盘价涨幅为 1.3％，说明当天的走势并没有因为震荡幅度的加大而重心发生偏移，对于连续两个涨停板的股票来说，1.3％的幅度是远远不够的，因此趋势是在明显放缓的。

2. 趋势方向的量化

我们在观察分时走势图时，谈到向上走或向下走，这就是趋势。趋势无论在 K 线上，还是在分时图上，都是市场交易最核心的参考因素。

具体谈到趋势，趋势的变强与变弱是第一思考的因素。前面谈到的 K 线趋势

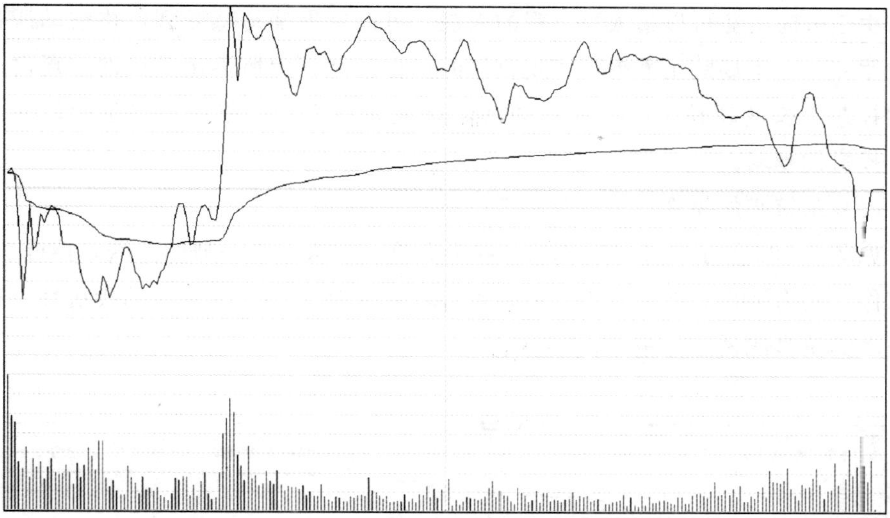

图 2-26　两个涨停板后的分时走势图

分析三要素同样可以用在分时走势图上。

（1）最直观的因素：长度。

如图 2-27 所示，早盘分时均线五浪上涨，在角度相同的情况下，长度是逐渐缩小的，后期的横盘走势验证了早盘的上涨力度是减弱的。

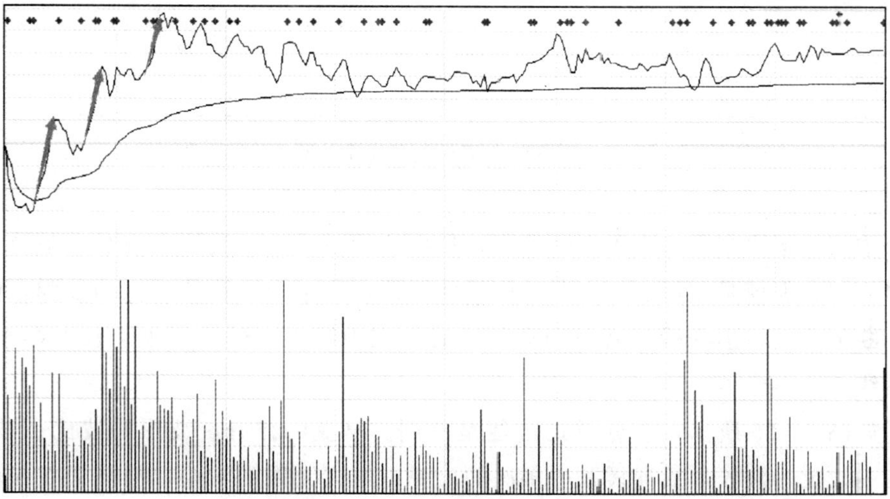

图 2-27　五浪拉升的分时走势图

由于分时走势可以给人更直观的表现，可以更准确地感受到价格波动所带来的盈亏变化，市场的主力为了实现自己的操作目标，无所不用其极的展现自己构图的技艺。长度越长，给人带来的冲击越大，投机性越强；长度越短，冲击越弱，投机性越弱。

（2）最核心的要素：角度。

如图2-28所示，经过整理后，拉升角度远远大于上一波的上涨，接近90°拉至涨停，实力强悍。但是，由于分时走势较之K线走势具有更大的投机性，存在着更多的诱多或诱空等骗术。

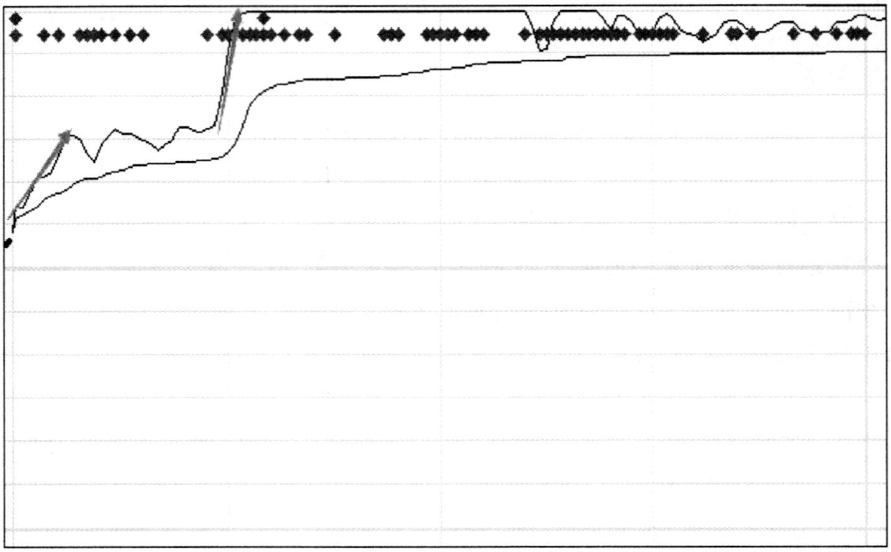

图2-28 强势的分时走势图

主力为了更多的卖出手中的筹码，早盘连续拉升，一波比一波长，眼看直冲涨停而去，但就是差那么一点儿，便开始缓跌，途中会制造若干次的反弹，但重心不断下移，将追涨爱好者及回调买入者套在山腰上，最后仅收于长上影小阳、小阴线。

如图2-29所示，该分时走势便是一例。早盘的拉升，波形一波比一波长，角度一波比一波长，后期缓跌中多次的反弹也给人无限的希望，但当天在任何时候买入都会被套。

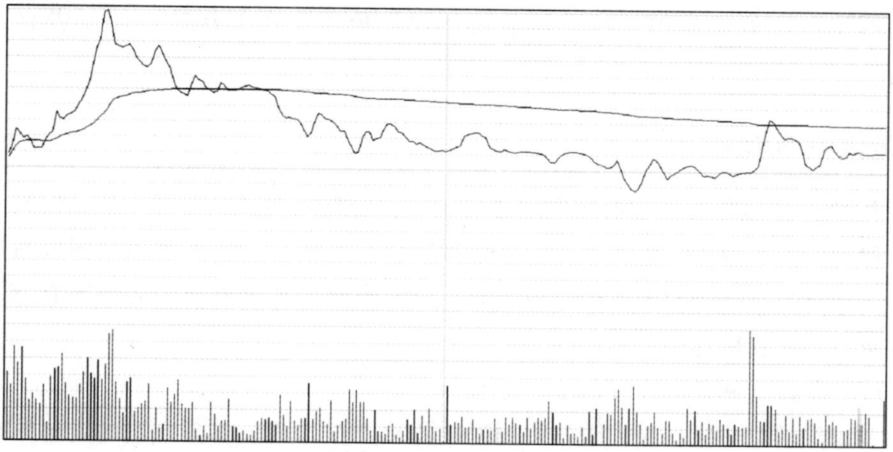

图 2－29　欺骗性的分时走势图

（3）最广为人知的因素：量价配合。

对倒、对敲的广泛运用，使任何技术分析都不能保证 100％的胜率，量价配合同样也是，但是量价配合可以帮助我们何时抄底和逃顶。

还以图 2－29 为例，早盘的拉升，无论是长度还是角度方面，都可以说做得很好，但量价的配合却出了问题，调整期间没有做到有效的缩量，长波拉升后第二波，价格和量能都没有创出新高，上升趋势的转向便是当日的最佳卖点。

如图 2－30 所示，该股的表现和图 2－29 如出一辙，三次的拉升，拉升的长

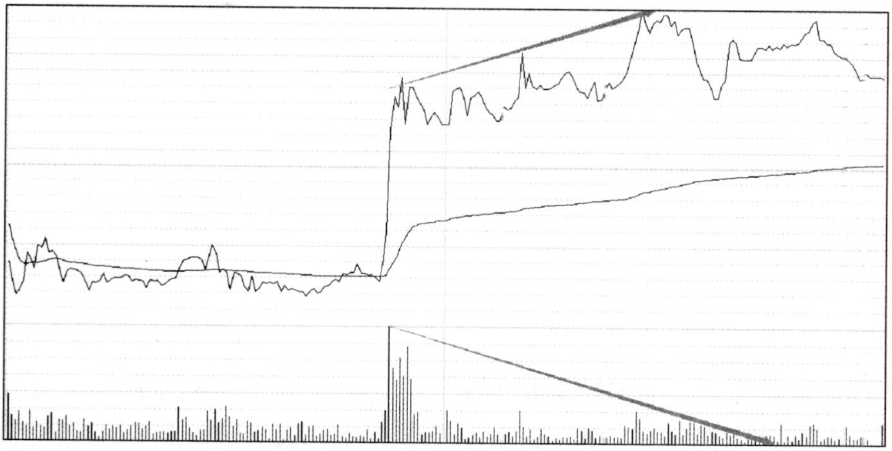

图 2－30 量价背离的分时走势图

度是缩小的，角度越来越小了，量能呈现出价涨量缩的形态，持股者宜逢高出局。

3. 整理区间的量化

相对于K线走势中的整理期，分时走势上的整理期是短促的，甚至短到一分钟。整理时间、幅度、角度、量能及整理时机的把握，构成了整理期间分析的五要素。同样适用于分时走势图，但同时，分时走势图整理期间的分析又有其自身的特点，下面我们详细介绍。

（1）整理时间、幅度及角度。

分时图的走势由于受大盘走势的影响比较严重，绝大部分个股的走势是和大盘相同的，只有很小一部分当天的走势比较特立独行。

9:30—15:00作为全天分时连续竞价的开始与结束，其完整性可以允许主力适时的计划并完成当天的操盘任务，但同时受大盘指数的影响，主力会根据其走势做出相应的对策。整理时间、幅度及角度，都带有一定的主观性，但通过相邻整理期的准确比较，仍可以辨明市场的趋势走向。

如图2-31所示，我们来比较一下两个回调期间的三要素：

回调时间：7分钟和13分钟；

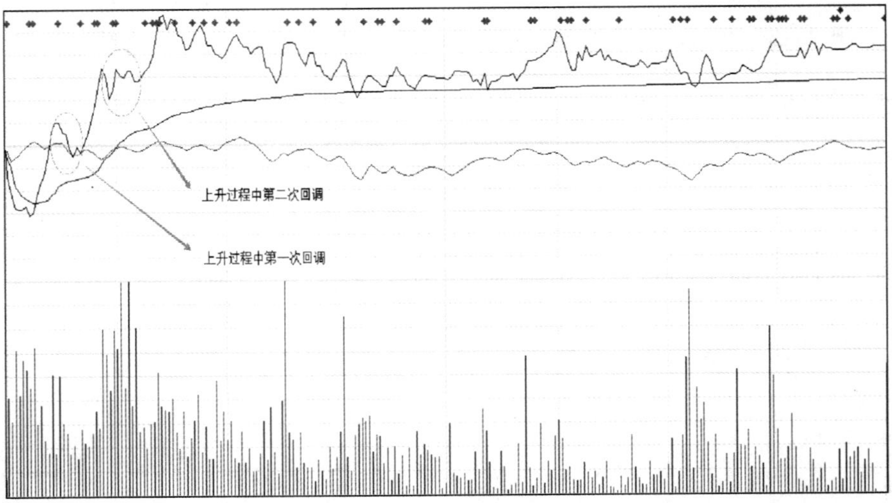

图2-31　分时走势中的回调比较

回调幅度：1.5％和 1.37％；

回调角度：第一次＜第二次。

从比较可得，在回调幅度相差不大的情况下，回调的时间延长了，回调的角度变小了，我们可以得出结论了吗？等一下，还要关注一下量能的状况。

（2）整理区间的量能。

如图 2－32、图 2－33 所示，从回调时的量能上分析，第二次回调的量能明显放大，基本上达到上一次回调的 10 倍，是非常怪异的，结合上一节的综合分析得出，我们认为市场上行的力度是在减弱的。

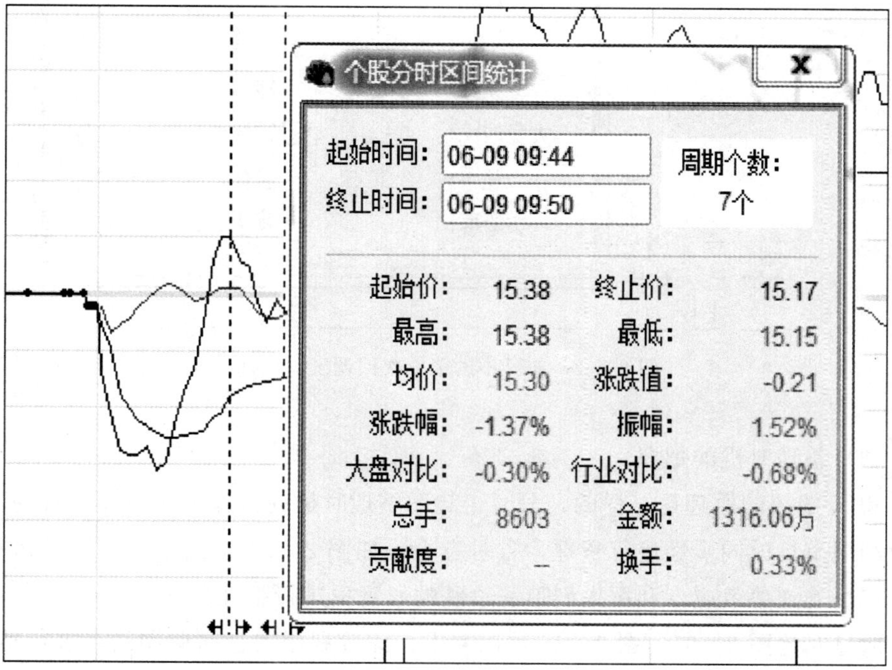

图 2－32　拉升中的第一次回调区间统计

通过观察，我们可以得到结论，相邻不到 10 分钟的时间内，回调期间的量能为什么放的如此之大，有了疑问，必然有不合理的地方。股价再次拉升到最高点后，价格与量能同时未能创出新高，带着前面的疑问，相信出局是最好的选择。

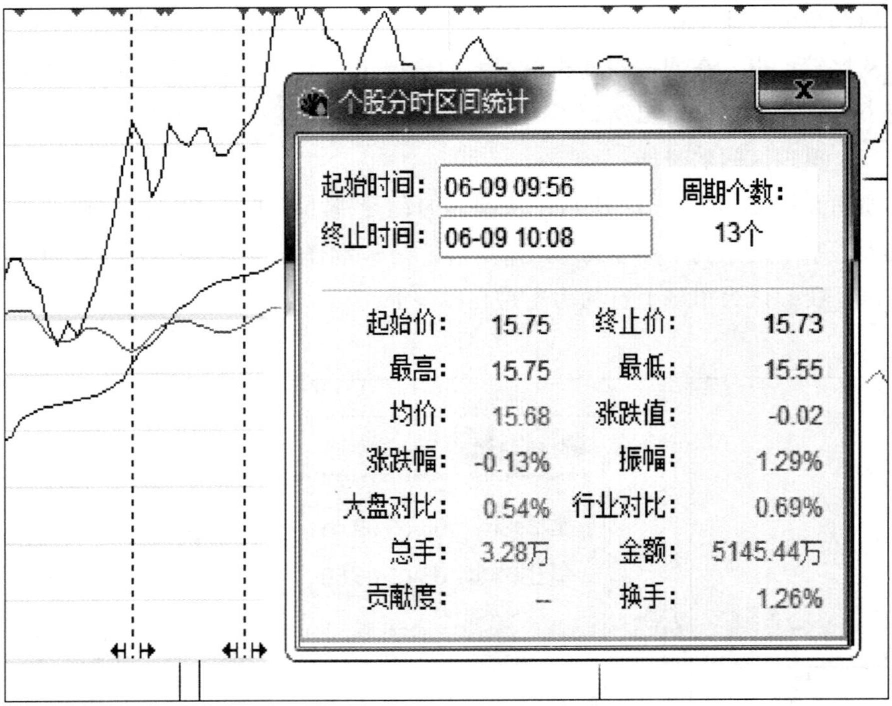

图 2-33　拉升中的第二次回调区间统计

（3）整理时机的把握。

和K线图的原理是一样的，分时走势图整理时机的选择因人而异，有些主力善于利用市场的同步性进行整理，省时省力。如图2-34至图2-36所示，有的善于市场的逆势效应，利用人们追涨杀跌的心理去进行整理。

通过对比图2-35、图2-36可以看出，该股利用大盘回调期间来进行整理，尾盘借助大盘指数底部反弹直接拉到涨停，起到事倍功半的作用。

如图2-37、图2-38可以看出，大盘上涨，该股却高开低走，相信大部分投资者都会抛掉该股，去追逐其他强势股去了。主力正是利用这种心理效应，吸纳筹码，同时抬高市场的平均成本。整理时机的选择和操盘手的经验及性格都有很大的关系，我们可以参照以往走势中的洗盘过程，推算主力的操盘手法。

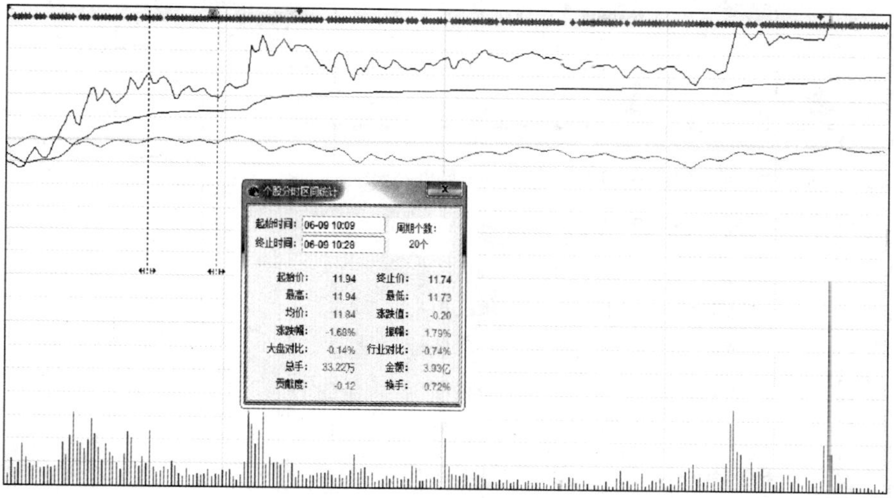

图 2-34 个股分时回调区间统计

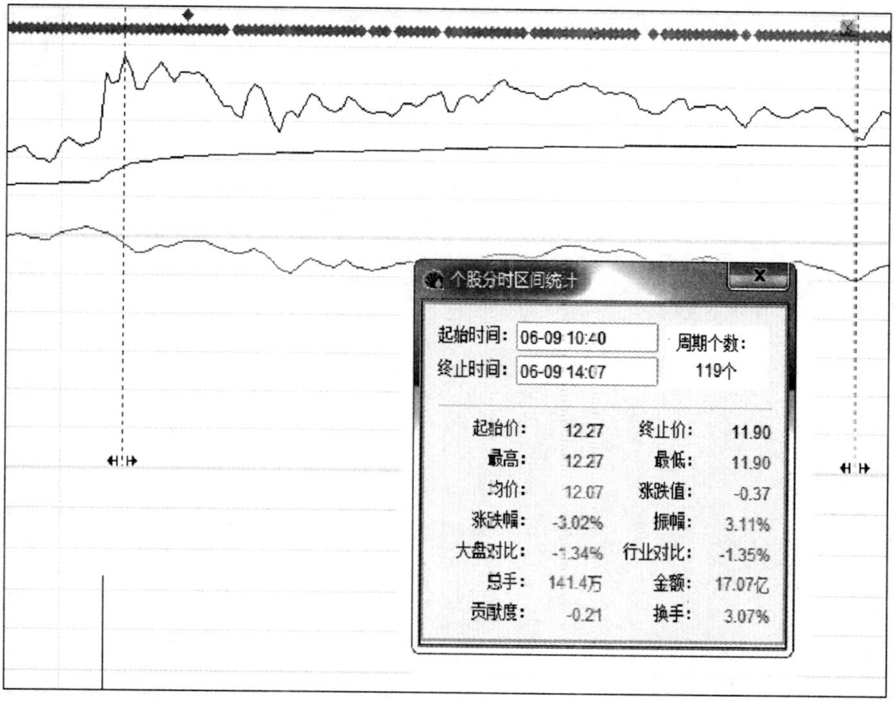

图 2-35 个股分时回调区间统计

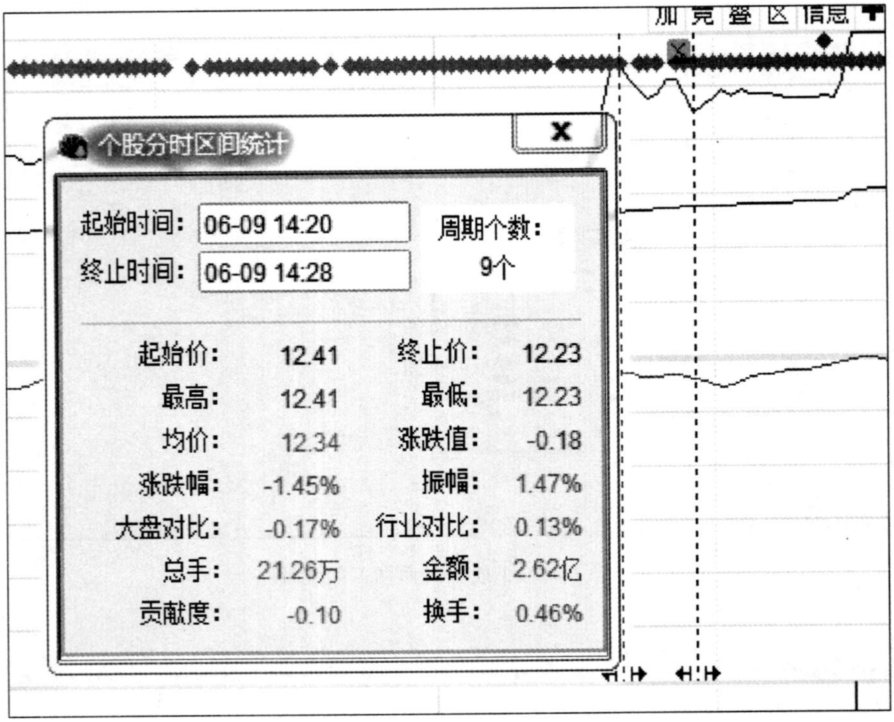

图 2-36　个股分时回调区间统计

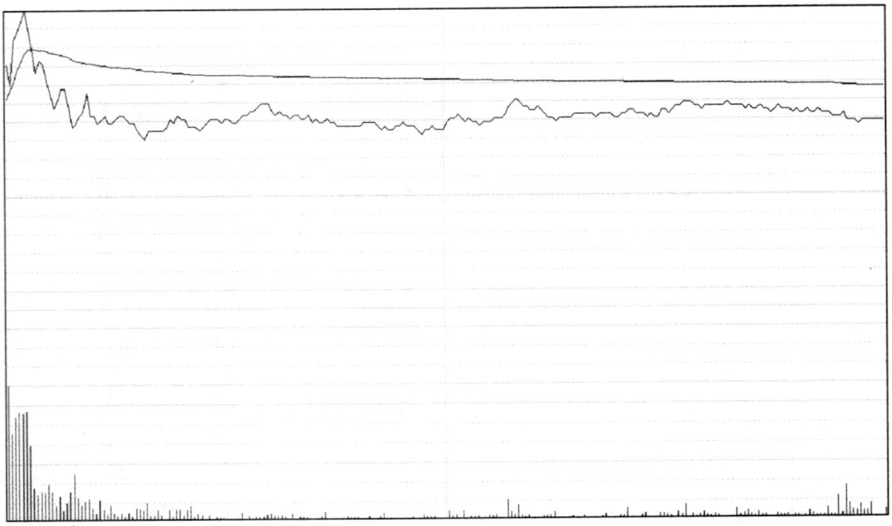

图 2-37　个股分时走势图

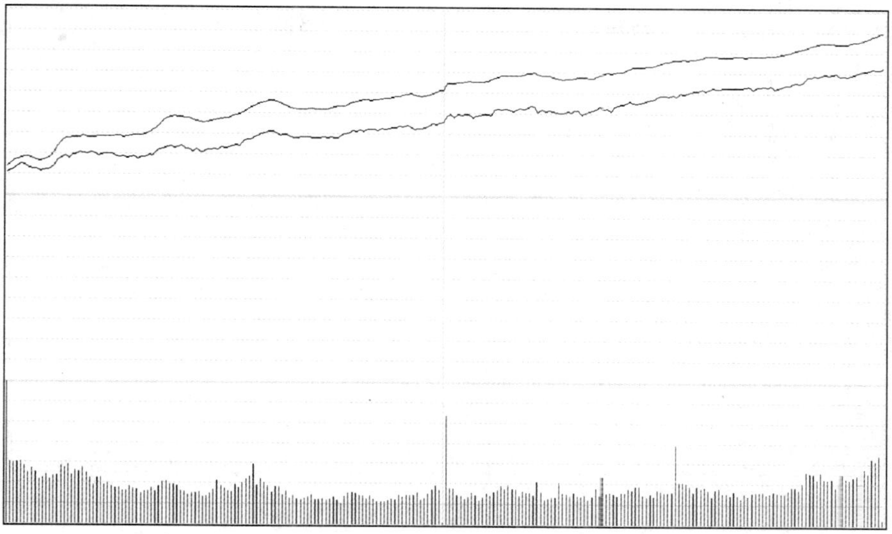

图 2-38 大盘指数分时走势图

4. 延续及反转的量化

分时走势图的整理，一方面起到洗盘的效果，另一方面也起到观察市场及筹码稳定性的作用。极强的市场，主力也不敢过度洗盘，害怕筹码的流失；极弱的市场，主力同样也不敢过度洗盘，担心引起市场恐慌性的抛盘。

整理结束后是反转还是延续，是多方面综合考量的结果，我们不必考虑市场的各种可能性。趋势是走出来的，不是猜出来的。那么趋势是延续还是反转需要考虑什么因素呢？

（1）大盘指数的走势。

大盘指数作为市场的方向标，引导着市场的主流方向，任何个股走势不可能不看大盘。个股主力想要出货，大盘指数行情不好，个股也难以独善其身，不得不随大盘下跌，待行情转好时，再继续拉升出货。主力想要吸纳筹码，行情的持续暴涨，个股也必须采取拉升吸货的方式展开行情。

通过对比图 2-39、图 2-40 可得，该股早盘有拉升迹象，无奈市场一片悲凉，不得已随大盘而下，尾盘随即收复绝大部分失地，下跌的缩量及反弹的量价配合，显示着主力面对市场突发情况的镇定自若，拉升行情可能即将展开。

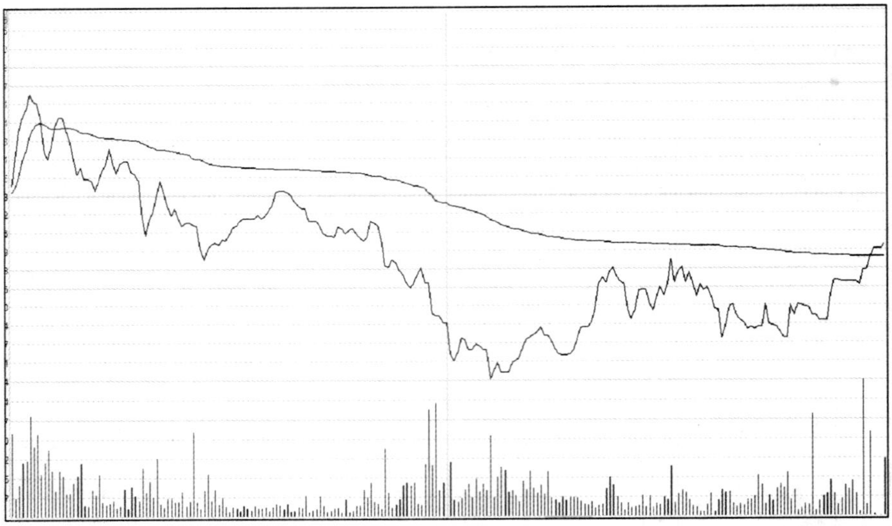

图 2－39　个股分时走势图

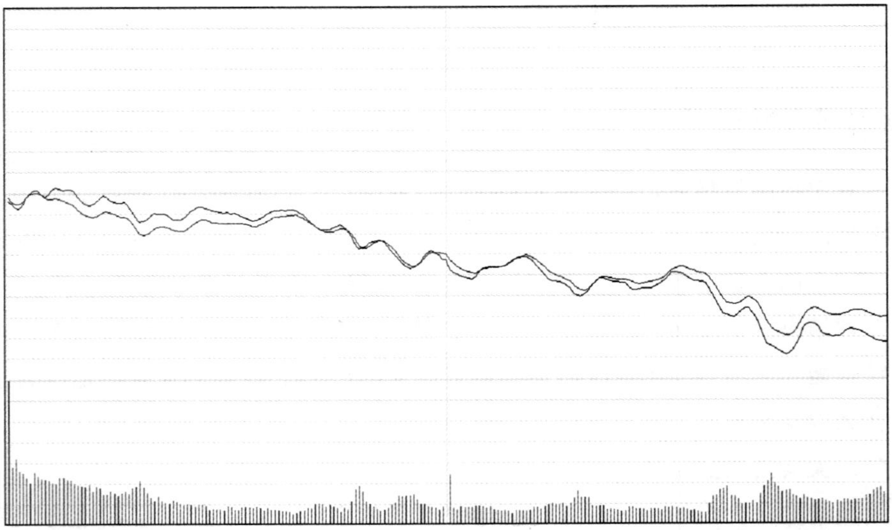

图 2－40　上证指数分时走势图

通过对比图 2－41、图 2－42 可以看出，该股处于出货行情，大盘的持续走好，个股也随机而动。一方面继续展开出货，一方面通过对倒拉升，维护盘面，同时抬高市场的平均成本，以免后期继续出货时投资者抢在其前面。但从分时走势图上看，依然难以改变逢高减仓的迹象。

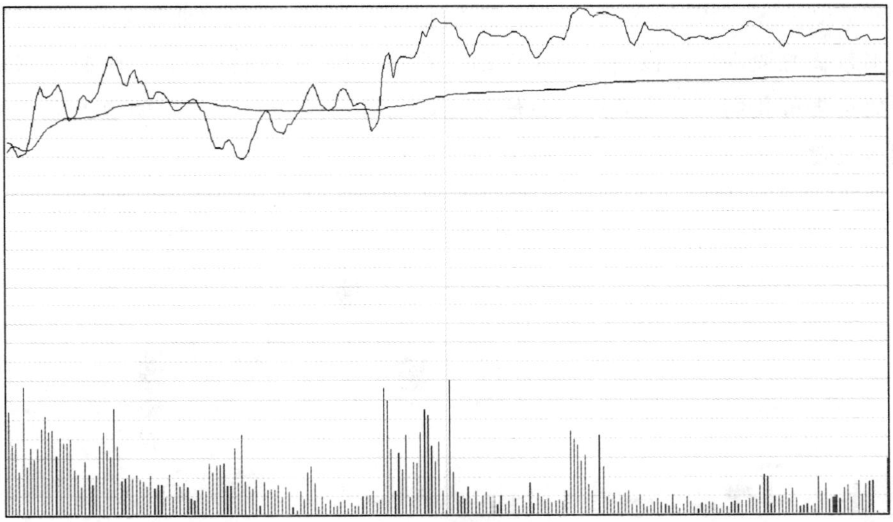

图 2-41　个股分时走势图

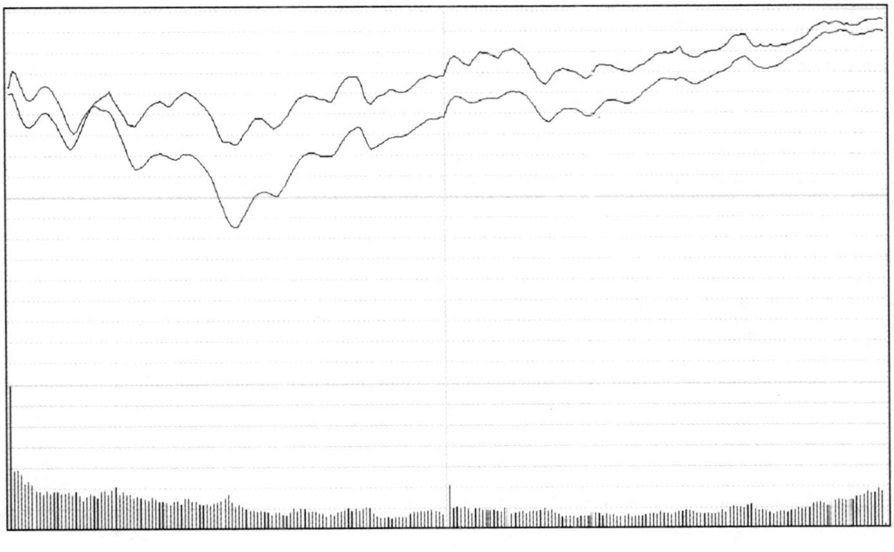

图 2-42　上证指数分时走势图

(2) 个股自身的操盘计划。

操盘计划作为主力运作过程中的核心，万不得已不会发生太大的改变，即使遇到突发行情，经过短暂的适应之后，也会重新回到自己的轨道上。

如图2-43、图2-44所示，十字光标当日，该股所属行业发生系统性利好，绝大多数概念股涨停，该股也闻风而动，涨停收盘，当天拉升的不流畅及涨停价位的放量告诉我们，主力显然没有做好充足的准备拉升行情，后期逆大盘上涨之势继续洗盘。

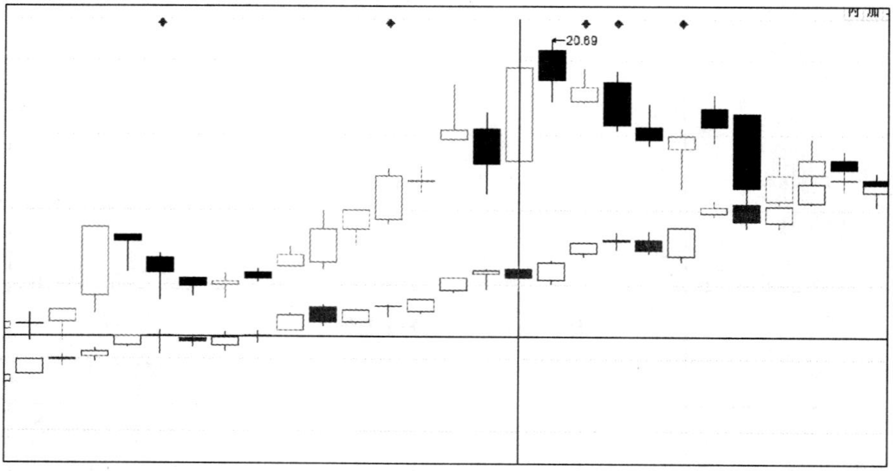

图2-43 个股K线走势图

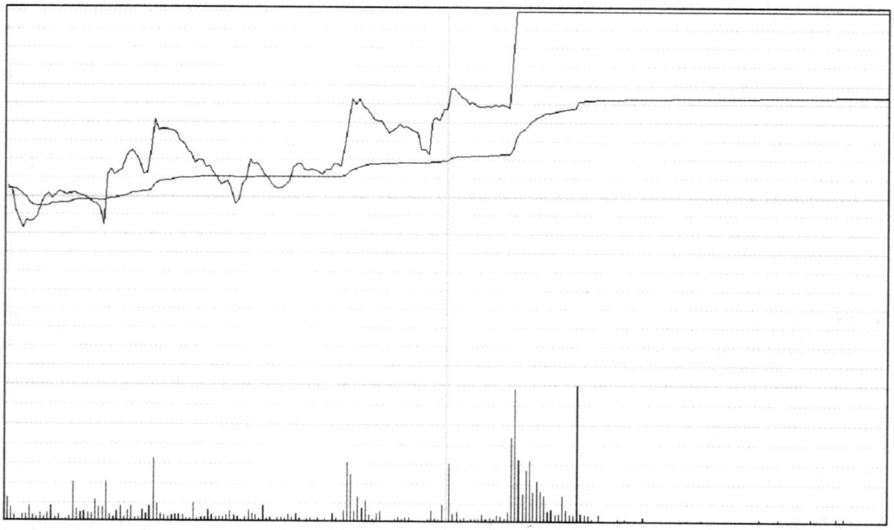
图2-44 十字光标当日分时走势图

经过回调后继续延续原来的趋势，那么我们怎么判断趋势是增强还是减弱呢？和K线上的分析方法是一样的，在这里就不在赘言了，以免有啰唆之嫌。下面我们用实例说明，如图2－45所示。

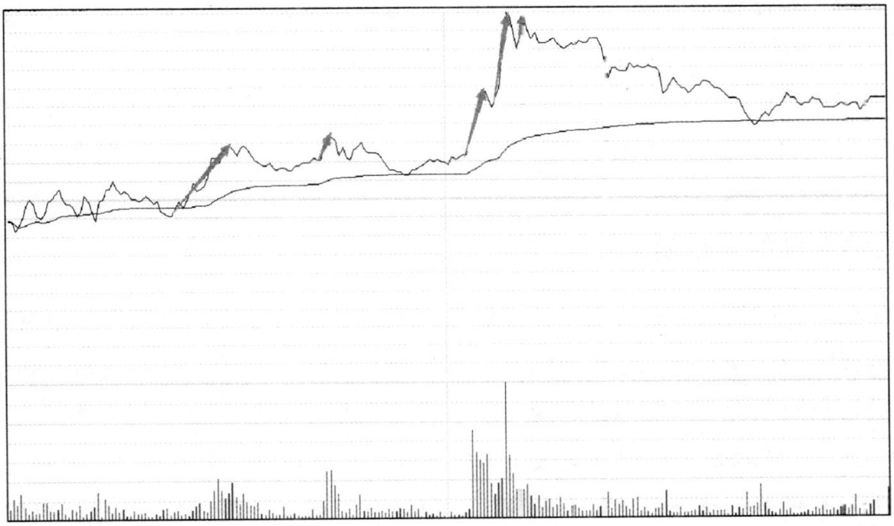

图2－45　个股分时走势图

对于该股我们把其分成早盘及午盘进行分析，来判断其后市的走势。

早盘连续两波拉升，在拉升角度不变的情况下，拉升长度变短，第二次拉升创出全天新高后，再次拉升未创新高，量能虽然高度有所提高，但厚度明显减弱，背离明显。

午盘连续三波拉升，在角度和长度都差不多的情况下，量能出现了和上午同样的情况，最后一波未创新高，量能退潮，双背离。

通过两次分析，我们感觉到市场的趋势有明显衰退迹象。早盘的背离是第一个卖点，午盘第三波拉升未创新高时是第二卖点。

对于趋势逆转后的走势，我们同样用两个方面去分析。

①上涨回调结束后，拉升不过前期高点；下跌反弹结束后，续跌不跌破前期低点。

②上升趋势创出新高，但回调跌破前底；下跌趋势跌破新低，但反弹冲过前高。

对于趋势的分析，我们还是从价格的角度去分析，价格永远是市场最核心的要素，量能的分析只是作为参考因素，同时作为市场发生转变时的信号而存在的。

注解： 背离按照位置又可分为底背离和顶背离。背离按照量价关系可分为单背离及双背离，单背离即价格创新高，量能不创新高，或量能创新高，价格不创新高；双背离即价格未创新高，量能也未创新高。这是顶背离的单背离与双背离，底背离也是同样的道理。

5. 关键点位的表现量化

K线与分时图的分析有很大的相似性，关键点位的分析，也同样考虑突破时波形的形态及量能配合、是否回调等，如果回调的话，回调的时间、幅度和量能等，通过面对压力位、支撑位时的表现来反映实力的强弱。

如图2-46所示，该股在突破压力线之际，明显放量，但波形是以短波为主，拉升中带有吸筹，拉升后回调力度较大，但没有跌破上一浪的低点，时间也在延长，量能萎缩不明显，因此表示该股在后期拉升时可能会遇到获利了结的压力，有回调的风险。

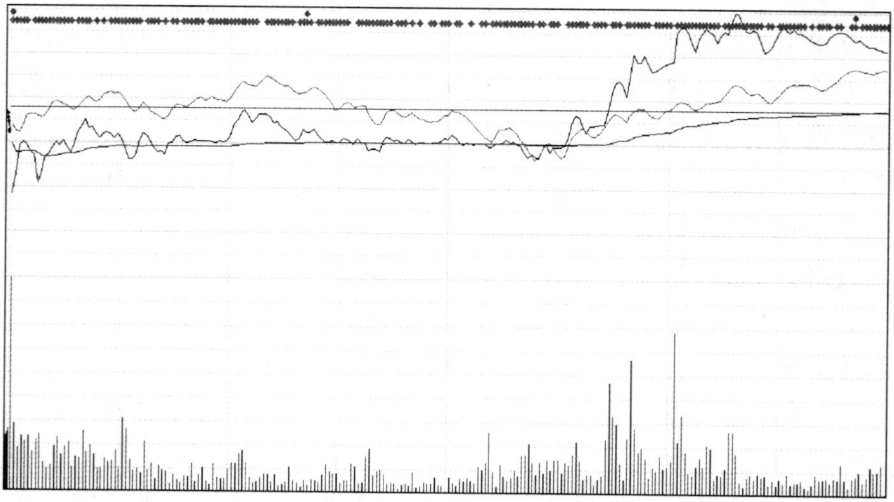

图2-46　分时曲线突破高点时的表现

三、浪形及波形的相同与差异

艾略特波浪理论是美国证券分析家拉尔夫·纳尔逊·艾略特利用道琼斯工业平均指数作为研究工具，发现不断变化的股价结构性形态反映了自然和谐之美。我们这里讲解的浪形并非是波浪理论里的浪形，我们还原其最本质的特征，浪形即波浪的形状，个股在市场运行中走势的形状。

如图 2－47 所示，图中斜线即为单个浪形，浪形是随着股价的重心而转移的，在 K 线走势图中，不同的浪形组合构成了不同的市场意义。

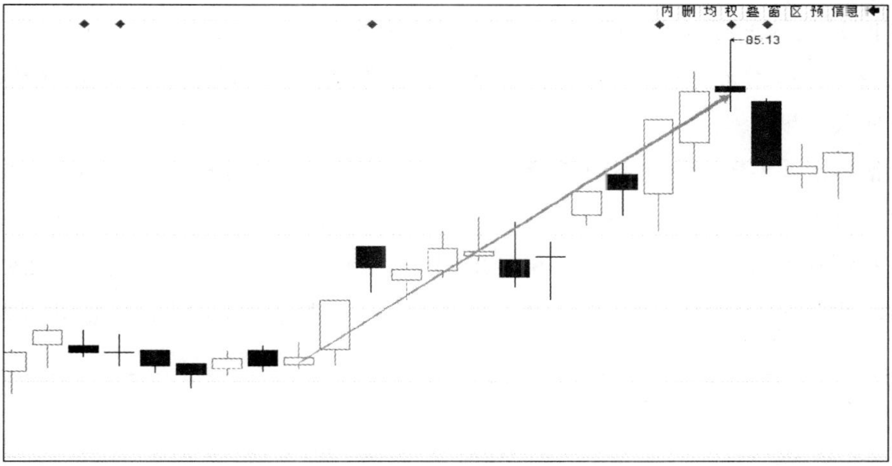

图 2－47　拉升过程的浪形

与之相对应的是波形，即波浪的图形，原意是物理学中的词语。波形的两个因素：频率及振幅，频率不同，波形表现出弹簧式的伸缩，振幅不同，波峰表现出山峰式的起伏。音乐的波形美丽而圆滑；噪音的波形混乱而繁杂。波形的种类很多，不同的波形有不同的定义和测量方法。

在技术分析领域，频率相当于大盘指数的走势，振幅即个股的走势。良好的波形舒展有序、急促有力、进退自如。不好的波形走势攻则进退两难，退则慌乱不堪。

浪形及波形分别表现了市场中某一阶段走势的特征，相邻之间的浪形及波形，显示出市场走势的强弱更替。我们前面分别讲述了在K线走势图及分时走势图中对浪形及波形的研究，那我们看一下具体都有什么差异：

（1）作用时间不同：一个完整的浪形持续时间因其K线图周期不同而不同，年K线图上浪形时间可能长达数年，1分钟K线图持续时间可能仅仅几分钟。一个完整的波形短则几分钟，长则1～4小时。

（2）投机性不同：时间周期越长，投机性越弱，分时走势图的投机性最强。相对应的浪形的投机性远不如波形。

（3）直观性不同：分时走势图是由每分钟的最后一笔成交价格组成，其每一次波动都代表着价格的变化，代表着投资者的盈亏，其波形最为形象、最为具体的将价格的波动表现出来。每一根K线都是由当天的四个价格组成，其浪形又是由多根K线的重心所形成的，直观性自然没有波形好。

（4）表示意义不同：浪形表示当前趋势的发展方向，波形表示当天价格的波动方向及力度。

浪形及波形作为两种不同走势图的要素，在其不同的分析中起着不同的作用，但由于市场中主力的习惯及操盘手法，其浪形及波形又有着点滴的相同走势。

我们仔细对比一下图2－48和图2－49的走势，看看有没有什么相同之处呢？主力喜欢短波浪式的上涨，进三退二，进五退三的走势，张弛有度，稳健有力。

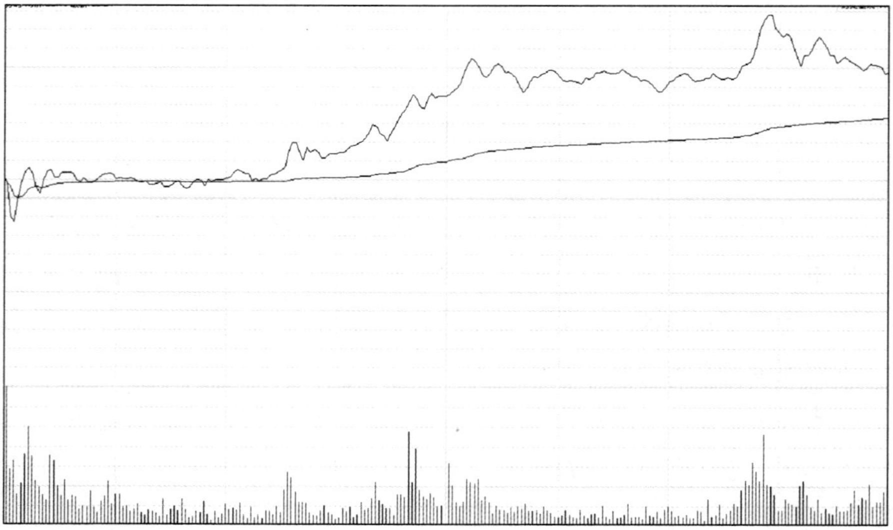

图2－48　个股分时走势图

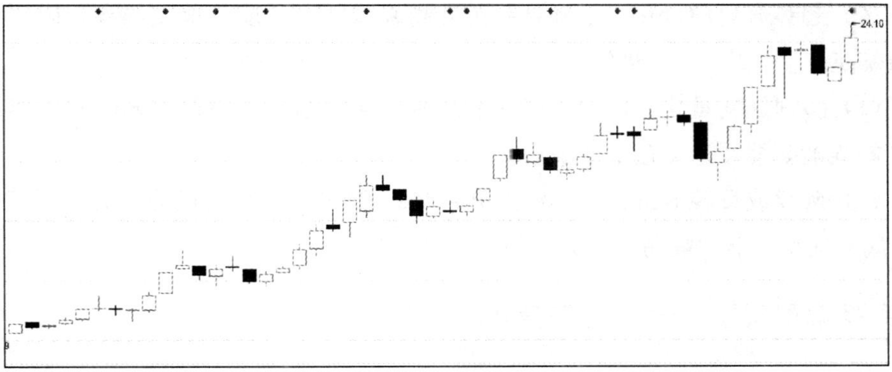

图 2-49 个股 K 线走势图

四、实盘案例解析

1. 实盘案例解析之 K 线趋势量化

从图 2-50 中可以分析得出：

(1) 趋势重心：不断上移。

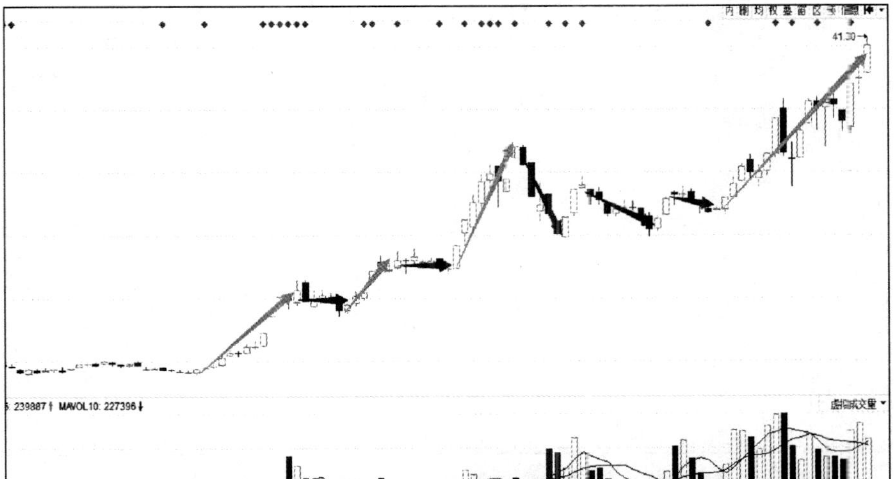

图 2-50 K 线趋势量化解析

（2）趋势方向的量化：上升趋势角度越来越陡；长度呈放大趋势；阳线放量阴线缩量。

（3）整理期间量化：回调角度逐渐趋缓；回调幅度较小；回调时间变短；回调量能逐渐萎缩；逆大盘上涨洗盘。

（4）延续或反转的量化：延续上升趋势；45°上涨，量价配合较好；采用1～2日盘中洗盘；继续震荡式拉升行情。

2. 实盘案例解析之分时趋势量化

从图2－51中可以分析得出：

（1）趋势重心：上升后走缓。

（2）趋势方向的量化：上升趋势角度越来越小；长度呈放大趋势；量价背离。

（3）整理期间量化：回调角度逐渐趋缓；回调幅度变长；回调时间变长；回调量能逐渐放大；顺大盘回调洗盘。

（4）延续或反转的量化：五浪上涨后整理，重心开始走平；多次攻击前高未果；有继续回调整理的需要。

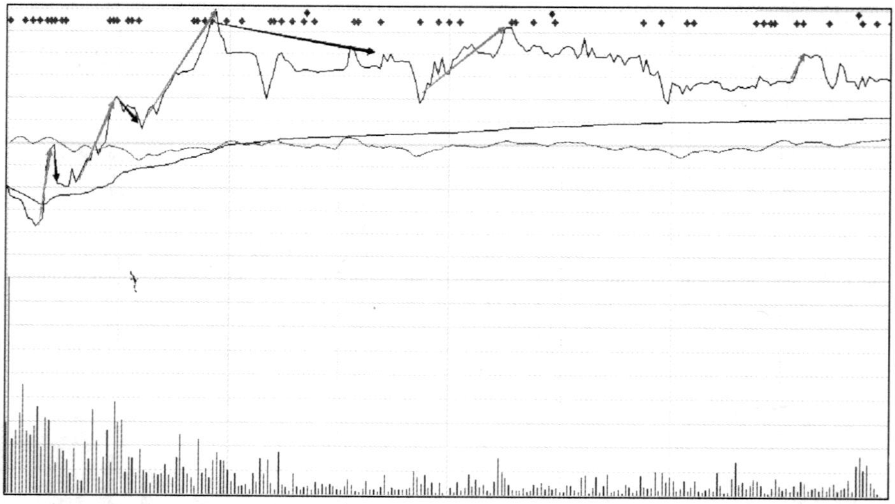

图2－51 分时趋势量化解析

第三章　K 线理论在分时上的应用

在前两章中多次提到过 K 线的理论在分时走势图上都能得到广泛的应用，但是 K 线和分时图上的应用又有着很大的不同。

一、应用的广泛性

K 线中的压力、支撑理论、形态理论、葛兰威尔法则等都可以引用到分时走势图上，但由于分时走势曲线是以每分钟最后一笔交易的成交价连接而成的曲线，时间上不可能无限制的划分，因此任何理论的应用都有时效性的限制，就像日线上的压力线不可能放在周线上应用一样。

下面我们来看一下 K 线理论是如何在走势图上应用的。如图 3－1 至图 3－3 所示。

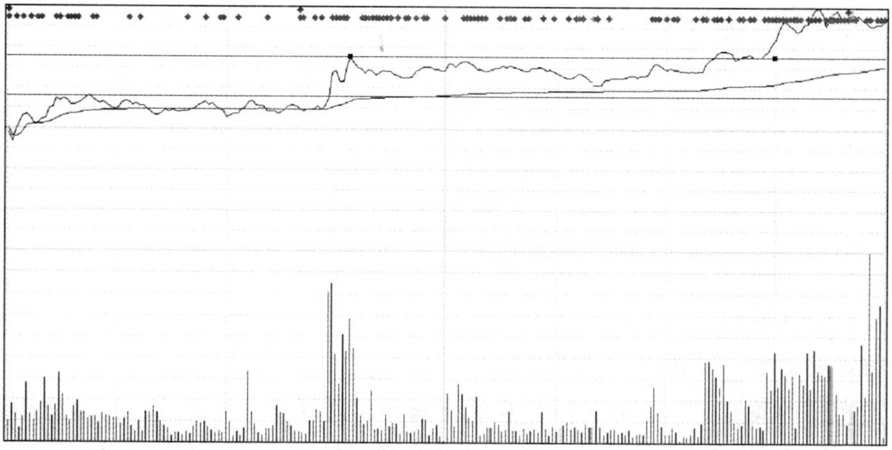

图 3－1　压力转支撑

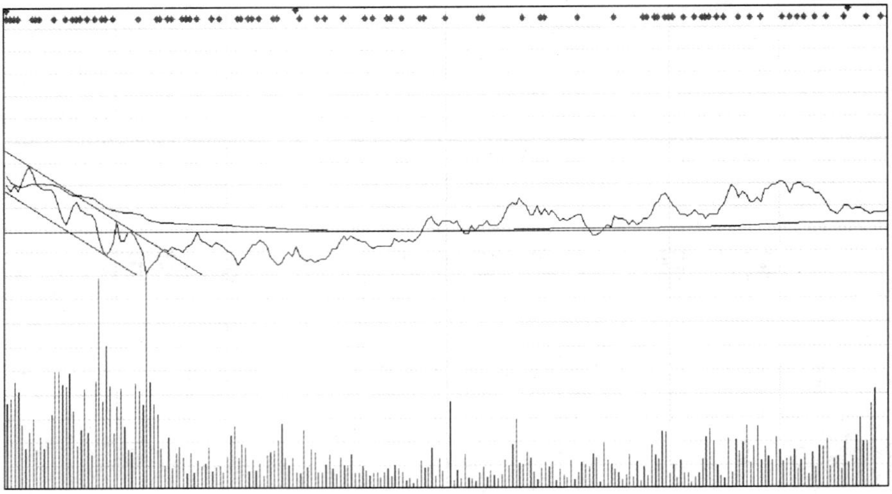

图 3-2　通道理论及三重底形态

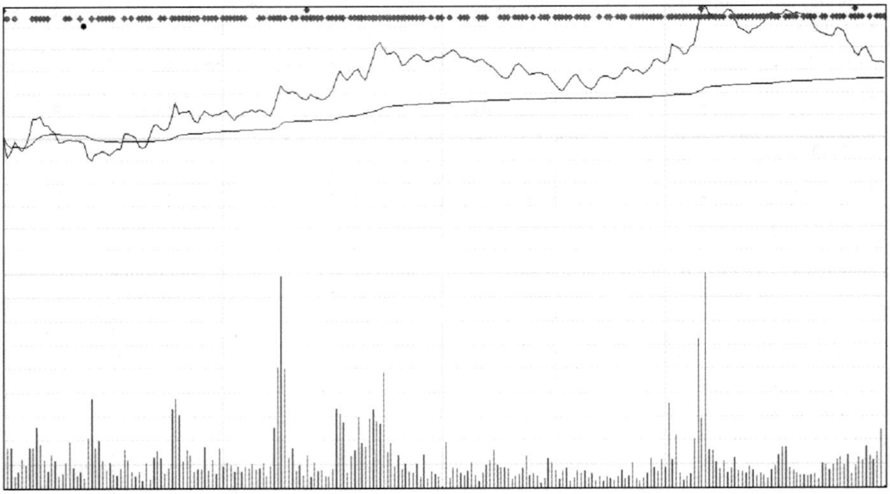

图 3-3　均线的支撑作用

在这里就不多举例了，大家平常多看看盘，每天收盘后多回顾自己的操作，养成很好的盘感，操作也就如鱼得水了。

在操作中我们经常会谈到多日 K 线走势图，同样的，其理论也可以应用到多日的分时走势图上，对买卖点的操作可以起到辅助的作用，具体如图 3-4 至图 3-6 所示。

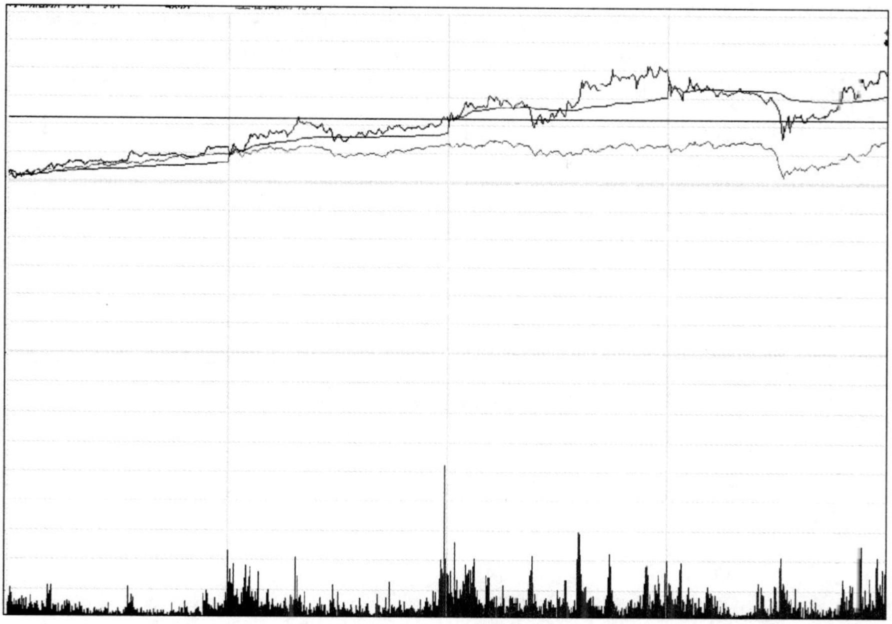

图 3-4 压力线突破后在连续两个交易日内起到支撑作用

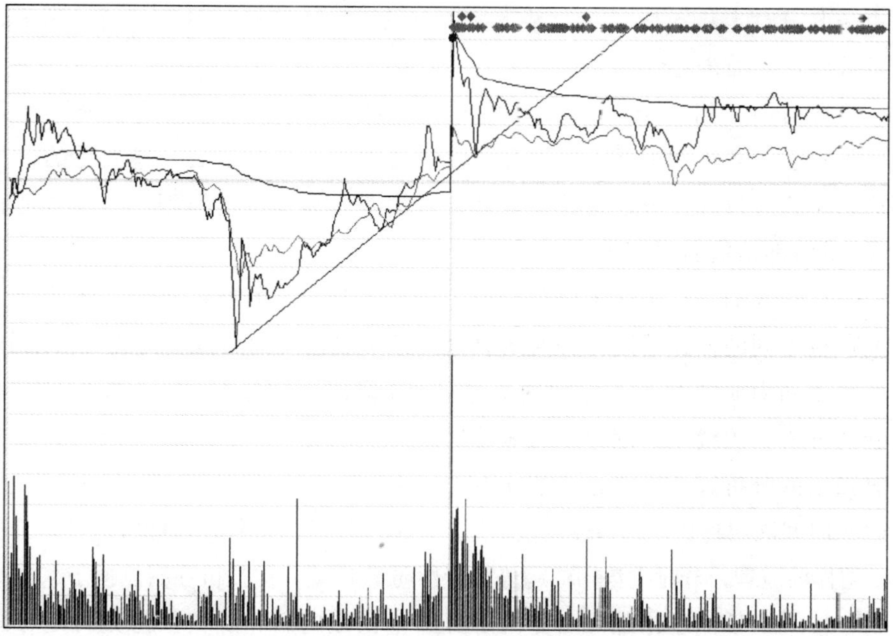

图 3-5 连续两日内支撑线所构筑的买卖点

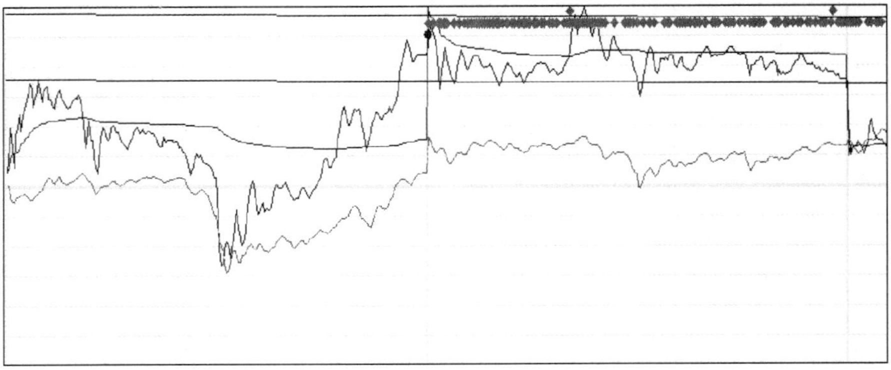

图 3－6　高位箱体震荡成为上升的强大阻力

注解： 打开分时走势图，可点击"＋"或"－"，来增减分时天数，即为多日分时走势图。

二、应用的限制性

由于其分时走势图与 K 线走势图所固有的差异，因此，对于其技术理论，在 K 线及分时图上有着很大的不同。

（1）分时曲线相对于 K 线投机性更强，K 线至少还包括四个价格，即开盘价、收盘价、最高价和最低价，但分时曲线是由每一分钟最后一笔交易的价格连接而成，不管股价在一分钟的波动有多大（按照连续竞价的原则，每 6 秒更新一次），收录的都是最后一笔价格。

（2）K 线我们可以关注不同周期的走势图，日线、月线、季线、年线，不同的周期对应不同的操作手法。分时线只是一条蜿蜒曲折的曲线，无法再次细分。

（3）不同周期的 K 线，它的理论对应着不同级别的分析，日线理论对应着日线级别的分析，周线上的理论也对应着周线级别的分析。分时上理论也对应于日内分时图上的分析，不可能把它放在 K 线应用中。

（4）时间周期越长，趋势性越强，但对于周期较短的走势，可能安全性就降低了很多。同样的道理，分时走势图的趋势分析性弱于 K 线，但投机性明显强于 K 线。

（5）K 线中任何理论都是由分时走势图来验证的。相反，任何分时走势图又组成不同周期的 K 线图。

K 线的趋势理论、压力和支撑位理论，均线、形态、量能分析等等同样适用于分时上，但各自又有着不同的分析方法。

三、不同的分析方法

由于 K 线走势与分时走势图的原理及结构不同，在这里简单地介绍几种分析方法，以便介绍逆势分析方法时可以更好的理解。

1. 历史回忆的应用

众多投资者中，绝大多数还是把股票投资当作副业来做，他们都有固定的职业，都有固定的上班时间，不可能做到实时盯盘，总是错过最佳的买卖点．但同时也会错失很多通过看盘养成良好的盘感机会。收盘后的每一张走势图，可以给人很直观的感觉，但如果能够把历史重现出来．岂不更好。我们重点关注一下超级盘口和历史回忆（同花顺分析软件名称）的使用。

如图 3－7、图 3－8 所示，结合软件中超级盘口功能，为你呈现历史上每一

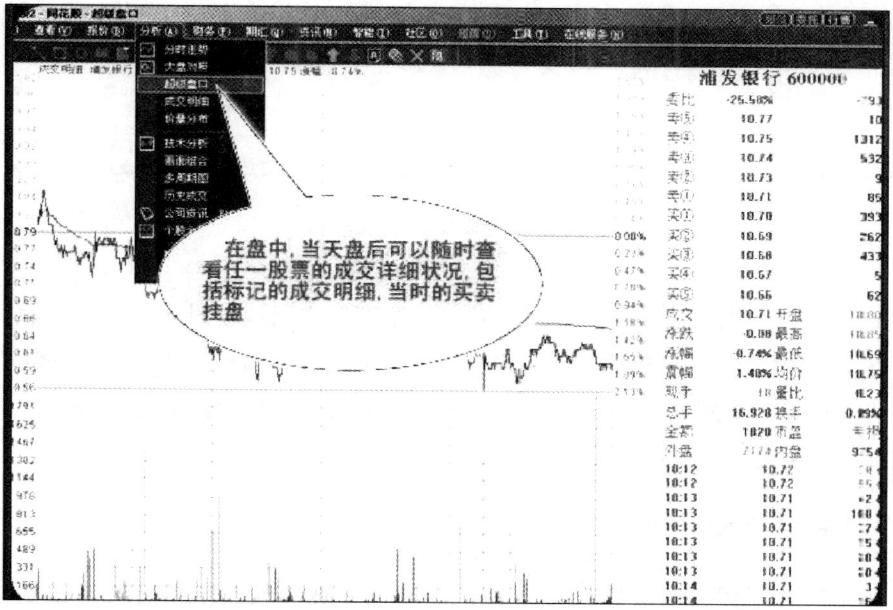

图 3－7　超级盘口的应用

天的盘中走势，不漏掉任何一个细节，包括价位、买卖队列、逐笔成交等数据。历史回忆在分时走势图上的应用可以显示该只股票全天分时走势的实时情况，对于分析市场主力的操作很有帮助。

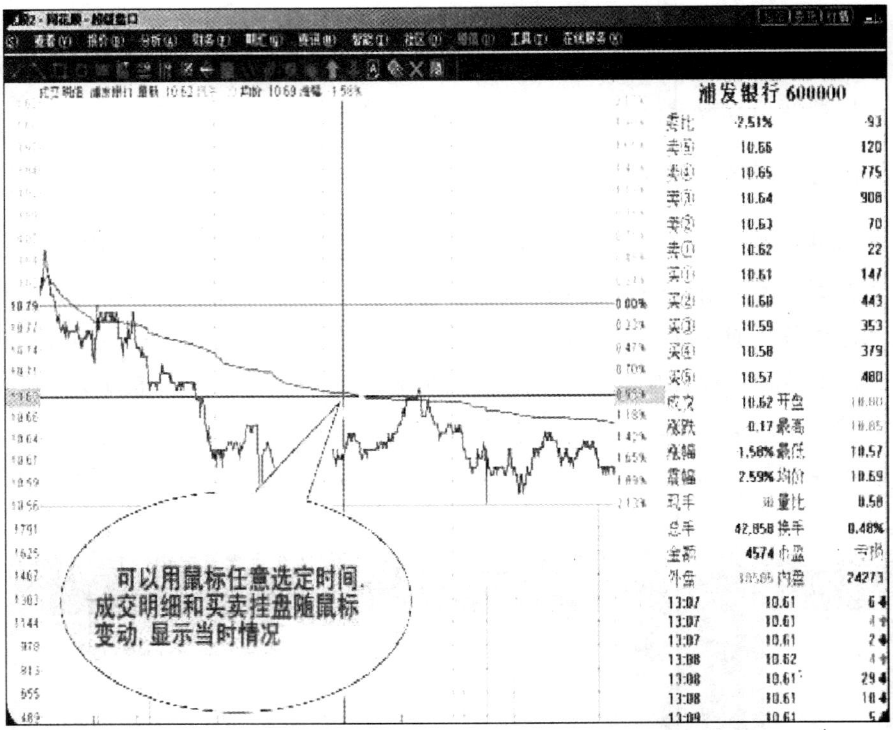

图 3－8　超级盘口的应用

如图 3－9、图 3－10 所示，历史回忆功能不仅应用到分时走势图上，也同时应用在 K 线中，无论在盘中，还是在盘后，都可以真实的感觉股价的涨涨跌跌。

历史回忆对于我们在实际操盘中的作用更多的是实战演练和提高盘感，同时对提高个人的心理素质也有帮助。

2. 个股 K 线区间统计

当你看 K 线图的时候往往希望知道在某个区域的涨跌幅多大、换手率多少等。在股票软件里提供了“区间统计”功能，在 K 线图中在你感兴趣的区域用鼠

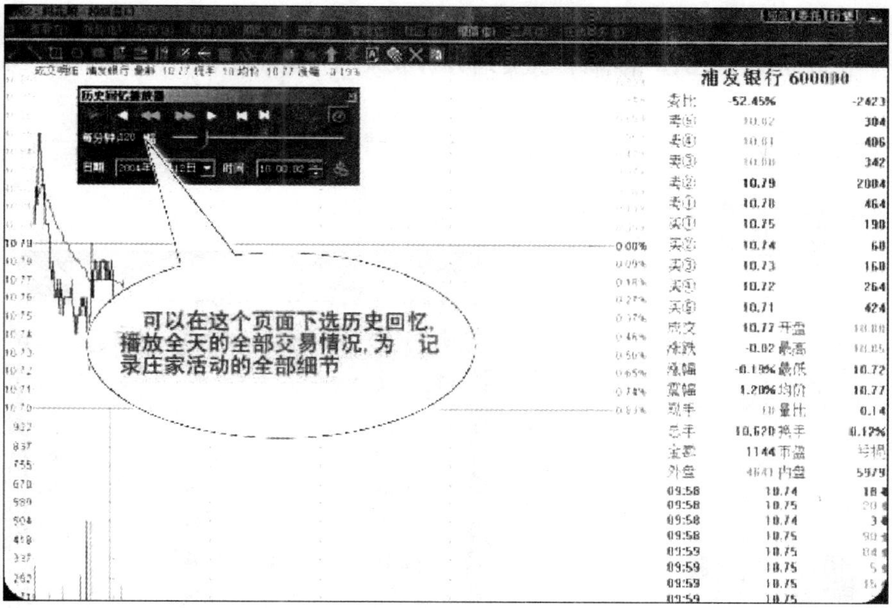

图 3－9　历史回忆在分时走势中的应用

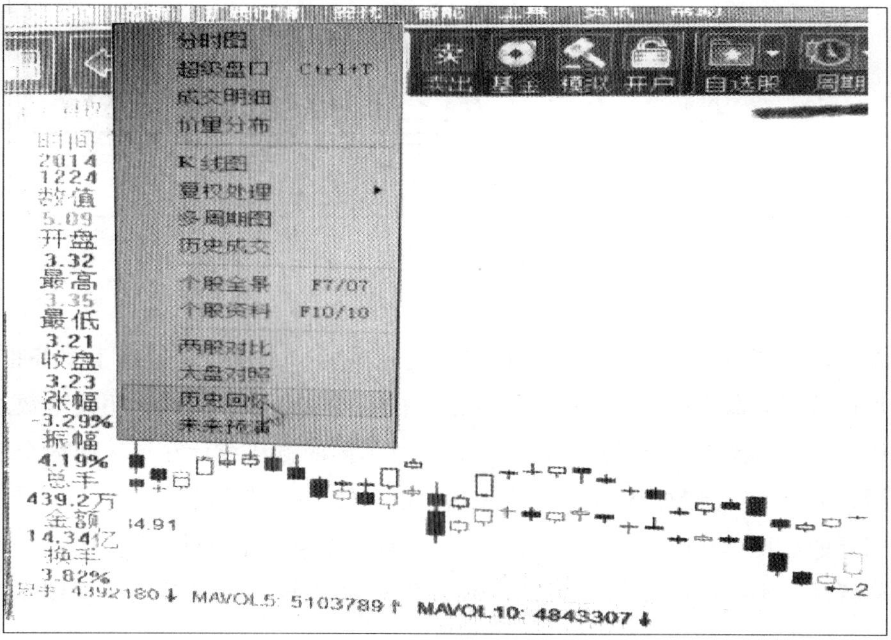

图 3－10　历史回忆在 K 线中的应用

标右键拉出一个框，系统将对这个框所对应时间段里股票的涨跌幅、总成交量、换手率等指标做出统计，简单、快捷地分析股票的走势，如图 3－11 所示。

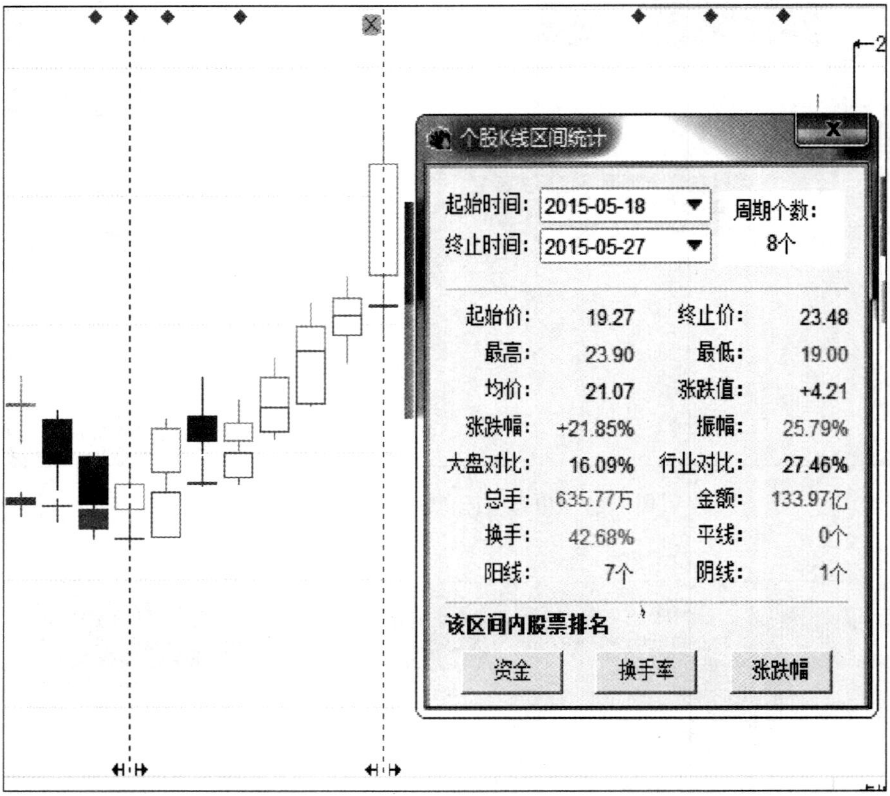

图 3－11　个股 K 线区间统计

在个股 K 线区间统计中，不仅可以看到涨跌幅、总成交量、换手率等指标，而且可以看到大盘在统计区间内的涨跌幅、行业的涨跌幅、阳线、阴线个数及该区间股票排名（点击即可弹出页面）等，通过不同的方法统计在该区间内个股相对于同行业及大盘指数的资金流入、流出、活跃性及强弱对比。

同样的道理，在分时走势图上，按照相同的步骤我们同样可以看到个股分时区间统计。不同的是个股分时区间统计没有该区间内股票排名，如图 3－12 所示。

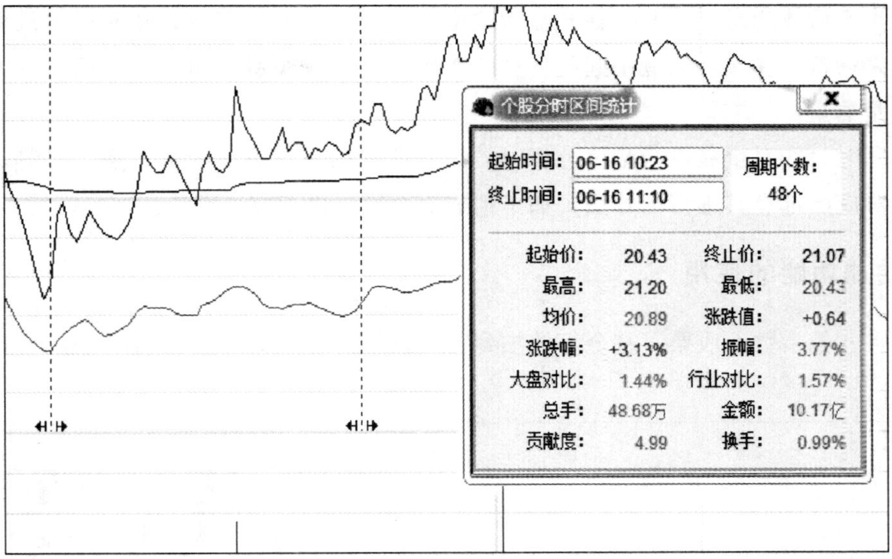

图 3-12　个股分时区间统计

3. 虚拟成交量及换手率的应用

虚拟成交量（图 3-13）：有不同的算法，大致是算出当天已成交时间段的每分钟成交量，然后将这个值乘上全天的分钟数，估算当天的成交量大概是多少，

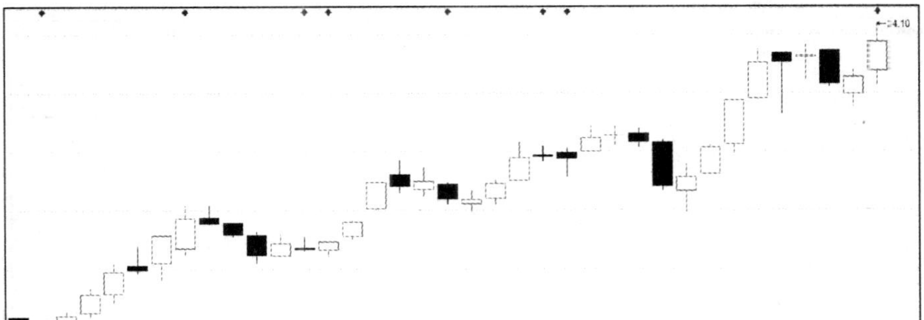

图 3-13　虚拟交易量在盘中的显示

一般半天后才相对准确些。在开盘后这个虚拟成交量是动态的，随时根据最新交易量来调整。在实际操盘中起到估算的作用，能在成交量的图上直观读出今天放量还是缩量。

同时，在对个股进行量价分析时，经常遇到的还有成交金额、换手率等，与之相对应的都有其虚拟的算法，如虚拟成交金额、虚拟成交额等。

4. 叠加功能的使用

将其他指数、股票、基金等叠加到窗口以备对比查看（图 3－14、图 3－15）。

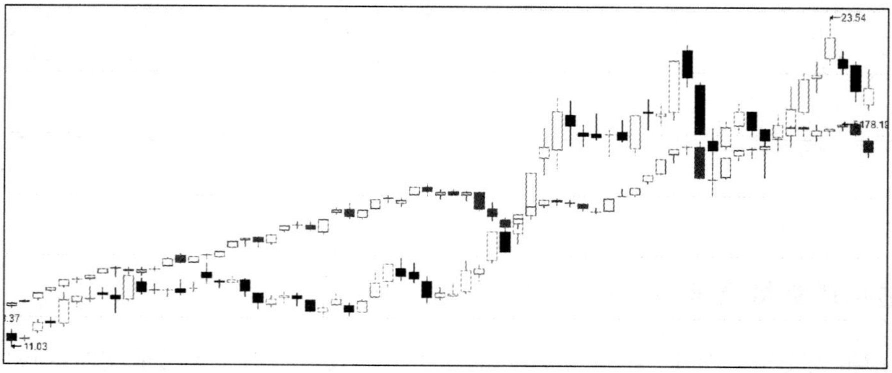

图 3－14　个股与大盘指数的叠加 K 线图

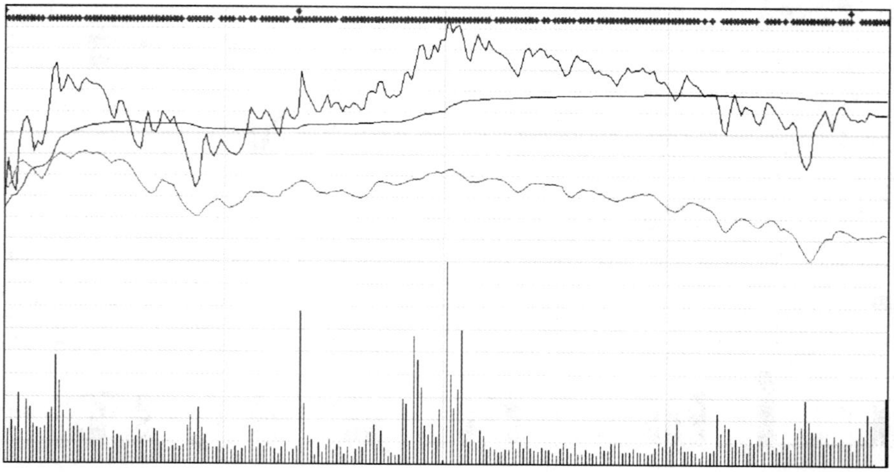

图 3－15　分时图叠加功能的使用

由于不同的股票价格差别往往较大，这样将它们直接叠加在一起看就会产生两个间距较大的曲线。所以一般情况下需要将坐标转换成百分比坐标，即不同股票、指数在K线图的可视范围内的起始值都画在一起，然后以涨跌的百分比绘图。在选择了叠加的商品代码之后，系统将自动提示你是否转换百分比坐标。如果希望回到正常的价格坐标，也可以在“坐标类型”里面选择。

5. 过往走势在K线及分时上的显示

我们来比较一下图3-16和图3-17的图形有什么不同。

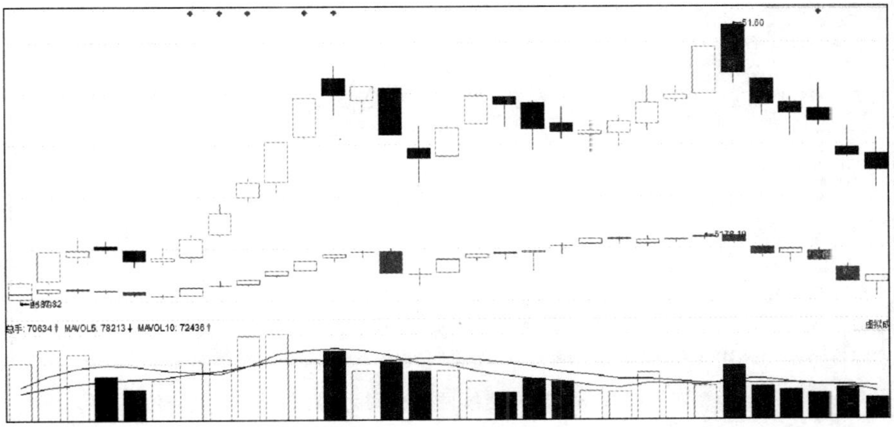

图3-16　5月8日至6月23日K线走势图

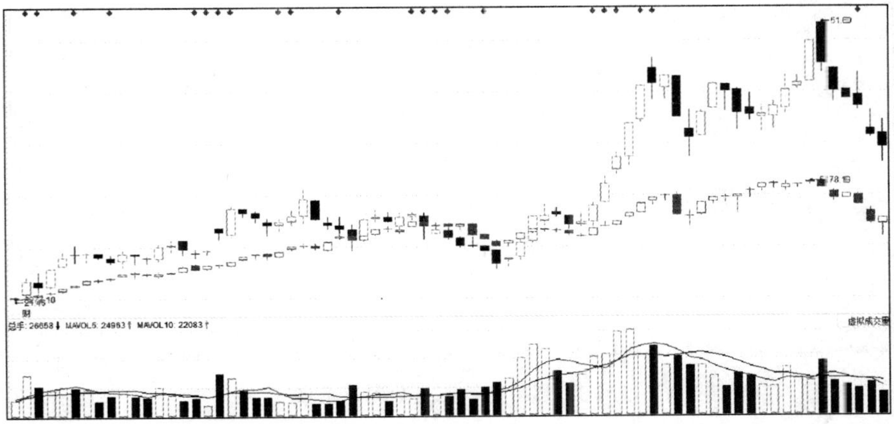

图3-17　3月26日至6月23日K线走势图

在点击左键选择了区间范围后，会出现含有“区间统计”、“放大”等内容的对话框，以上两幅走势图分别选择了不同的区间。

K线走势图及大盘指数分时图的对比是以区间首日的前一天的收盘价作为基准进行对比显示的，由于区间不同，自然在对比图上也存在一定的差异，分时走势图也是同样的道理（图3－18、图3－19）。

不同的区间选择因分析对象时间不同而不同，但是从逆势角度进行分析，得到的结果都是一样的，买卖点的选择也是一样的，在后面章节我们将具体谈到。

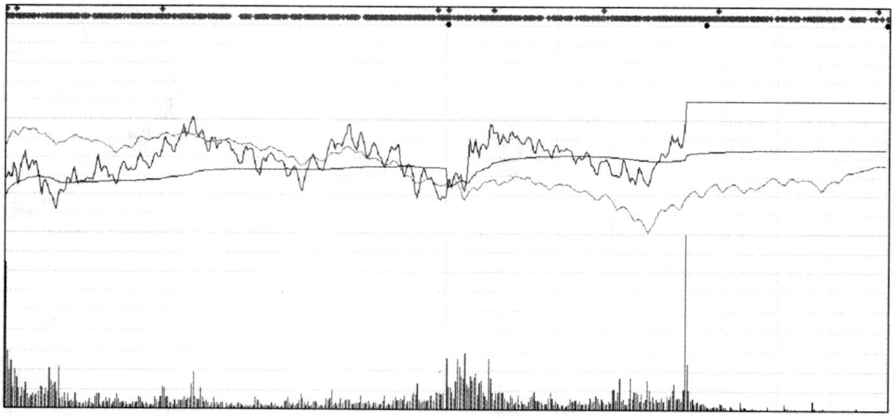

图3－18　连续两日分时走势图

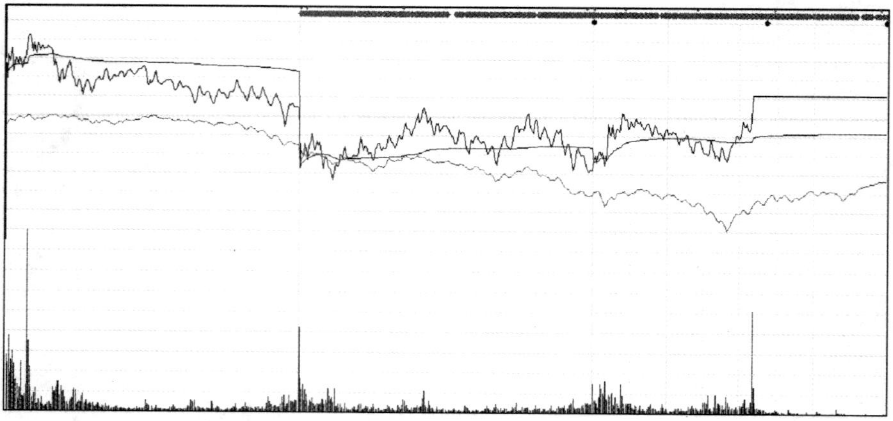

图3－19　连续三日分时走势图

第四章　K 线及分时上的相对论

最常见的一句股评废话“请大家注意高抛低吸，不要追涨杀跌”，听上去万分有理，可是我们真能做到吗？道理很简单，但是大部分人都很难做到控制自己先入为主的意识，很难控制自己情绪的波动。涨得高时贪婪，跌得低时恐惧。还有一句高手常告诉你的话，那就是“强者恒强，弱者恒弱，炒股要去弱留强”，这些话其实都是有道理的，但何为强，何为弱？

一、股市是充满相对论的地方

K 线的强弱假如没有参照物的话，也就没有意义了，大盘指数作为最好的衡量指标是再合适不过了。也许有人会说，行业板块，概念板块等也可以作为参照物啊？但这些也都是以大盘指数为依据的。在 K 线图上，叠加大盘指数，几乎所有的股票软件都有这个功能，如图 4－1 所示。

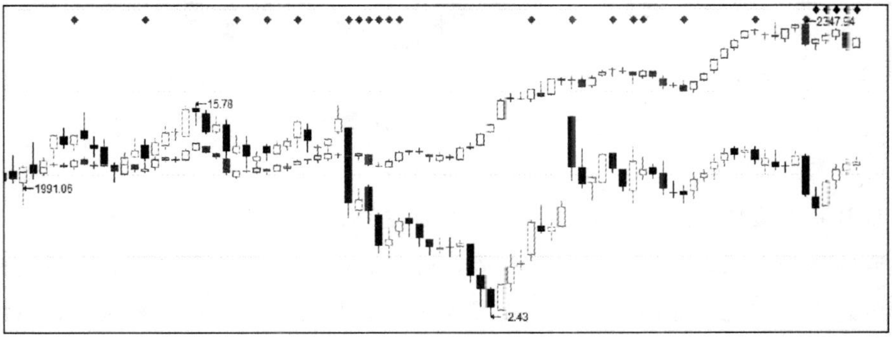

图 4－1　个股与大盘指数 K 线叠加图

我们在具体分析时，可以重点关注以下几种情况：

（1）大盘连创新高或新低时；

（2）大盘宽幅震荡或窄幅波动时；

（3）大盘出现回调或反弹期间；

（4）大盘出现长上下影线或十字线时；

（5）大盘出现大阳线、大阴线时，等等。

强还是弱，必须结合大盘当时的走势，大盘的上涨，为个股提供了上涨的理由，也为个股上涨提供了借口。大盘的下跌，为个股下跌提供了宣泄的机会，也为个股洗盘找到了时机。

看到这张走势图（图4-2），大家一定会怦然心动，多么好的走势，箱体突破，阳包阴，涨停板，相信很多投资者都会奋不顾身的冲进去。然而，该股后面走势阴雨绵绵，缓缓下跌，当天的波动都围绕昨日收盘价做窄幅波动，下跌幅度有限，似乎又给投资者些许希望，以致我们麻痹大意，直到深套（图4-3）。

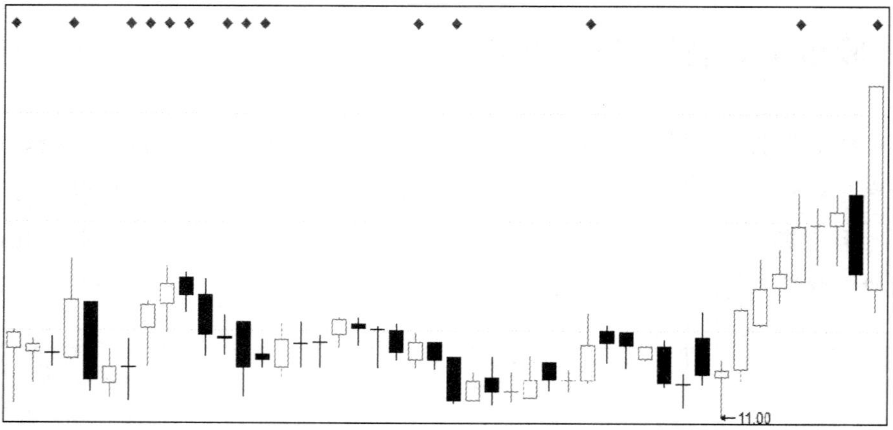

图4-2 个股K线走势图

投资者在具体操盘时，很容易受先入为主的心理影响，一般情况下，只有股价形成明显的上涨趋势后，投资者看清之后买进，再分析股价时就会自然而然地把分析建立在本身已涨的基础之上，那么在股价上涨基调的心理影响下，盘面点点滴滴的变化都会引导投资者做出上涨的判断，对此是非常难控制的，有时甚至是不知不觉，这就是所谓不识庐山真面目，只缘身在此山中的状态。

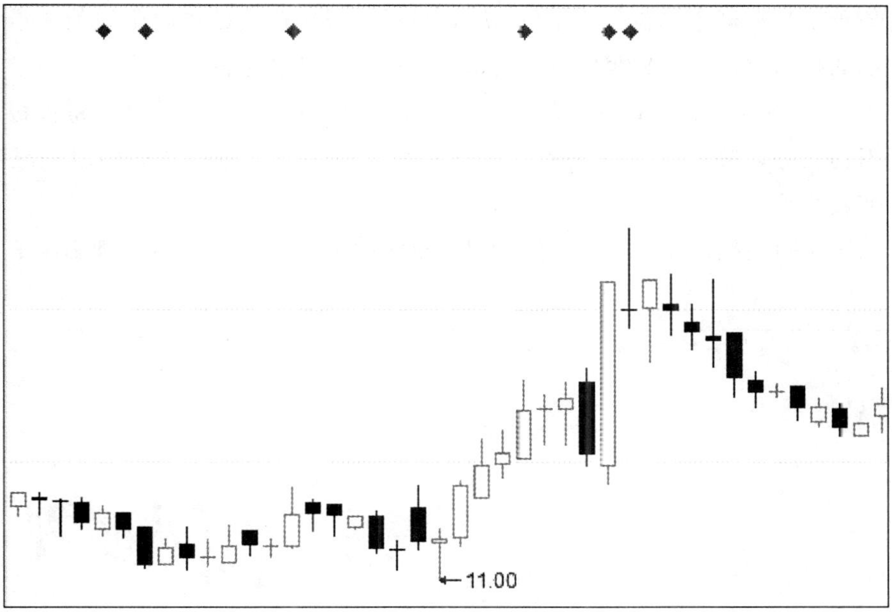

图 4－3　个股 K 线走势图

同样的道理，在股价趋势发生破坏的情况下，在投资者认为股价即将下跌的心理影响下，投资者自然而然地做出卖出的决定，即使股价出现了反弹，在先入为主的心态影响下，大部分投资者也不会改变他们的判断，反而会加深他们再不卖掉就迟了的态度。

具体情况，举例说明，如图 4－4 所示。

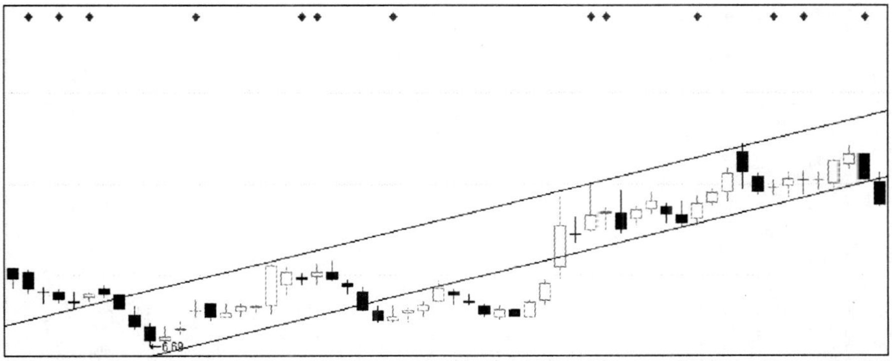

图 4－4　K 线走势图

股价一直在箱体中斜向上缓慢爬升，随后一根中阴线跌破轨道线的下沿，按照传统的技术分析理论，我们应该卖掉，但是，该股之后的走势呢？

如图4-5所示，出现跌破趋势的第二天，阳包阴，后又一个跳空涨停板开始了后面的涨势，散户往往总是在主升浪开始的时候乖乖地把自己的股票献给主力，何其悲乎！

如图4-6所示，同样的事情发生在分时图上，在早盘上涨的心理影响下，每

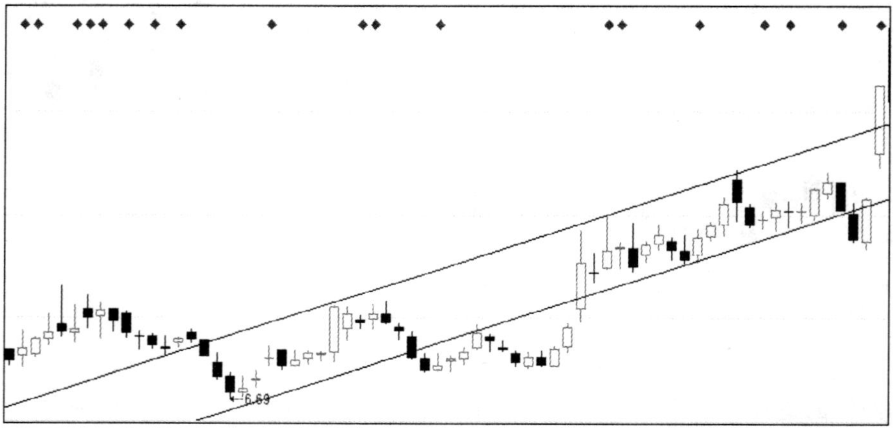

图4-5　K线走势图

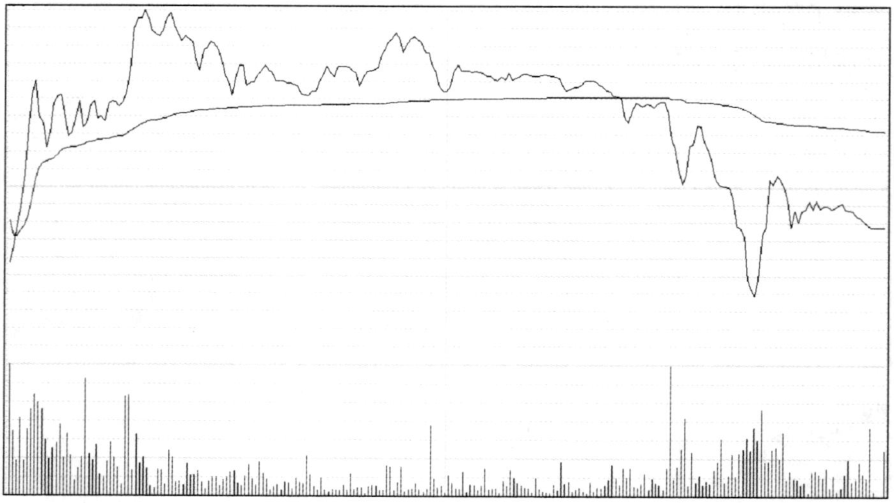

图4-6　个股分时走势图

一次的回调都被认为是买入的时机，每一次下跌中的反弹又都给投资者无限希望，结果呢？可想而知。

如图4－7所示，在图形发生日之前股价刚刚跌破了箱体的下沿，该股今天的走势也是跌宕起伏的。早盘上攻无力突破昨日收盘价，相信留在该股的投资者已经走了大部分了。午盘后欲涨还休的走势，即使上涨总感觉让人提心吊胆，可是图形后的第二天呢？涨停板，一波上涨行情的序幕。

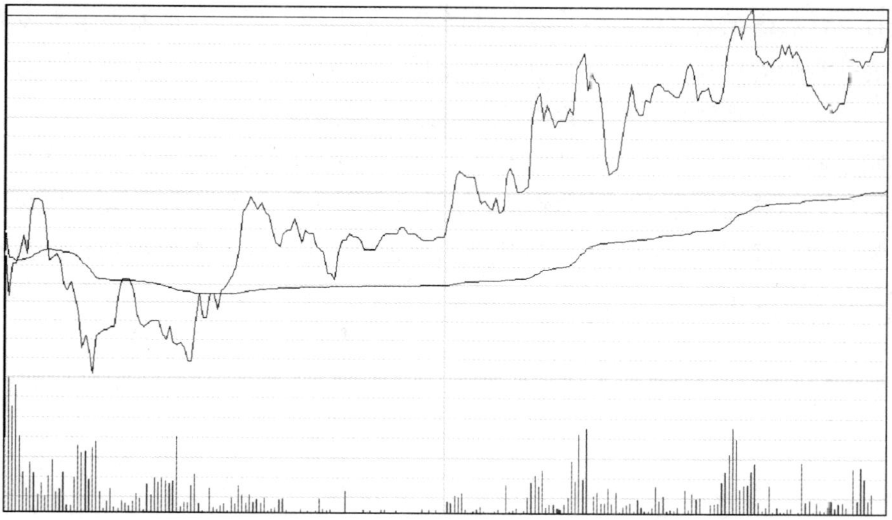

图4－7　个股分时走势图

爱因斯坦说过“没有绝对的时间和空间”。这是爱因斯坦的狭义相对论的两个基本论点之一。第二条则是光速不定性（认为假定的），整个狭义相对论都是建立在这两条基本原理上的，同样的道理也存在股市中。

二、股市的不确定性

价量时空作为股市最基本的四大要素，时间和空间分别代表着买卖时机和涨跌幅，主力机构利用量能和价格的不同组合来决定拉升、洗盘、出货等的时间和空间，但是主力的任何动作都不是照本宣科，都必须充分利用市场气氛，并结合自我条件。

“长江经济带”、“一带一路”和“京津冀协同发展”同为国家三大战略，交运物流和基础建设也是其最主要的投资机会，江西长远，该股同属于长江经济带和交运板块，其热点不言而喻。但是却走出了让投资者大跌眼镜的走势。仅仅在公布长江经济带发展规划的当天一个涨停板，之后便一直回调。其同属该板块的楚天高速 9 个交易日内上涨 115%，那我们看看同日涨停板，如图 4－8、图 4－9 所示，和次日的走势图异同点，如图 4－10、图 4－11 所示。

为什么会有如此天差地别的走势，从江西长运涨停当天犹犹豫豫的态度，以及次日下跌后毫无底气的走势，我们可以看到主力的不尽心。可能是主力没有准备好展开行情的拉升，又或者主力对于未来走势的错误预判等，任何行情的展开都是主力对于未来的预判和自我衡量后综合思量的结果。

股市的不确定性，在于市场的不确定性和主力的不确定性。股市的研究，在于把市场的不确定性作为定性的物质，分析主力机构的不确定性。大盘指数作为市场最重要的温度显示器，在对 K 线及分时走势的分析时，把大盘指数作为参照物其意义也就在于此。

图 4－8　楚天高速当日分时走势图

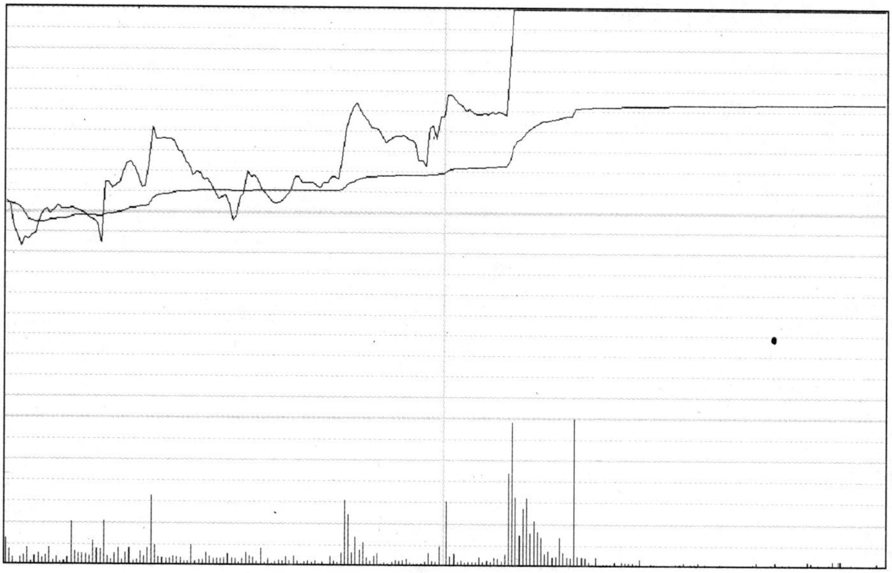

图 4-9　江西长运当日分时走势图

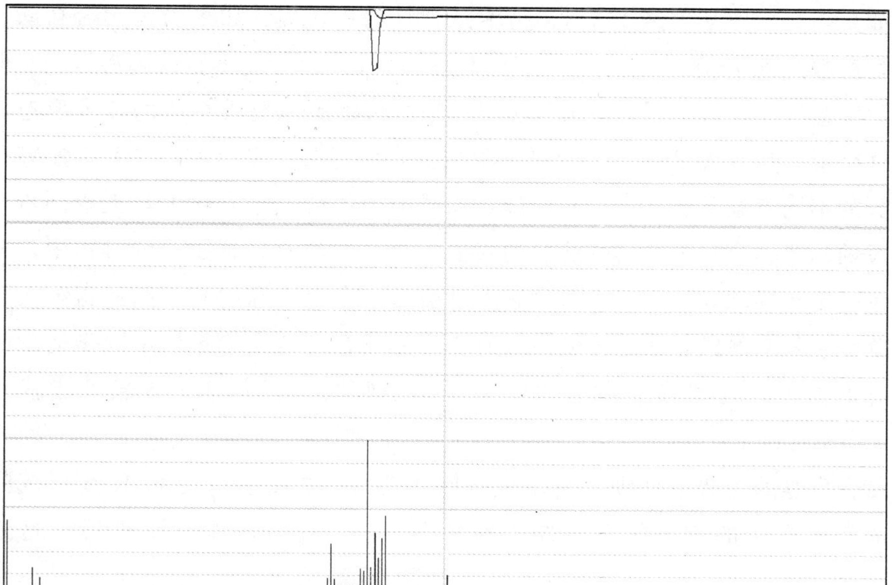

图 4-10　楚天高速次日分时走势图

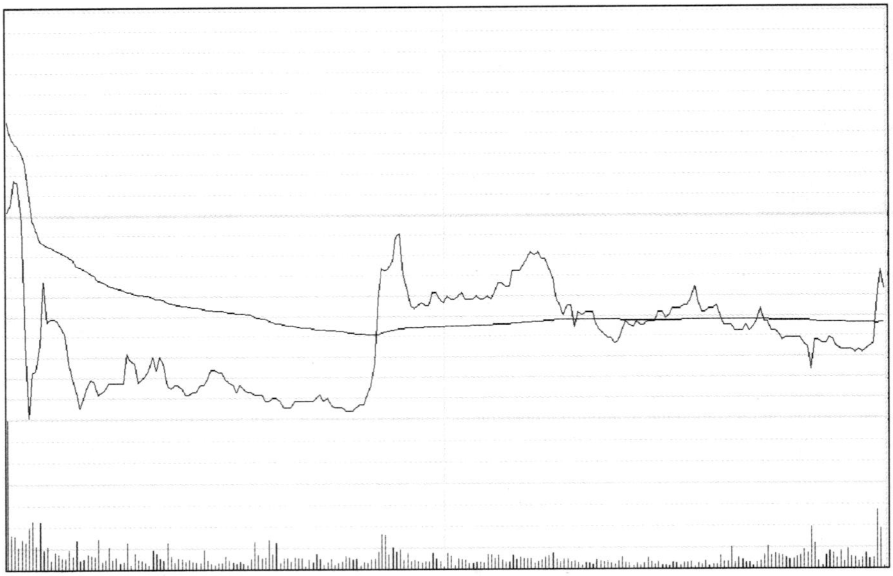

图 4-11　江西长运次日分时走势图

如果一只股票某天涨了3%，是不是就是趋势转强？如果当天大盘高涨，股价平均涨幅达到了5%，或如果某天一只股票下跌3%，是不是就趋势转弱？但如果当天大盘大跌，股价平均跌幅达到5%呢？所以不但要看个股的技术形态，还要看这个形态是在大盘的什么背景下形成的，同样是上涨3%，在大盘强势和大盘弱势的不同背景下意义完全不一样。如果个股的涨跌形态幅度与大盘同步，那这只股的趋势不会是强势。强势股的吸筹，拉升，洗盘，再拉升的过程中，相对于大盘一定有异动，如大盘下跌时它上涨吸筹，大盘上涨时它下跌压盘，大盘微幅震荡时它暴涨暴跌，大盘宽幅震荡时它小幅横盘。与大盘走势不同步运行的股票很有潜力，大盘弱势中横盘的股票可以是好股票，大盘一转强可能就一飞冲天。

结合大盘的走势，仔细分析个股分时走势形成的原因，分析K线形成的机理，成交量真实的增减情况，方能判断主力的意图，才能真正辨析出是强还是弱。

第五章　看盘时的误区

很多投资者在操作时，一直秉承着“看大盘，做个股”的法则。但我们在面对大盘指数做分析的时候，总是存在着指数定义不明、盲目推崇技术分析、数据消息的错误解读等这样或那样的误区。同样，由于个股走势的趋势性及延续性，在分析K线走势图及分时走势图时，也存着股价高低、振幅、量能等不同的误区，在详细讲解逆势操盘理论之前，我们有必要对这些误区做一下简单的梳理及论述。

一、大盘指数的误区

股市的存在让人们充满忧虑和欢喜，那么如何在这变幻莫测的股市中找到指引方向的风向标呢？相信很多投资者对股市的第一印象来自于新闻中的指数播报，上证指数多少点，深圳成指多少点等。大盘指数一般被认为是市场的风向标，但是它真的有效吗，它是不是需要一些其他辅助参数，很多投资者根本无心也无意去考虑，我们还是先来认识一下大盘指数的含义。

1. 大盘指数定义上的误区

大盘指数是指沪市的上证综合指数和深市的深圳成分指数。上证综合指数是以样本股的发行股本为权数进行加权计算，同时，上证综指采用实时计算。具体方法是，在每一个交易日集合竞价结束后，用集合竞价产生的股票开盘价（无成交则取昨日收盘价）计算开盘指数，以后大约2秒重新计算一次指数，直至收盘，大约每6秒实时向外发布，如图5-1所示。

深证成分指数是从上市的所有股票中去抽取具有市场代表性的40家上市公司的股票作为计算对象，并以流通股为权数计算得出的加权股价指数，综合反映了深交所上市 A 股、B 股的股价走势，如图 5－2 所示。

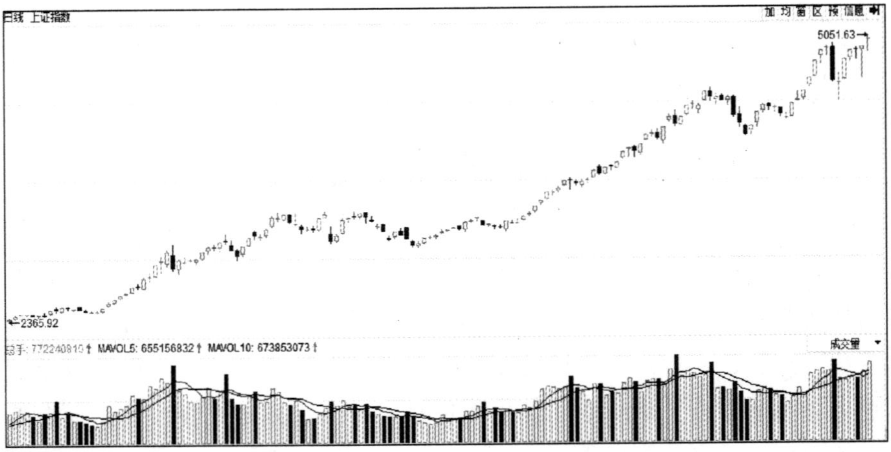

图 5－1　上证指数 K 线走势图

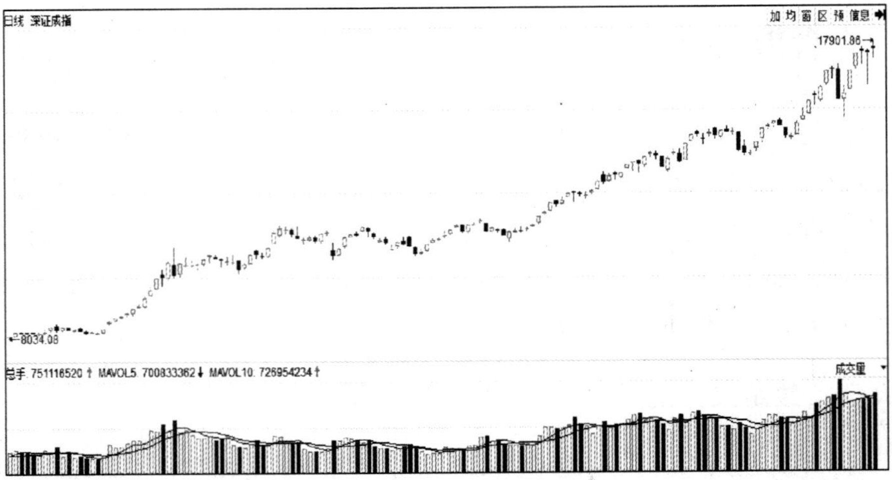

图 5－2　深证成指 K 线走势图

具体两者之间又有什么区别和联系：

(1) 上证综指其样本股是全部上市股票，深证成指选取的则是 40 家上市公司。深交所考虑的因素包括国家股和法人股不能上市流通，新股上市影响，结构过于频繁，除权时的调整计算有偏差及缺少分类指数等原因。

（2）两者都是加权指数，世界上所有股票指数都是加权指数，其计算方法两者大体相同，不同之处在于对新股的处理。上证综指的计算，即当有新股上市时，一个月以后方列入计算范围。

2. 曲线上的误区

下面我们谈论一下大盘指数上的黄线与白线，如图 5－3 所示。

白色曲线：表示大盘加权指数，即证交所每天公布媒体常说的大盘实际指数。

黄色曲线：大盘不含加权的指标，即不考虑盘子的大小，而将所有股票对指数影响看作相同计算出的大盘指数。

黄色是未加权的曲线，白色是加权计算的（我们平常所说的）。例如中国石化市值，目前中国石化的市值差不多占到了上证市值的 15.8%，石化涨一分钱，可以影响大盘 0.39 个点，如果把石化拉到涨停，将可以拉高指数 17 个点。我们可以简单地认为，黄线代表小盘股，白线代表大盘股。那么二者的相互关系是：

①当大盘指数下跌时，黄线在白线之上，表示流通盘较小的股票跌幅小于盘大的股票，反之，表示流通盘较小的股票跌幅大于盘大的股票；

②当大盘指数上涨时，黄线在白线之下，表明流通盘较小的股票涨幅小于盘大的股票，反之，表示流通盘较小的股票大于盘大的股票。

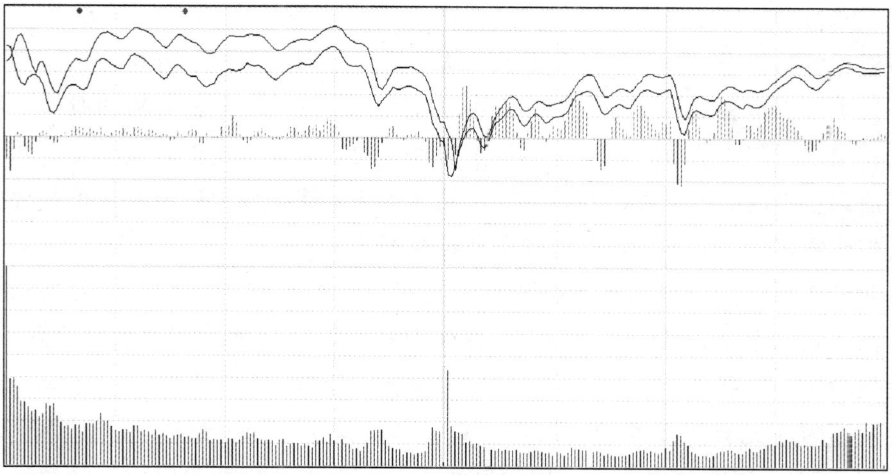

图 5－3　大盘指数分时走势图

很多中小投资者将大盘指数涨跌作为自己持股的考虑，实际上这是一个误区。我们说看到的大盘指数很大程度上反映了超级大盘股（例如中国石油、工商银行、农业银行、中国银行和中国石化）的关系，如果中小投资者完全按照大盘指数来指导自己的操作，是很容易以偏概全的。

3. 技术分析的误区

技术分析是投资者最常用的一种证券分析方法，由于不像基本分析那样必须具备一定的经济专业和财务专业知识，因此更容易被一般投资者所接受，应用更加普遍。

（1）技术分析的定义：

技术分析指以市场行为为研究对象，以判断市场趋势并跟随趋势的周期性变化来进行股票及一切金融衍生品交易决策的方法的总和。它是通过图表或技术指标的纪录，研究市场过去及现在的行为反映，以推测未来价格的变动趋势。其依据的技术指标的主要内容是由股价、成交量或涨跌幅度等数据计算而来的。

（2）技术指标的种类：

技术指标的种类主要包括：①均线类及 MACD 等趋势指标；②趋势线、轨道线等切线类；③持续及反转形态类；④K 线组合类；⑤波浪理论类；⑥江恩理论及黄金分割点；⑦其他指标。

（3）技术指标的特点：

①滞后性。

逻辑性的错误：技术指标采用了“从结果到原因”的错误分析方法。当“结果”发生了，再去寻找“原因”。正如我们经常说的，这么多上涨的股票，我的指标都给出了买入信号，当然我的指标就是好的。但是事实上，这只能说明该指标是股票上涨的必要条件，并不一定是充分条件，就好像“世界冠军都是要吃饭的，但是吃饭的人并不一定都能成为世界冠军”。

我们作为研究股市的技术分析者，我们更多的、也更关心的是去找充分条件，而非仅是必要条件。因此研究市场、分析股票，必须遵循“从原因到结果”的逻辑顺序。也就是必须遵循基本的逻辑关系。股票不是因为涨了，才有涨的原因；而是因为先有了上涨的原因，才有上涨的这个结果。所以，“原因”远比“结果”重要。颠倒逻辑关系，等股票涨了之后，才寻找涨的原因，解释这只股票为什么会涨，就会犯“马后炮”的毛病。

乱联系的错误：股价的波动源于市场主力对大盘的研判与个股自身的操盘计划有关。对于股价的上涨，你可以说主力开始经常吸筹了，你可以说主力看到大盘上涨，股价也跟着涨起来了，又或者其他的原因，但绝对不会是均线金叉或者某个指标出击的原因。股票上涨跟均线的金叉根本就没有任何因果关系。如果把上涨和均线金叉联系在一起，这样的错误就是哲学上常说的“乱联系”的错误，把两个本来不相关的事物联系在一起分析，得出的结果肯定是荒谬的。

不要小看这个错误，这是目前技术分析中最严重的错误，以至于很多人都无法明白股市涨跌的真正原因。找不到股市涨跌的原因，也就无法真正认识股市的真谛。

统计上的错误：很多技术分析为了证明自己的技术有用，喜欢找出几只大牛股，然后分析说用哪种技术或哪个指标抓住了这只大牛股。用少数的股票当案例来研究股市的规律，说明某种理论或某个指标的好坏，都会在统计上犯“以偏概全”的错误。

技术指标其本质是一种数理统计模型，是对市场行为的一种描述。就技术指标本身而言，笔者觉得并无实质意义，其真正意义在于对市场行为的某种量化。

②难以运用。

由于个股很容易被少数私募或大资金机构所控制，技术分析经常失效。以均线分析和画线分析为例：

通过均线系统分析趋势，带有很大的滞后性。而通过画线来分析段市的趋势，则可以增强预见性。因为直线可以无限延长，所以，切线分析的优点是可以提前预测。但是，切线分析也有一个致命的弱点，就是线的画法没有一定规范，因此，画出来的线以及通过画线分析出来的趋势的正确性，则要因人而异。所以，会不会画线，是决定这种分析方法正确与否的关键。而画线的正确性与使用的人的经验有很大的关系。一般来说，有经验的人，使用这种方法的正确率大一些。如果是没有经验的人，使用切线的效果就大打折扣了。因为，切线分析法的可变性太大，没有一定的使用规范，因此难以掌握，难以运用。

同样，形态的不断变化，造成了形态分析时效性的降低，使形态上的分析大打折扣。K 线组合、波浪理论的不确定性更使我们在应用时加大了难度。

总之，这些技术分析方法都存在缺点，以至在使用的时候，难以形成准确的判断。因此，技术分析并不能解决一切。

4. 数据消息的误区

就股市而言，无所谓利好还是利空，关键在于市场环境，市场环境好，利空也是利多，市场环境不好，利好也是利空。

2015年4月17日国家叫停伞形信托，牛市减杠杆的信号明确。伞形信托尽管规模不大，只有5000亿，但融资融券和伞形信托配资加起来的杠杆资金规模超过2万亿，已经占A股有效流通市值的10%左右。但是在上升空间不断被打开的逼空行情中和强大的场外资金推动下，丝毫没有阻挡大盘昂扬向上的斗志，已上涨达20%，并且行情的展开有望继续得到延续。

2007年5月30日凌晨，中国政府意外宣布将证券交易印花税提高两倍的消息，这一新规触发的溃败之前，中国股市也曾令人窒息地一路狂飙。这则消息拉开了2007年股灾的序幕，上证指数从6000点上方开始下跌，最低跌至1664点。在此期间，国家出台严控新股发行节奏，简化回购审批程序，进一步完善分红制度等多项托市政策，中国人民银行更是在73天降息达4次，降息幅度之大，次数之多，远超预期，然而多项刺激股市回暖的政策连续出台，都阻碍不了暴跌的行情。

中国股市对利好和利空消息表现出非常明显的非对称特征：

（1）利好消息对市场造成冲击的持续时间短；而利空消息持续时间比较长。

（2）利好消息能够在一定程度上抵消利空消息的冲击，但利空消息对利好消息的负面冲击持续时间更长。由于利空消息对市场的冲击持续时间长，所以中国证券市场就有牛市短、熊市长的特征。

（3）由于利空消息比利好消息的负面冲击持续时间更长，时以表明熊市向牛市的转变需要持续且更大的利好信息冲击。

5. 投资收益上的误区

股票的涨跌幅度减掉交易成本即为股票的投资收益。大部分投资者认为牛市赚钱，熊市赔钱，可实际情况确并非如此。

（1）如果一个牛市是可逆的，则投资者只赔不赚。当上证指数经过轮回又回到原点，对于个别投资者来说，可能有赚有赔，相互之间就是财富的转移，但对投资者这个群体而言，他们不但毫无所得，而且还有所失。

（2）即使是大牛市，投资者也不一定就能盈利。在中国的股市，由于投机气氛转浓，换手频繁，如果扣除交易成本，大多数投资者的收益率也未必是红的。

(3) 牛市中最忌讳的是追涨杀跌。长期的牛市必然伴随着各种行业、热点、题材的轮动，如果没有对市场热点的精确踩点，如果没有精力和时间去全天看盘操盘，如果没有对未来国家行业规划的提前预判，那么，我们还不如找一只潜力牛股，深耕细作，了解其基本面、资金面、操盘手法及股性等，相信市场早晚都会轮到你的。

(4) 持股——牛市思维。牛市中什么时候买入都是对的，只会错一次。熊市中什么时候买入都是错的，只会对一次。所以说，牛市放大利润才是交易的核心。选股、买点、卖点都不是重点，重点是持股。

(5) 无论什么市场，第一要务为风险控制。无论是什么市场，止损、止盈，阶段性停止交易，都相当重要。因为，即使是大牛市行情，被套的投资者也比比皆是。

(6) 仓位配置同样重要。很多投资者看到自己持有的股票翻了几番，心情大悦，可是翻看自己的持仓，这才慌了。牛市中持仓的比例不低于五成，第一次买入的底仓为半仓，在确定上涨后的回调点加仓三成，在下一个加仓点加仓两成。为什么不全仓买入呢，因为牛市也有下跌、大跌，更有夭折、终结。

同样，熊市真的赔钱吗？

贪婪和恐惧是人性的弱点，在弱肉强食的股市中，其本性被表现得淋漓尽致。贪婪让人迷失方向，股市涨跌轮回才是真理。很多投资者是看到 5000 点就想 6000 点，看到 6000 点就想 8000 点。结果 2007 年套在 6000 点以上的比比皆是。市场跌到 2000 点的时候，绝望的气氛在弥漫着，人人谈股色变，低点也就在这种气氛中产生了。

熊市中的生存法则：

(1) 控制风险，多忍少动。

熊市风险很大，永远把控制风险放在第一位，机会较少，要多忍，少盲动。同时，应该降低获利目标，打得赢就打，打不赢就跑，严格执行纪律，错了要坚决止损，千万不要短线做成中线，中线做成长线。

(2) 做足功课，不断研究，加强专业素养。

在熊市里不要将大量的精力花在行情的关注上，而要将眼光更多地盯在政策、行业、企业等市场背后的因素发展动向上，为下一轮的行情做准备。

(3) 不轻言抄底，只做超跌反弹。

不轻言抄底，因为你不知道底在哪里，就像我们不知道顶在哪里一样，真正的底只有一个，概率太小了。抢反弹，因为超跌通常会有反弹。大盘在下跌过程中也不可能一泻千里，途中会有大大小小的反弹。抢反弹坚持短线操作，错了坚决出来。同时抢反弹要抢近期可能成为短线热点的股票。

如图 5－4 所示，这是上证指数自 2636.36～1949.46 点下跌途中的反弹，反弹幅度高达 15.10%，该股伴随着重组消息的不断发酵下，涨幅高达 50%，虽然我们没有抄到大底，但我们赚取了抄底所赚取的利润。

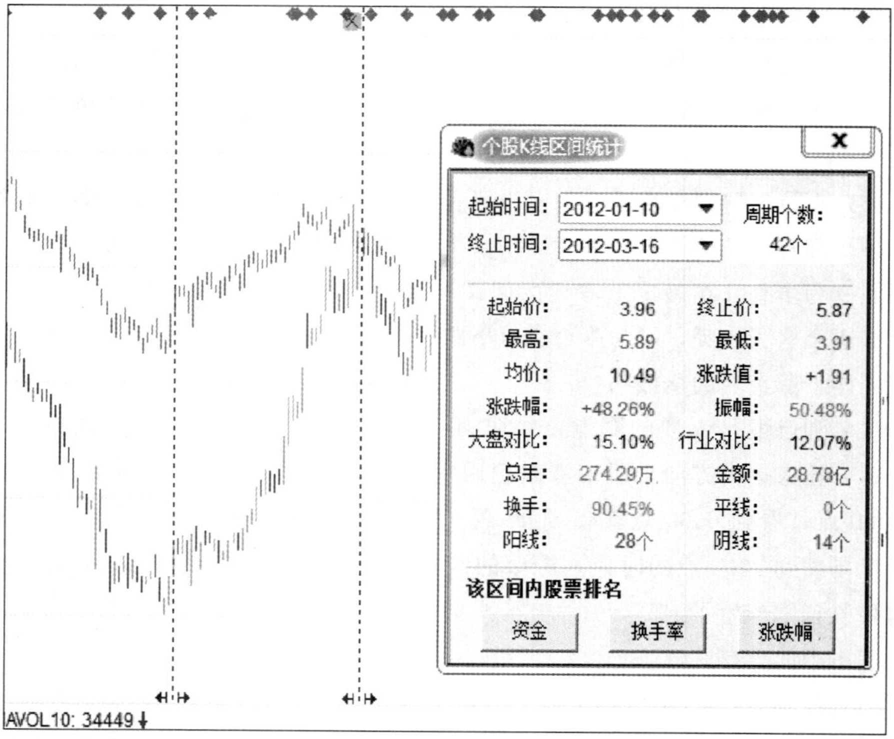

图 5－4　大盘反弹阶段个股走势图

6. 抛开大盘炒个股的误区

其主要观点是轻大盘、重个股的挑选，认为只要选对了股票，就能赚钱。这种理论听起来似乎有点儿道理，因为每天大盘至少都会有几只股票涨得好。但是，如果我们仔细一想，就会发现这种理论在实践中实行起来很困难，不实用。

大多数个股的历史走势与大盘的历史走势都极为相似，这是因为大盘对于每只股票的走势都有很强的影响力。当然，也有极少数强庄股有自己的独立走势，但这毕竟是少数股票。所以，看准了大盘，摸清楚了大盘的走势规律，大多数股票的走势图也就在意料之中了。特别是在大盘处于下跌趋势的时候，“抛开大盘炒个股”将导致灾难性的后果。

事实胜于雄辩。在2001年6月，大盘见了历史大顶，之后一路下跌，几乎所有股票都下跌了30%以上。这段时间可以说只要买股票，就会被套牢，很多投资者平均亏损在30%以上。这一堂生动的课也是给“抛开大盘炒个股”这一理论的鞭挞。

同样，在大盘见底的时候，即使随便买入一只股票，都可以给投资者带来可观的收益。例如，1999年5月19日的大底，几乎所有股票都上涨了30%以上；2002年1月29日的大底，也是几乎所有股票都上涨了20%以上。

2008年这场18年一遇的股灾更是给广大投资者带来了血的教训。从2007年10月的6124点，到2008年的1664点，中国股市经历了前所未有的速降过程，在不到一年的时间，下跌幅度超过72%，市值缩水最多时达22万亿。当时中国A股账户有1.2亿，平均每人亏损13万元。

股灾带来的启示（来自网络）

二、K线图上的误区

1. 股票价格的误区

股票本身没有价值，但可以当作商品出卖，并且有一定的价格。股票有市场价格和理论价格之分。市场价格即为股票市场上买卖的价格，而股票理论价格＝股息红利收益/市场利率。股票价值和股票价格就是这样相互作用、相互影响的。

从理论上讲，股票价值是应该与其市场价格相符的。经济学和金融理论认为，投资者在投资活动中是理性的，他们在做出投资决策时会进行理智的分析，当股票价格低于上市公司的内在价值时，他们开始买入股票；而当股票价格高于上市公司的内在价值时，他们开始卖出股票。大家都是基于股票价值本身的长期性投资，是在对企业业绩、行业景气度和经济的基本面进行综合考量后所做出的投资结论，股市也由此形成了一种价值投资的氛围。但事实并非像经济学家想象的那么美好。在投资领域长期存在着价格严重偏离其内在价值的情况，股票价格

股票价值不取决于经济的好坏（来自网络）

是由市场供需决定的，在一定的时期与价值无关。如果价格等于价值，就无需市场的作用。然而大多数投资者往往容易产生误解，以为股票价格总是等于段票价值，或在价值的上下浮动。

影响股票市场价格的因素除了各种股票市场操作，还包括本身的价值，投资者的心理行为，股市的环境和氛围来决定。

由于股票价格反映的是未来的收益、股息和资产价值，而这些流量仅仅只是市场猜测的对象。而人们对某个事物的猜测，往往掺杂了某些偏见。

2. 股价高低的误区

低进高出，在中国这个只有做多才能赚钱的时代（融资融券毕竟还是比较少的），这个词概括了股票投资的本质，但何为高，何为底，如果没有一个标杆，这个词也就没有意义了。“跌这么多，可以进了；涨了不少，赶快卖掉”，这是作为投资者最常说的话了吧，如何才能判断股价的高或低呢？

在K线走势图上，我们可以通过键盘右下方的左右键来拉伸或压缩K线的走势，来看之前的走势，从而判断出当前价格所在的位置。通过这种简单的方法可以使我们消除由于视觉的局限性会使我们在看盘时带来的误区。

比较图5-5和图5-6可以得出，在当时看来，幅度是比较大的走势，但当一个上升趋势走出来的时候，我们可以看到当时的走势只是底部的震荡吸筹，如果我们在当时卖掉了自己的股票，我们就会错过后面主升段的行情，悔之晚矣。

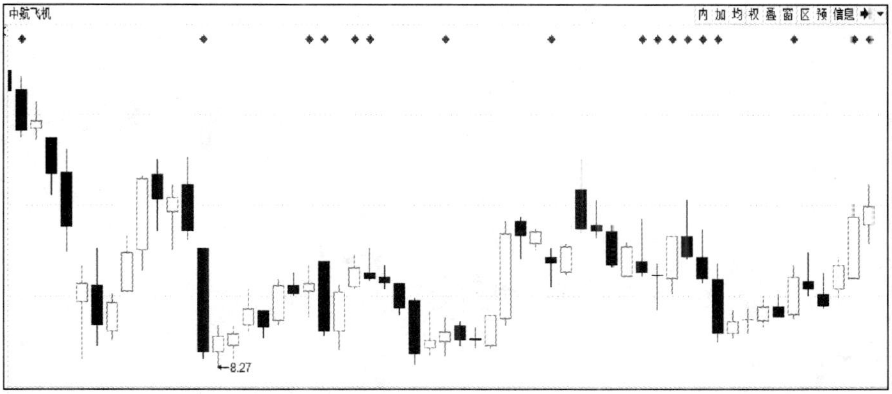

图5-5 个股K线走势图（2014年2月14日至2015年5月14日）

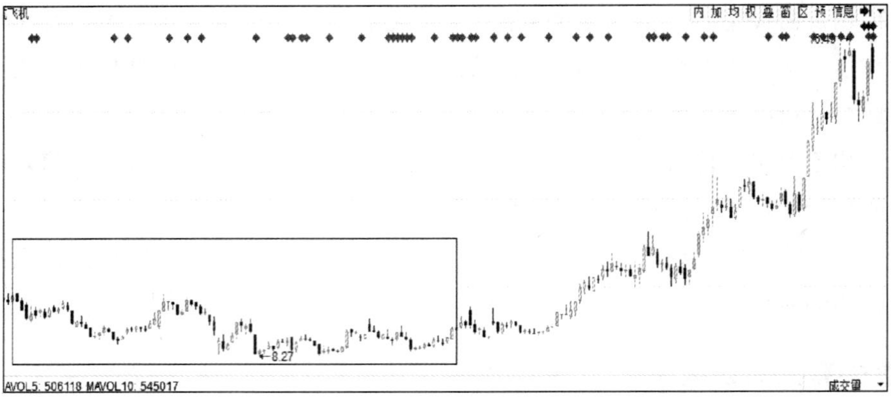

图 5-6　个股 2014 年 9 月 22 日 K 线走势图

所以我们在看盘时，把我们 K 线图上坐标切换成百分比坐标，就可以看到股价不过是在 10%左右的幅度内震荡，同时结合历史区域中所处的底部位置，就不会盲目的卖掉我们手中的股票了。

股票投资一直有长线投资、中线投资、波段投资、短线投资、超短线投资等，不同的操作手法，可以选择不同的时间周期来判断股价当时所处的位置。

我们买卖股票时，赚取的无非是差价，股价的高与低和我们没有太大的关系，更何况价格的高低，不单单是数字的大小，还要通过以前的高低点来判断。

如图 5-7、图 5-8 所示，从中我们可以看到，该股处于短线高位，中线低

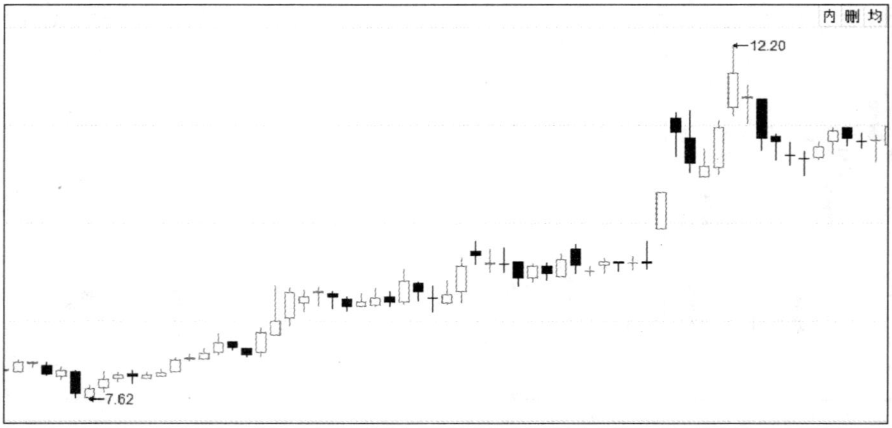

图 5-7　个股近期 K 线走势图

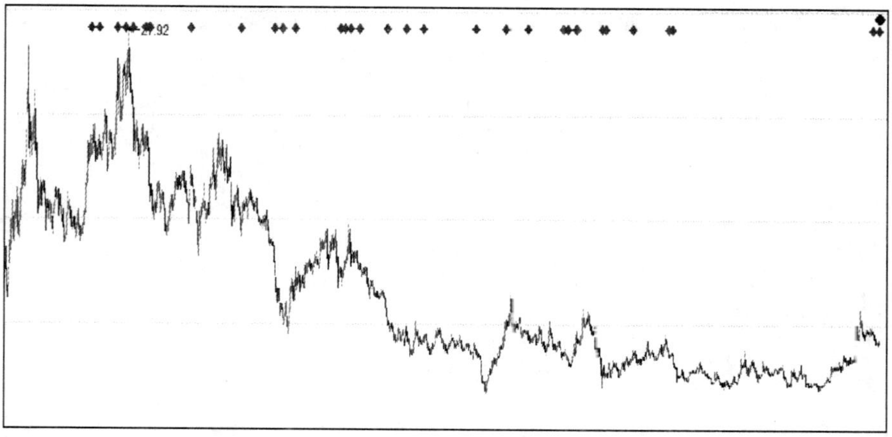

图 5-8　个股历史 K 线走势图

位，长线来看处在底部，仍有上涨的空间。

同时，高与低不仅要从纵向角度考虑，也要从横向角度去分析，即与大盘走势比较，与同概念板块比较，与同热点或同概念个股比较。例如消息面《中国足球改革总体方案》今日出台，足球概念股大涨，三只个股涨停。我们来看一下涨停股江苏舜天（图 5-9）和中体产业（图 5-10）的 K 线比较图。

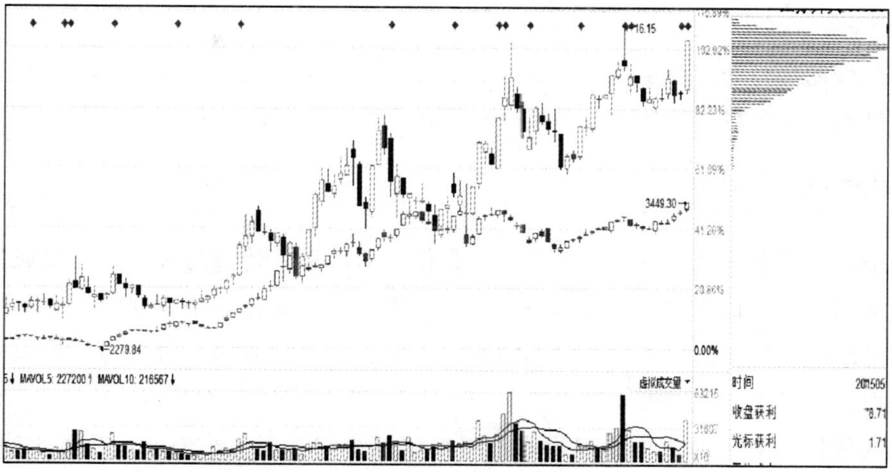

图 5-9　江苏舜天

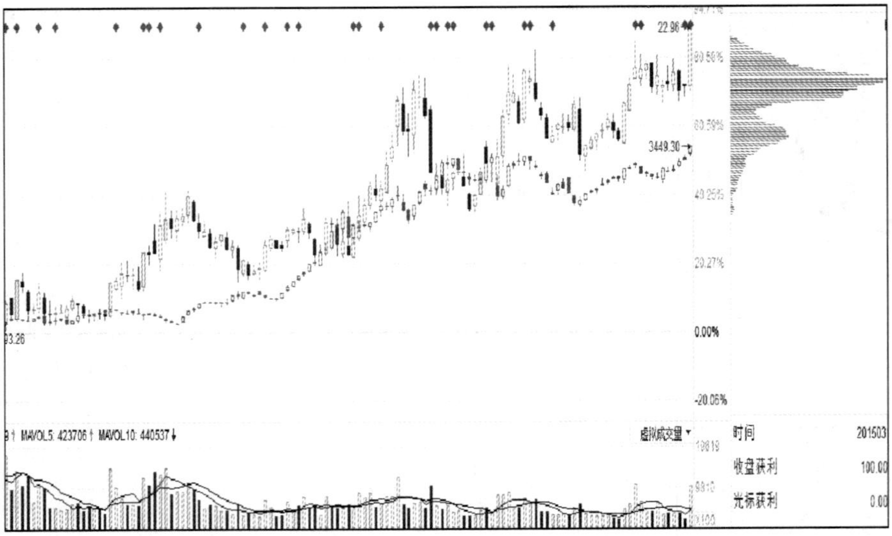

图 5-10　中体产业

从图中我们看到，同行业、同概念的两只股票走势基本一致，一样的午盘涨停。仔细观察我们还可以看到，中体产业涨停板创新高，江苏舜天没有破新高，龙头自然归属中体产业，后面的走势同样验证了我们的预测，中体产业不断创出新高，而江苏舜天后期一直在高位震荡，其他未涨停的股票更加落后于龙头股的走势。

K 线的高与低，要从横向和纵向两方面考虑，不仅要分析比较以往的走势，更要结合当前市场氛围下该股的表现是不是优于其他同热点个股的走势。

3. 振幅大小的误区

振幅就是股价波动的大小，反映着股价的活跃度。传统意义上，大盘股比小盘股振幅小，绩优股比题材股振幅小，上海股比深圳股振幅小，同时有一点可能大家忽略了，横向的比较远比纵向的比较重要。一只长时间走势呆滞、振幅较小的股票，忽然出现一根振幅较大的 K 线，可能就是一波行情拉升的开始；一只振幅长久保持在 10%以上的股票出现一根振幅缩小的小阴、小阳线，或者十字线，可能代表着一波行情的停滞甚至转向。

如图 5-11 所示，该股 10 月 16 日之前一直保持着窄幅震荡的走势，大部分都是小阴、小阳线和十字线，单根K线极少出现超过2%以上的振幅，K线也在5%以内，随着一根放量大阳线的出现，一波波澜壮阔的行情就此展开了。

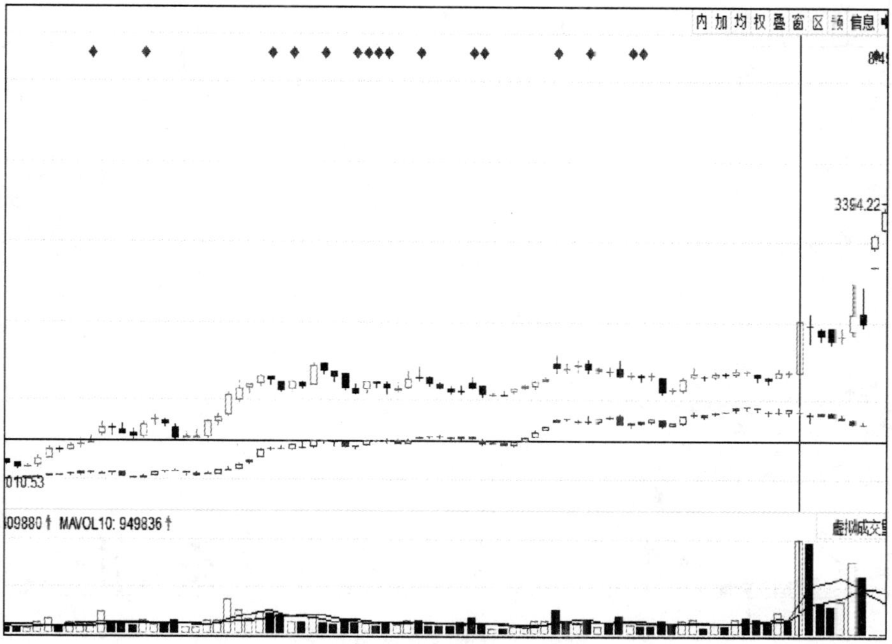

图5－11　个股K线走势图

如图5－12所示，该股连续两周保持10%以上的振幅，走势活跃，突然出现振幅相对较小的小阴线，已经为这波拉升的行情敲响了警钟。

研判个股的活跃度，不应该仅仅关注其价格的涨跌，那样的话，振幅就是涨跌幅了。判断振幅，要横向和纵向两方面结合起来，判断该股的活跃度不仅要关注振幅相对于以往的走势是扩大了还是缩小了，还要判断当日的振幅相对于大盘、相对于板块、相对于板块龙头、相对于关联个股是扩大还是缩小。

据4月30日从珠海市政府的一份最新文件中获悉，中国电力建设集团与美国时代华纳集团（纽交所上市公司）以及梦工场（美国纳斯达克上市公司）共同投资2000亿元人民币将在珠海打造一家占地10平方公里的全球最大的主题公园。

珠海地区拥有土地储备公司有望长期受益，关注格力地产、华发股份、中国电建、珠海港、世荣兆业等。

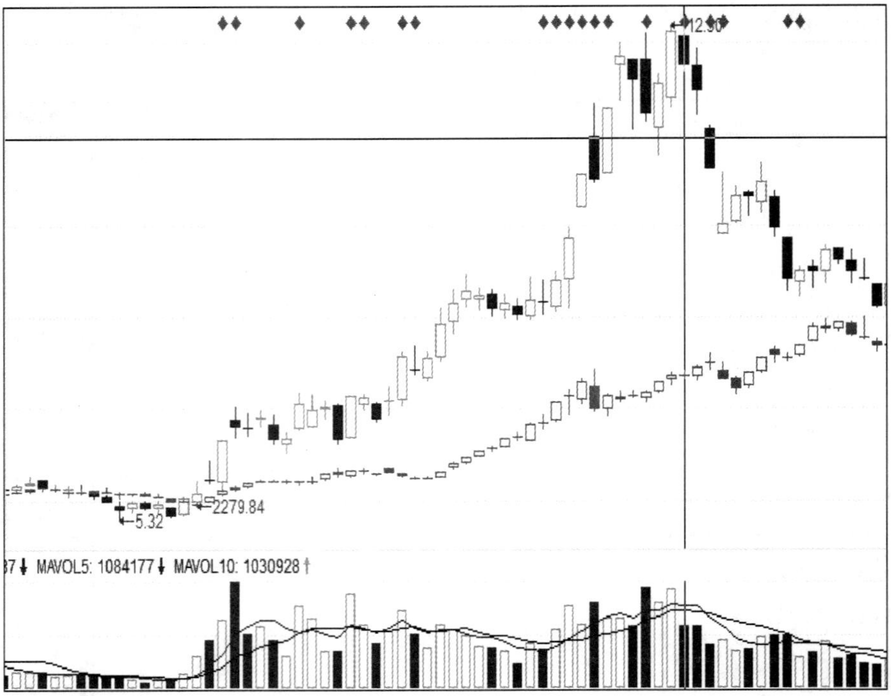

图 5－12　个股 K 线走势图

这是当日的一条新闻，由于此条消息的突发性，导致以上股票在绿盘区直线拉起（大盘指数跌幅在 2%左右），振幅高达 10%以上，世荣兆业当天振幅甚至高达 14%，拉升力度最强，尾盘收于同一概念中最强的 5.85%，盘中突破了前期高点，可谓龙头股无疑，如图 5－13 所示。

我们在选择股票操作时，可以适当关注振幅相对比较大的，尤其要关注一下振幅第一次变大的，可能这就是股价拉升的开始。

4. 量能的误区

我们经常会听到这样的话，放量拉升，缩量回调等。那具体何为缩量，何为放量呢？就像股价的高与低，如果没有参照物，就无所谓高或低了。同样，如果没有一段走势或长或短的成交量作为参考，就无所谓放量或缩量。

量能一般通过换手率和量比来比较，在 K 线图上，我们主要通过换手率来

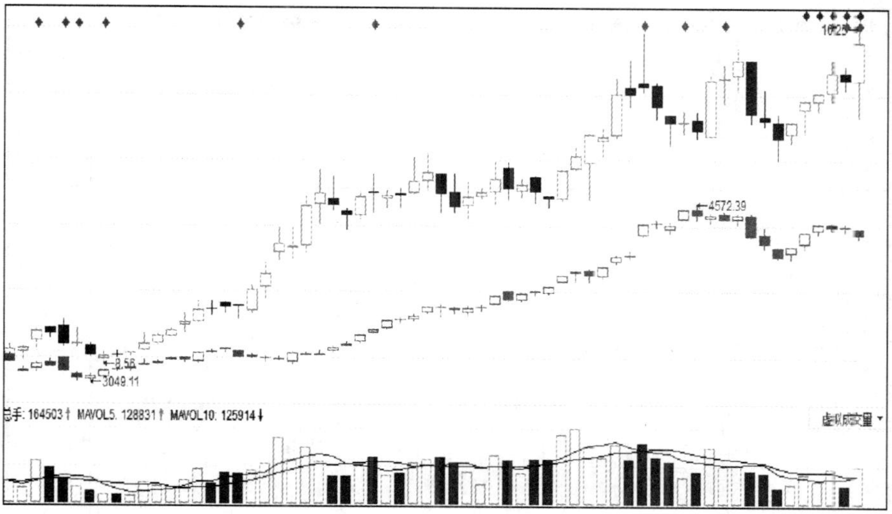

图 5-13　世荣兆业

比较，分时走势图上主要用量比来比较。先来看换手率，换手率是指在一定的时间和范围内某只股票的累计成交股数与流通股的比率，反映资金进出程度。传统意义上，流通盘越小，资金活跃程度越高，但是我们更要注意的是纵向的比较。一个长期保持低换手率的股票，换手率突然放大，股价可能会随之上扬，如果某只股票持续上涨了一段时期后，换手率又迅速上升，股价可能会滞涨甚至下跌。

一般情况，大多数股票每日换手率在 1%～2.5%（不包括初上市的股票），70%的股票换手率基本在 3%以下，3%就成为分界。小于 3%是弱势股，当一只股票的换手率在 3%～10%之间时，该股进入相对强势状态。10%以上时，则为超级强势股的出现，股价处于高度活跃当中，大于 30%，顶部确立。

如图 5-14 所示，该股在较长时间内一直保持在 1%以下的换手率，在十字光标处出现了 1.49%的换手率，我们可以看一下平均换手率，5 日平均换手率为 0.56%，10 日平均换手率为 0.45%。虽然 1.49%也处于低换手率，但是相对于前期的换手来说，却属于放量拉升，同时配合着放量阳线突破颈线位，一波行情呼之欲出。

换手率的高低代表活跃度的高低，同时也说明锁仓率的低与高，图 5-14 中

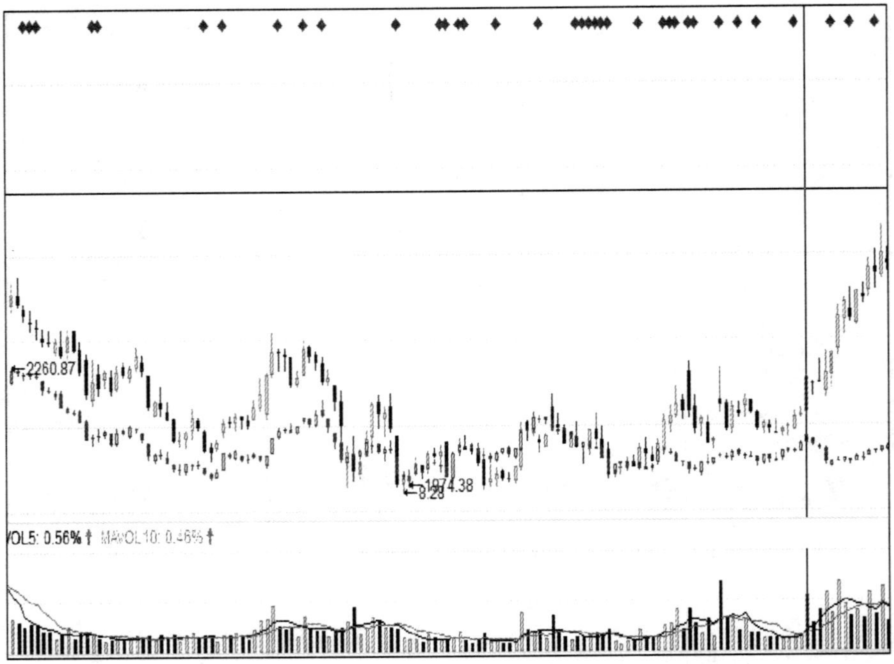

图 5－14　个股 K 线走势图

该股换手率一般很低，并不仅仅代表该股不活跃，而更代表着锁仓率较高，大部分筹码集中在主力手里。如果某只股票长久保持高换手率，表明该股的筹码相对比较分散，需要不断地倒手来唤起散户投资者的买卖意愿。

因此我们判断量能是否充足，不仅要关注换手率的高低，更要关注之前一段时间内的换手情况，同时还要兼顾考虑该股的属性（流通盘大小、市场热点、市场气氛、板块等）。

5. 涨跌幅的误区

涨跌幅是对涨跌值的描述，用％号表示，涨跌幅＝涨跌值/昨日收盘×100％。当前交易日最新成交价（或收盘价）与前一交易日收盘价相比较所产生的数值，这个数值一般用百分比表示。正数代表价格上涨，负值代表价格下跌。传统意义上，低于3％的涨幅为小涨，高于5％的涨幅为大涨，在3％和5％之间的为中涨。同理，下跌也是按照这个比值来定义的。与振幅、换手率一样，涨跌幅也是相对而言的，在一个大部分时间涨跌幅在1%以内的走势中，一根3%的阳线可能远比一只大部分时间涨跌幅在7%以上的个股出现的涨停板更有指导意义，在一个极端弱势的市场，个股不跌可能就意味着强势股的爆发，一个极端强势的市场，涨停板未必也能带来一波上涨的行情。

如图5-15所示，大盘在创出1974.38的新低并整理一周后，拉出中阳线，在中阳线上方窄幅整理，在十字光标处，大盘收小阴线，跌破了中阳线的收盘价，似乎大盘一波下跌又要开始了，但该股报收1.64%的小阳线，换手率仅为2%，阳线虽小，换手虽低，但强势特征显现无疑，中长线投资者可以介入。

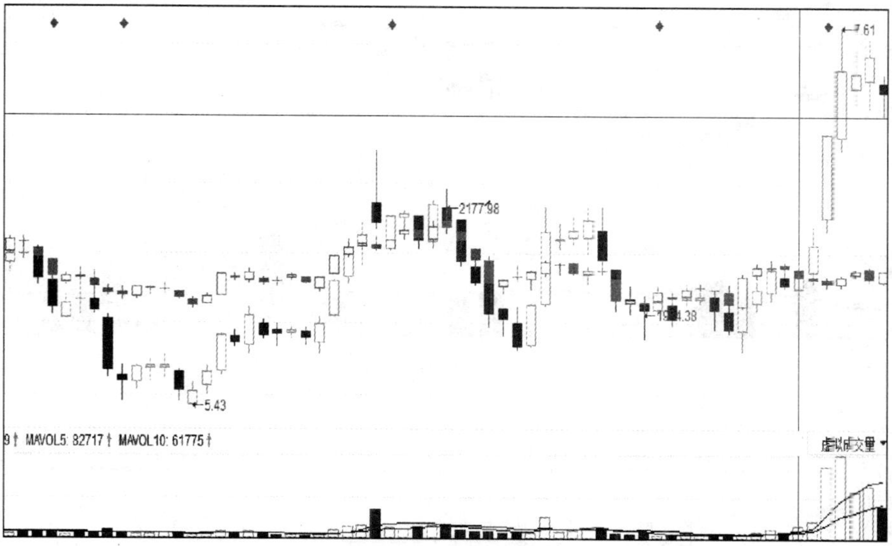

图5-15 个股K线走势图

如图5-16所示，大盘指数向好，人声鼎沸，开户数不断创出新高。在十字光标处，大盘指数在昨天创出新高后，今天继续拉升，该股也用涨停板来回应了市场的表现，而且高开盘2分钟拉到涨停，看似前途似锦，但后面的走势却得到了相反的印证。

我们在关注个股的涨跌时，不要一味的去关注其涨跌幅的大小，更应该探究的是其涨跌幅度在所有个股中以及相应行业、概念、热点等板块中的排名（图5-17），同时兼顾当时的市场气氛、资金热点、板块龙头等。

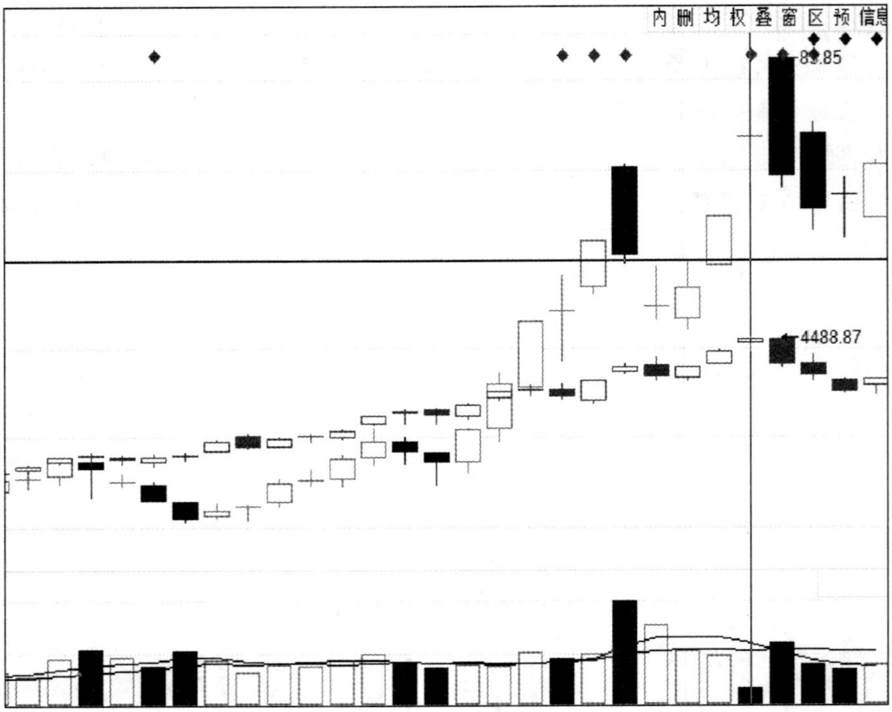

图5-16 个股K线走势图

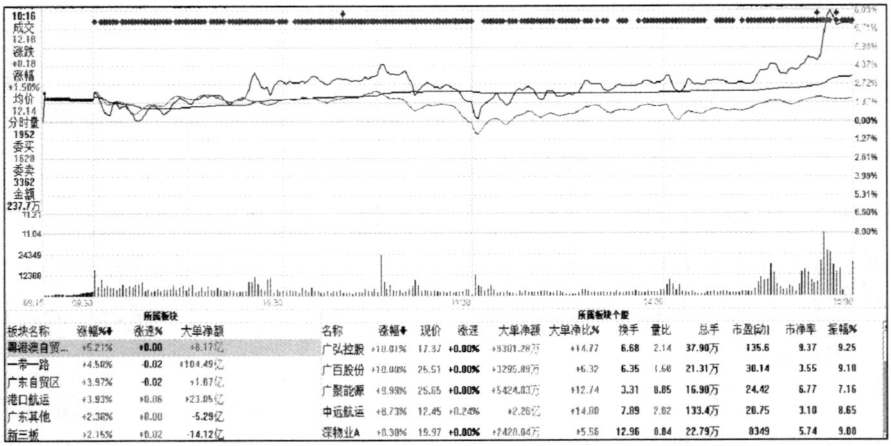

图5-17 在不同板块中的涨跌幅排名

6. 筹码分布的误区

筹码分布最早出现在指南针软件上，虽然出现的比较晚，但应用很广泛，传统意义上的筹码分布是寻找中长线牛股的利器，对短线投资者可能没有太大的帮助。

但真的是这样吗？筹码分布原理是基于持筹结构的统计，筹码分布图就是把某只股票不同时间、不同价格内持有筹码的数量统计而组成的图表，但是，由于主力对倒、对敲等手法的应用，再加上大盘指数的不确定性，以及主力资金的稳定性等，都会造成筹码属性的不确定性，从而把投资者带入误区。

传统意义上讲，低位筹码密集是买入的时机，但是，如果大盘行情不好的话，大部分个股都会出现下跌，按照筹码分布的理论，下跌过程中筹码没有移动，说明主力向下挖坑，下跌把包括主力自己的筹码都套住了，下跌空间有限。

但是我们投资股票是为了赚取价差的，不是陪主力同进退的，下跌的时间和空间都会考验散户的信心，如果遇到主力资金量断裂的个股，解套可能更是遥遥无期。另一方面，如果低位密集的筹码是散户的，那么缺少资金关注的个股即使大盘熊市转牛市，拉升的高度也会非常有限。

按照筹码分布理论，筹码高位密集后，如果出现放量拉升破新高，在符合三原则的基础上可以买入（收盘价突破、大于3%、连续站稳3天）。和上面同一个问题，即筹码的归属性，如果大盘又牛市转为熊市，个股可能先假突破然后砸盘出货，因为主力已经在拉升和高位盘整过程中收回了早期的投资和利润，砸盘出货能卖多少就卖多少，反正都是利润。如果这个时间买入，解套也就变成无尽的等待了。

如果按照筹码分布的压力位、支撑位理论，在下跌过程中筹码的聚集区补仓的话，正好又落入了主力机构的陷阱。盲目的按照筹码分布理论操作，其结果可想而知。

如图5-18所示，上方为大盘指数叠加图，我们来看十字光标处，获利盘为3.78%，基本上是主力和散户满盘亏损的局面。连拉3根大阴线，跌幅接近30%，按照筹码分布的原理，我们可以持筹不动。但从当时的大盘走势来看，指数从2000点起步连续上涨，难得的疯牛行情，而该股却一直箱体窄幅震荡，而后3天大阴线砸盘，虽然后期连续小阳线收复了跌幅，并不断创出新高，但结合当时的市场气氛和赚钱效应，我们箱体震荡时逢高点卖掉，买入市场热点股，不失为更好的选择。

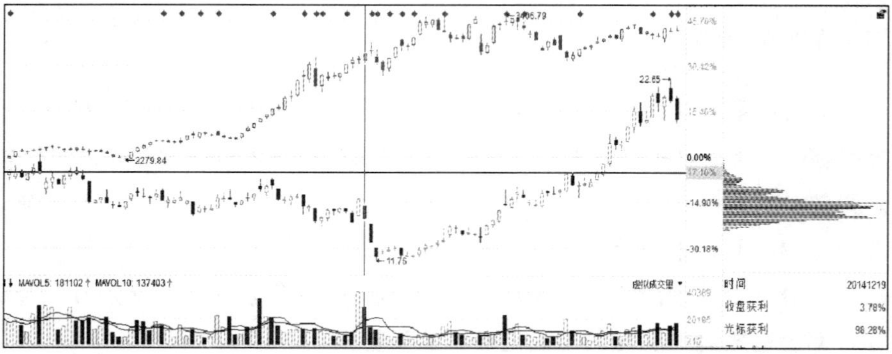

图 5－18　个股 K 线走势及筹码分布图

市场走势是多方面相互作用的结果，任何一个指标、公式、方法都有其局限性，综合运用，相互权衡，方为成功之法。筹码分布能得到广泛的应用，自有其可取之处。但弊端同样明显，扬长补短，追本溯源，方为其理想之法。

三、分时走势图上的误区

分时图体现着股票实时的交易信息，分时图的波动体现着主力操盘的计划和目的。正是由于分时走势的直观性，主力操作时，为了达到自己的操盘目的，竭尽全力地施展着自己构图的技巧和能力，引诱、恐吓、欺骗无所不用其极。分时图的每一次波动牵连着账户的盈亏，我们的每一份情绪也直观的体现在我们的操盘上。当每一天的分时走势图出来的时候，我们经常发现买在了最高点、卖在了最低点，掉进了主力的分时陷阱中。

1. 集合竞价与分时图的相互关系

集合竞价指在股票每个交易日上午 9：15—9：25，由投资者按照自己所能接受的心理价格自由地进行买卖申请。集合竞价又分为开盘集合竞价和收盘集合竞价（为防止投机资金“做”价格，收盘价的计算方式曾经有过修改，目前深市是以最后 3 分钟买卖撮合成交价作为收盘价格），我们在这里只分析开盘集合竞价。

我们在看分时走势图时，可能会忽略集合竞价结果对于分时走势的影响，更可能会忽略的是集合竞价期间价格的波动对于分时走势图的影响。前者探讨的是主力通过操纵集合竞价对于股价全天波动所带来的影响，后者主要探讨的是集合竞价期间的10分钟内价格的波动对于从视觉角度关注分时走势图的投资者所带来的影响。

主力通过操纵集合竞价控制开盘价和成交量，使其符合主力操作的需要，这方面有很多教材和讲座都讲解，笔者在这里也就不再唠叨了。我们来看第二方面，上面的那句话可能听起来比较拗口，下面我们具体解释一下，先比较一下图5-19和图5-20。

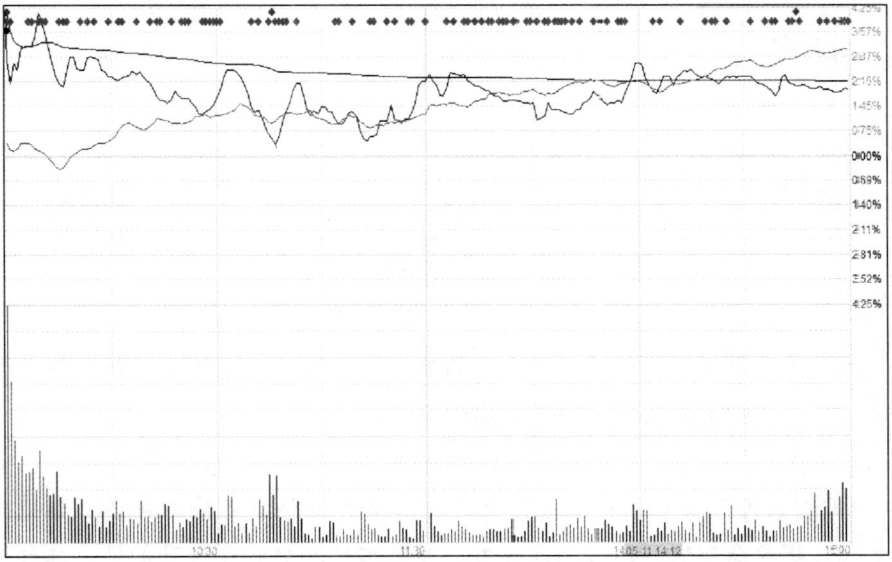

图5-19 不含集合竞价的分时走势图

这两张图是同一只个股的分时走势，只是第一张图个股没有添加集合竞价，第二张图添加了集合竞价。仔细观察，可以看到图5-19的分时图上下幅度为4.25%，图5-20分时图的幅度是上下6.82%，这就是集合竞价对于分时图的影响。可能很多投资者认为无关紧要，对于中长期投资来说，可能影响不大，因为他们的买卖点在K线上。但是对于短线投资者，由于图形幅度的大小对于其视觉影响是显而易见的。

那我们是否需要在关注分时图的时候添加集合竞价呢？

(1) 首先集合竞价是主力操纵股票的开始，他们会按照自己当日的目的，适当的高开或者低开，从而造成开盘前分时图幅度的扩大或者缩小，也就在第一时

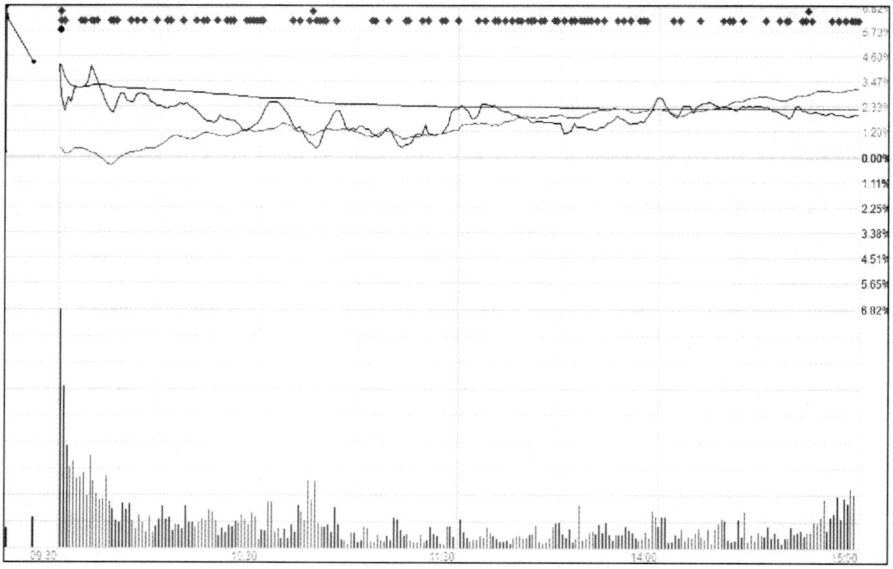

图 5-20 含有集合竞价的分时走势图

间内，给大家一种视觉上的暗示，全天的波动就会在这个范围内。虽然这个是不准确的，但是也给股价波动划定了初步的范围。

（2）其次，如果主力没有或者无意操纵集合竞价的话，其上午 9：15—9：25 这 10 分钟的走势在没有消息的前提下，应该是昨日尾盘走势的延续。昨日尾盘下跌的话，集合竞价低开得可能性很大，如果昨日尾盘放量拉升的话，高开也是理所应当的。如果有消息的话，利好高开，利空低开。

（3）最后，如果当天的走势振幅超过了图形的上限，图形自然向上或向下延伸，当天的走势自然会收缩，集合竞价的波动自然也就涵盖在当天的分时振幅以内了。如果当天的走势波动幅度在当天的集合竞价幅度内，集合竞价可以作为当天走势的压力位或者支撑位，及分析走势图的参考。这两种情况在分析时，添加集合竞价也是自然而然的事情。如果当天波动幅度很小，其波动可能会压缩在一条很扁的曲线，这样可以在把集合竞价结果作为参考的前提下，关注分时走势图时，就不需要添加集合竞价，以免因为图形的幅度过大，影响对分时走势的分析。

如图 5-21 所示，该股的分时振幅远远大于集合竞价的波动范围，分时走势图的上下限一直不断向上或向下延伸，集合竞价可以帮助投资者更好地抓住买卖点。在图 5-20 中，集合竞价的价格作为开盘后分时头肩底的颈线位，起到了辅助分析压力位和支撑位的作用。

如图 5－22 所示，该股当天的分时振幅在集合竞价的波动范围内，其集合竞价为该股的分时分析提供了参考范围，也为买卖股票提供了判断依据。

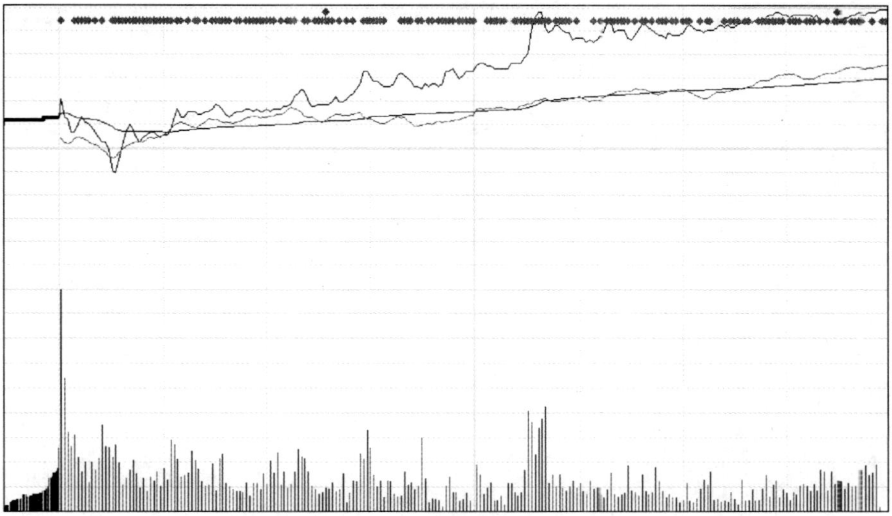

图 5－21 个股分时走势图

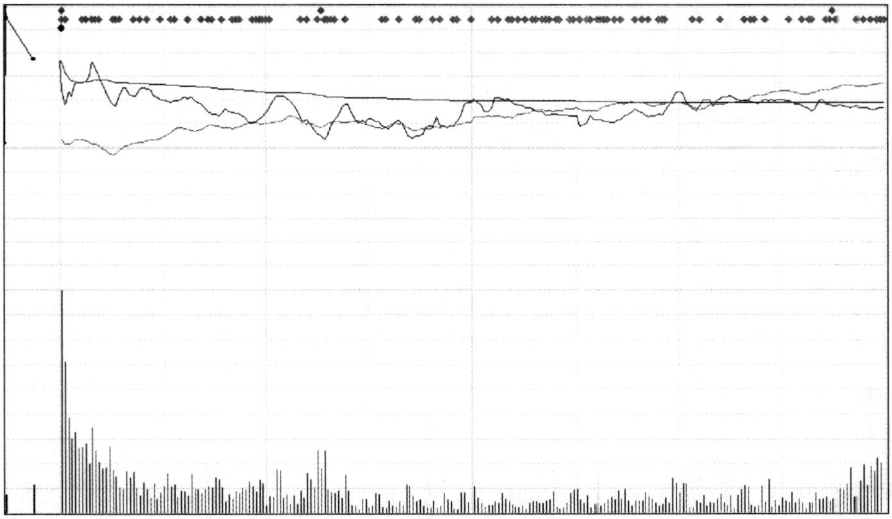

图 5－22 个股分时走势图

如图 5－23 所示，该股当天的分时走势波动范围远小于集合竞价的波动范围，此时我们在分析时，不需要添加集合竞价，以免给我们分时分析时造成视觉上的错觉。

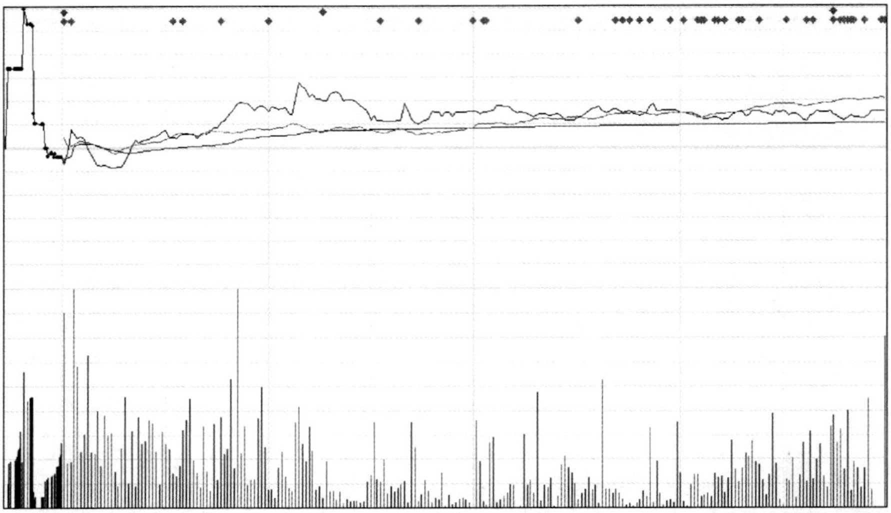

图 5－23　个股分时走势图

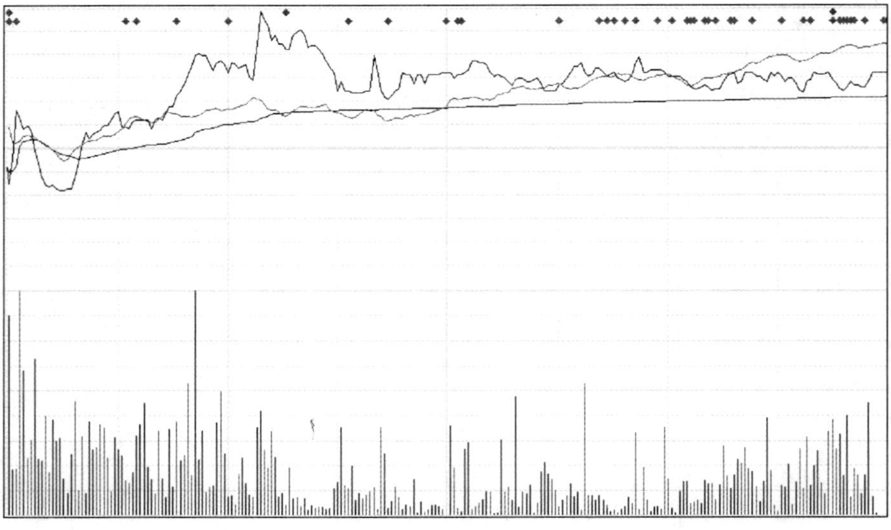

图 5－24　个股分时走势图

比较以上两张图，从图 5-24 中我们可以更好地分析当天走势的强与弱，更好地关注分时量价配合，更好地分辨主力的操作意图。

注解：打开分时走势图，点击右键，弹出对话框，其中就有“显示集合竞价”，你只需要在前面打“√”即可，或者不打“√”就不显示。

2. 分时价格高低的误区

分时走势图上的股价高与低，从技术分析角度考虑有两方面的因素：

（1）分时走势高与低与 K 线股价是相互影响和相互制约的；

（2）分时走势的高与低受其自身走势的影响。

K 线上的阻力与支撑都会对股价的分时走势产生影响，前高点、前低点、箱体的上下沿、轨道的上下线、黄金分割线等，都可能会对日内的分时走势起到压力和支撑的作用。K 线的压力、支撑在很多教材里面都有介绍了，笔者在这里就不详细阐述了。

另一方面，在分时走势图上，由于随着时间的延续，图形振幅可能会越来越大，因此有些个股早盘看起来位置很高，但图形走出来的时候可能却成了波浪拉升中的其中一浪的高点，有些个股早盘看起来位置很低，但可能却成了波浪下跌中其中一浪的低点。

该股由于后期的拉升导致收盘时分时走势图的上下幅度过大，我们收盘后观察的图形（图 5-25）和 9:35 时当时走势的图形（图 5-26）差异巨大，即早盘双重顶后连续跌破颈线位、昨日收盘价和当日最低点，而且双重顶时价格背离、量能背离；跌破颈线位放量，反抽无力，放量跌破最低点，看似一波下跌行情呼之欲出；后续的反抽均线也无力，种种迹象让我们不断加深了下跌的预期，相信很多短线投资者在看盘操作时，出局的可能性很大。但后期的走势呢？却重重地扇了我们一巴掌。

如图 5-27 所示，该股早盘有没有买点呢？相信绝大多数投资者都会说 NO。问题很简单，早盘单边下跌，即使反弹也没有触及上一浪的低点。如果按照图 5-28 所示的分时走势图的话，可能就未必了。看早盘前半小时的走势，三个底构成了三重顶的结构，最后的拉升突破颈线位，激进型的投资者很有可能在拉升突破颈线位的时候买入，回头再看，我们却买在了全天最高点。有些人可能还

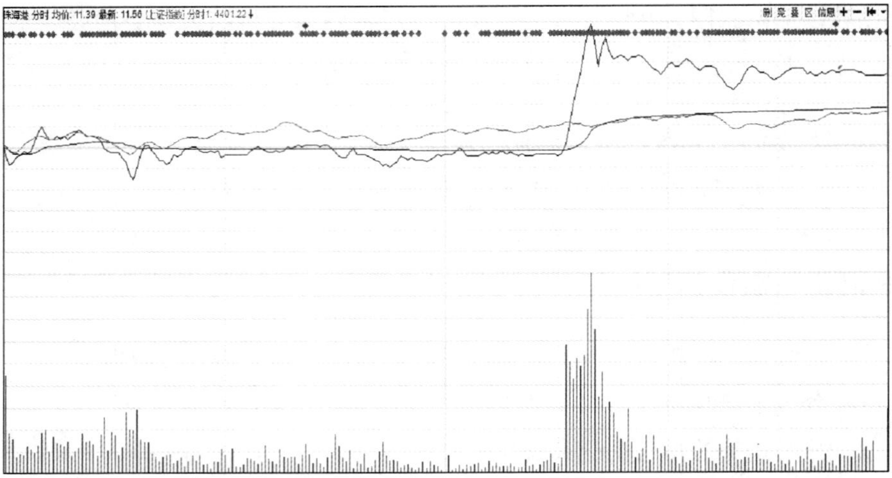

图 5-25　个股分时走势图

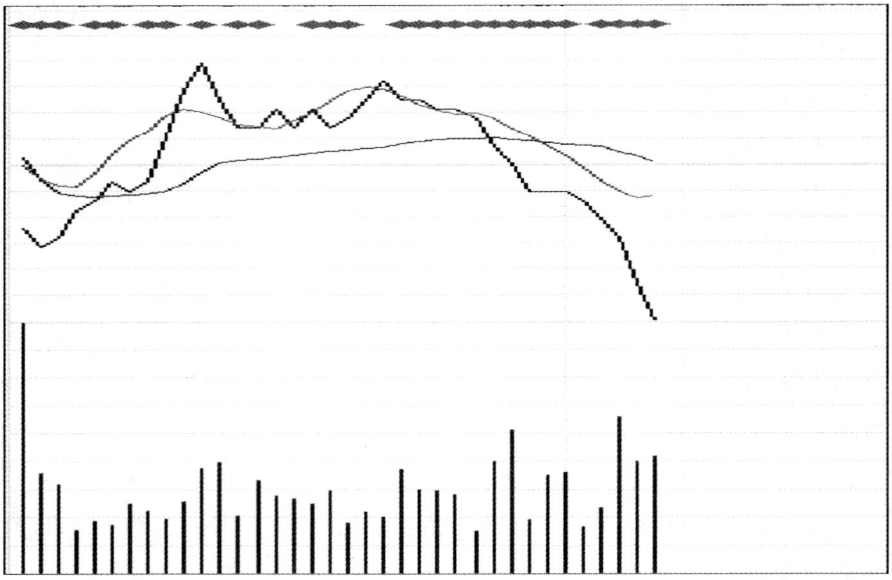

图 5-26　9:35 左右的分时走势图

会问，不可能呀，缩量震荡呀，但当时的情况呢？由于早盘波动范围很小，分时走势图的振幅也很小，我们在分析时，如果没有关注当时的价格涨跌幅度，单从直观来判断，买点却是无可置疑的。

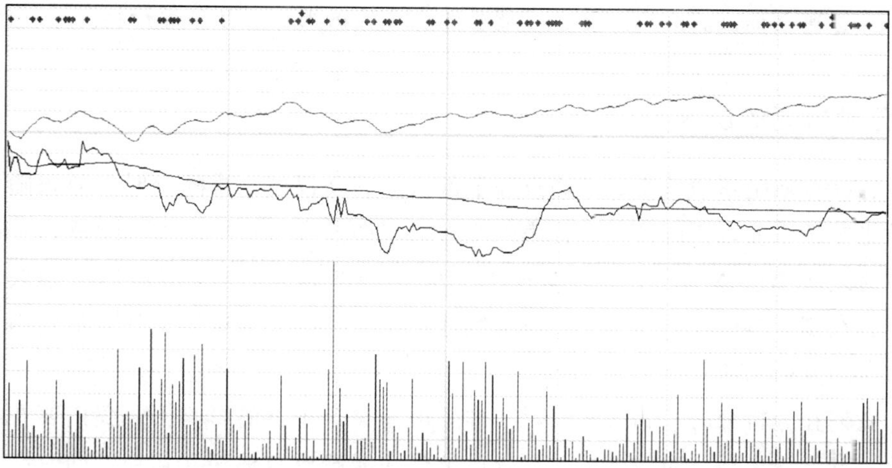

图 5－27　个股分时走势图

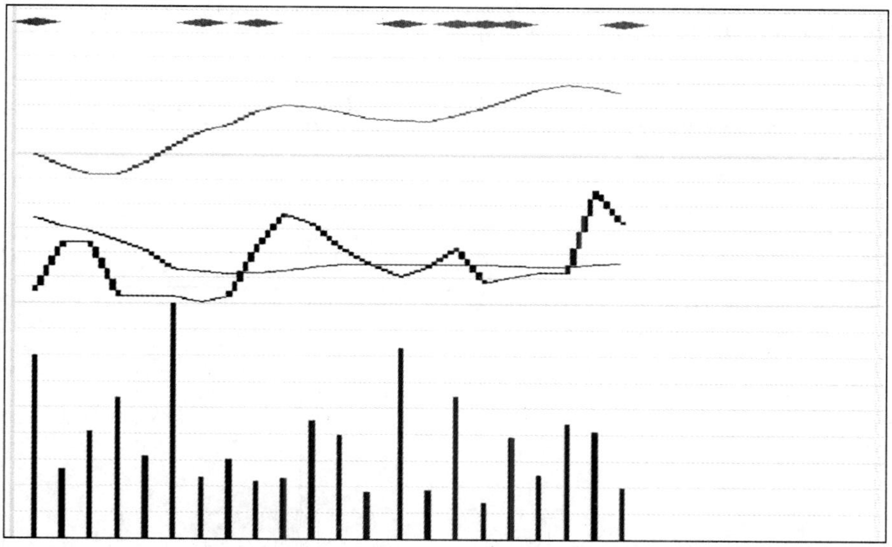

图 5－28　9:50 左右的分时走势图

因此，我们在分析分时走势图时，可以在普通坐标和百分比坐标是否添加集合竞价之间相互转换，从而判断股价的位置。那具体造成这些方面的原因呢？我们等会儿再具体讲。

注解：打开分时走势图，点击右键，弹出对话框，其中就有“坐标切换”，含有普通坐标、百分比坐标、对数坐标、涨停板坐标，可任意切换。

3. 分时振幅的误区

分时振幅是指股价全天最高点和最低点的震动幅度。排除分时走势跟随大盘指数走势的个股，不同的走势代表着主力的意图，大盘日内的急涨急跌，不同主力应对之法都会体现在分时走势图上。从K线图到分时图，从年线、季线、月线、日线到分时图，周期越小，投机性越强，分时走势的振幅反映着日内当天对于市场的判断和应对。

我们在分析分时图的振幅时，在排除市场集合竞价的影响下，我们要在分时图上结合普通坐标、对数坐标、百分比坐标和涨停板坐标相互切换，同时结合以往分时走势振幅的高低，来综合判断。

百分比坐标：反映的是上涨和下跌的百分比，比如涨5%和跌5%，它们的K线长度应该是一样的，如图5-29所示。

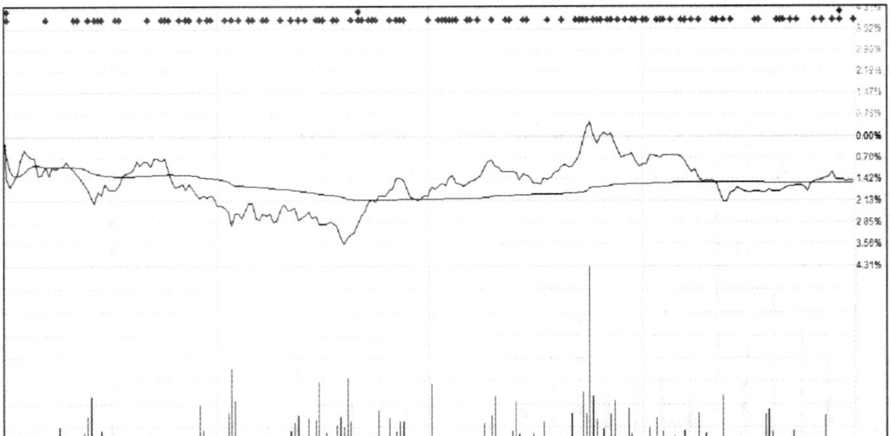

图5-29　百分比坐标

普通坐标：就是按涨跌的绝对值计算，涨100点和跌100点的长度应该一样，普通坐标和百分比坐标的差距并不大，如图5-30所示。

对数坐标：通常用于周期比较长、涨跌幅度比较大的分析，而普通坐标通常

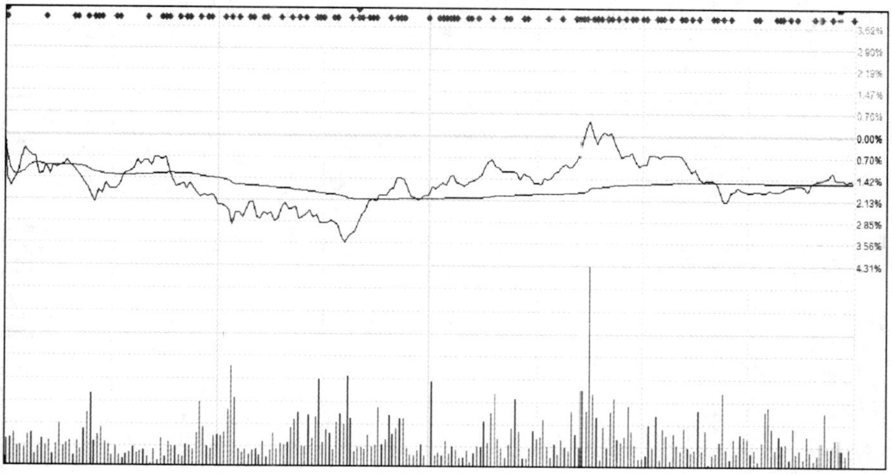

图 5－30　普通坐标

用于周期短、涨跌幅度相对小的分析。因为，我们知道，在 6000 点时涨跌 100 点，与 3000 点时涨跌 100 点，效果是相差一倍的，对我们的财富影响、心理影响也是相差一倍的。这个时候用百分比计算，使用对数坐标分析，相对合理一些，但对数坐标应用不广泛，如图 5－31 所示。

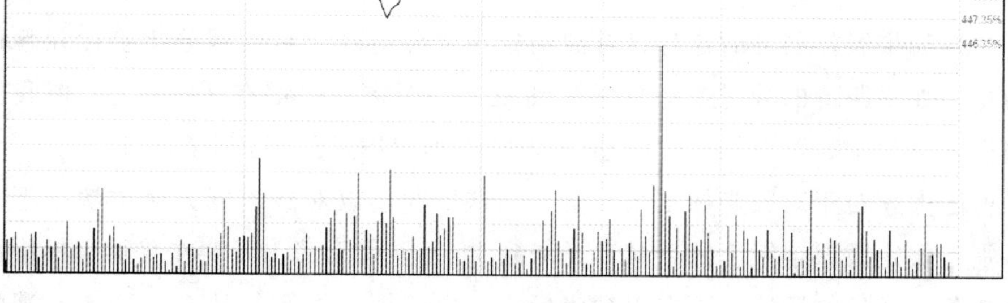

图 5－31　对数坐标

涨停板坐标：分时图的上下限分别是以涨停板和跌停板来计算的，如图5－32所示。

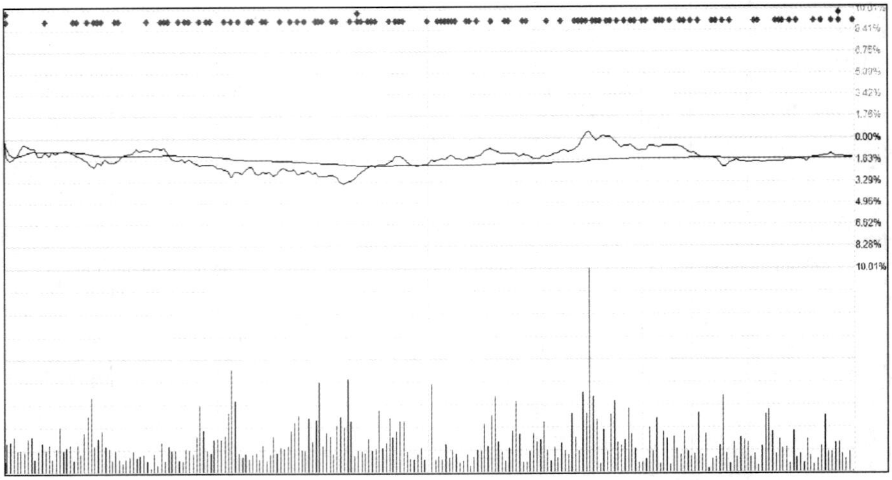

图5－32 涨停板坐标

下面我们来了解一下不同坐标的差异：

（1）百分比坐标和普通坐标差距不大，它们区别在于着眼点不同，一个是上涨下跌的百分比，一个是具体的数字，而对数坐标着眼于一定周期内的振幅。

（2）百分比坐标和普通坐标实事求是的展现了分时走势，在排除集合竞价因素的影响下其分时走势图的上限和下限就是其价格波动的最高点或者最低点。

（3）涨停板坐标按照上下限为涨跌停板的界限作为分时走势图的最高点和最低点绘制的，在一定程度压缩了图形的厚度，对分时走势的分析起到了还原作用。

（4）如果股价的分时走势日常波动较小，分析时还是以百分比坐标和普通坐标为主。如果股价的分时走势日常波动较大，振幅一般都在7%以上，那我们以涨停板坐标为主，可以第一时间感受到主力的活跃性是否得到了延续。

可能大家对于对数坐标不太了解，在这里我们以对数坐标为例讲解一下它们的区别。假定股票连续上涨，从5元涨到11元，每天涨1元，在普通坐标中画出的是6条一样长的阳线，而在对数坐标中，由于第一根阳线从5元到6元涨幅为20%，最后一根阳线从10元到11元涨幅为10%，所以其最后一根阳线的长度是第一根的一半。我们推荐使用对数坐标，因为对数坐标能够反映股票的实际盈亏。两者是有不小的差别的，在做预测分析时，一定要注意普通坐标和对数坐标的区别。

为什么要用对数坐标？因为普通坐标表示的是价格变化的绝对值，即今天比昨天涨了多少点，而对数坐标表示的是价格变化的相对强度，即今天比昨天涨了百分之几。通常情况下，只有在对数坐标上才能看到平行的通道线（比较直观），而在普通坐标上的通道线并不是直线，实际是两个指数函数，是曲线。

4. 分时量能的误区

分时量能主要体现在量比指标上。量比指标依据的是即时每分钟平均成交量与之前连续5天每分钟平均成交量的比较，客观真实地反映了盘口成交异动及其力度。

谈量比之前我们还要谈到集合竞价的影响，集合竞价形成的量比和该日的分时量比在很大程度上是相互影响的，并对该日的分时走势起到很大的作用。如果开盘时量比高达10以上，甚至高达20以上，全天的分时量比可能会是一条先急速下滑，然后逐渐趋缓的曲线。

如图5－33所示，开盘前量比达到23.89，由于量比过高，全天的量比曲线成为了向右下方倾斜的曲线，即使10左右放量拉升涨停，依然改变不了它的方向。这样的量比由于波动幅度过大，盘中的放量或者缩量，已经很难改变它的倾

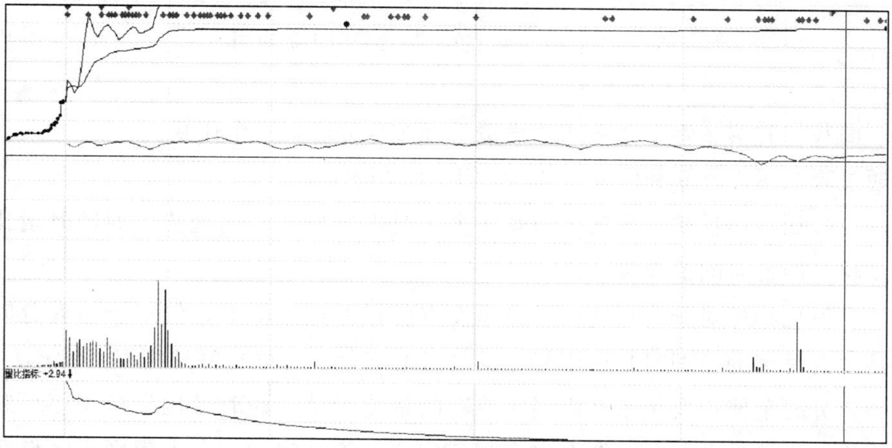

图5－33　放量高开后的量比曲线

斜度了。在一定程度上，使我们通过量比来判断主力操盘力度的想法大打了折扣。

分析分时走势时，我们在主要分析分时价格曲线和成交量的前提下，可以考虑一下即时量比指标，这对我们分析主力的操盘力度会有一定帮助。

即时量比依据的是即时成交量与之前连续5天即时成交量的比较，反映此时此刻成交量的异动和力度。

如图5-34所示，我们可以看到，即时量比指标比较客观地反映了该股每时每刻的成交量情况，结合分时曲线、均价线等其他指标和参数可以更好地反映量价配合的程度。

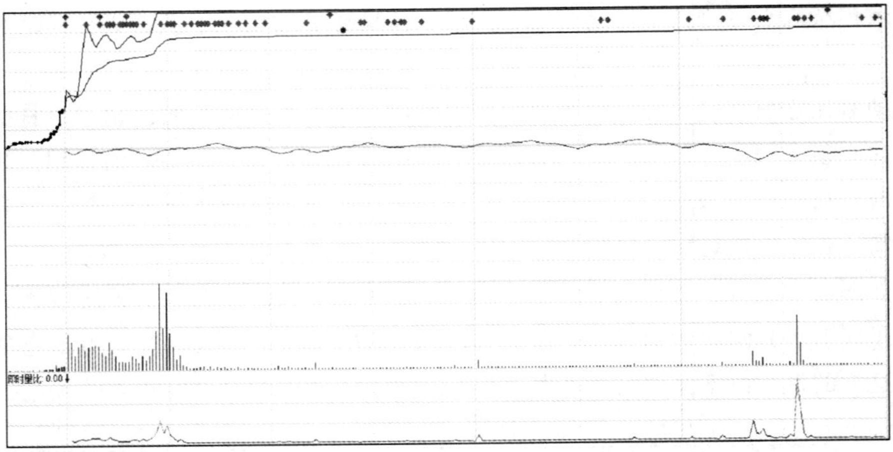

图5-34　即时量比在分时走势图中的应用

下面我们看两张走势相对比较平缓的分时走势图来做个比较。

通过观察图5-35和图5-36，我们可以发现：

（1）量比指标反映了分时走势在4个小时内股价波动的趋势，而即时量比指标则反映了股价瞬间的爆发力。

（2）量比指标对于超短线交易中爆发点的抓取过于滞后，但对于把握分时趋势还是大有可用的。即时量比指标，结合量能变化，可以更好地把握买卖点。

（3）分时量能主要用来观察当天分时的量能异动，即时量比指标主要反映相对于连续5天的异动情况，两个方面相互配合，相互映衬，最大程度上降低分时买卖点的风险。

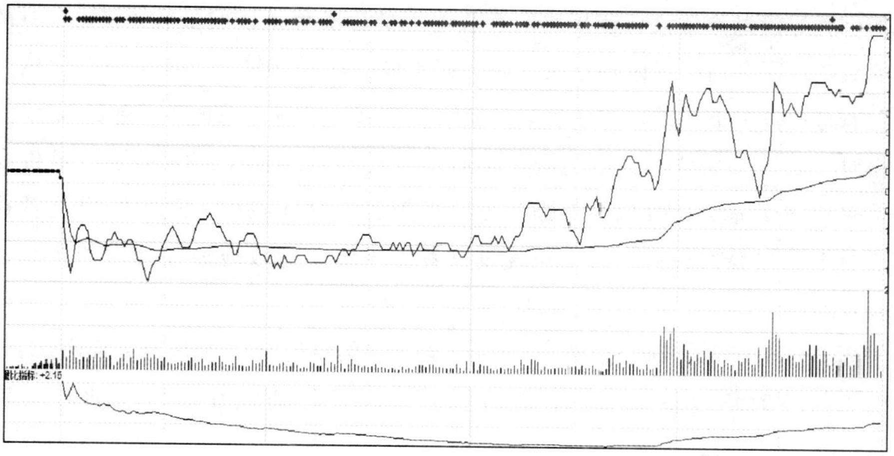

图 5－35　量比在分时走势图中的应用

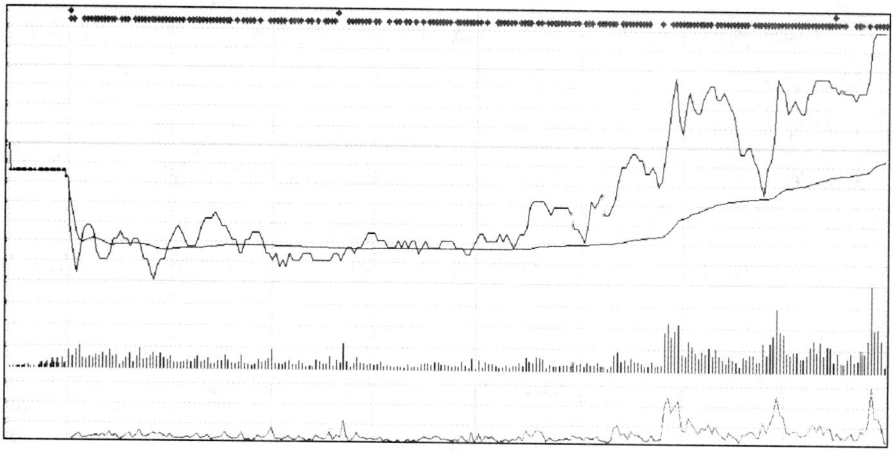

图 5－36　即时量比在分时走势图中的应用

5. 分时价格涨跌幅的误区

分时价格的涨跌幅，一方面受到 K 线走势的影响，一方面和其自身走势有密切的关系。

（1）股价大盘的走势以及相应板块的走势，同热点概念股走势等；

（2）相对于连续数日内的走势；

（3）当天日内分时走势情况。

如果利好消息导致该行业板块内个股绝大部分涨停，该股虽收于7%左右的阳线，单从热点配合角度考虑，也属于弱势股无疑。相反的情况，如果该行业内个股在利空消息的打击下暴跌，该股虽然仅能维持在红盘区域，但也属于强势股。

相对于连续3天或5天的走势，个股走势是不是趋向于越来越强，量价配合是不是更趋向于完美，投机性的操作是越来越多还是在减少，超短线投资者孜孜不倦的追求着趋势的转折点，中长线投资者如果能够有效地抓住合理的买点，也是大有收益的。

如图5-37所示，该股连续3天的走势，我们可以从以下几个方面考虑：

(1) 与分时均线的配合。连续3天，分时走势曲线在均线上的时间越来越长。

(2) 拉升的稳定性越来越好，投机性越来越弱。早盘的拉升稳定性弱，投机性强，多波拉升比单波拉升稳定性好，投机性弱。

(3) 尾盘回调的幅度越来越小。回调均线之上比之下回调要弱，开盘价之上比之下回调更弱。

(4) 量价配合愈加理想。多次量价配合比一次量价配合更理想。

(5) 走势相对于大盘的走势越来越强。由弱于大盘到大盘同步，再到明显强于大盘。

(6) 突破箱体走势后回调，站在颈线位上后拉升，由于大盘走弱，但回调仍站在均线之上。

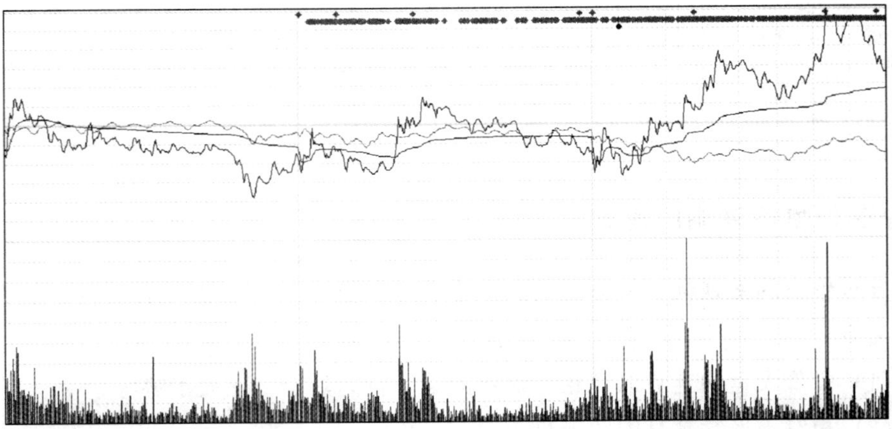

图5-37 连续3天分时走势图

从图中我们可以看到，在突破箱体走势后买入，或者在拉升突破后回调买入，又或者尾盘买入，都是非常理想的。可能该买点在该日处于相对的高点，但它相对整个趋势而言，又是相对比较低的点位。

同时我们还要结合个股每天的走势情况来判断，K线上的趋势线、压力和支撑、形态等，都可以应用在分时走势图上，上升中压力转支撑、回调均线、箱体突破、二次不破新低等，都是非常理想的买点。类似的介绍，相信在很多书籍中都能找到，这里就不多此一举了。

6. 分时波形误区

在传统意义上，长波（波长＞5％）拉升被看作是拉升实力强劲，中波（在3％～5％之间）、短波（波长＜3％）被看作是实力欠佳。但实际上呢？长波的投机性最强，中波次之，短波最弱。投机性在一定程度上等于风险，长波的风险最大，尤其是发生在投机性较强的时间内，就隐藏着很大的风险。根据中庸的观点，中波是风险与投机的最好结合。

同时，我们所说的波形是平滑波，如图5－38所示。平滑波是主力或者庄家运用大量资金连续拉升而产生的波形，如果个股连续出现平滑波形，表明有大量资金的注入。

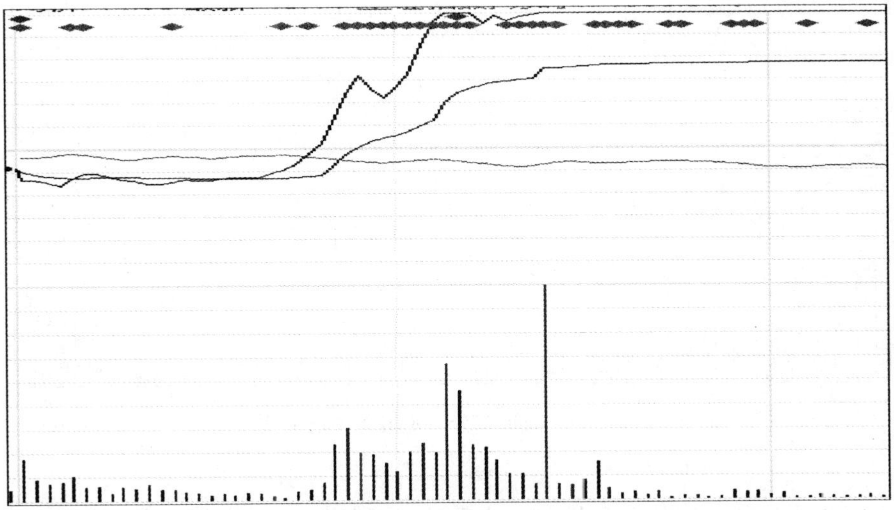

图5－38 平滑波形的应用

最强悍的波形是开盘后直线拉升，要么涨停，要么展开日内回调。在分析波形时，我们还要注意：

（1）短波比长波投机性小，多波拉升比单波拉升投机性小。

（2）盘中拉升比开盘尾盘拉升投机性小，这里包括集合竞价开盘、早盘收盘、午盘开盘、午盘尾盘、停盘前一个交易日收盘、复盘第一个交易日开盘等。

（3）波浪拉升要平滑，不能有呆滞的感觉。

（4）量价配合，拉升放量，回调缩量。

如图5-39和图5-40所示，我们来分析一下这两张图：

（1）图5-39中的两波拉升都是长波拉升，幅度都在5%以上，图5-40的波形长度呈现放大的趋势，但是短波掺杂其中。

（2）图5-39中的两波拉升分别在早盘开盘、午盘开盘都是比较投机性的时间，图5-40都是盘中拉升。

（3）图5-39中两波拉升要么量价不配合，要么无量配合。图5-40的量价配合理想。

（4）图5-39中尾盘放量杀跌，图5-40尾盘轻松拉上涨停。

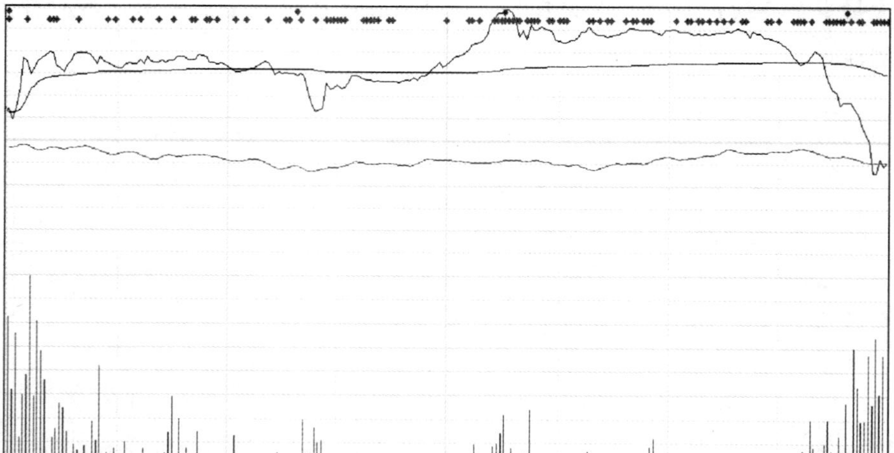

图5-39　波形在分时走势图中的应用

主力为了达到一定的操盘目的，或吸筹、或拉升、或洗盘、或出货等，总会在盘面上表现出一种与目的相反的操作模式。为了达到出货的目的，开盘急速拉

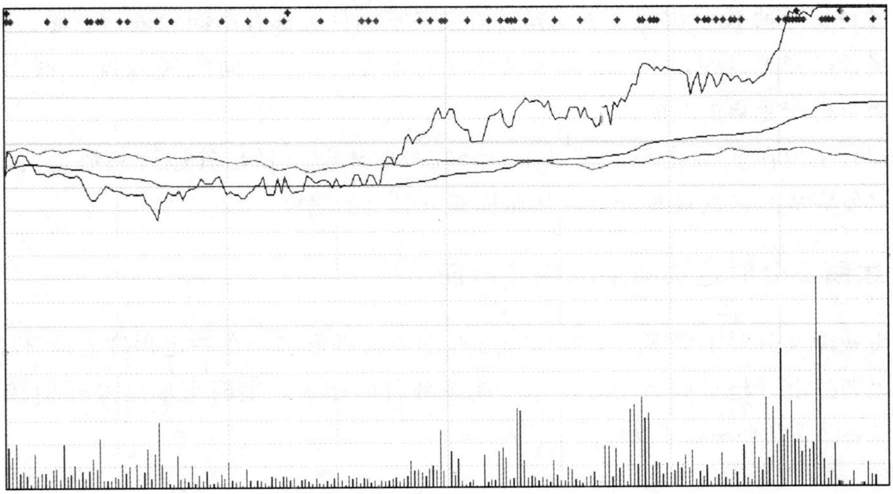

图 5-40　波形在分时走势图中的应用

升，似乎有冲破云霄之势，深深刺激着短线投资者和涨停板投资者的神经。如果是吸筹的话，为什么不在盘中拉升呢？这样可以吃掉更多的筹码，仔细一想也就明白了。图 5-40 开盘后多波杀跌，但量能没有明显放出，11:00 后的拉升采用阶梯式拉升，通过拉升吸纳前期套牢盘的筹码，通过回调吸纳前期获利盘的筹码。在操盘时，不要盲目的看到股价急速拉升就追高买入，也不要看到股价连续杀跌就卖出，仔细分析，辨别图形背后的真相，方能成为投资者中十之其一的盈利者。

四、K 线图及分时走势图的相互印证与反证

K 线及分时走势图作为价格波动的不同表现形式，存在着相互印证及相互反证的关系，K 线走势的强势需要分时走势的印证，其弱势同样需要分时走势的反证，其根本原理在于 K 线是由分时走势所组成，K 线的形成机理是四个价格，其价格的投机性决定了 K 线的投机性。同样，分时走势的强势需要 K 线来表示，其弱势也需要 K 线来表现出来。

（1）在排除若干种 K 线类型的前提下，每一种 K 线都可能由无数种分时走势来形成，但每一种分时走势都只能形成一种 K 线走势，这就增加了出现 K 线陷阱

的可能。

（2）每一种K线出现在不同操盘阶段及不同位置都有不同的表达意愿。为了达到当天的操盘目的，主力利用操纵分时走势从而形成不同的K线及K线组合，进而影响对于趋势的判断。

（3）主力在K线走势的基础上，会在分时走势上做出其迎合趋势走向的形态，以便完成自己的操盘计划，从而构成分时上的陷阱。

1. K线图及分时走势图上的相互印证

K线图及分时走势图上同处强势形态或者弱势形态，在一定程度上印证了市场中短期的上升趋势或者弱势形态。连续数日的印证，表明市场已经开始转好，如图5－41和图5－42所示。

图5－41　日K线图

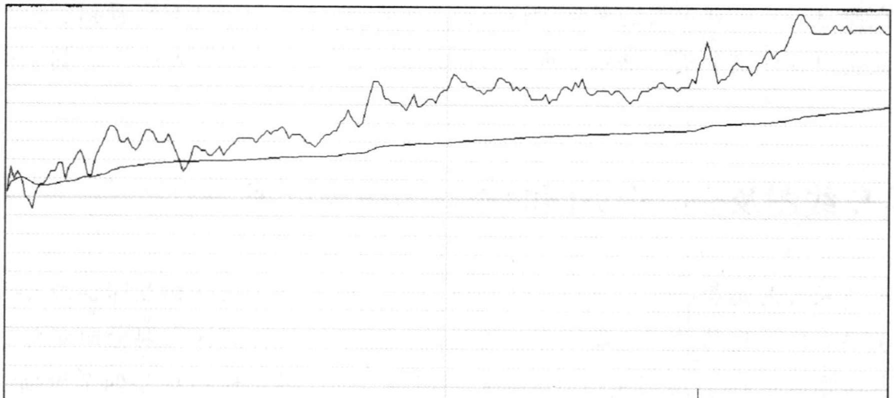

图5－42　日K线对应分时走势图

2. K 线图及分时走势图上的反证

K 线图上处于强势或弱势形态，但在分时走势图上，却没有明确的证据证明，说明 K 线的形成可能是市场气氛的改变，又或者是主力在骗线，种种都表明 K 线的形成带有很大的操纵成分。

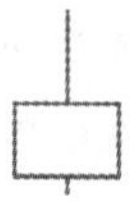

图 5－43　日 K 线图

如图 5－43 所示，从 K 线上看，该股虽然上行有压力，但底部有支撑，依然处于强势。从分时走势图上可以看到，该股全天位于昨日收盘价下方，属于弱势无疑（图 5－44）。形成不同的形态，其原因来自于开盘价的低开，吸引跟风盘制造假阳线所致。

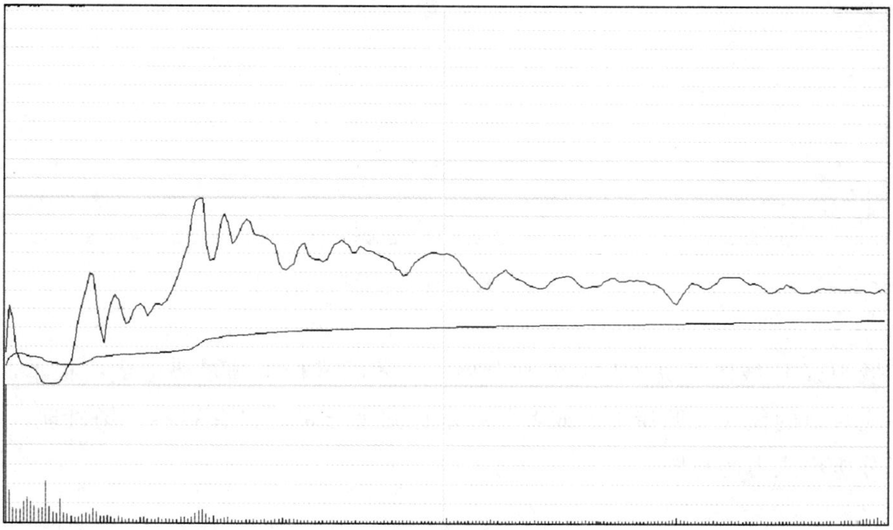

图 5－44　日 K 线对应的分时走势图

图 5－45　日 K 线图

再来看一个例子，该股形成倒转锤头的看跌阴线（图 5－45），但我们从分时图上可以看出（图 5－46），长长的上影线是由于早盘两波拉升行情导致，虽然全天大部分时间在均价线下方波动，但放量的平滑波拉升、呆滞的走势及萎缩的成交量，表明市场的风险并不大。

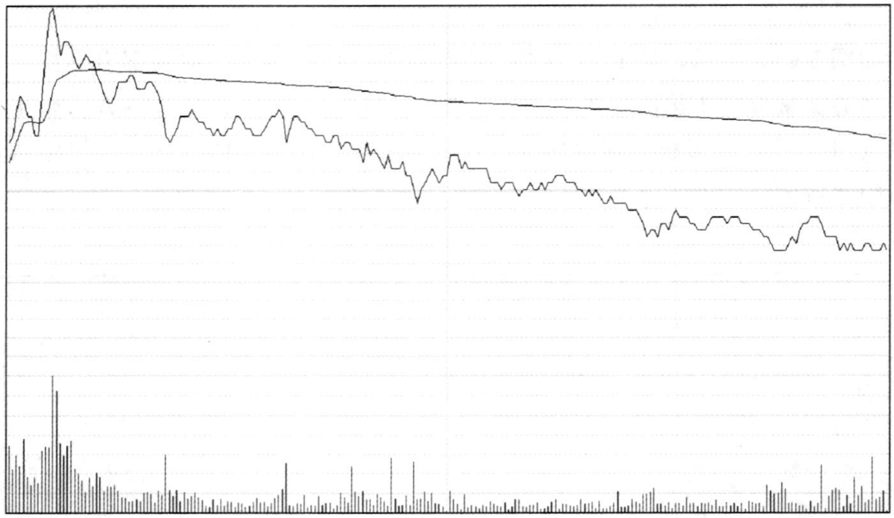

图 5－46　日 K 线对应的分时走势图

既观察 K 线图，更要观察分时走势图，才能辨析市场走势形成的根本原因，而不应盲目的仅仅按照蜡烛图或者分时走势图来分析，只有洞察市场机理，才能真正分析出主力的意图。

第六章　顺势而为，还是逆势而上

顺势而为，就是在上升的趋势中逢低买进，在下跌的趋势中逢高抛出。在操盘时，不要以自己的主观意愿为导向，要严格根据市场所发出的信号来操作。

逆势而上，是指个股的走势和市场的趋势方向是不同的，是人们摒弃的操作手法。沧海横流，方显英雄本色。同样，在股市中，我们只有在逆势中才能发现强者的执着和追求。

道氏理论是金融操作理论的鼻祖，是股市中的圣经。现阶段任何操作理论都是以道氏理论为依据的，或者是其变形。在道氏理论中，市场是以趋势方式演变的。我们无力也无心去质疑先驱们理论的合理性，但我们更愿意站在巨人的肩上去发现点儿什么。我们关注的逆势是指在大盘指数和个股指数的背离中提前发现趋势的开始，在大盘指数和个股指数的背离中提前发现趋势的结束。

一、K线逆势

K线是投资者最主要的参考工具，同时也成为主力引诱投资者大量买进、卖出的工具。主力通过投资者对股市技术分析中K线及K线组合、均线、形态、指标等的迷信，诱导投资者做出买进、卖出的错误决定。

很多书中都有关于预防骗线的篇章，本书所讲的内容不在于讲解那些引人入胜的防骗技巧，而在于从K线逆势和分时走势逆势中，去分析主力的真实意图，希望对投资者有所帮助。

任何逆势行为都存在着主力操纵行为，任何逆势行为都是以达到某种目的为结果的行为过程，或通过刻意的打压引诱投资者割肉，或通过量价齐升的突破形态引诱投资者跟进，或通过长期横盘让持有者忍无可忍地抛出股票等。

K 线逆势主要讨论的是通过对在 K 线走势图上的一定时间范围内，个股与大盘的走势不一致时的分析，来买卖股票的方法。可能很多人觉得比较适合中长线，但不同周期的 K 线同样适用，日 K 线、小时线、半小时线等，因此该方法同样适用于不同周期的操作手法。

1. 个股走势与大盘趋势相同

这种走势在总体上是和大盘走势是一致的，一般都是大盘股，或者是行业龙头类的股票，买卖这类股票风险是最小的，收益也是最少的，买卖这类股票时，应密切关注大盘的走势，如图 6－1 所示。

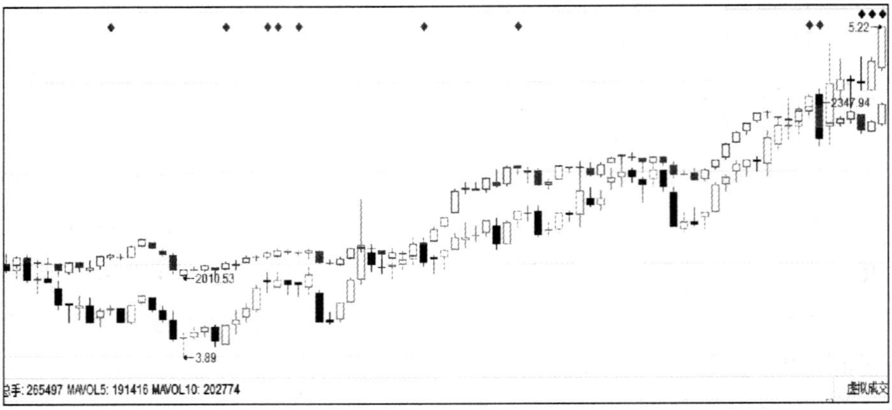

图 6－1　走势与大盘同步的个股

这类股票应密切关注大盘指数的走向，对大盘的点位要判断正确，同时根据量价关系、形态、趋势等，来判断和做出买入或者卖出的决策。

买入：根据国家金融政策，产业发展政策，区域发展，行业属性等。

卖出：密切关注大盘的走势，从技术角度做出卖出决策。

（1）长期趋势线的跌破。

（2）高位长时间横盘，反弹不创新高卖出或诱多拉升后卖出。

（3）连续放量拉升，主力在拉升中出货，我们也要及时卖出。

（4）连续拉升后量价背离等。

2. 个股及大盘的逆势行为

（1）大盘创新低，个股不创新低，提前见底。

如图 6-2 所示，我们来看这只股票，该股在停牌一个月左右后连续 4 个涨停板，后在高位震荡出货，那在这以前有什么征兆吗？

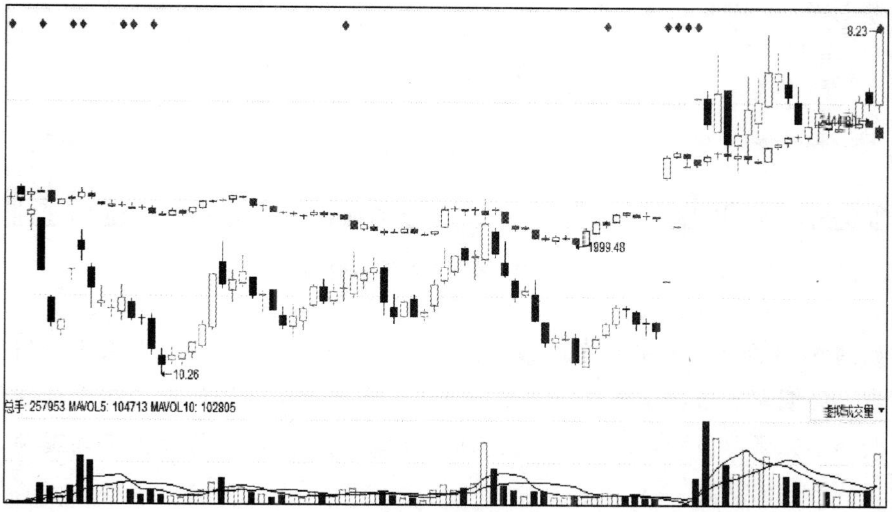

图 6-2 逆势走势个股解析

大盘震荡下跌，屡创新低，而该股创出 10.26 元的新低后，连续 4 根阳线拉升，大盘不断创出新低，最低曾收于 1999 点，而该股却没有创出新低，说明有资金在维护盘面，不让其下跌，我们可以把这样的股票放在自选股池里。对于这种股票，如果你是趋势型投资者，可趁大盘企稳之际，个股不创新低时买入，稳健型的投资者，可以等放量拉升时介入，后期会获得远超大盘涨幅的利润。

如图 6-3 所示，该股在大盘指数屡创新低的过程中，低点不断抬高，高点不断上移，而且从成交量上看，底部堆量，阳线放量，阴线缩量，可在量能缩小到极致时，或者大盘有企稳迹象时买入。

基金重仓股在拉升途中，如果遇到大盘的连续下跌，该股能前期回调低点止跌，随着后市大盘的企稳，该股很可能创出新高。我们来看看该股整个拉升过程。

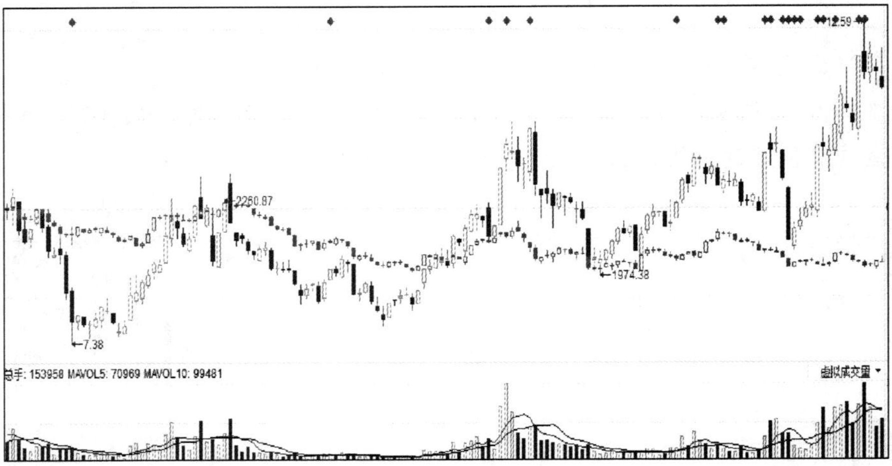

图 6-3　逆势走势个股解析

如图 6-4 所示，这是该股的整个做盘过程，在拉升初期，走势和大盘指数基本同步，后期大盘指数连续暴跌，该股回调止步于前期回调低点，在大盘创出历史新低的第二天，该股直接用涨停板响应。后期大盘虽然走势保持窄幅震荡，但该股却持续创出新高。

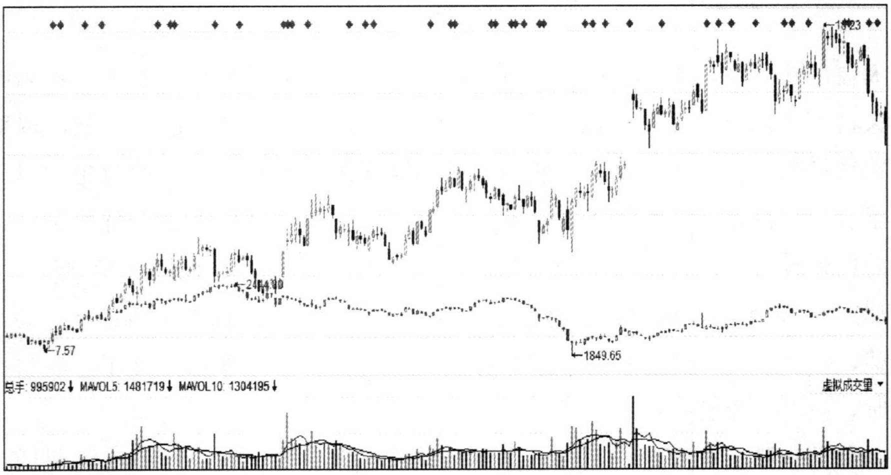

图 6-4　逆势个股解析

同时也存在着这种情况，大盘见顶后下跌，该股跟随下跌，但该股出货还没完毕，拒绝创出新低，等大盘企稳之际，再次拉升诱多出货。

如图6-5所示，该股在拉升后，迫于大盘下跌压力，回调到前期低点6.02元，第二天收出接近涨停板的大阳线，之后虽然大盘创出新低，但该股却一直在大阳线的振幅内波动，在大盘企稳后，连续拉升甚至创出了7.99元新高。

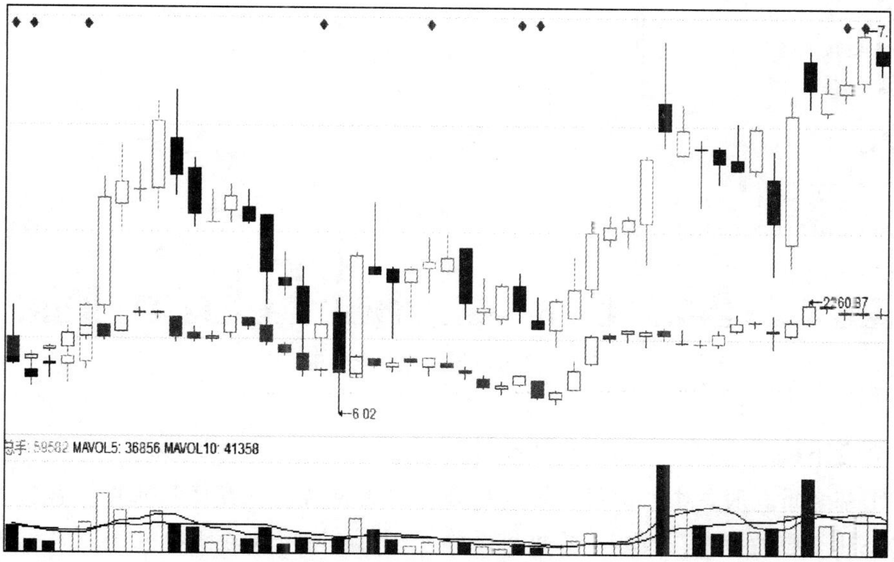

图6-5 逆势走势个股解析

（2）大盘下跌，个股逆势上涨。

如图6-6所示，我们来看一下这只股票，图中所示区域在大盘下跌达到3%的时候，该股已经上涨了70%，我们来分析一下有什么预兆吗？

①该股从5.57元低点开始反弹后，以圆弧度的形式构筑底部，反弹到颈线位7.50元附近下跌，在5.99元止跌，但此时呢？大盘连创新低，该股强势姿态尽显无疑。

②在该股从5.57～7.50～5.59元的过程中，阳线放量，阴线缩量，而且阳大阴小，吸筹拉升，连阴洗盘。

③在大盘连续3天暴跌后，开始了震荡下跌，而该股却趁此开始了为期两个月的拉升。

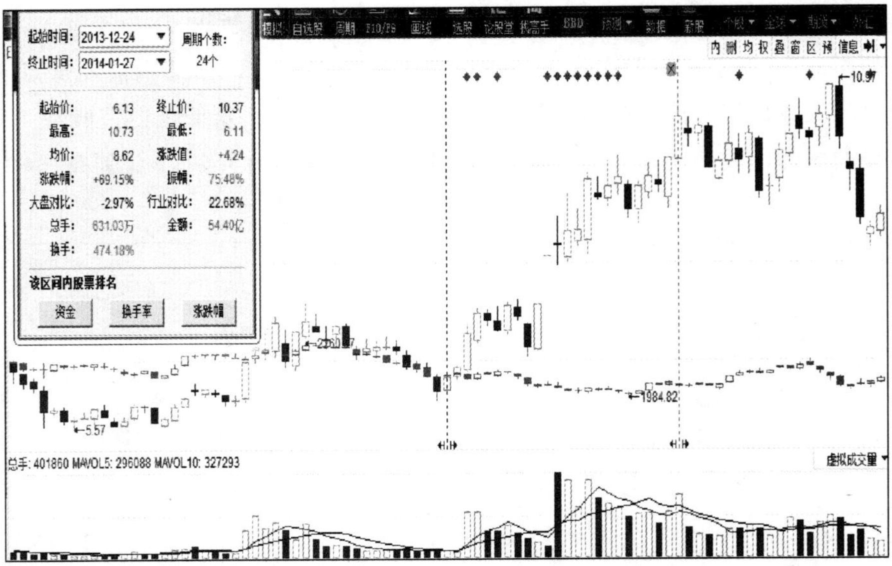

图 6-6 逆势走势个股解析

大盘下跌时，我们主要追踪两类股票：

①基金重仓股，中长线投资者的最爱。在大盘持续下跌的过程中，往往提前筑底，甚至提前拉升，只要上升趋势良好，我们就可以继续持有。

②短线强势股，快进快出。这种股票持续时间不长，但我们仍有足够的时间去操作，密切关注趋势的延续性，当这种股票在连续拉升后，量能萎缩，同时，在分时走势上有明显的主力出货迹象时，上升趋势线跌破，回调反弹不能创出新高等，我们要及时平仓。

③超短线强势股，这种股票持续时间一般在一周以内，可能是一天吸筹，一天洗盘，一天拉升出货，甚至没有洗盘。

如图 6-7 所示，我们看到该图方框处，第一天涨停板吸货拉升，第二天宽幅震荡出货，当时的市场环境是大盘在创出新高 2248.94 点后的回调期间，市场氛围低迷。但该股在两天之内收获了高达 5%的利润。这种情况在大盘下跌过程中经常出现，是主力超短线操盘。下面我们来看这两张分时图，如图 6-8 和图 6-9 所示。

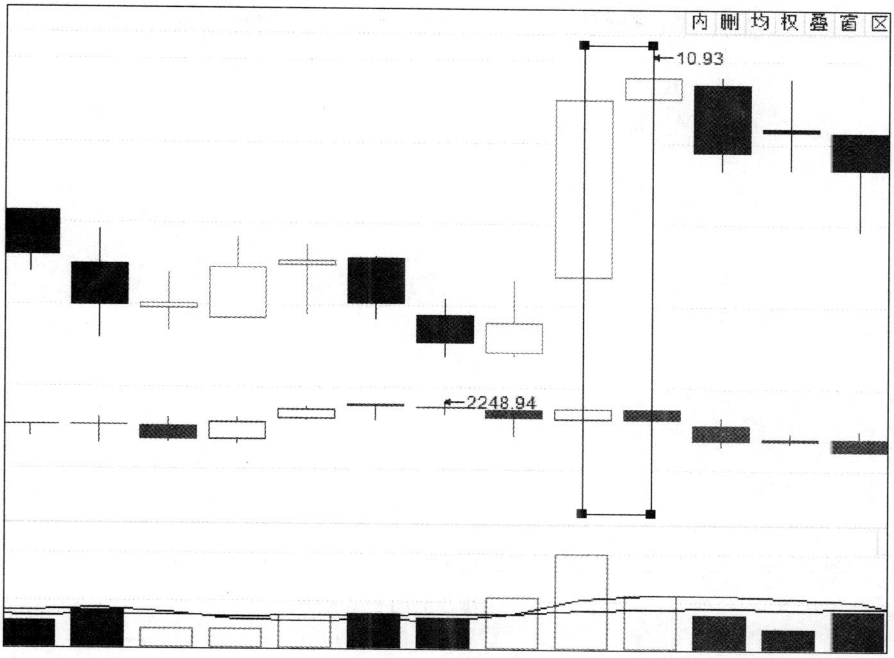

图 6-7 逆势走势个股解析

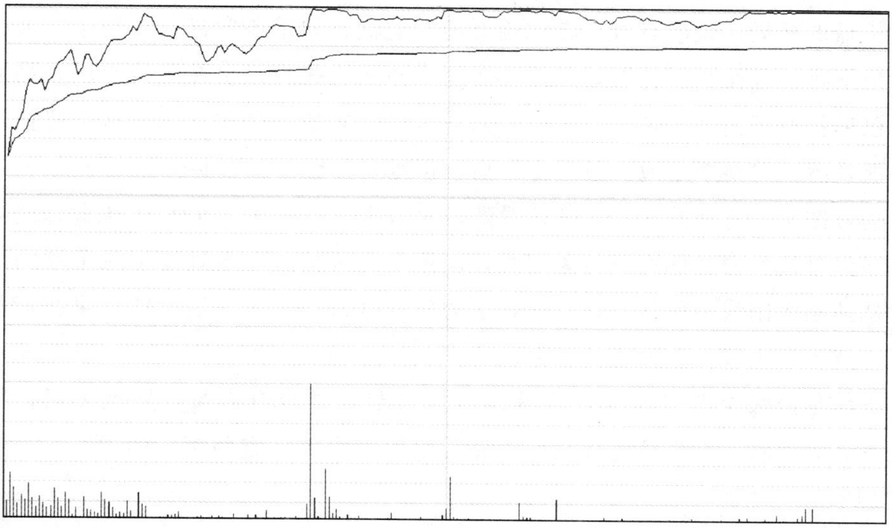

图 6-8 涨停板吸货分时走势图

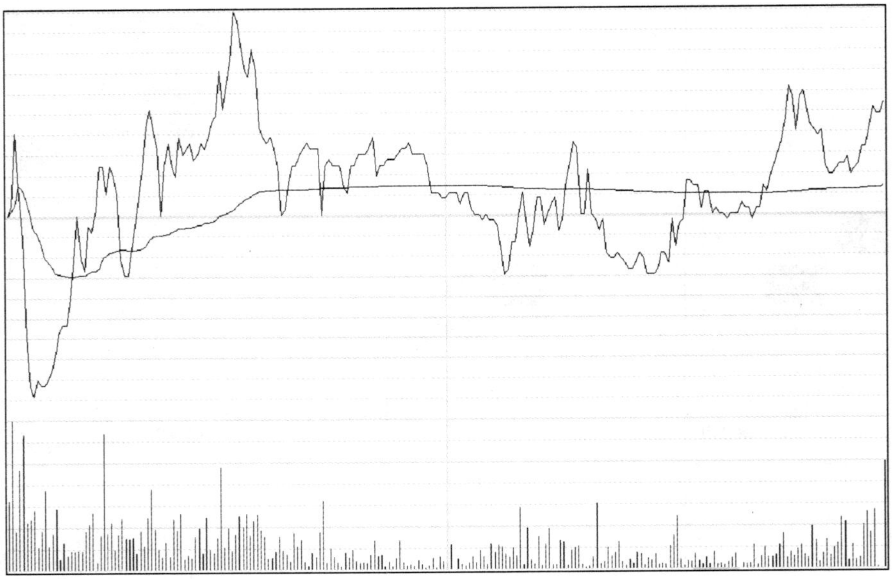

图 6-9　震荡出货分时走势图

(3) 大盘下跌，个股强势横盘。

大盘指数连续下跌，均线空头排列，市场中弥漫着悲观的气氛，而该股却能维持横盘的格局，说明有资金在承接市场的抛盘，如果该股是在经历了一波上涨之后的横盘，成交量保持缩量，很可能是主力实力强悍，也在等待市场企稳后开启自己的拉升行情，但是这个时候我们应该保持观望的情绪，不要被个股抗跌的走势所迷惑，等待多空双方较量完毕后，市场自然会给出方向。

通过图 6-10 和图 6-11 可以看到，大盘指数下跌了 6.42%，该股却略有上升，在盘整过程中，偶有缩量大阴线，但第二天都能收复失地，可见下跌力度很弱。从几条大阳线中可以明显看出，主力底部吸筹的迹象。后面的结果我们都看到了，待大盘企稳，该股走势强劲。

下面是两张个股盘整期中阳线的分时走势图，拉升有量，回调无量，即使受大盘影响下跌，尾盘也能收回，明显看出了主力的气定神闲。如图 6-12 和图 6-13 所示。

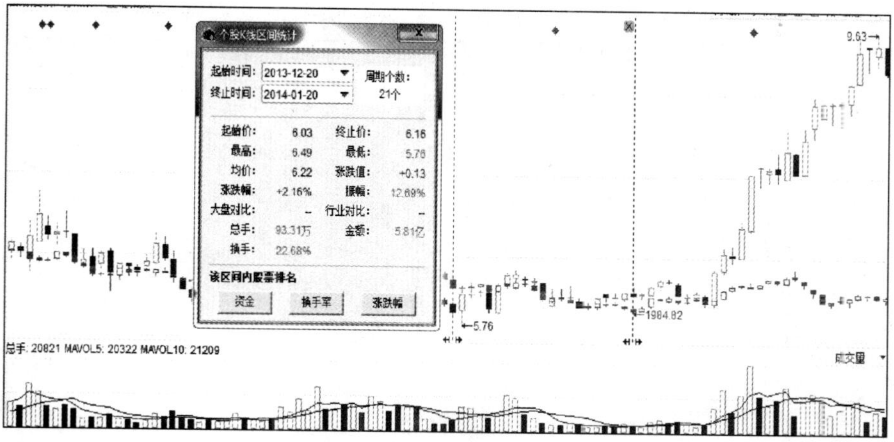

图 6－10　逆势走势个股解析

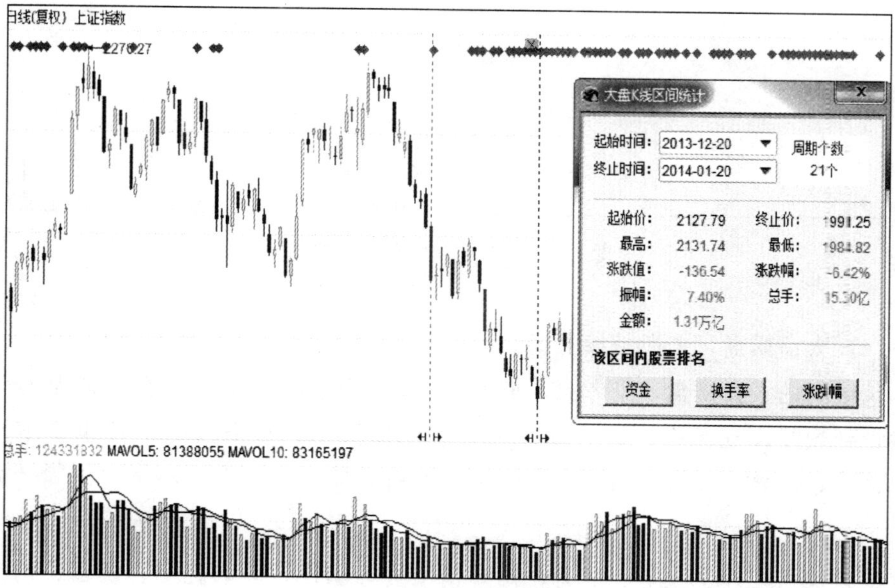

图 6－11　上证指数走势图

如图 6－14 所示，该股在大盘低位反弹期间，开始了第一波拉升，大盘指数不断创出新低，导致反弹夭折，该股主力无奈只好在此区间做窄幅横盘，最后以两条大阴线跌破平台诱空后，便开始了为期一个多月的主升浪行情。

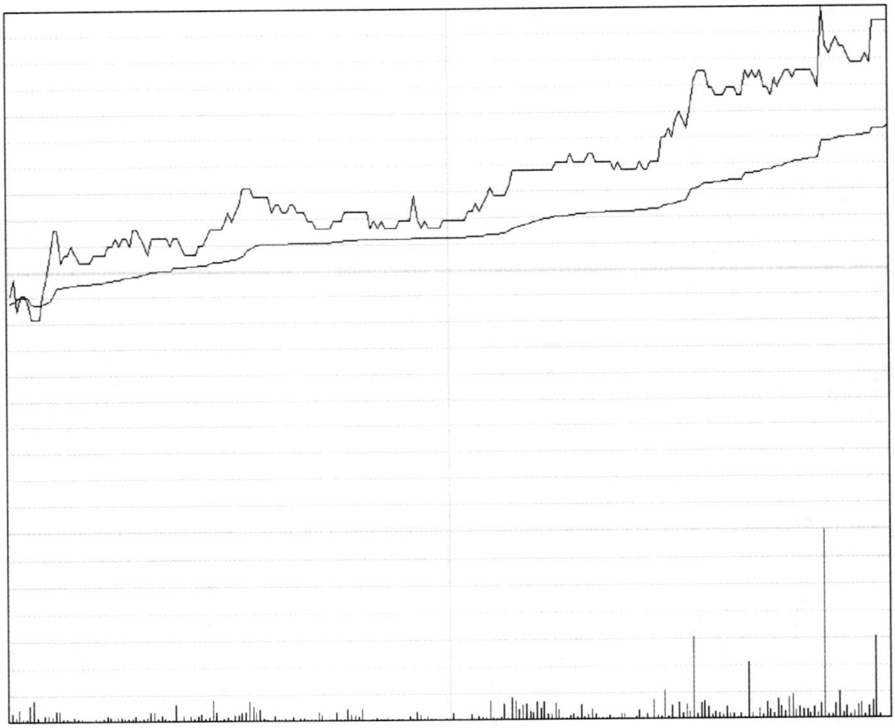

图 6-12　盘整期间分时走势图

（4）大盘横盘，个股持续上扬。

长时间的大盘横盘，最考验人们的耐心，每个人的心理都在经历着从开始的平静，到烦躁，到无奈，最后到忍无可忍割肉离场。每个人的个性也是不一样的，在股票世界，各色人物掺杂其中，对待同一种走势每个人都有着不同的应对之法。

主力操盘无外乎吸筹、洗盘、拉升、出货等动作，采取扎空、诱多、诱空等方式来实现他们的目的。俗话说："水至清，则无鱼；人至察，则无徒。"大盘的平静，也为各种主力提供了表演的舞台，下面我们来分析一下可能的目的。

如图 6-15 所示，在大盘底部横盘期间，该股却沿着 30°的角度上升，K 线就像整齐的士兵一样，稳步上前，偶有错步，也能很快纠正，主力控制盘面的能力可见一斑啊！这种股票我们不妨大胆地跟进。

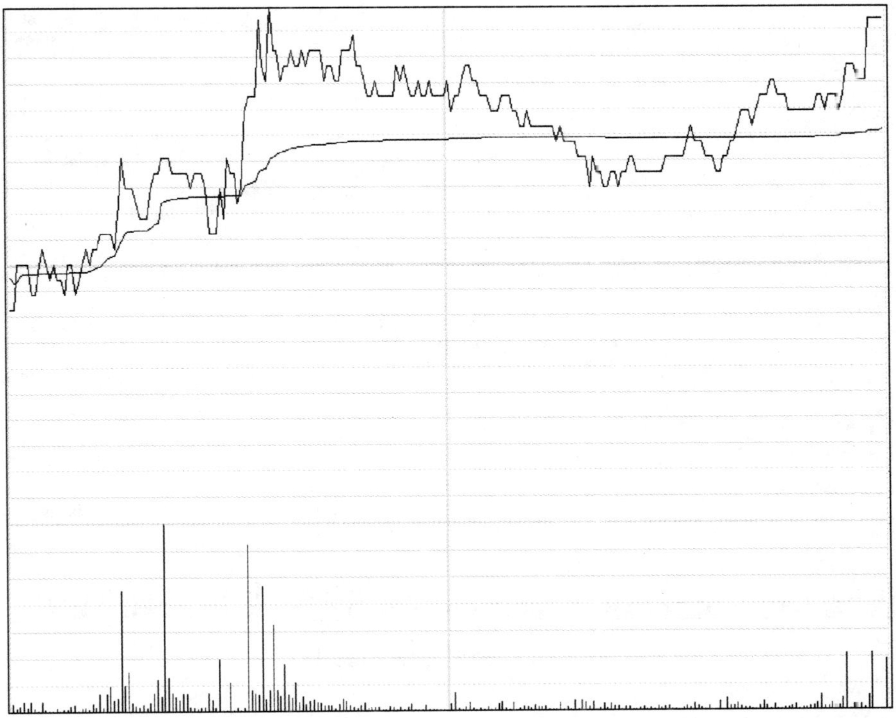

图 6－13　盘整期间分时走势图

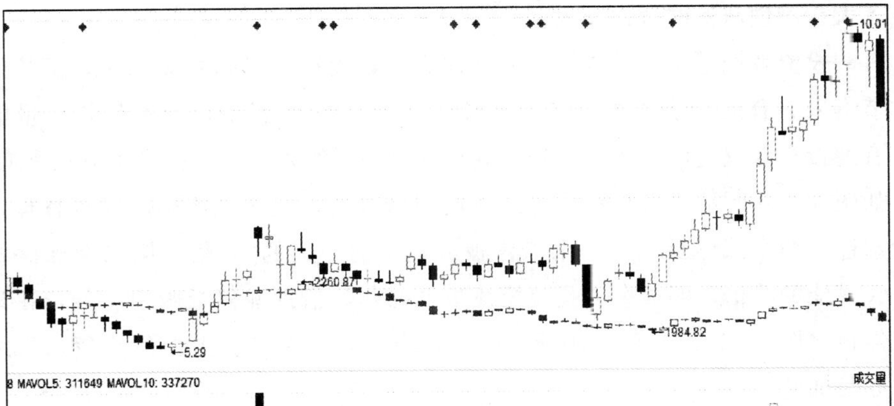

图 6－14　个股逆势走势解析

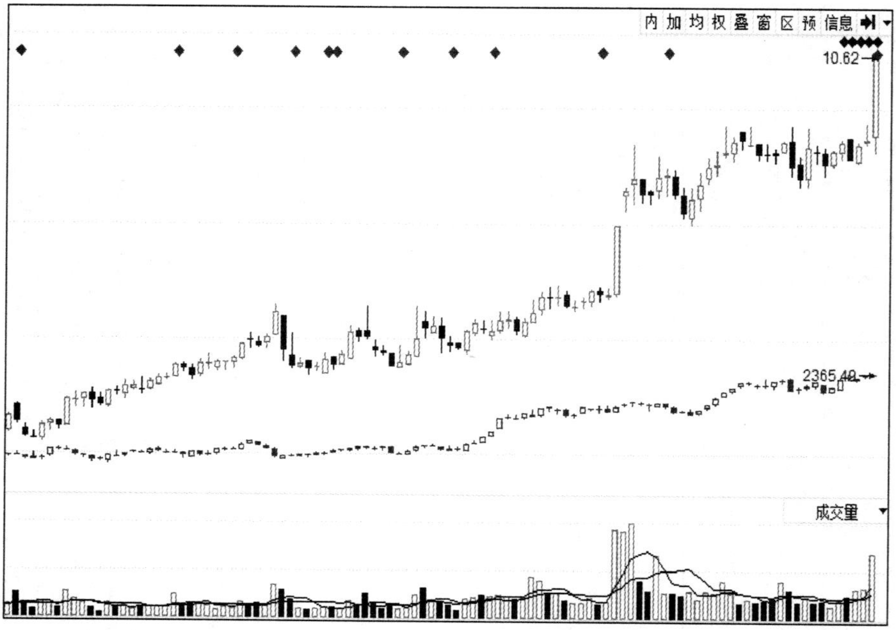

图 6－15　逆势走势个股解析

在大盘下跌的时候，有些个股K线图就像被施了魔法一样，很有规律，很有纪律，或是上涨，或是下跌，也是个股强势的表现，我们可以等到个股有启动迹象或者大盘不创新低时考虑介入。

有的投资者偏重于长线投资，稳健而有力，无论大盘指数怎么走，都按照自己的节奏来。有的投资者偏重于一两个月左右的短线投资，滚动操作，量能延续。有的投资者仅是两三天的操作，利用大盘小时级别的筑底拉升来兑现利润。

如图 6－16 所示，大盘指数再次回调到低点后，连续三连阳后横盘整理，而该股却连续两个涨停板，第一个涨停板放量是前一天的 10 倍，第二个涨停板是第一天量能的 5 倍，明显主力是超短线滚动操作，借助涨停板吸引人气，在第二个涨停板（图 6－17）及后续阴线出掉一部分货，再补仓拉升继续出货，后续的操作亦是如此。

在整个操作过程中，大盘一直波动不大，而该股短线振幅高达 25%，后续大盘的走强也成了主力借力使力的工具。

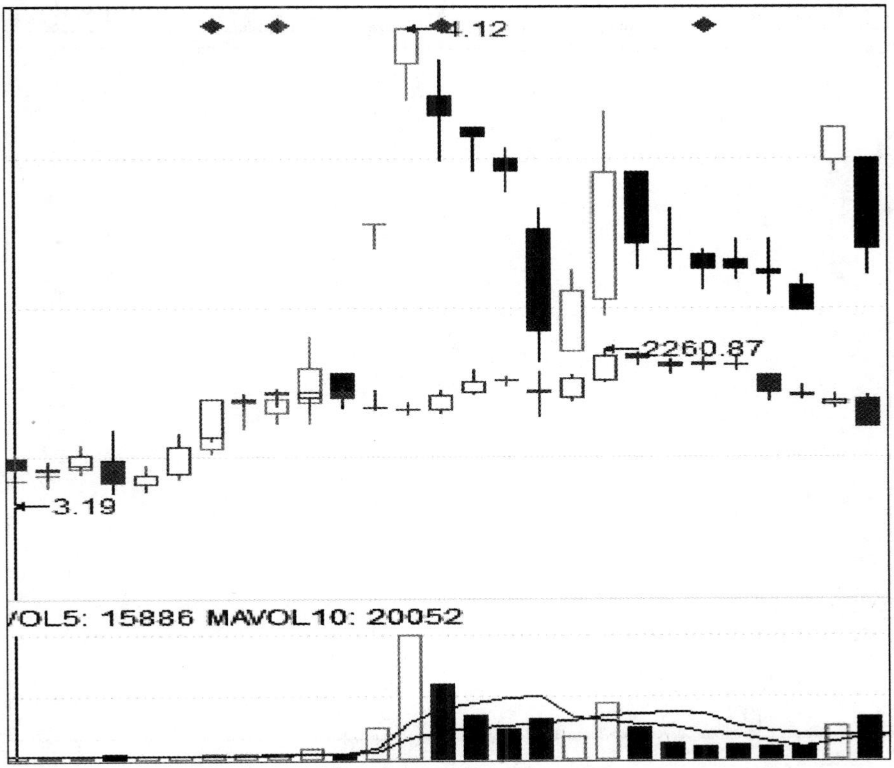

图 6－16　逆势走势个股解析

(5) 大盘横盘，个股弱势下跌。

大盘指数在一定时间内盘整，上下幅度不大，但个股却不断下跌，在消息面平静的情况下肯定是主力机构所为，或是恐吓获利盘，或是驱散套牢盘，或者威胁止损盘等，都有可能，具体情况，具体分析。

①借助大盘休整之际，缩量回调洗盘，后市可期，回调到重要支撑位可买入；

②大盘及个股同处下跌趋势，个股弱于大盘，止损卖出；

③大盘低位窄幅波动，个股矩形走势，逢下轨买入，逢上轨卖出；

④超短线操作，结合分时图判断买卖点；

⑤大盘高位盘整，个股提前展开主跌浪。

这只是一些简单的可能性，股市操作纷繁芜杂，如万花筒一般，让人欲摆

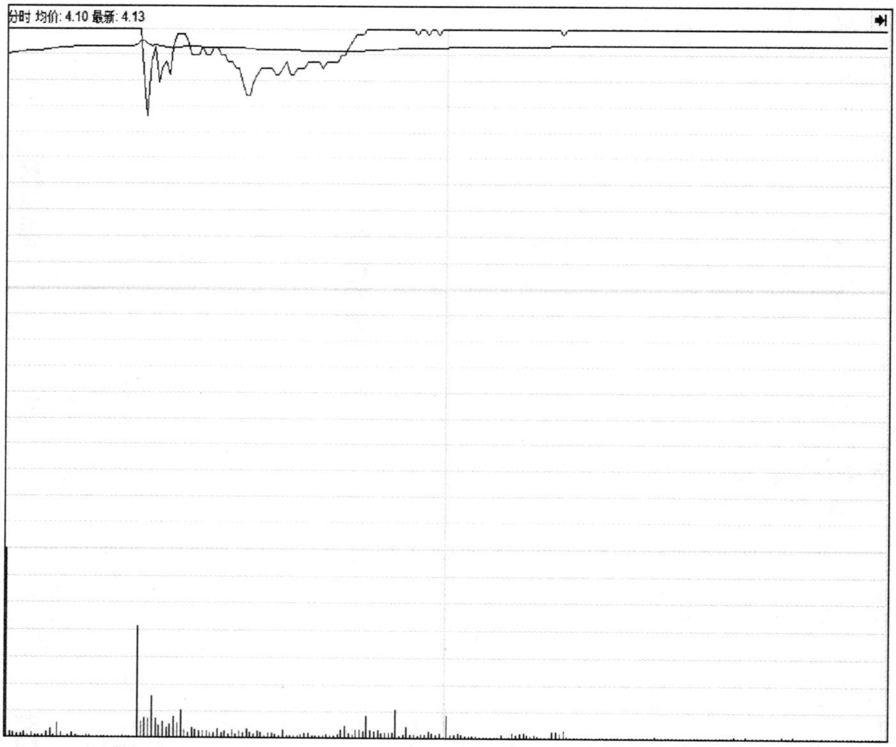

图 6－17　个股涨停板出货图

不能。

如图 6－18 所示，该股展现了主力操盘高位三重顶出货的过程，而大盘处于一波上涨行情的整理阶段，振幅波动不大，但该股分别在三重顶的右侧下跌阶段开始出货，而且力度不断加强，甚至后期大盘连续上扬，依然难以改变主力砸盘出货的意愿。

为什么会出现这种现象呢？可能是该股主力对于大盘走势的判断错误，上市公司出现问题或者主力资金链断裂等。每一张走势图展现着主力构图的技巧，过分宣扬股市走势的规律性往往是作茧自缚。

如图 6－19 所示，大盘的下跌带来了个股的崩盘，即使大盘企稳，但该股依然我行我素，随着带长下影线的大阴线出现，标志着底部的到来，打压吸货迹象明显。大盘筑底，该股却走上了阳多阴少的初升段。主力牢牢地控制着盘面的走

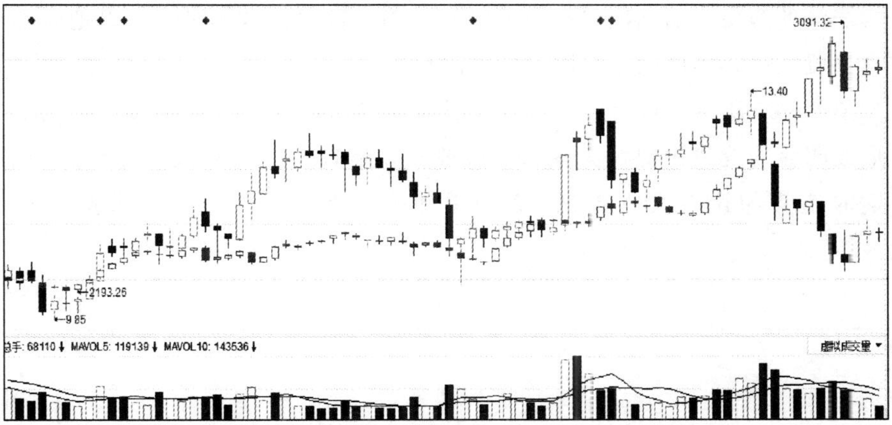

图 6－18　逆势走势个股解析

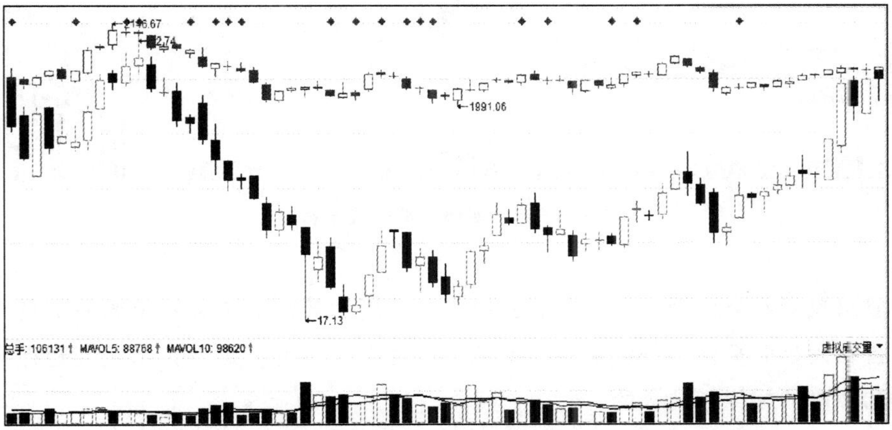

图 6－19　逆势走势个股解析

势，主升浪行情一触即发。

万变不离其宗。个股的走势无非是上涨、下跌、横盘三种走势。大盘指数平稳，正是验证主力操盘目的的试金石。宜未雨而绸缪，毋临渴而掘井，仔细辨明走势的真实含义，方能赚取跑赢大盘的利润。

（6）大盘上涨，个股逆势下跌。

在大盘上涨的过程中，个股逆势下跌，很明显我们都会认为该股是弱势的，当然这也有很大的可能性，但同时存在主力对于上涨没有做好准备，故意在盘面上造成弱势的假象，引诱散户抛掉手中的筹码。我们在操作时，可以把此类个股放在自选股池里，等该股呈现明显的上涨势头后再介入也不迟。

如图6-20所示，这只股走势很怪异，大盘指数和该股走势好像人的上下嘴唇，形成明显的背离走势，大盘涨，该股跌，笔者相信很多人可能已经换股了。但后期的走势却让人大跌眼镜，3个星期内上涨75%。这就是金融投资的奥妙吧。

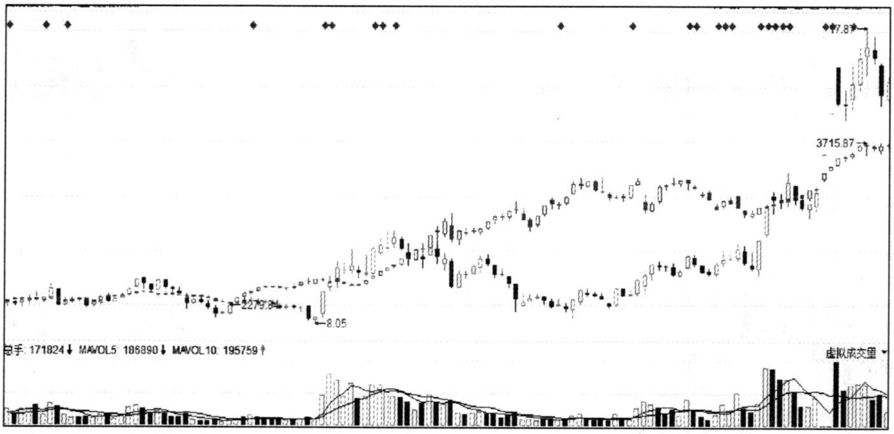

图6-20 逆势走势个股解析

股票投资不会像潮起潮落那般有规律，任何走势都是主力对未来趋势的判断和对自我衡量的平衡，任何走势都不是主力随意涂鸦的，每一种都是与遵循大盘走势和个股的规律相结合的。

这个像剪刀手一样的走势（图6-21），却给人不好的感觉。大盘持续上扬，创出了历史新高6124点，但该股在后期拉升中明显弱于大盘，甚至低于前期13.54元的高点，早于大盘展开了杀跌。你可能会认为对于主力来说，是个失败的操作。但是，账面上的财富永远是虚无缥缈的，银行里的财富才是真金白银。和散户一样，主力的每一笔盈利都是对于自我奋斗的回报，每一笔亏损都会带来我们对于操盘的总结。中国股市20多年，第一代操盘手九成目前穷困潦倒，昔日挥金如土，号令江湖的大佬们落魄至此，让人心酸。稳健的获利，赚取属于自己的财富，量力而行，至少我们可以在这个市场存活。

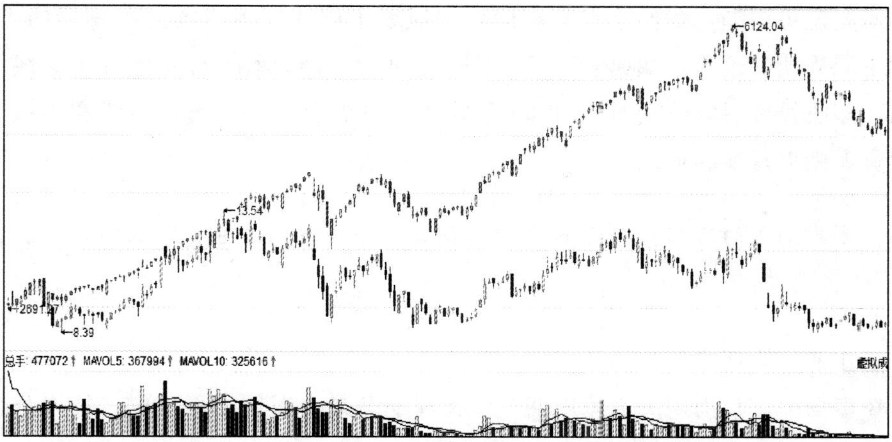

图 6－21　逆势走势个股解析

3. 逆势周期分析

（1）不同周期下的逆势分析。

对于 K 线我们主要讲到了大盘指数和个股走势的逆势，以及由此可能产生的未来走势。下面我们共同探讨一下 K 线不同周期的逆势。在不同的股票分析软件中，我们都可以看到不同周期下的 K 线走势图，同时还可以看到多周期下的走势图，如图 6－22 所示。

图 6－22　多周期下的走势图

研究逆势周期，我们重点研究同一只股票不同周期下市场走出相反的走势，但对不同周期的选择，却因人而异，T+0投资者宜选用15分钟线和小时线结合使用，短线投资者宜选用日线和60分钟线，中线投资者宜选用日线和周线，长线投资者则以月线和周线为主。

注解： 多周期图的运用：打开K线走势图，点击上方的“分析”选项，下拉框中“多周期图”选项即可。

（2）逆势周期之分久必合。

在市场中，长周期决定短周期，但长周期又是由短周期形成的，技术分析的核心要素之一就是周期关系。

短周期的逆势对于长周期有一定的修正作用，长短周期的共振与偏离会产生技术性的买卖点。在一个长期上升趋势中，短期的回调会起到修正偏离过大的均线系统，有修正过热的技术指标的作用。

如图6-23所示，该股由于短周期的偏离过大，导致在日K线走势图上10天的连续调整，但从周线图上看，依然处于上升趋势（图6-24），对于中长线投资者，依然可以持有。

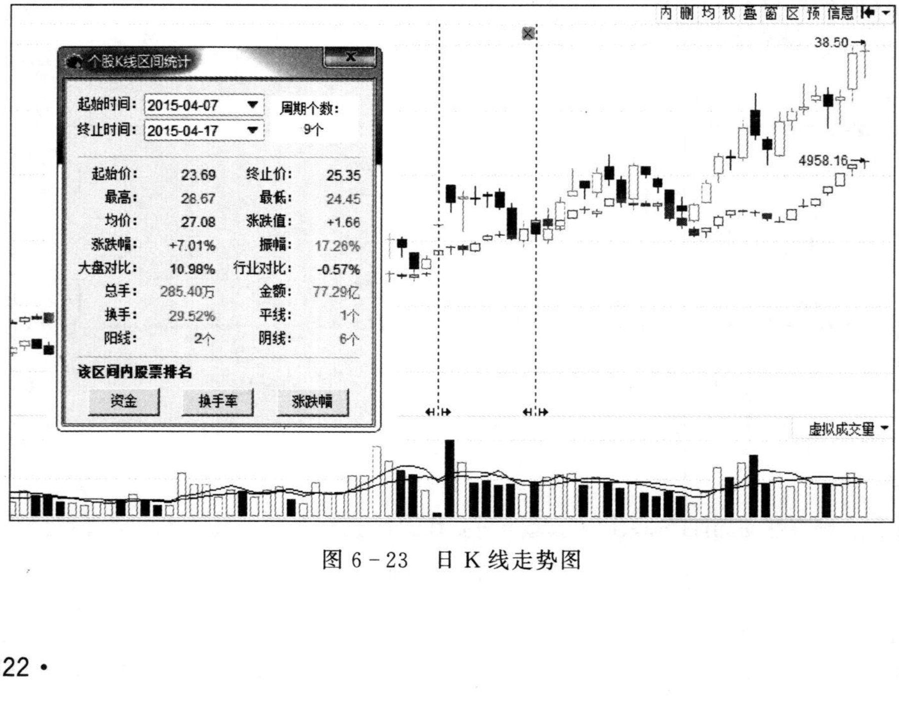

图6-23　日K线走势图

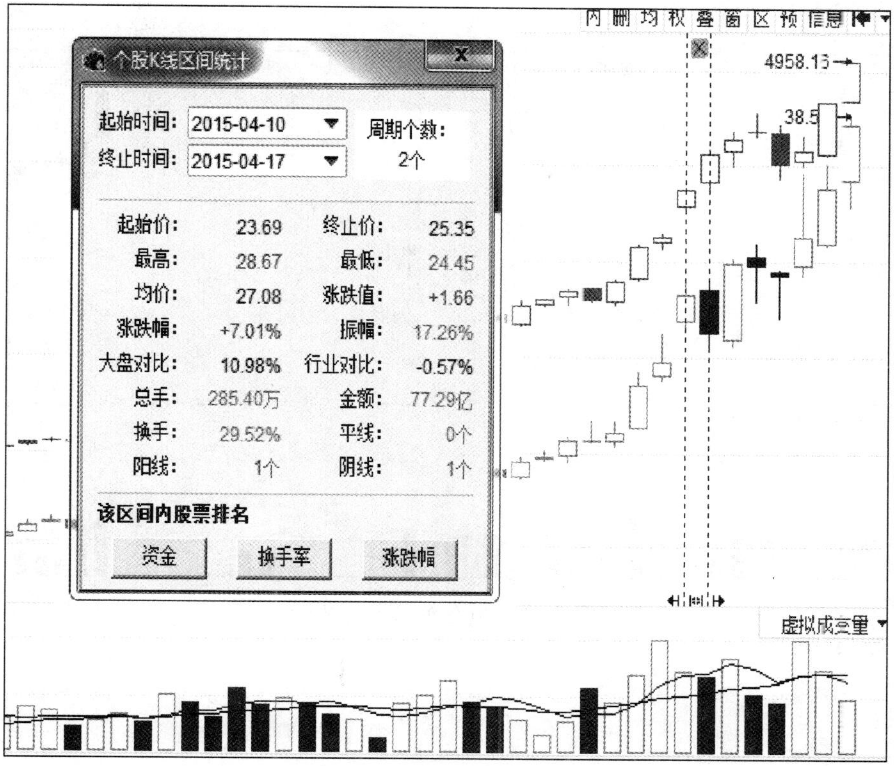

图 6-24　周 K 线走势图

（3）逆势周期之合久必分。

短周期与长周期长时间的过度黏合会招致市场随时止涨或止跌，短周期的逆势对于长周期的趋势转换有一定的警示作用。长周期上升趋势或下降趋势的完结都是以短周期率先转向而开始的。

在创出 12.99 元的新高后，短周期 30 分钟周期图上的黄昏之星 K 线组合提醒着我们下跌趋势的来临（图 6-25），如果能够及时卖出，可以有效规避日线上的大幅调整（图 6-26）。

（4）单日 K 线的协同与分离。

时间是不断延续的，趋势是不断发展的，我们操盘时要克服狭隘而固化的思想，K 线图和分时图作为股价波动的展示，也是不断变化的。单日 K 线可能随着时间的延续，随着价格的波动而呈现不同的形态，按照传统的细分方法，日 K 线可以划分为小时线、半小时线、15 分钟、5 分钟、1 分钟等，如图 6-27 所示。

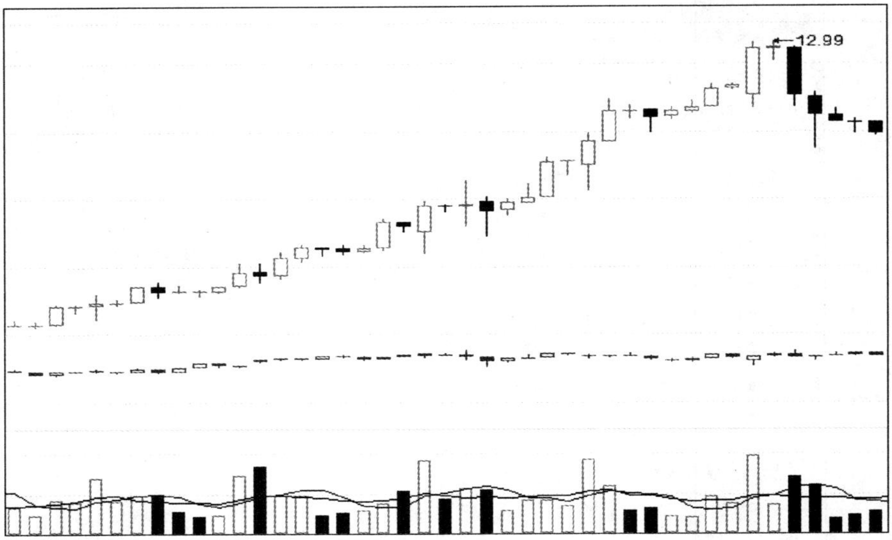

图 6-25　30 分钟 K 线走势图

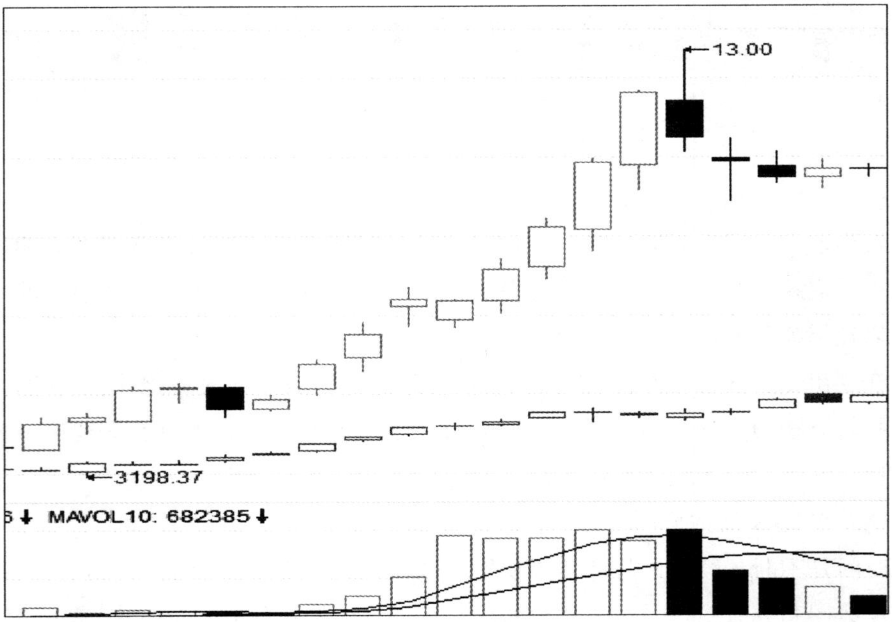

图 6-26　日 K 线走势图

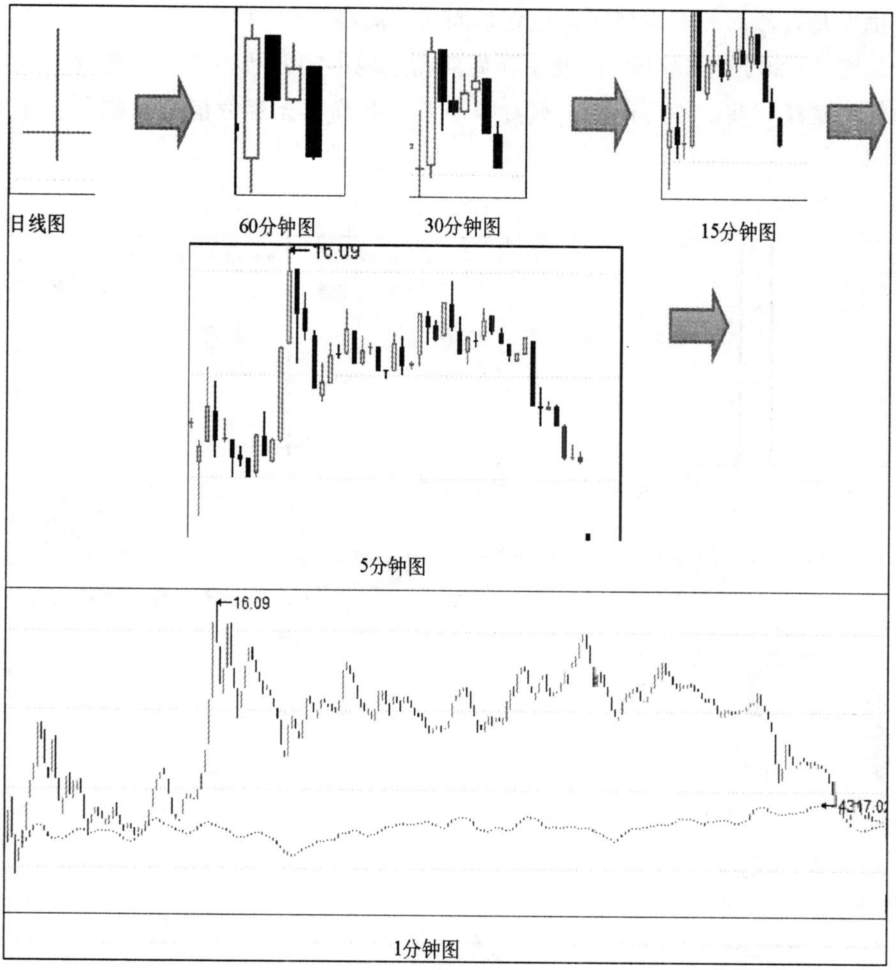

图 6-27　K 线的不同周期形态

这就是同一根 K 线在不同周期内的 K 线图表示：

日线：倒转锤头，见顶信号；

60 分钟线：双阴夹阳；

30 分钟线：下降三部曲；

15 分钟线：对称三角形跌破底边线；

1 分钟线：多重顶形态。

不同周期的共振，不断地提示着我们趋势逆转的来临，因此下行趋势的到来，也就是自然而然的事情了，这就是周期上的协同。

如图6－28所示，日K线及不同周期图呈现不同的状态，是趋势的逆转，还是趋势的延续，我们不得而知，只有等待下一个确定无疑的信号来临了，才能有所判断。

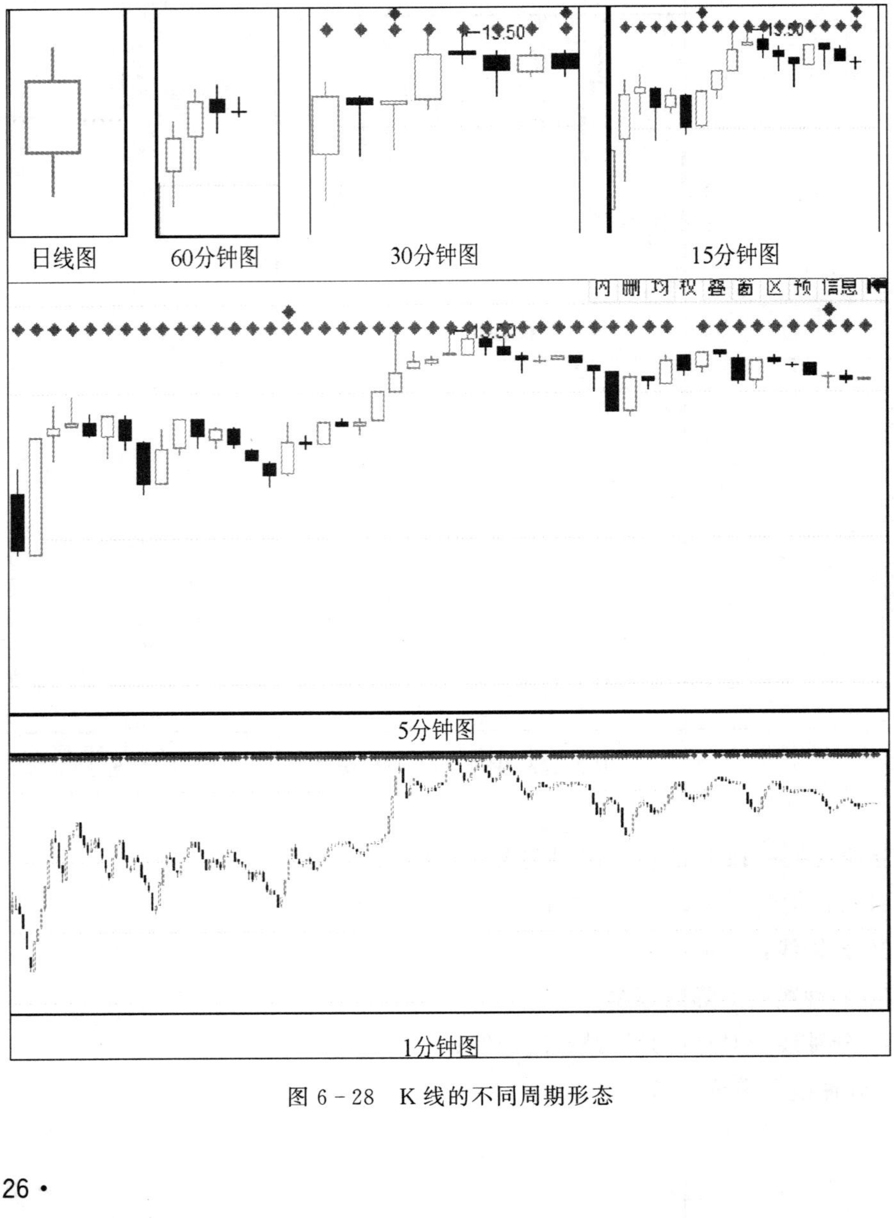

图6－28　K线的不同周期形态

单日K线的划分，其不同周期的K线构成了不同的K线组合或K线形态，意义相同，表示着趋势正在朝着这个方向发展，若意义不同，则需要下一步的K线给予我们提示。

周期逆势源于市场主力近期目标与远期目标的不一致，源于市场主力应对大盘走势的随机性，所谓分久必合，合久必分，必将归为一统。市场中的任何行为都是为了确定的目标而出现的，其逆势行为更为我们提供了高出低进和低进高出的机会，共振性则为我们提供了市场买进和卖出的机会。

4. 逆势行为分析

通过在K线走势图上实盘观察及历史回忆的应用，我们可以清晰地看到，盘面上的个股走势和大盘指数，犹如两条长龙在蜿蜒地盘旋，时而纠缠，时而腾飞，可以说，个股走势及大盘指数的相互结合对于我们研究趋势大有益处，同时也可以更好地帮助我们把握趋势的转折点。

（1）当大盘与个股走势一致，两K线图之间的开口很小，当个股趋势脱离大盘指数的牵绊，跃跃欲试，开口开始慢慢地放大，此时是买入的好时机，如图6－29所示。

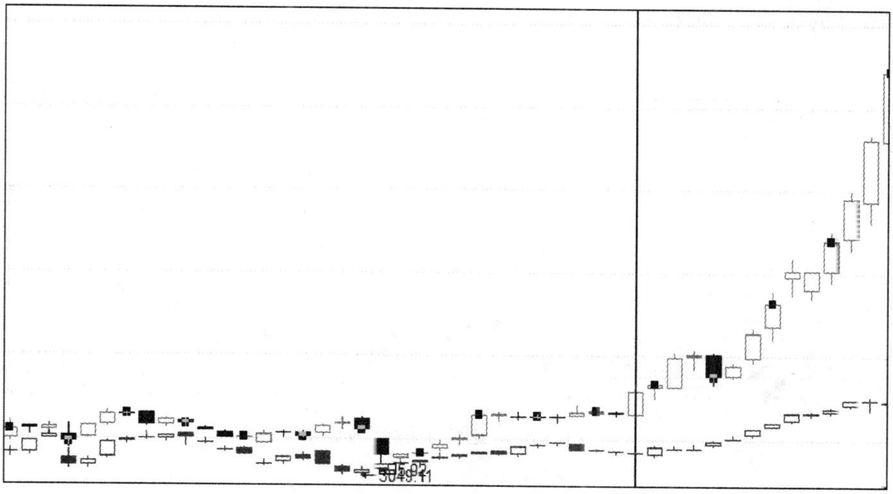

图6－29　逆势个股行为分析

（2）当大盘的K线图在上，个股的K线图距离大盘的K线图较远地方逐渐向上方抬头，而个股指数从大盘的 K 线图下方向上方突破，为买进信号，如图 6－30 所示。

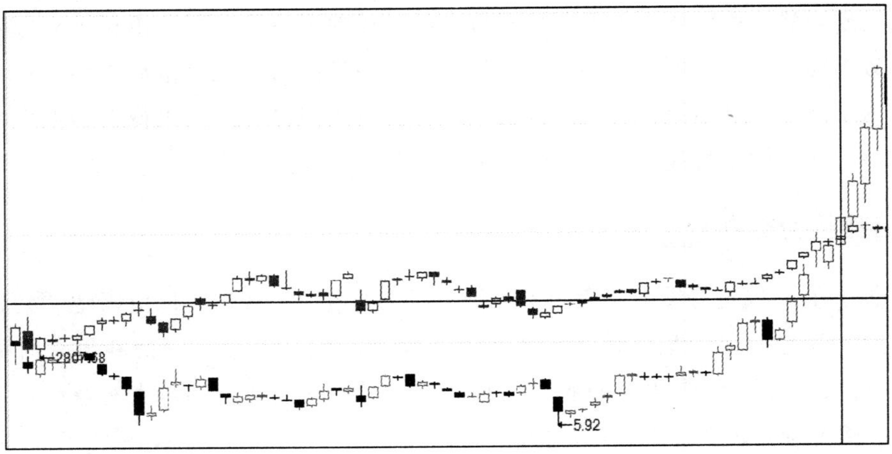

图 6－30　逆势个股行为分析

（3）当大盘与个股走势基本一致的情况下，个股突然跌破大盘指数，但很快又回到大盘指数的上面，上涨的势头不断地得到延续，个股越过大盘指数的时候就是理想的买点。如图 6－31 所示。

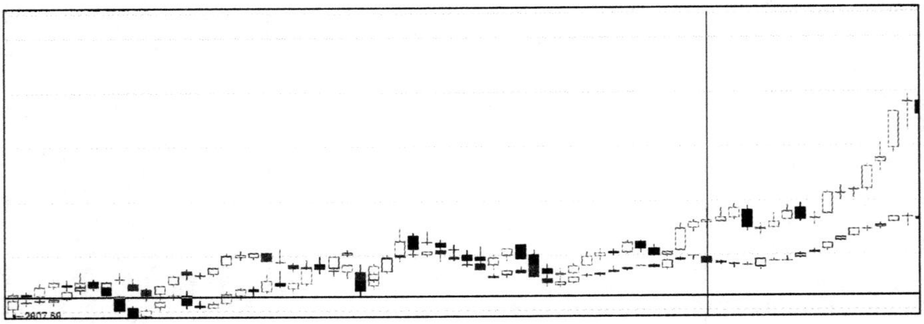

图 6－31　逆势个股行为分析

（4）当个股走势位于大盘指数之上运行时，在回档时未跌破大盘指数后又再度上升时为上升中回调低吸买点。如图 6－32 所示。

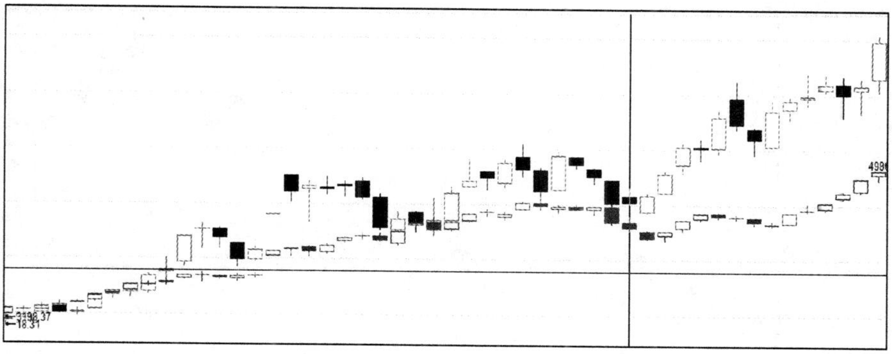

图 6－32　逆势个股行为分析

（5）当个股走势位于大盘指数下方运行时，突然暴跌，开口不断放大，并创新低后，又距离大盘指数很远，极有可能向大盘指数靠近（物极必反，下跌反弹），此时为超跌反弹买点。如图 6－33 所示。

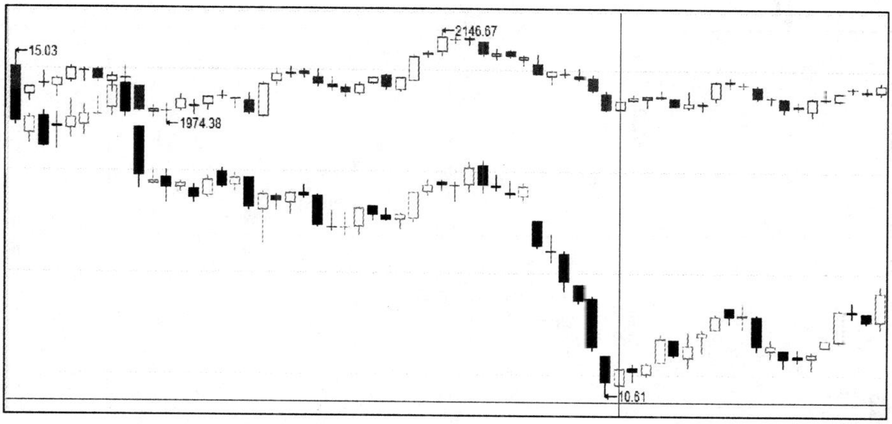

图 6－33　逆势个股行为分析

（6）个股走势位于大盘指数上方运行时，连续数日大涨，离大盘指数愈来愈远，说明近期内走势距离大盘指数乖离过大，随时都会产生获利回吐的卖压，应暂时卖出持有的股票。如图 6－34 所示。

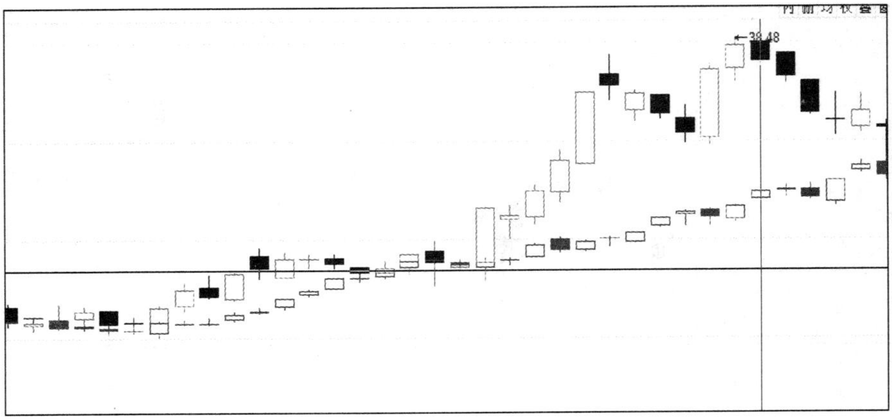

图 6－34　逆势个股行为分析

（7）大盘指数从上升逐渐走平，而个股走势从大盘指数上方向下跌破大盘指数时说明走势趋弱，应卖出所持股票。如图 6－35 所示。

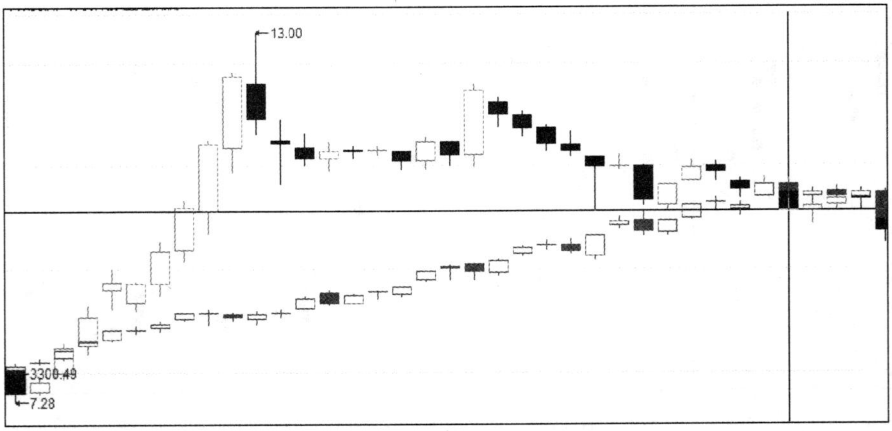

图 6－35　逆势个股行为分析

（8）个股走势位于大盘指数下方运行，趋势由弱转强后，但仍未突破大盘指数，且大盘指数跌势减缓，趋于水平后又出现下跌趋势，此时为卖出时机。如图 6－36 所示。

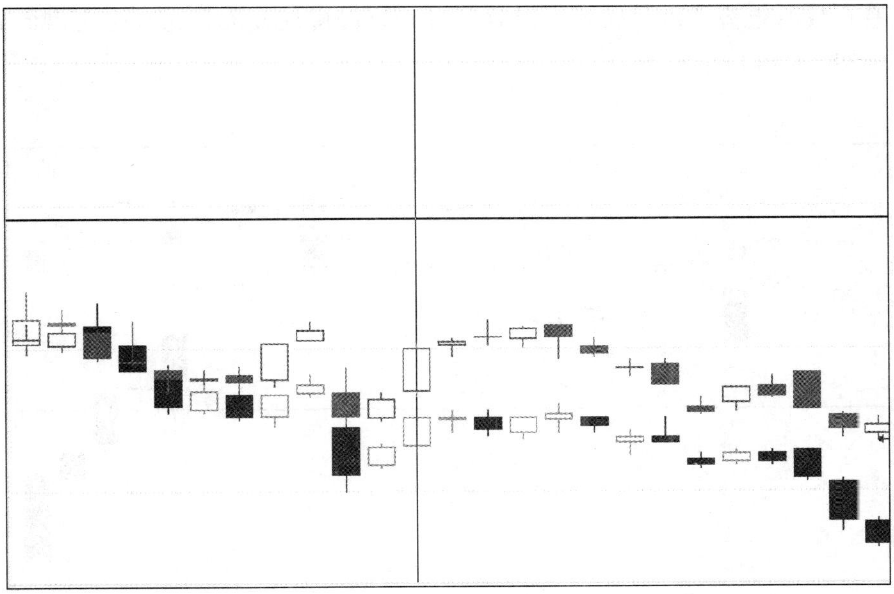

图 6－36　逆势个股行为分析

（9）个股走势由强转弱后在大盘指数上方徘徊，而此时大盘指数却继续疲弱或掉头向下，宜卖出所持股票。如图 6－37 所示。

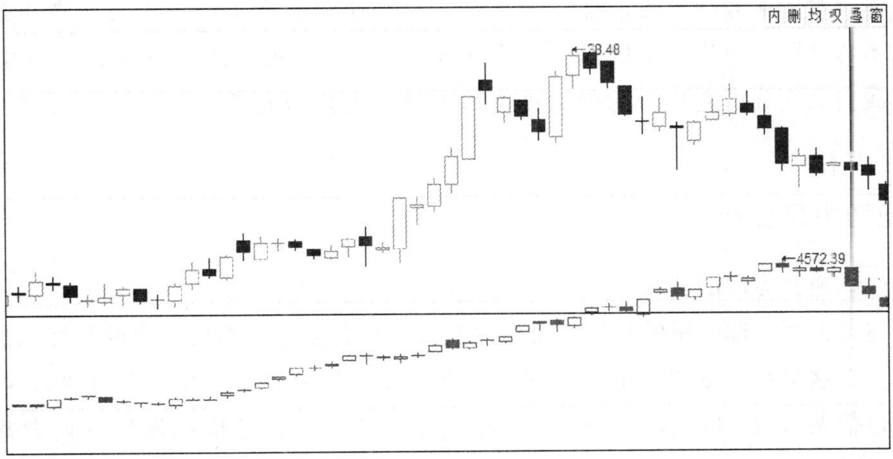

图 6－37　逆势个股行为分析

（10）当大盘与个股走势基本一致，两K线图之间的开口很小，个股走势脱离大盘指数的走势，由强转弱，同时开口开始慢慢地放大，此时是卖出的好时机。如图6－38所示。

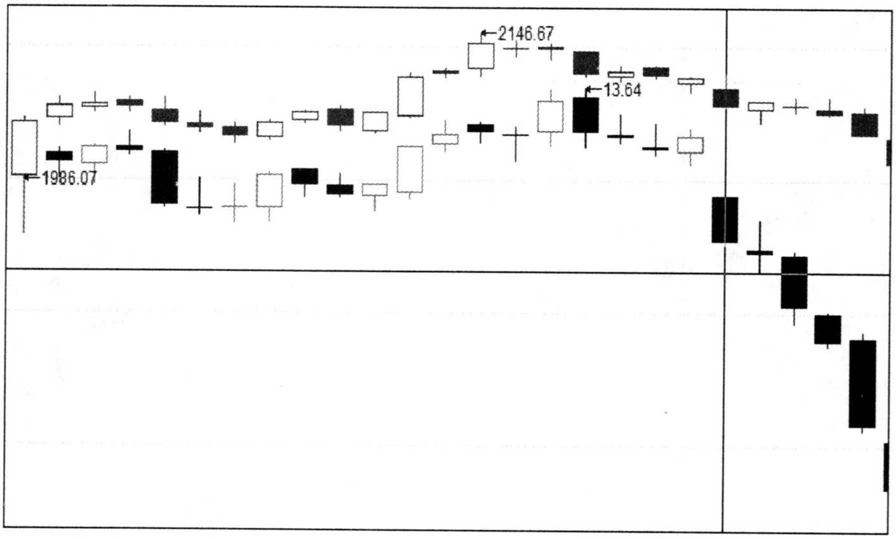

图6－38　逆势个股行为分析

逆势行为分析相对于前期讲过的大盘与个股的逆势，对于逆势行为的分析更为具体，对于逆势行为的过程更加详细，对于逆势而产生的买点与卖点更加明确。不再着眼于逆势产生的原因和所导致的结果，更加关注于逆势的行为过程。那么我们怎么分析逆势行为的力度，何为强势的逆势行为，何为强势又何为弱势呢？

5. 逆势力度分析

（1）逆势力度的定义。

何为力度，即力量的强度。逆势力度表示在大盘趋势相反方向的程度上的加速度。在这里我们更加引申一下它的含义，凡是与走势不一致的方向即为逆势，这又包括两方面的内容，趋势强于大盘指数以及和大盘指数发生方向背离的走势。

如图6－39所示，该股的趋势远远强于大盘的走势，我们在这里也和逆势行为一起研究，以便投资者更好的获取超越大盘指数涨幅的盈利。

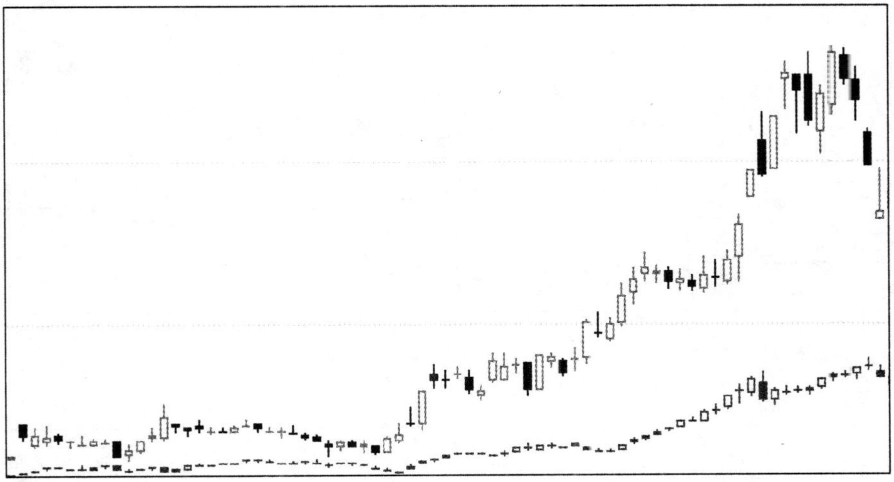

图 6-39　逆势时个股逆势力度

逆势力度从图形上表示即为个股走势与大盘走势形成的封闭图形面积的变化，而非面积的大小。逆势力度越大，力度越强；逆势力度越小，力度越弱。如图 6-40 至图 6-42 所示。

①当个股走势在大盘指数走势的上方，随着封闭图形面积的扩大，则逆势力度为正数，且不断扩大。

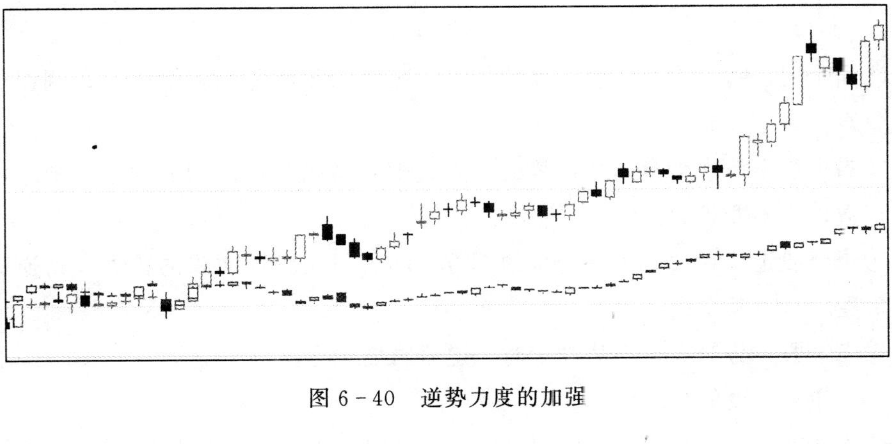

图 6-40　逆势力度的加强

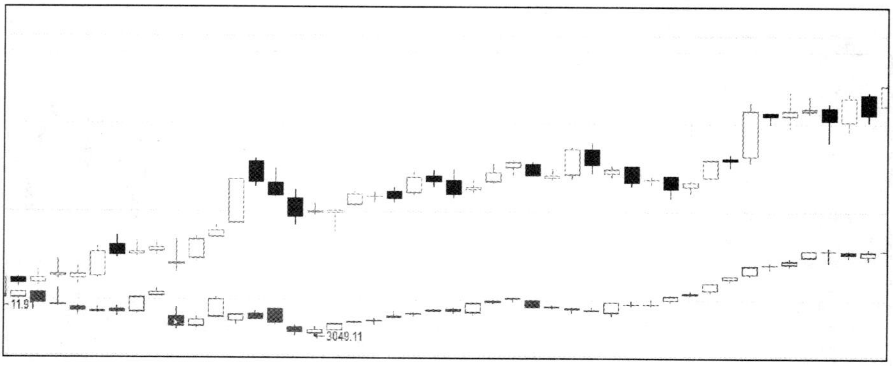

图 6－41　逆势力度的稳定

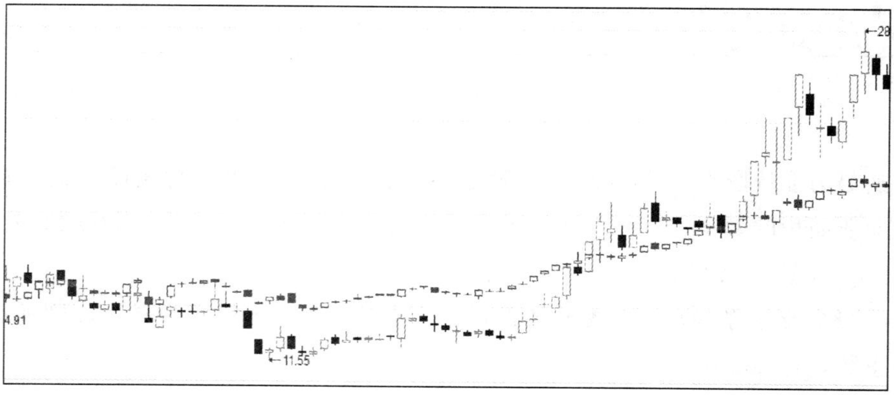

图 6－42　逆势力度由弱变强

②当个股走势在大盘指数走势的上方，随着封闭图形面积的缩小，则逆势力度为负数，且不断扩大。

③当个股走势在大盘指数走势的下方，随着封闭图形面积的缩小，则逆势力度为正数，且不断扩大。

④当个股走势在大盘指数走势的下方，随着封闭图形面积的扩大，则逆势力度为负数，且不断扩大。

⑤当个股走势与大盘走势黏合时，逆势力度为零。

（2）逆势力度的公式计算。

逆势力度＝单位时间内个股涨跌幅－单位时间内大盘指数涨跌幅。

逆势力度取决于市场中个股的涨跌幅与大盘指数涨跌幅，与个股涨跌幅成正比，与大盘指数涨跌幅成反比。在这里需要注意一下，两者都是带正负号的数值。

平均逆势力度＝逆势力度÷发生变化的单位时间，即单位时间内的逆势力度效率。

如图 6－43 所示，该股经历了逆势力度由弱到强、再由强到弱、由黏合到发散、由发散再到黏合的过程。我们以此为例，简单地讲解一下：

①开始阶段，该股走势与大盘指数黏合，逆势力度为零，不存在逆势行为。

②该股走势与大盘走势开始发散，且位于其下方，图形面积逐渐扩大。我们以短期新低当天 16.44 元为基准日，分别取两个点来计算。

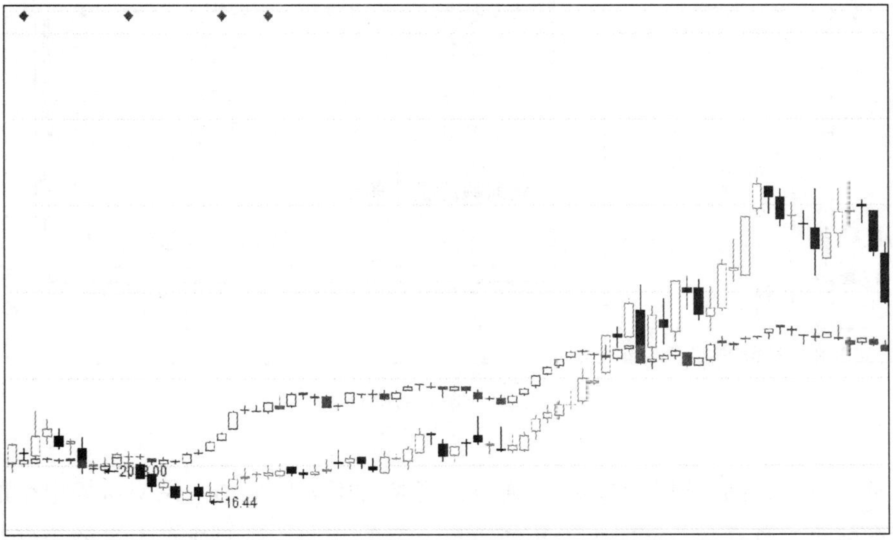

图 6－43　强弱相互转变的逆势力度

如图 6－44 所示，7 月 24 日至 8 月 13 日逆势力度为 3.39－8.07＝－2.34，交易时间为 15 个交易日，平均逆势力度为－2.34÷15＝－0.156。

如图 6－45 所示，7 月 24 日至 9 月 11 日逆势力度为 20.22－9.93＝10.29，交易时间为 15 个交易日，平均逆势力度为 10.29÷15＝0.686。

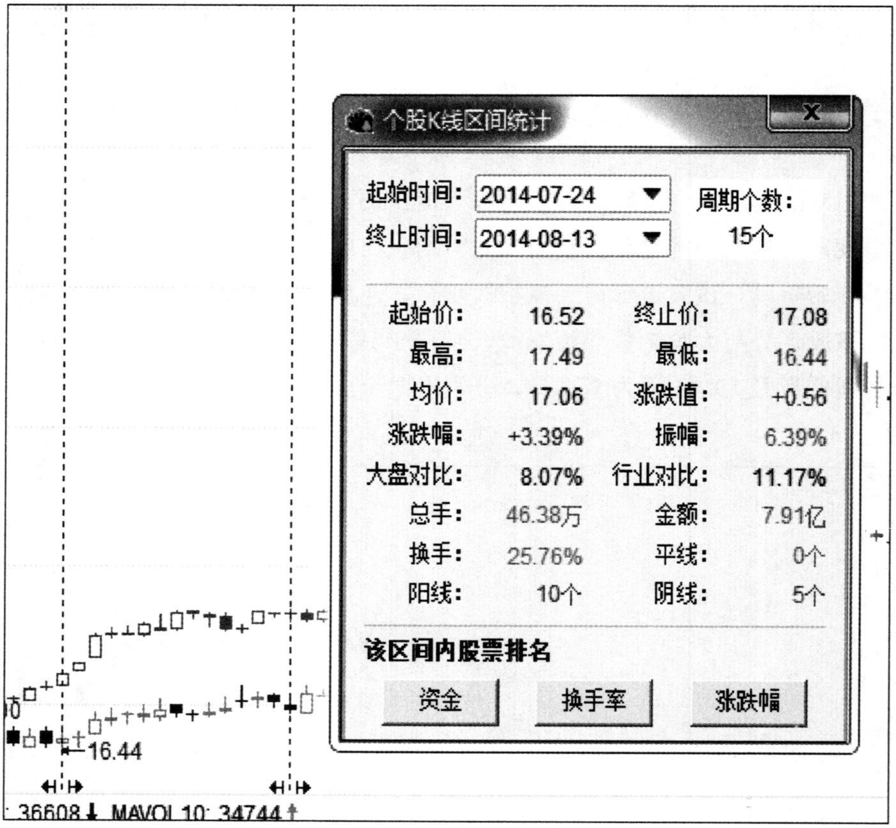

图 6-44　逆势力度计算

结果分析：随着时间的延续，逆势力度是会不断放大的，说明市场中个股走势逐渐强于大盘指数，同时由于平均逆势力度的变大，说明强于大盘的力度是变大的，就像我们骑车，骑车的速度是加速的，而且是加速度越来越大，距离远点的距离是放大的，同时放大距离的趋势是加强的，即单位时间内的速度变化是变大的，所以逢回调买入是更好的选择。

该股从 16.44 元起步，由弱于大盘趋势逐渐强于大盘走势，创出新高经回调整理后再次创出新高，我们看看其逆势的变化：

如图 6-46 所示，7 月 24 日至 9 月 30 日的逆势力度为 39.53－9.42＝30.11，交易时间为 33 个交易日，平均逆势力度为 0.91。

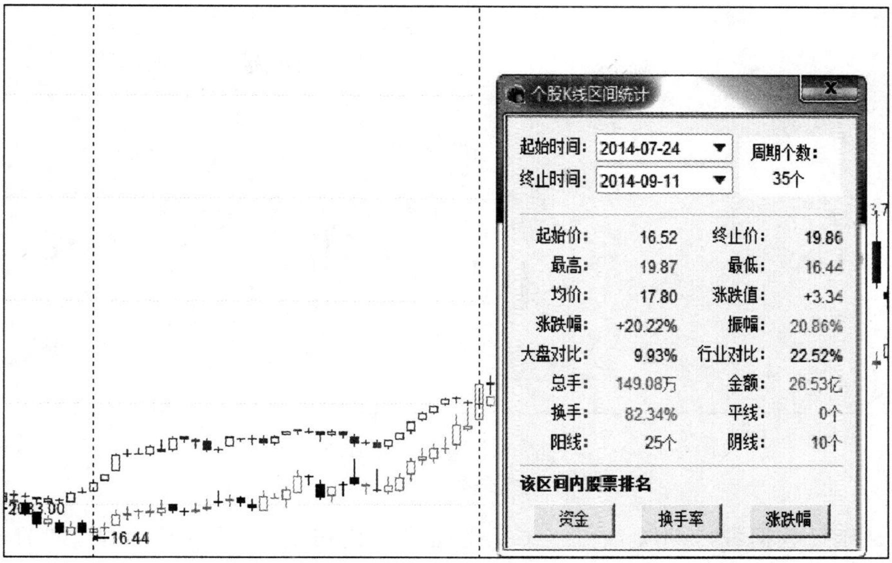

图 6-45　逆势力度计算

如图 6-47 所示，7 月 24 日至 10 月 31 日的逆势力度为 40.19－11.38＝28.81，交易时间为 43 个交易日，平均逆势力度为 0.67。

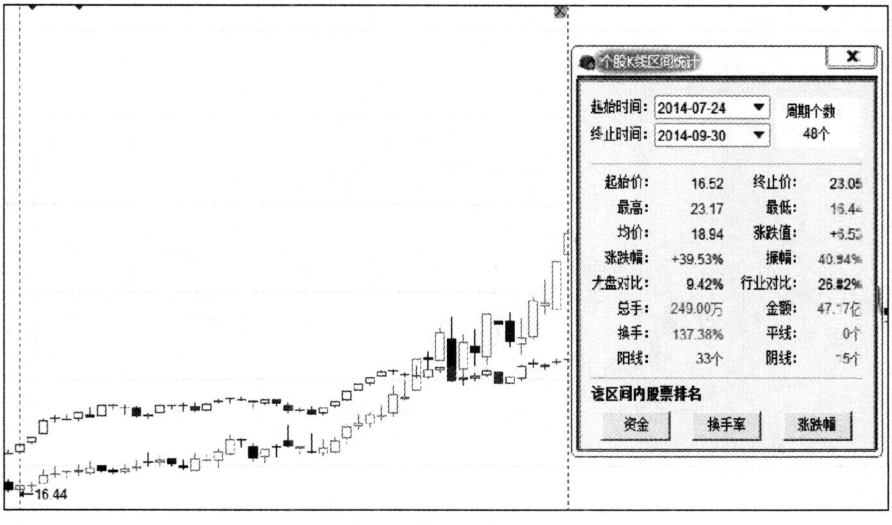

图 6-46　逆势力度计算

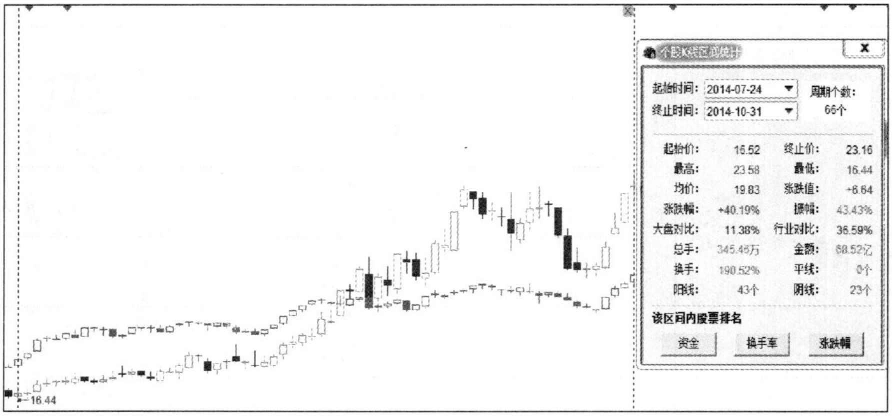

图 6-47　逆势力度计算

从统计数据可得，以 7 月 24 日为基准点，比较 9 月 30 日和 10 月 31 日两个相对高点，逆势力度是逐渐减弱的，说明由于该股的走势开始趋缓，以及大盘指数的走强，该股的走势相对大盘开始放缓了，而且通过平均逆势力度的比较，可以得到该股逆于大盘的力度是放缓的，宜逢高获利出局为好。

由于 10 月份的黄金假期，10 月 8 日是 9 月 30 日后的第二个交易日，通过两者的比较，我们依然可以得到同样的结论：逆势力度为 0.48－1.80＝－1.32。这同样证明了虽然个股创了新高，但已经开始走弱了。如图 6-48 所示。

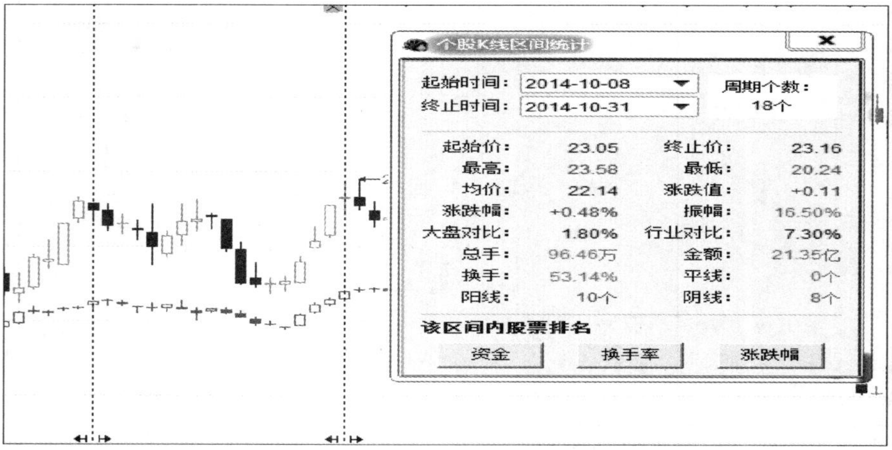

图 6-48　逆势力度计算

（2）由弱转强的力度分析。

逆势力度由弱转强，代表逆势力度的逐渐扩大，相对于大盘指数而言，个股领先大盘的幅度越来越大，或者虽然个股暂时落后大盘指数，但已经开始走强，落后的幅度开始收窄，那具体有什么表现呢？

①个股领先大盘的幅度越来越大。个股走势在大盘走势之上，随着时间的不断延续，两者之间的距离不断拉大，市场高度活跃，每个投资者的盈利率远远高于大盘的涨幅，持币者不要被市场的喧嚣所影响，逢个股走势回调后重新返回到大盘指数之上时可以买入。持股者应密切关注其走势，如出现走势凝滞，逆势力度由强转弱后以卖出为宜。如图 6－49 所示。

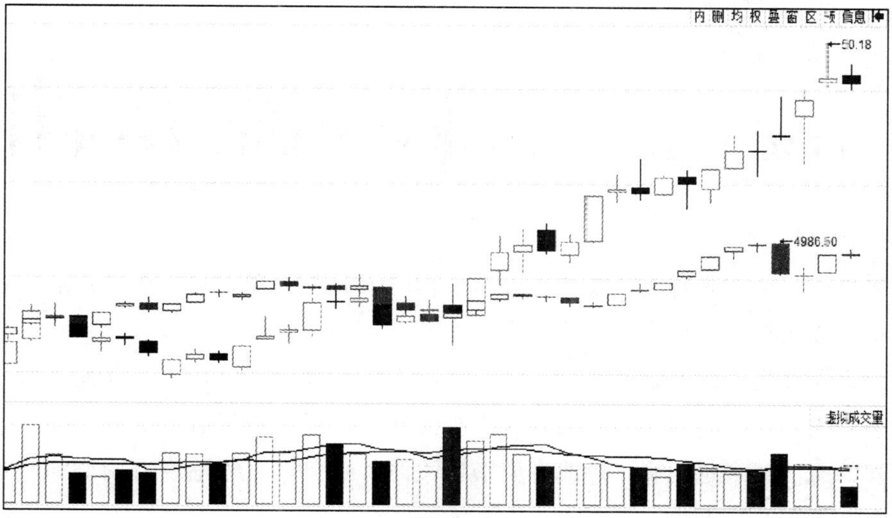

图 6－49　由弱转强的逆势力度分析

②个股落后大盘的幅度开始收窄。个股走势在大盘走势之下，随着时间的不断延续，两者之间的幅度开始不断缩小，市场开始活跃，有投资者开始入场抄底，一种见底迹象在投资者中不断地蔓延。持币者开始蠢蠢欲动，可视两者之间的幅度有明确的缩小迹象时买入。持股者应密切关注其走势，如又出现幅度滞涨时，以卖出为宜。如图 6－50 所示。

（3）趋势由强转弱的分析。

逆势力度由强转弱，代表逆势力度的逐渐减小，相对于大盘指数而言，个股

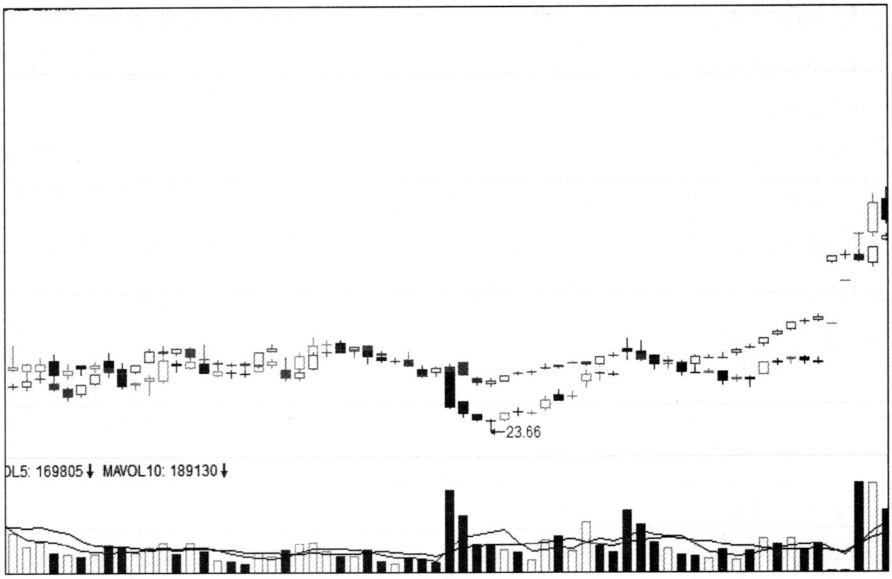

图 6-50 由弱转强的逆势力度分析

领先大盘的幅度越来越小，或者个股不仅暂时落后于大盘指数，而且落后大盘指数的幅度逐渐扩大，那具体有什么表现呢？

①个股领先大盘的幅度开始收窄。个股走势在大盘之上，由于前期个股走势远远强于大盘，之间的乖离过大，有修复的必要，同时投资者盈利过于丰厚，获利为安的想法越来越明确，持股者应密切关注其走势，可等幅度有明确缩小迹象时卖出。如图 6-51 所示。

②个股落后大盘的幅度开始放大。个股走势在大盘之下，随着时间的延续，个股落后大盘的幅度有放大的迹象，投资者有由盈转亏甚至亏损扩大的迹象，投资者恐慌性的情绪不断蔓延，市场下跌摇摇欲坠，应密切关注其走势，可等幅度有明确放大迹象时卖出。如图 6-52 所示。

（4）逆势力度的研究意义。

逆势力度是源于市场中对于逆势力度的不确定性所提出的，任何行为都必须有明确的数据来解读其大小强弱等，逆势力度不仅仅从数据上，而且更重要的是，在实际应用和走势图上，都有明确的解读，方便了在操盘中的实际应用。

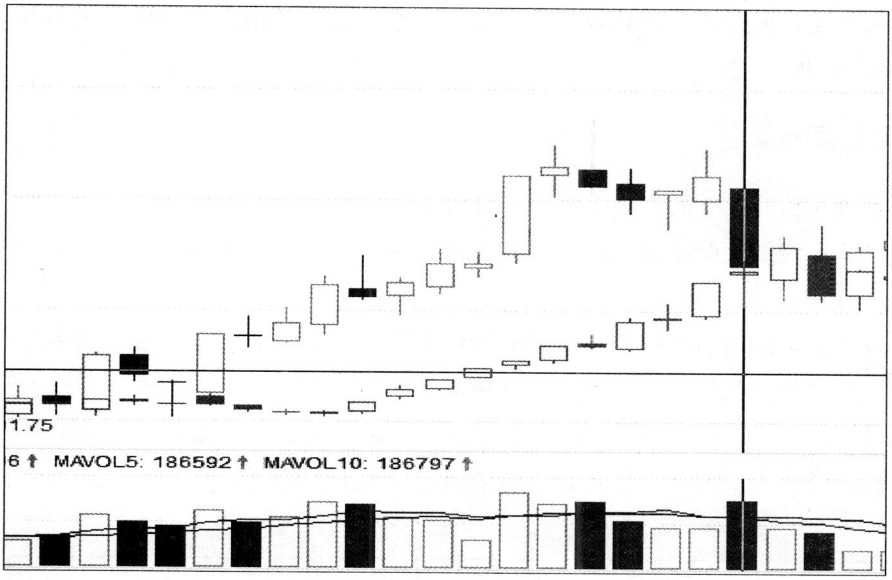

图 6-51　由强转弱的逆势力度分析

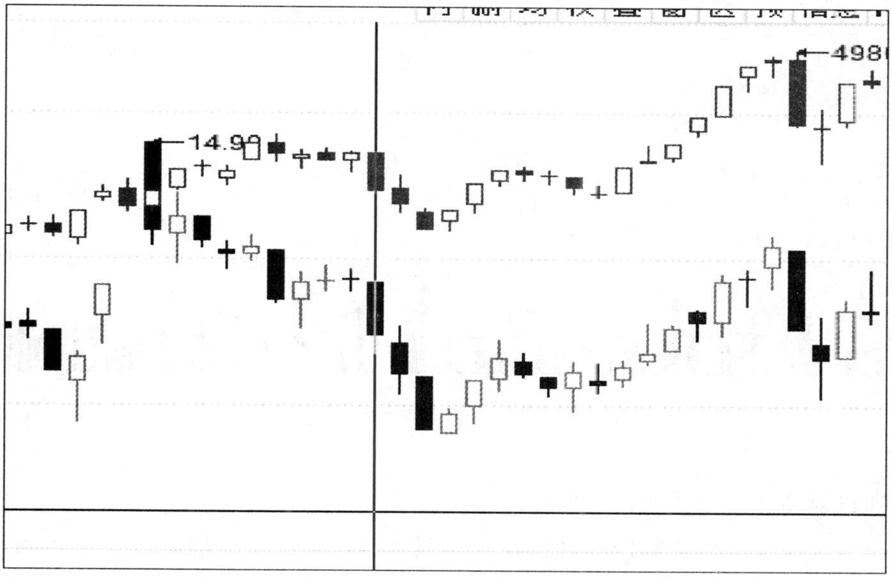

图 6-52　由强转弱的逆势力度分析

任何理论的提出和概念的更新，必须有明确的应用方法，不能用模棱两可的词语去虚化，而是用准确的言语及详细的数据去表达及用合适的图形去简化，这也是本书的宗旨之一。

6. 实盘案例解析

通过对图6－53的实盘案例分析得出：

（1）K线及大盘指数的黏合到发散再到黏合，构成了个股拉升、出货和下跌的整个过程。

（2）由早期的逆势拉升到后期的逆势下跌，由早期的强于大盘到后期的弱于大盘，任何行情都是不断地重复，不断地轮回。

（3）K线对大盘指数的突破构成买点，乖离过大，有可能下跌构成卖点。

（4）逆势力度的逐渐加强到逐渐消弱，领先大盘的幅度逐渐由扩大到缩小。

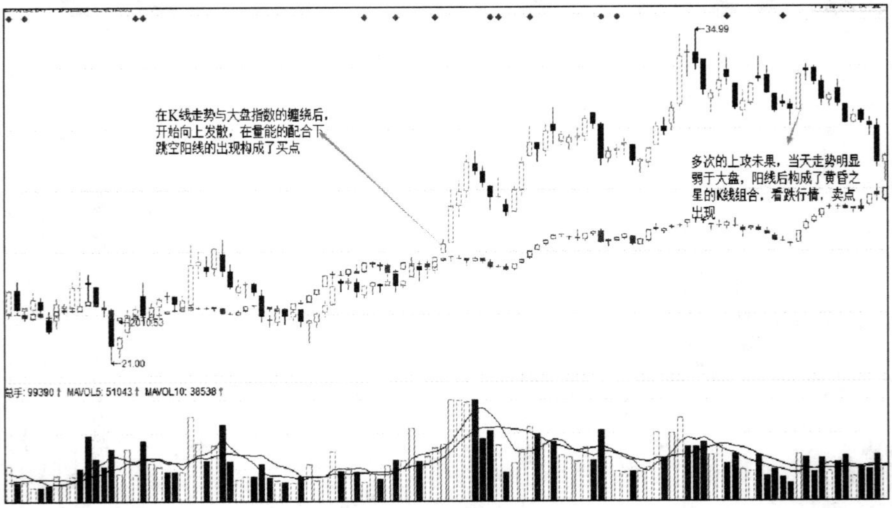

图6－53 实盘案例解析

通过对图6－54的实盘案例分析得出：

（1）K线及大盘指数的黏合到发散再到黏合，构成了个股吸筹、洗盘和拉升的整个过程。

（2）由早期的逆势下跌到后期的强势上扬，由早期的落后于大盘到后期的强于大盘，任何行情都是不断地重复，不断地轮回。

（3）K线对大盘指数的跌破构成卖点，乖离过大，重心的上移构成买点。

（4）逆势力度的逐渐减弱到逐渐加强，落后大盘的幅度逐渐由扩大到缩小。

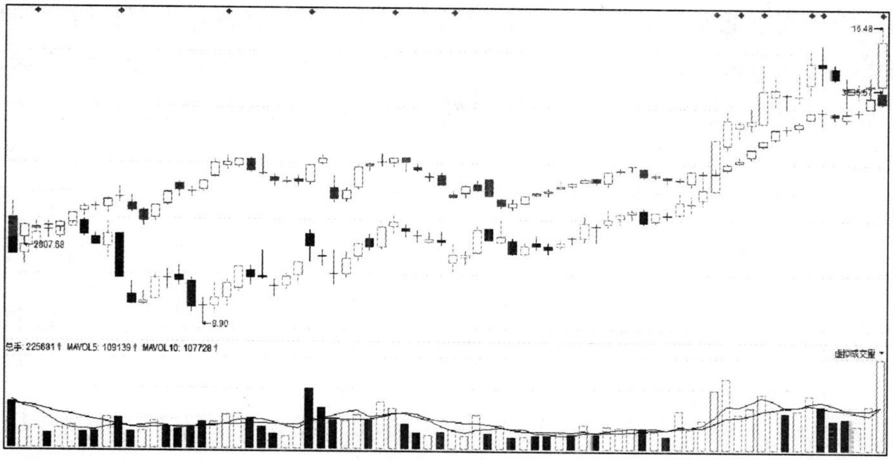

图 6－54　实盘案例解析

二、分时走势的逆势

分时走势是市场交易情况最直接的体现，一个分时走势就是一个故事，但是千千万万守在电脑盘的投资者，真正能看懂分时走势图的却很少。分时逆势不光体现在大盘下跌的时候个股拒绝下跌，同时也体现在大盘横盘和上涨的时候。

分时逆势主要侧重于当天个股走势的强势，针对短线和超短线投资者，持股时间根据后期走势而定，一般不超过三个交易日。当然，分时逆势也是中长期趋势下跌或者回调止跌的一个迹象，后市是否能够展开一段主升浪行情还要视盘面而定。

1. 大盘逐波下跌，个股不再创新低

大盘逐波下跌，个股不再创新低，一旦当大盘在盘中企稳或者开始反弹，股价就会快速上涨，当然，前者并不是后者的充分条件，后者也不是前者的充分条

件，前者只是后者出现的一个迹象，后者可能是前者出现的结果。金融市场不存在绝对的条件，也不存在绝对的结果，我们所能做的是从不同角度去分析，尽可能提高胜率。

如图 6－55 和图 6－56 所示，这是个股与大盘的分时对比图，个股在早盘拉升时，由于大盘低开低走，慑于大盘的威力，下跌到绿盘区，大部分时间在均线下方做弱势缩量震荡，在此期间，大盘不断创出新低，在尾盘大盘企稳之际，个股中波拉升，收于带下影线的中阳线后续继续拉升，明显强于大盘走势。

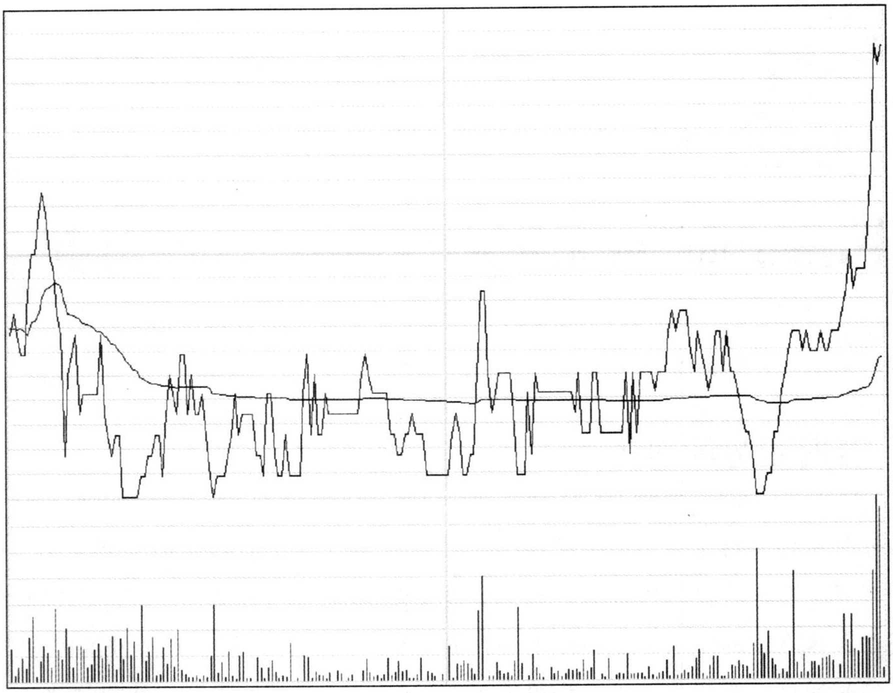

图 6－55　个股分时走势图

如图 6－57 所示，需要注意事项有：

（1）在大盘指数不断创新低的情况下，个股要保持缩量。

（2）在 K 线趋势保持安全的前提下。

（3）全天量能保持缩量或者平量，无明显异常放量。

当然，这种不创新低的股票后期没有表现的也很多。

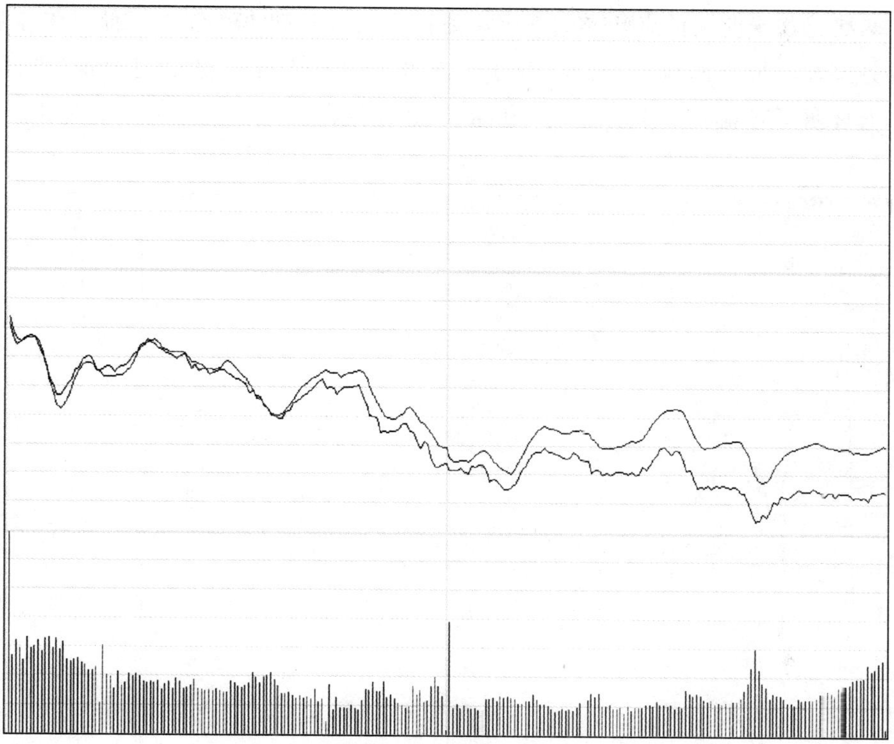

图 6-56　大盘指数分时走势图

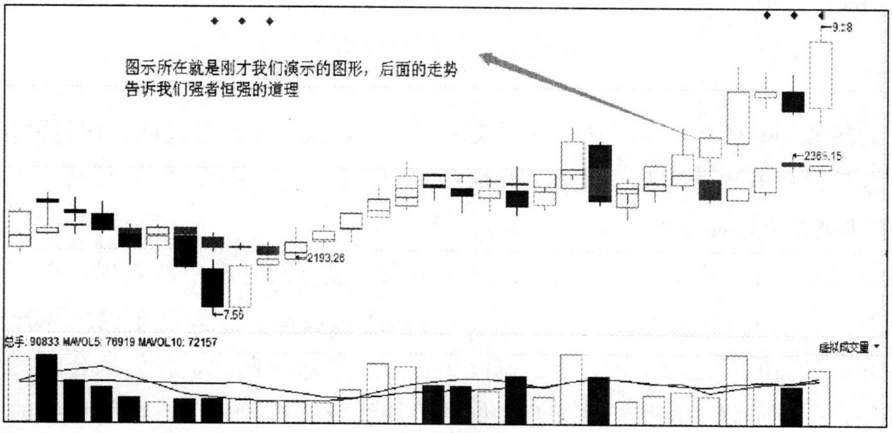

图 6-57　个股逆势解析

该股在大盘第一波下跌过程中创出新低后，中波拉升，后随大盘下跌而下跌，两次止跌于前期低点，大盘跌幅逐渐扩大，该股却没有创出新低，午盘后更是逆势拉升，虽有回调，但最后收于中阳线。投资者在午盘出现放量的时候介入，当日便可有盈利。如图 6－58 和图 6－59 所示。

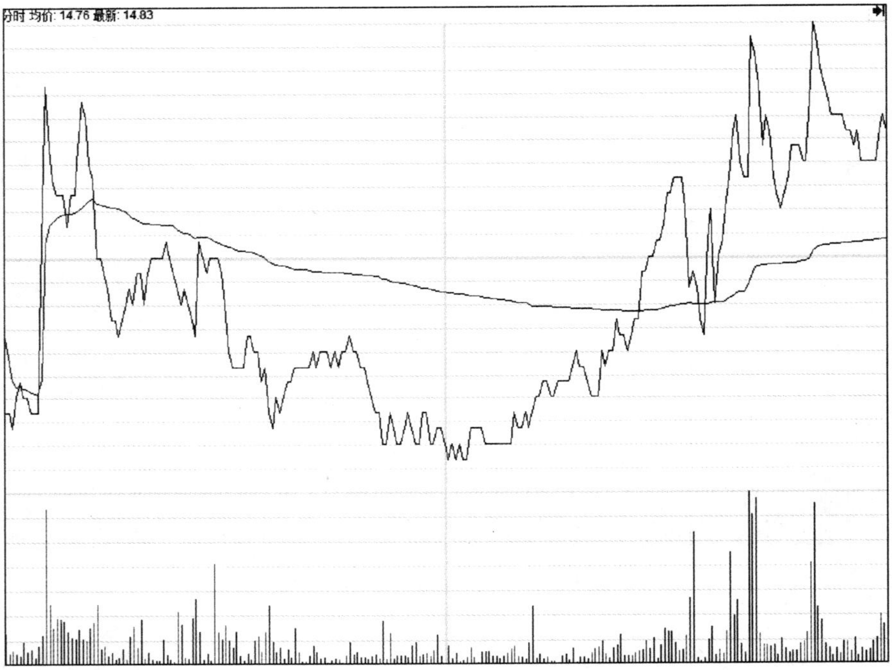

图 6－58　个股分时走势图

如图 6－60 所示，这是该股第二天的走势图，虽然没能延续昨日尾盘的拉升，但午盘后的拉升依然为我们提供了利润的来源，在大盘持续低迷的情况下，获利 2%依然也是可以接受的。

如图 6－61 和图 6－62 所示，这是该股在大盘下跌过程中的表现，在早盘逆势拉升后，在 14：00 之前，该股一直围绕均线做波动，在大盘企稳之际开始五浪拉升，最高时接近涨停板，后回调收于带上影线的中阳线，我们从分时图上可以看到，拉升过程中量价虽然配合良好，但均线没有有效跟上，说明该股的上涨没有得到更多投资者的认可，回调过程中也有量能的放出，第二天我们逢高点平仓。

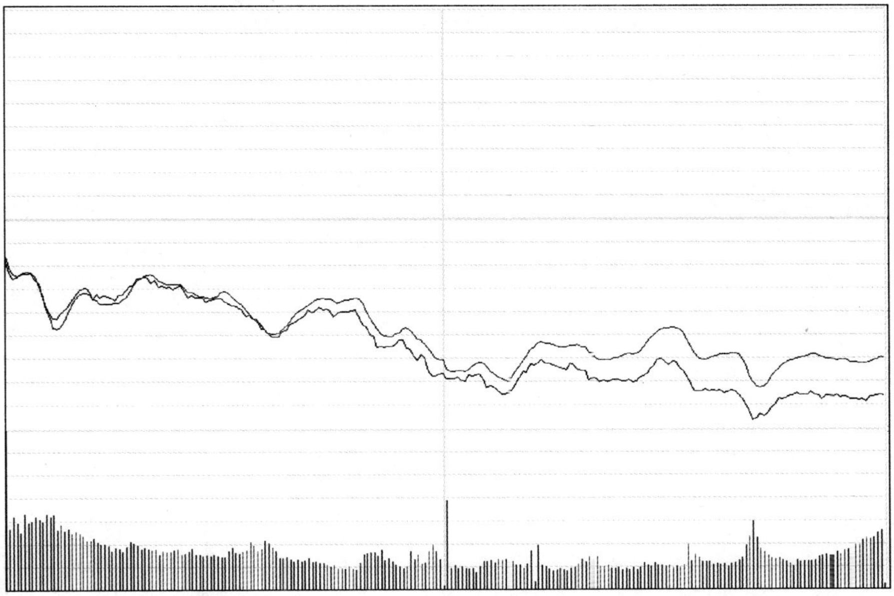

图 6-59　大盘指数分时走势图

图 6-60　分时逆势个股解析

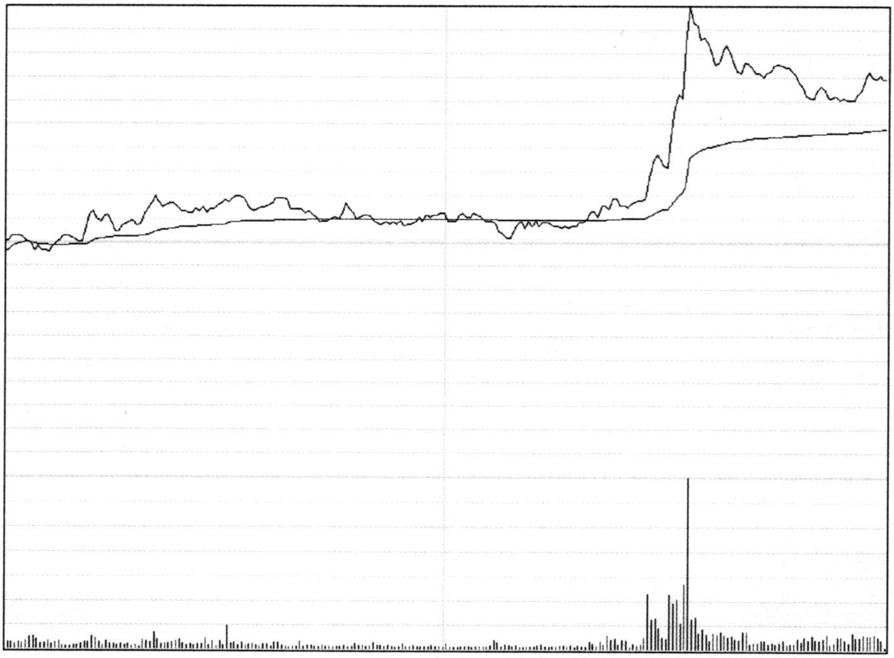

图 6-61　个股分时走势图

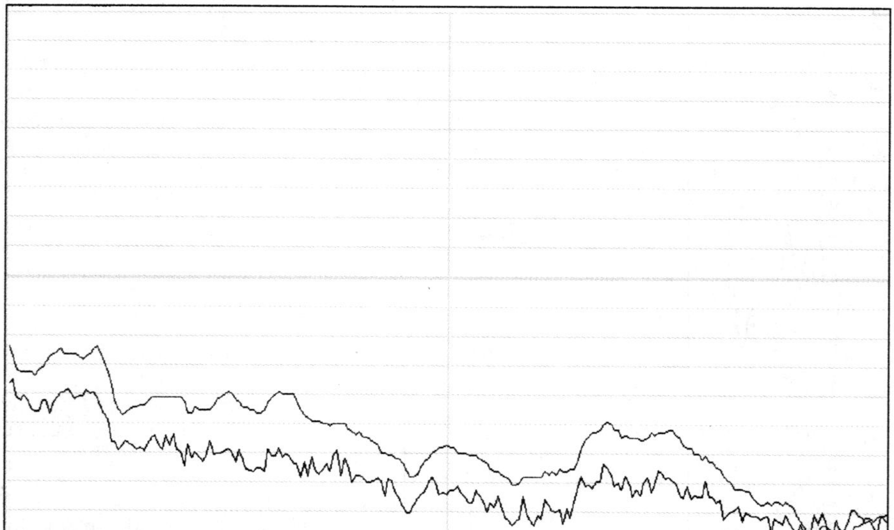

图 6-62　大盘分时走势图

任何投资都是有风险的，做任何分析，参考更多的因素，都是为了提高成功的概率。所有的技巧、方法，都不能保证分析正确的绝对性，因此我们在分析时，可以参考更多的因素。

2. 大盘下跌，个股逆势上涨

这种情况还要分清楚具体上涨的原因，是个股实力强悍，还是主力为了在弱势中制造出强势的假象，吸引投资者介入，从而完成出货。

任何事物都有两面性，最危险的地方往往是获取暴利的地方，最安全的地方，却经常是事倍功半。最吸引人的地方，是万树丛中一点红，红彤彤的大阳线是最吸引人的。即使是最危险的拉升出货阶段，我们依然可以获取丰厚的利润，只不过需要有丰富的实战技巧及操盘经验，并且有纪律性，在操作中，快进快出，稍有异常，马上平仓。

如图 6－63 所示，大盘在 2013 年 9 月 13 日创出阶段性新高 2270 点以后，开始了两波波段性下跌，而该股却创出了新高 15.78 元后收于 14.32 元，上涨 13.47%，我们来看看它的分时图和大盘比较一下，寻找图形背后的计谋。

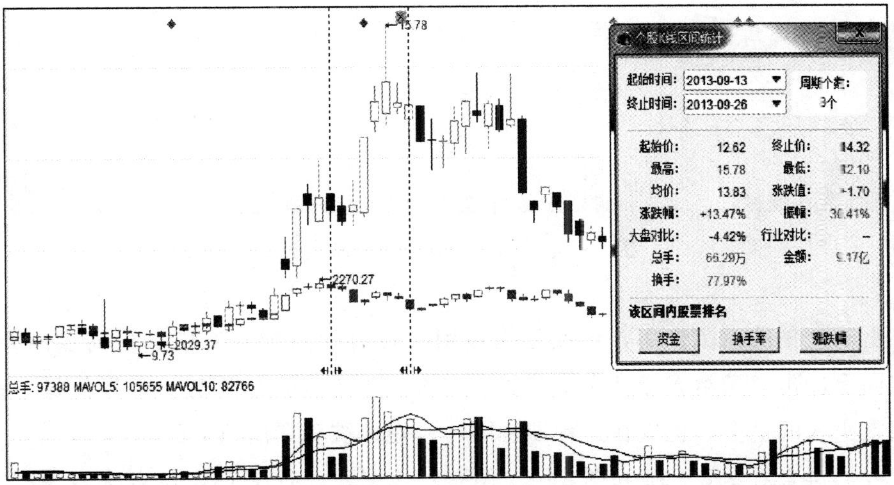

图 6－63　逆势个股解析

如图 6－64 和图 6－65 所示，大盘低开低走，不断创出新低，而该段随大盘低开后，五浪拉升，最高达到 8.14%。从盘面上看，该股拉升波形越来越长，角度越来越陡，好似有冲破云霄之力量，但是均线没有跟上，回调期间也没有做到缩量，最有意思的是，下午大盘触及新低后，开始以30°的角度缓慢拉升，而此时该股却好似龙被抽了筋一样，震荡中下行，偶尔还要向上蹦跶几次，最终无功而返，震荡下行后跌破均线，收出带长上影线的中阳线。

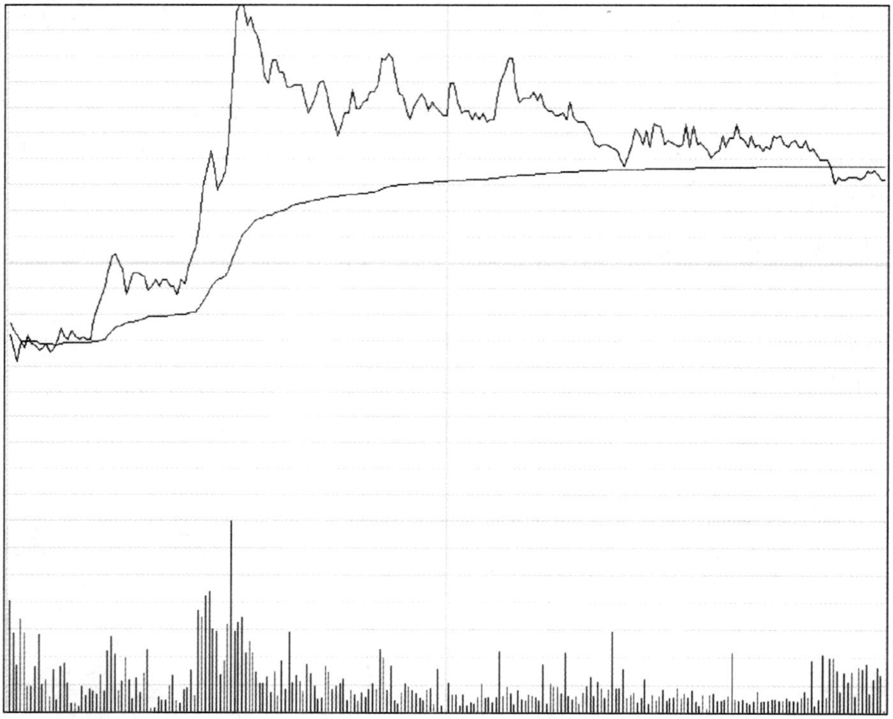

图6-64　9月24日个股分时走势图

由于上午的示范作用，该股足以吸引投资者的眼球，下午从最高点回调后，偶尔向上冲击，又给人带来无限遐想，在人们先入为主的思想下，好似每一次回调都是买入的机会，也就在这种期待中，慢慢地被套在山顶上。

我们再来看图6-66和图6-67两张对比图，该股在13：48趁大盘稍有企稳迹象时，以推拉波（长波）拉升，回调后，继续长波拉升，创出4%的最高点以后，回调拉升不过前期高点，以回头波方式下跌，收于昨日收盘价附近，全天收于带长上下影线的中阳线。

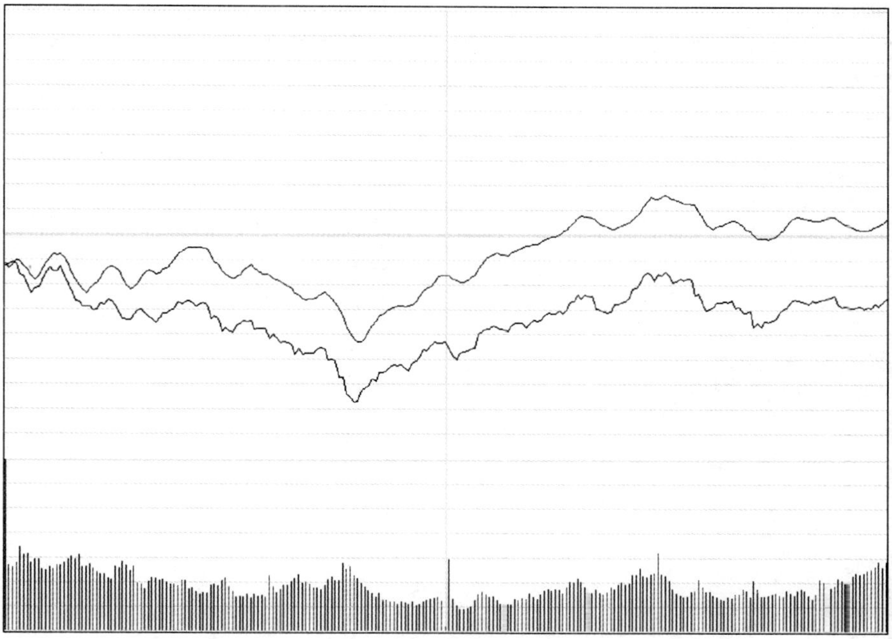

图 6-65　9 月 24 日大盘指数分时走势图

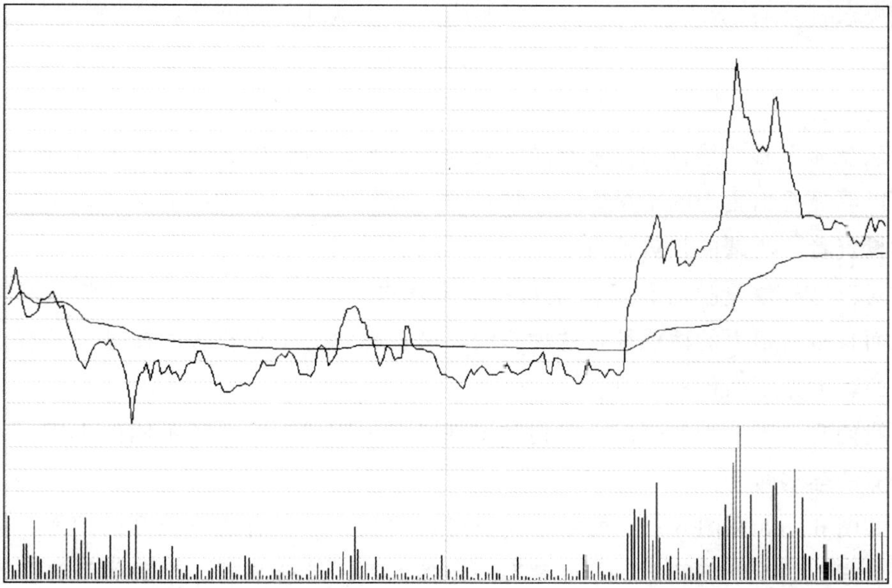

图 6-66　个股分时走势图

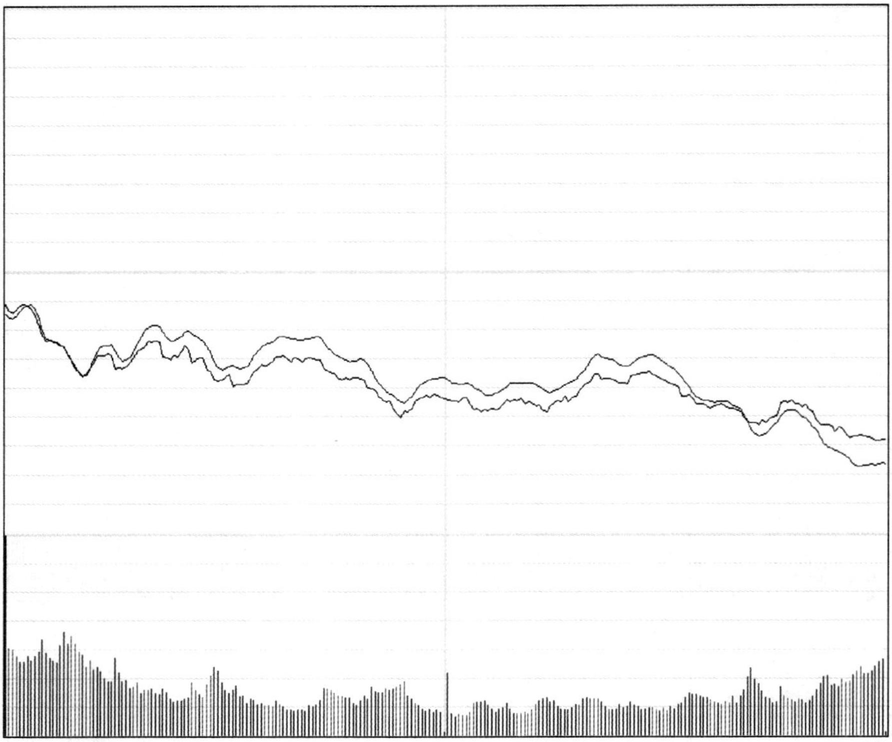

图 6-67　大盘分时走势图

从盘面上看，早盘明显带有向下尖角的波形，拉升的无力，下午拉升时推拉波可以明显看出主力的不尽力，长波拉升，投机性十足，均线的背离，无时不在告诉投资者，所谓的强势不过是主力的计谋。

对于这种放量拉升，可能说得有点儿啰唆，主要考虑到这类股票的风险很大，而且带有很大的诱惑性，这种啰唆，笔者感觉对于投资者的操盘还是有点儿作用的，大家不妨借鉴一下。

我们看一下5天范围内大盘指数出现两条中阴线时，个股不同的表现，来分析趋势的强弱转变。

如图6-68和图6-69所示，我们可以看到，该股有明显拉升的动作，但碍于大盘指数的不断创新低，个股都有一定的回调。综合来看，个股的强势姿态已跃然纸上。

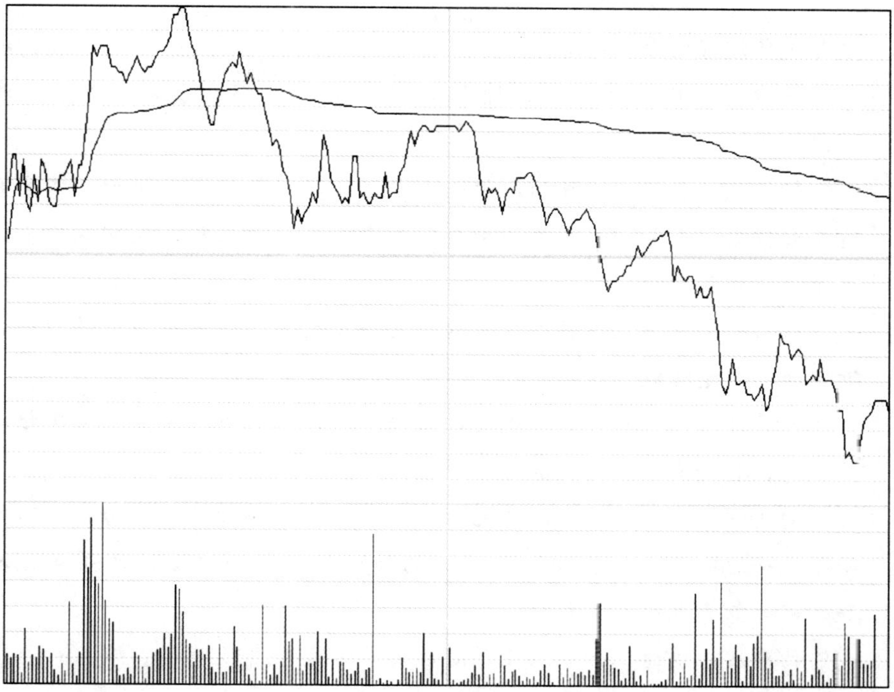

图 6－68　个股分时走势图（大盘出现首根阴线时）

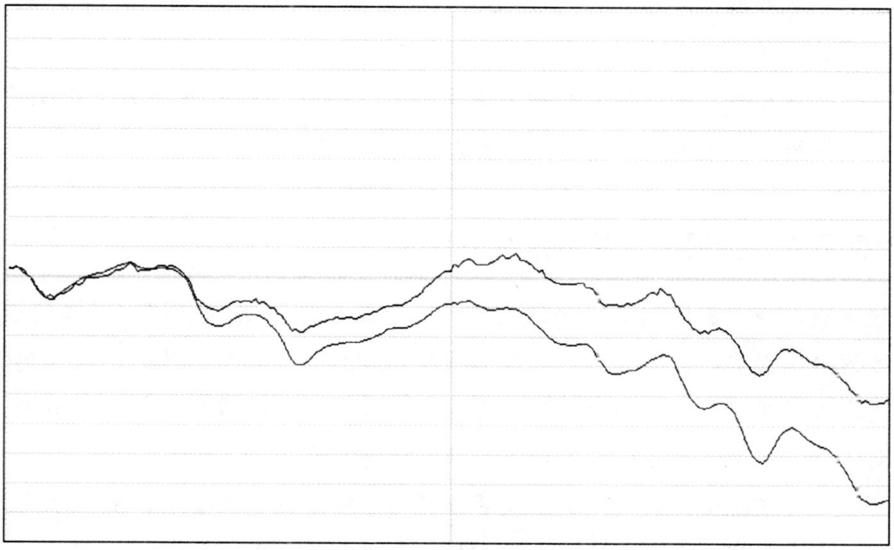

图 6－69　大盘分时走势图（大盘出现首根阴线时）

注解： 分时走势波形的分类：

平滑波：用巨量资金连续拉升时产生的波形，分为短波、中波和长波。

轻松波：股价走势陡峭，但并不平滑，与推拉波走势类似，但主力没有刻意摆大单在买一至买五处和卖一到卖五处，而且从成交明细中看，无大单多次出现情形。

推拉波：主力在五档委托买盘位置挂出大单，用筹码拉升的同时，借助市场的力量将股价推高，波形不平滑，呈直角上升。

赶升波：主力在五档委托买盘上挂大单，吸引市场散户的买单推动股价上升，股价有了相当的涨幅，才借势开始投机拉升。

回头波：经过短暂的拉升之后，出现逐波缓慢回落的走势，回落徐徐而下，一边回落一边出现极为短小的反弹，但每一次反弹的高点逐渐下移，同时低点也逐渐下移。

钓鱼波：快速拉升的长波，随后快速回落的波形。

震仓波：围绕当日的均价线上下震荡的波形。

杀跌波：快速拉升，快速打压的波形，反复高抛低吸，来回做差价。

蚯蚓波：又称散户行情波、无庄波。盘面交投清淡，走势散乱、无序、稀疏。

瀑布波：早盘阶段徐徐震荡之后，出现快速的放量下挫，价跌量升，反弹微弱，逐波盘跌，尾盘更是加速放量下跌。

3. 大盘下跌，个股横盘震荡拒绝下跌

这里讲的与上面讲的有很强的类似性，都是个股强势的表现。同样的道理，我们要区分出强势后面的故事。大盘下跌，90％的股票都是下跌的，因为此时的抛盘远远大于买盘，个股拒绝下跌，说明有资金敢于在此接盘。真正的英雄，敢于面对惨淡的人生，真正的主力，敢于面对汹涌的抛盘。

还有一种情况就是，市场中的大部分筹码都锁定在主力手上，散户手头筹码很少，只要主力岿然不动，即使大盘下跌，主力也可以从容应对。

如图 6－70 和图 6－71 所示，这是主力高控盘的庄股在应对大盘指数逐波下

跌时的走势图。从该股走势图上看，开盘后，随大盘下跌，但没有出现放量下跌的情况。大盘跌破新低后，反弹遇阻力回调，但此时该股轻松拉升到昨日收盘价以上，大盘第二次跌破新低后，反弹再次创出新低，该股也下跌与前期低点以上，大盘共四次创出新低，但该股一直在分时均线下方震荡，尾盘收于均线之上。从全天的走势图上看，主力高度控盘不出手，盘面就会交易清淡，这从稀疏的成交量就可以看出来，主力有拉升意向，无奈大盘不给力。

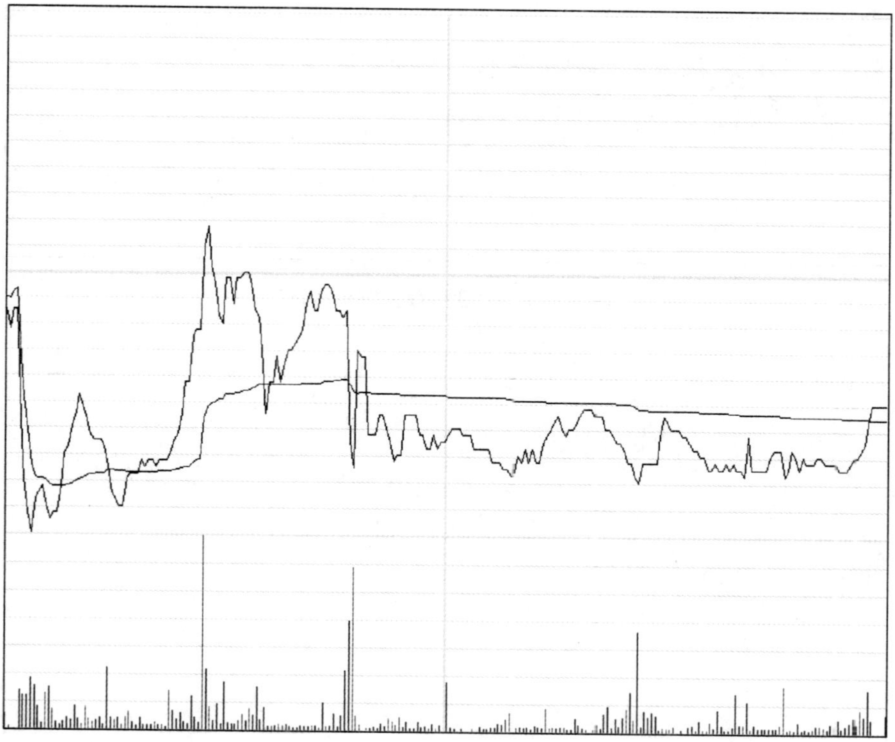

图 6-70　个股分时走势图

类似这种股票，只要上升趋势良好，没有出现巨量拉升，或者屡次冲击前高未果的现象，我们完全可以放心持有。

我们来看同一天另一只股票的分时走势图，按照当天的表现来看，这只股票应该比上只股票强，但是我们来仔细对比一下两张走势图，就会发现它们的不同之处。如图 6-72 所示。

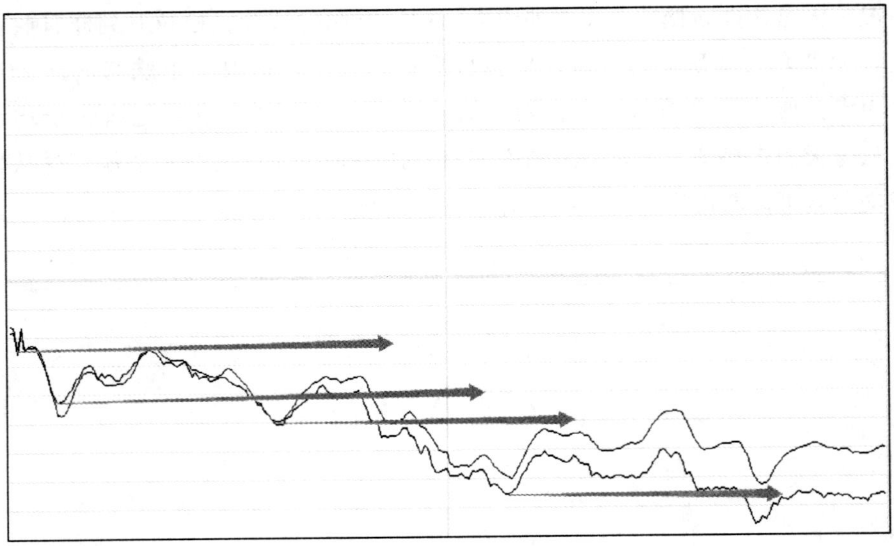

图 6－71　大盘指数分时走势图

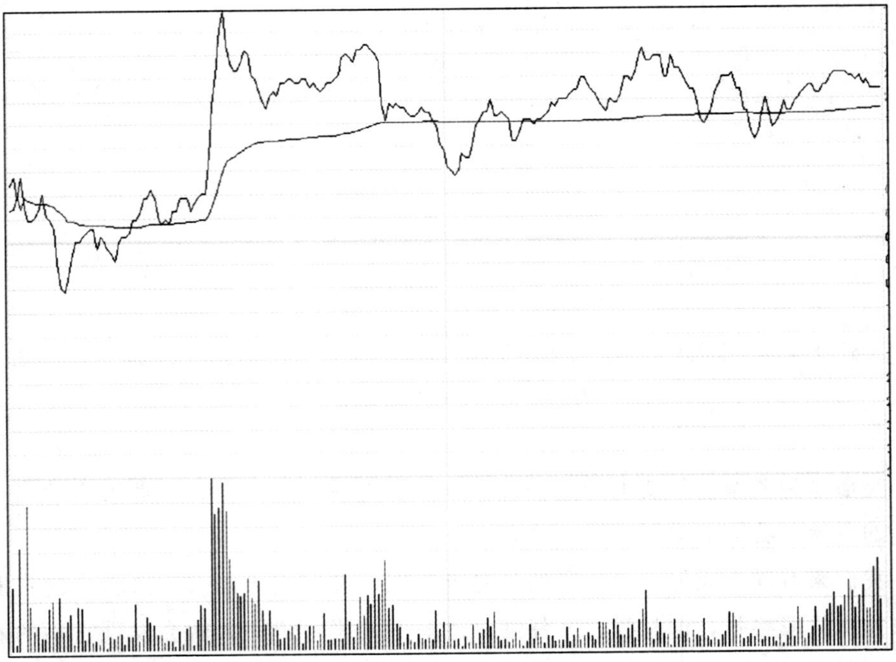

图 6－72　逆势个股分时走势图

（1）第一只股票收于缩量阴线，第二只则收于放量阳线。

（2）第一只股票走势呆滞，高低点变化没有明显的节奏，貌似没人看管。第二只股票走势活跃，大盘的每一次波动，都会给予回应，或上涨或下跌，波形有平滑短波，有回头波，波形各异，形态各异。

我们再来看一下这两只股票后期的走势对比，如图 6-73 所示。

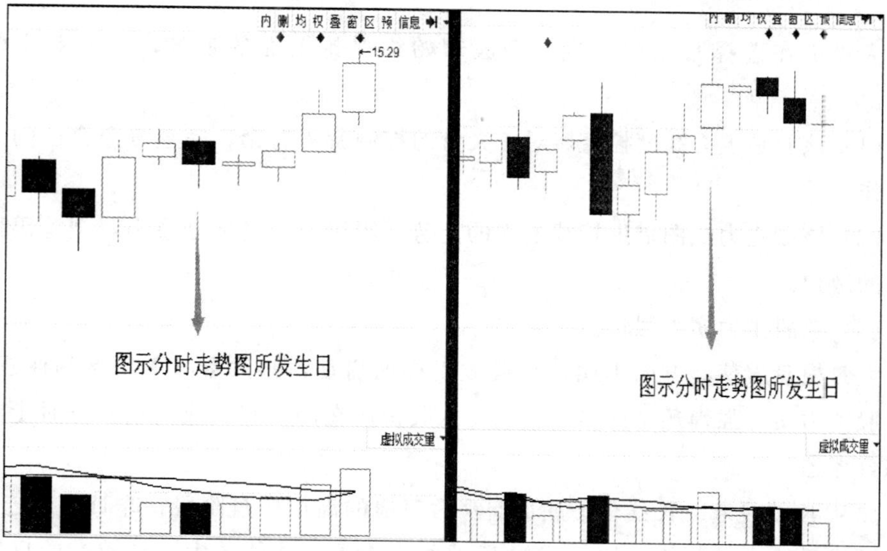

图 6-73　走势对比

从 K 线走势上我们也可以看到两只股票同样发生在前期高点附近，但结果却大相径庭，具体是为什么呢？

（1）第一只股票主力高度控盘，看似无人看管，实则有一只背后的手在操纵，大盘不断创新低，该股却横盘震荡，振幅很小。

（2）第二只股票对敲拉升后，后续走势毫无规律可言，显示出主力对盘面控制无力。在盘面上，拉升前后都有向下的尖角波，上涨无量，下跌放量，主力借大盘强势吸引散户，有减仓迹象。

从上面的走势我们可以看出，强与弱并不等于阳与阴，分析市场的走势，必须把 K 线走势和分时走势结合起来，不看分时走势，只看 K 线，就是无源之水，无本之木；不看 K 线，只看分时走势，则是以偏概全，以点盖面。

注解： 震仓量点：在分时图中显示的成交量，多次出现量点的现象。这种量点是区分震仓走势最为重要的一个判断依据。当然，震仓量点也不可能在盘中大面积出现，但在盘中震仓量点形成的次数越多，则可认定震仓操作的可能性越大。

4. 大盘横盘震荡，个股持续上扬

大盘正在选择自己的方向，个股却始终保持上涨的走势，有以下几种可能性：

（1）该股是主力高度控盘，对于大盘的控制游刃有余，完全按照自己的节奏来操作。

（2）该股主力试图借助持续上涨的走势，吸引投资者的注意力，把筹码抛给追高的散户。

（3）该股主力实力强悍。

大盘横盘震荡，方向不明，个股敢于提前启动，必然会吸引市场的注意力，是个股主力实力强悍还是诱多，我们要从股价所在的位置、成交量及分时走势进行综合考虑。

先从K线说起，K线位于底部起涨后三浪的高位横盘阶段，昨日收于连续6根中阳线后的小吊颈线，从传统的K线组合来看，量能放大，是标准的反转形态，今天收于振幅为0.67％的小十字星，全天量能和昨日基本持平，是个比较敏感的事情。

如图6－74所示，平开低走反弹超越分时均线后，一直在分时均线上方波动，在数次获得有效支撑后中波拉升，后在均线上方缩量整理，午盘后，重心不断上移，偶有短波拉升，收于3.27％的中阳线。从K线走势上看，个股突破了长达一个月左右的盘整，创出反弹以来的新高。无论是K线，还是分时走势，操盘主力依然按照自己的思路来操盘。如图6－75所示。

所谓强庄股，就是与其他个股相比，能够长时间独立于大盘的走势，不光体现在K线上，还表现在分时走势和成交量上。

下面我们来观察几张分时走势图，分析一下主力如何在塑造一个良好走势的同时完成短线的波段操作。

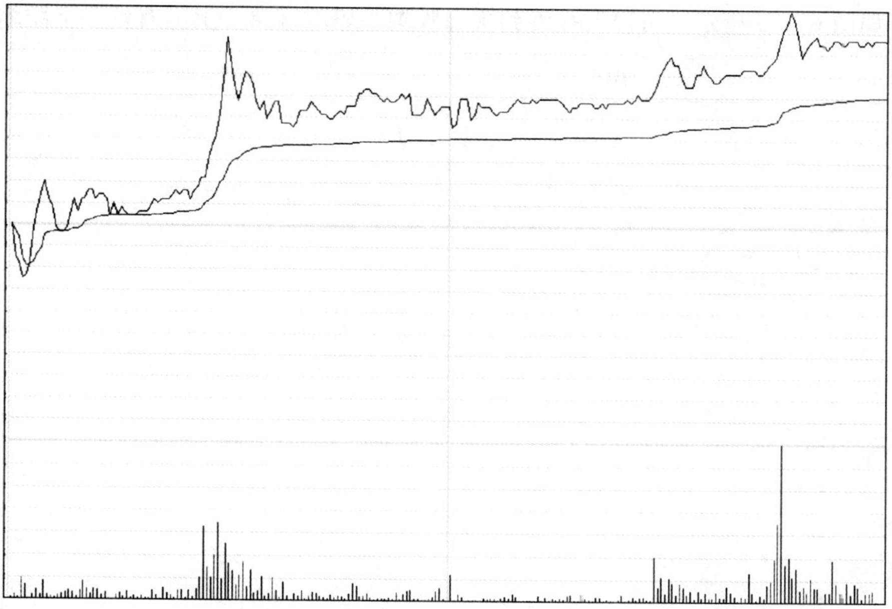

图 6－74　个股分时走势图

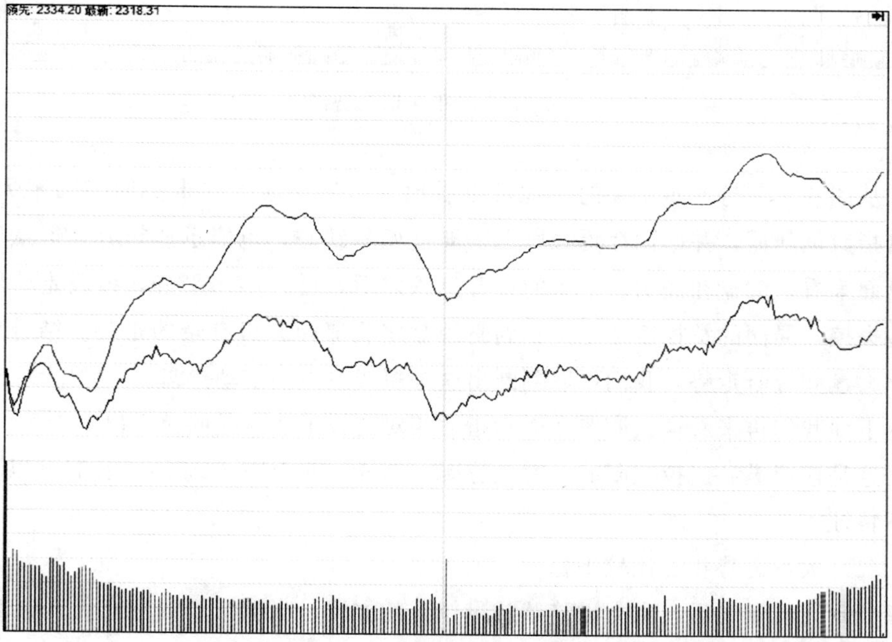

图 6－75　大盘分时走势图

如图 6－76 所示，可以明显看到主力吸纳筹码的迹象，上涨有量，下跌缩量。

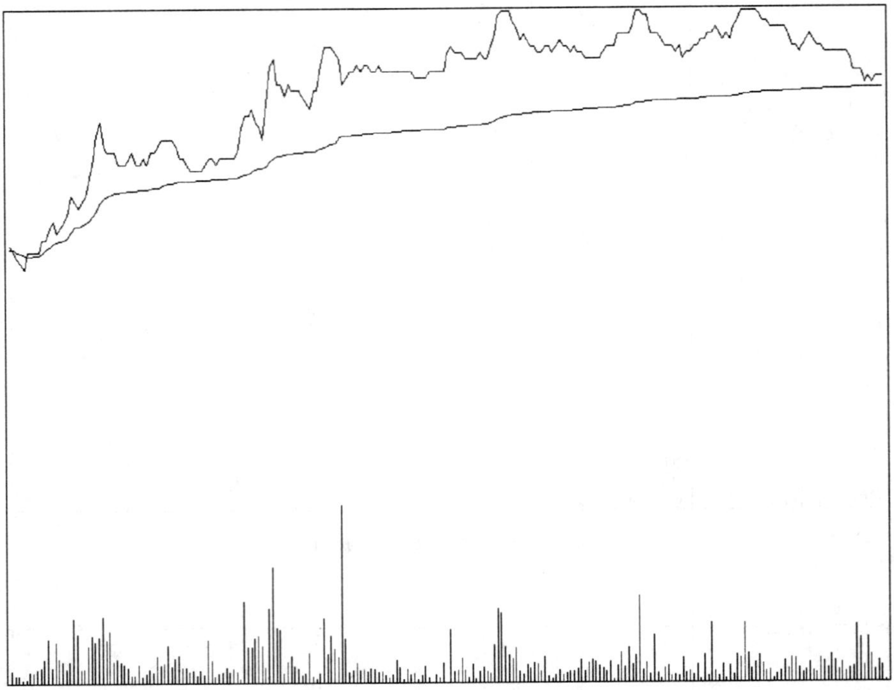

图 6－76　个股分时走势图

从图 6－77 与图 6－78 的对比可以看出，虽然该股上午走势明显强于大盘，大盘指数创新低，并回调在均线以上，即使偶尔跌破，也能迅速拉升，但从下午的盘面来看，大盘在经历了上午的拉升急跌之后，已经归于平静，该股走势明显有些失控，局面的掌控度远远达不到高控盘庄股那种游刃有余的走势。结合成交量、大盘和分时走势，我们可以判断出这是短线主力的滚动操盘。

下面我们再来看这只股票在大盘指数相对比较平稳时候的拉升出货走势。

这是该股最后连拉三阳的分时走势图（图 6－79 至图 6－81），我们可以看到以下特征：

（1）大盘走势相对比较平稳。

（2）在看盘之后，主力以连续放量拉升的方式，吸引市场的注意力，在 K 线上，也是创出了近期的新高。

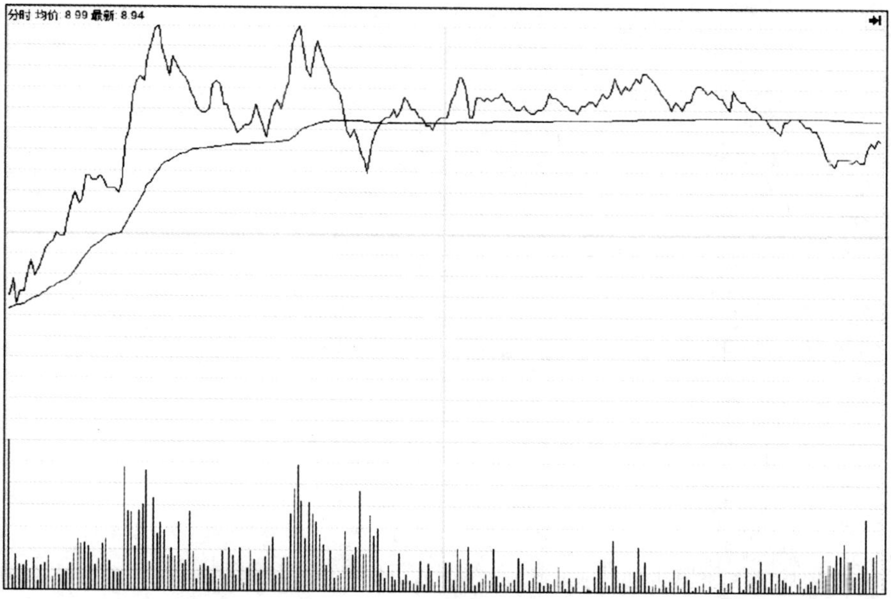

图 6－77　个股分时走势图

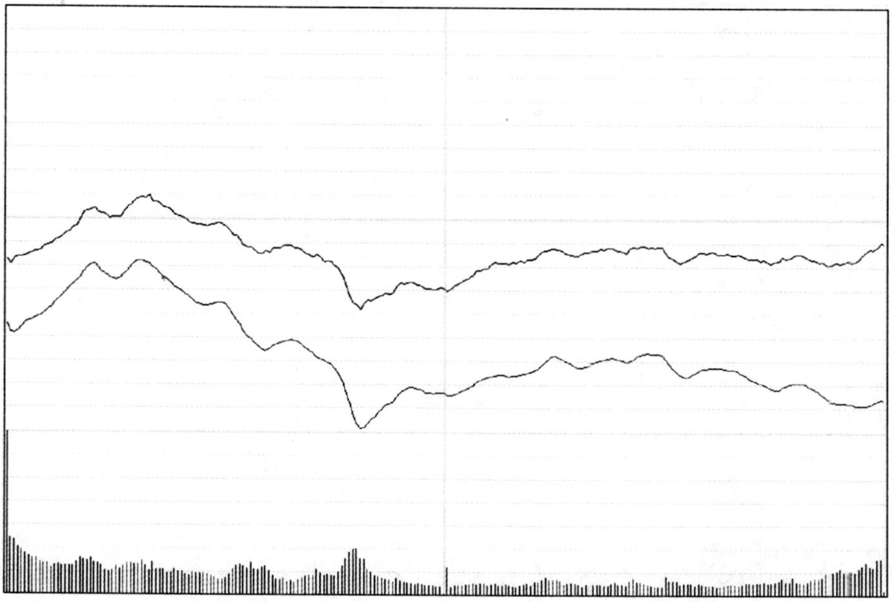

图 6－78　大盘指数

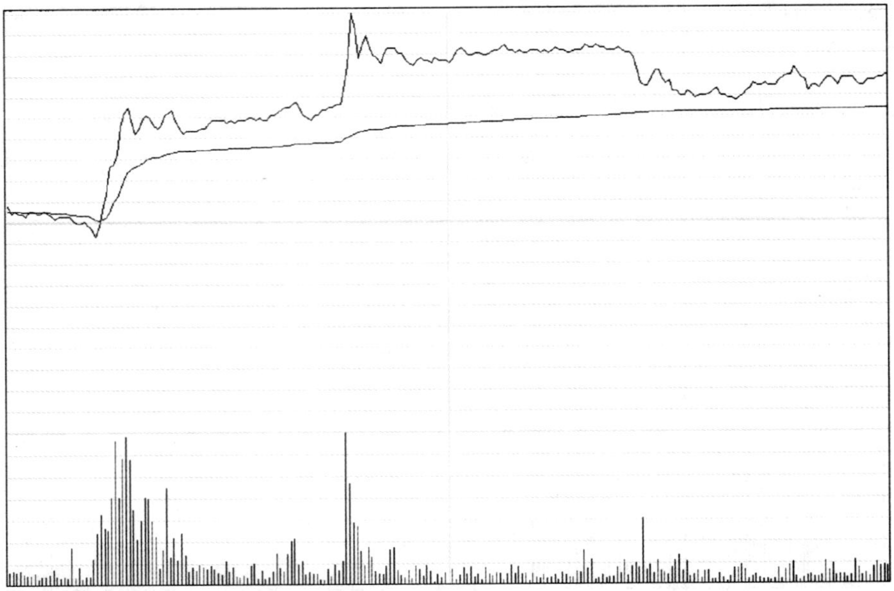

图 6-79　个股分时走势图（连续三阳中的第一天）

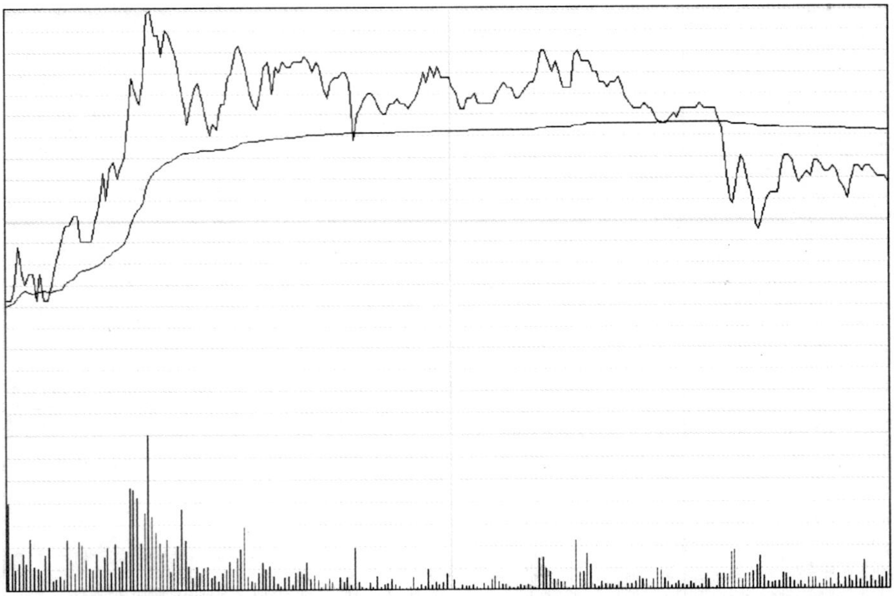

图 6-80　个股分时走势图（连续三阳中的第二天）

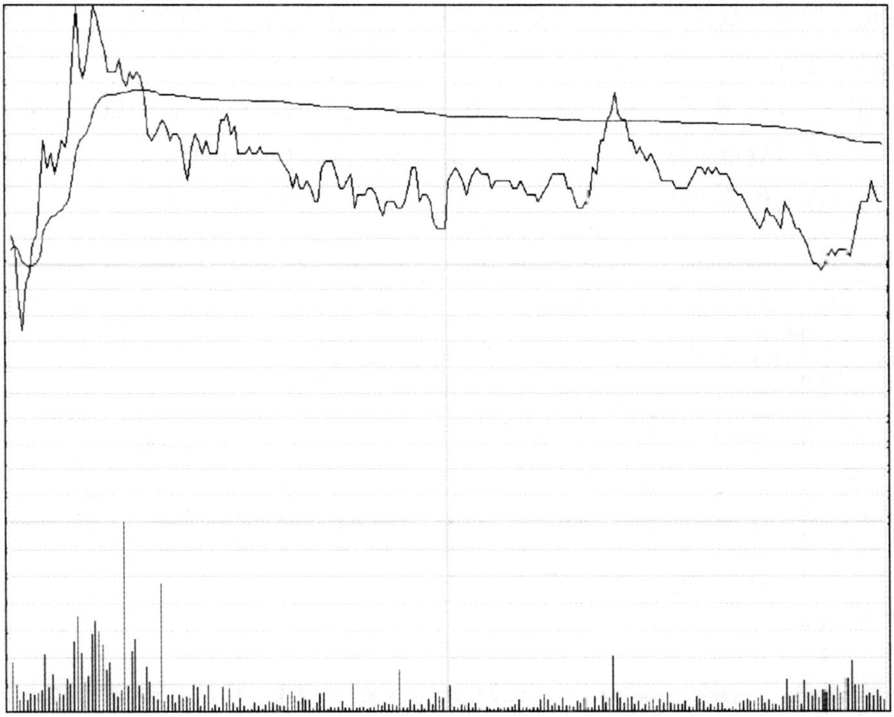

图 6－81　个股分时走势图（连续三阳中的第三天）

（3）在第一波连续拉升以后的拉升过程中，量价配合不合理，成交量较前期无论是厚度还是高度都有所欠缺。

（4）全天多次出现向下的尖角波，减仓迹象明显。

（5）在第一波连续拉升中，量价配合明显异常，对到迹象明显。

5. 大盘横盘震荡，个股却下跌不止

市场最基本的单元是人，其中每一个波动都是由人来完成的。每一个走势的背后，都有着不可告人的目的。我们在分析时，可以适当运用逆向思维，站在主力的角度去考虑问题，站在我们的对立面去分析问题。

大盘震荡期间，每一个波动都会引起投资者脉搏的颤动，是冲破阻力拉升还是跌破支撑下跌？如果这个时候个股跌破支撑位，迎来的也许就是跌跌不止，投资者的第一念头就是我们该止损了，因此，这就存在着主力诱空的可能。

主力在完成出货后，个股的走势就像秋天的树叶一般，稍有风吹草动，便落叶不止。即使大盘拉升，个股也难有好的表现，当大盘走势趋弱时，它的走势更是难以引起投资者的注意了。

如图6－82所示，该股呈现小阴、小阳式上涨，在图示区域，大盘微跌1.25%，而该股也下跌了将近7%，这就是大家经常所说的挖坑，在主力完成了最后的洗盘动作后仅用3天便创出了新高，开始了主升浪的行情。

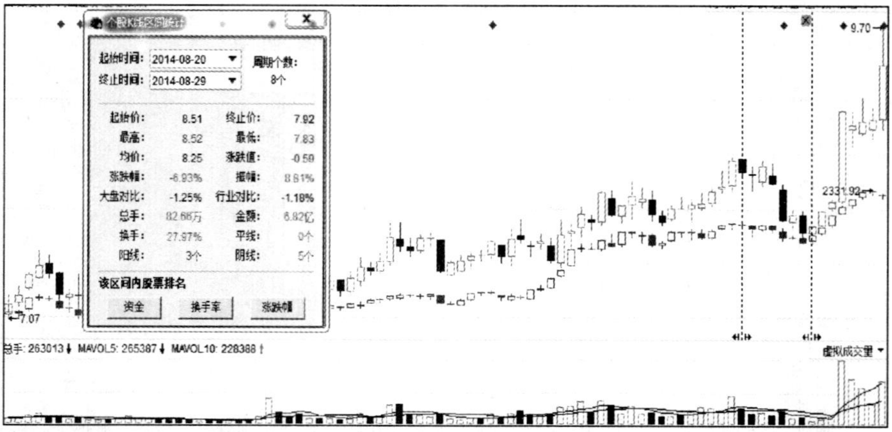

图6－82　个股K线区间统计

下面来分析一下该股在大盘横盘整理期间的分时走势表现。

如图6－83和图6－84所示，这是大盘横盘整理期间该股其中两天的走势，我们从中可以发现：

（1）成交量主要集中在底部，且多次出现震仓量点。

（2）分时走势极不规则，不流畅，很多时间成交量很小。

（3）多次出现尾盘打压，或者瞬间打压。

每一张分时图和K线图都是主力描绘的画面，投资者就是这幅画的观众。欣赏一幅画，不仅仅要欣赏它的线条、它的色彩，更重要的是欣赏它的文化背景、神韵等。同理，一张图摆在我们面前，我们要看到它背后的故事。

这是一只股票和大盘指数连续6天的K线对比图（图6－85），除前两天外，大盘基本都是横盘整理的走势，我们看看后面会有什么精彩的故事发生。

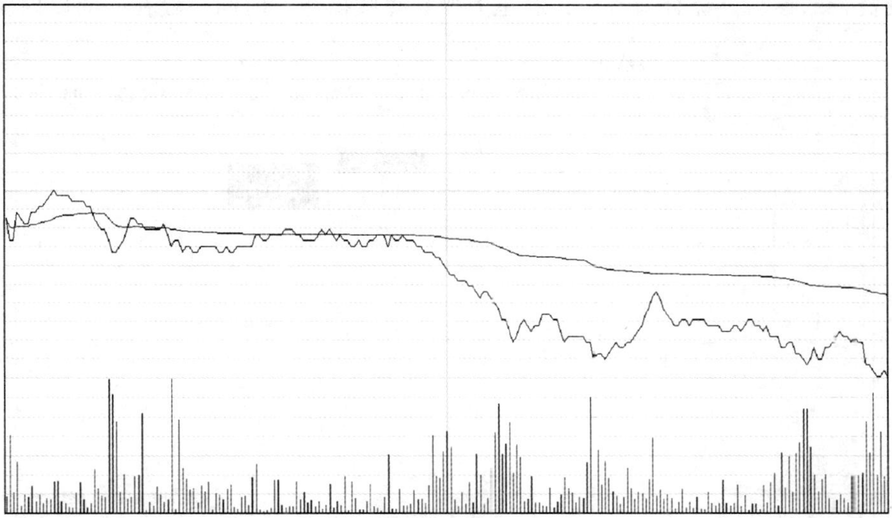

图 6－83 个股分时走势图

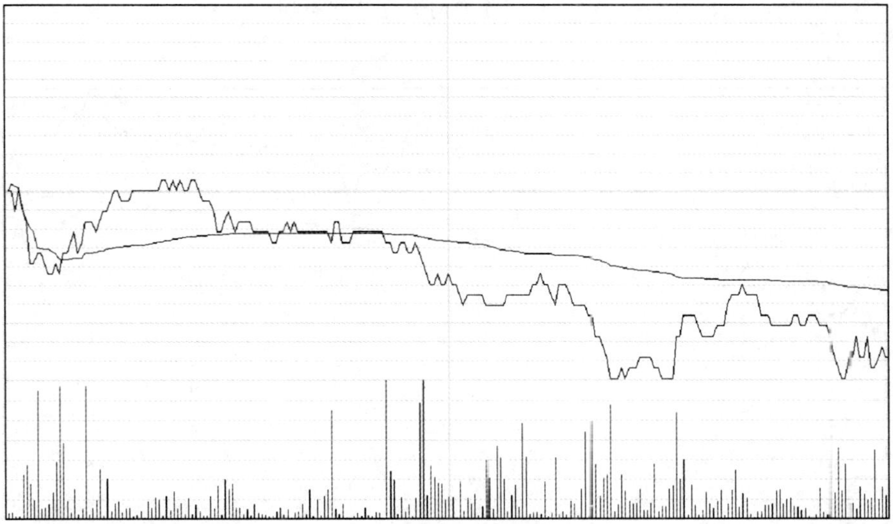

图 6－84 个股分时走势图

这是该股后 3 天的走势。如图 6－86 所示，首日主力一直在做滚动操作，买入的同时也在卖出，分时走势和大盘基本一致，但回调期间没有做到有效缩量图 6－87、图 6－88，明显有主力出货迹象，下午的拉升不过是主力的表演，吸引跟多投资者的参与。综合来看，该股主力擅长短线操作，时间一般在一周以内。

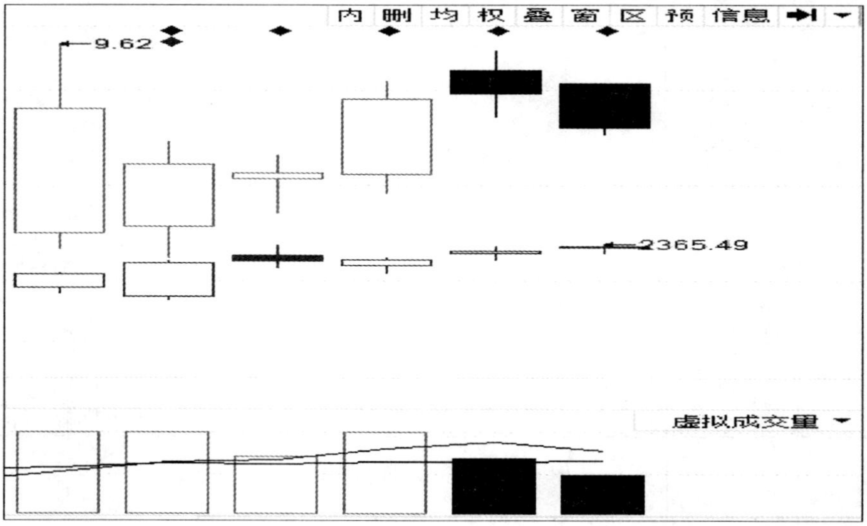

图 6－85　个股与大盘 K 线叠加

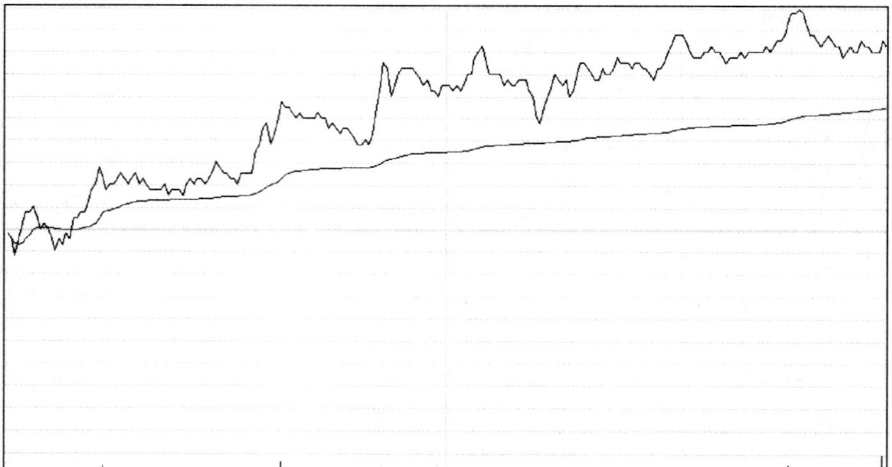

图 6－86　个股分时走势图

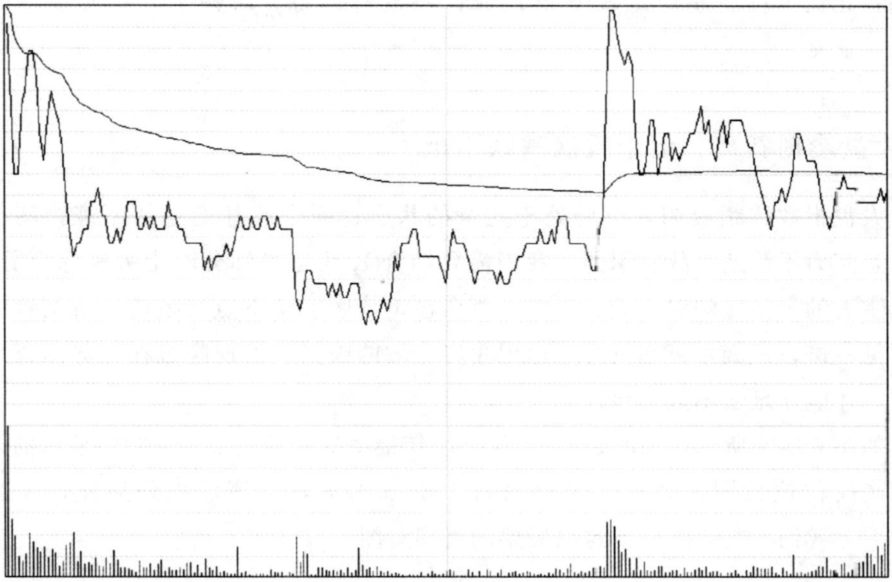

图 6-87 个股分时走势图

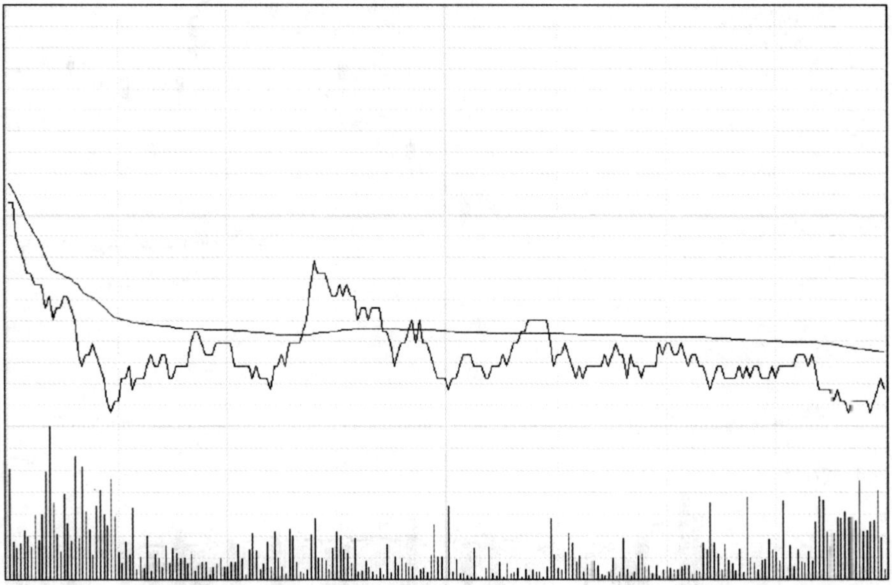

图 6-88 个股分时走势图

注解： 挖坑：在调整的尾段下跌过程，一般时间短，跌幅小，是大幅拉升的前兆。

6. 大盘屡创新高，但个股确跌跌不止

大盘指数持续收阳，市场处于亢奋的状态，而个股却能逆势不涨，甚至下跌，是实力不济还是故意示弱，我们需要结合K线走势和分时走势来综合分析，无论主力的事情做的多么天衣无缝，总会在走势图上留下点滴痕迹。所谓管中窥貌可见一斑，观滴水可知沧海，运用我们聪敏的眼睛，发现隐藏在走势图背后的细节，才能立足于不败之地。

如图6-89所示，该股是2014年上半年最牛的一只股票，分时图显示的是上涨的次高位位置图，大盘5个交易日上涨6.42%，而该股先跌后涨，收跌于3.97%，我们一起来看一下这只股票的真实意图。

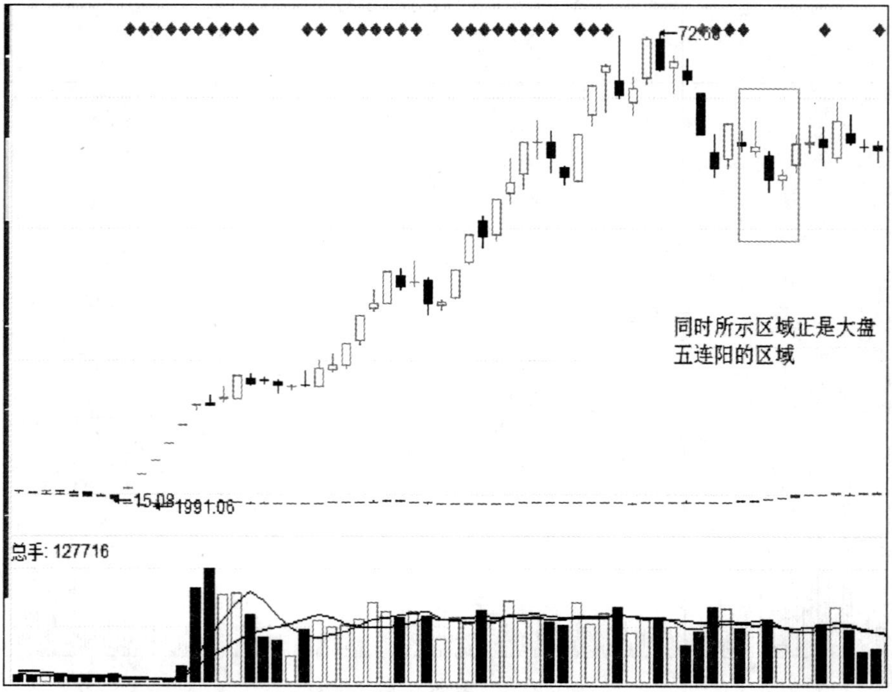

图6-89 个股与大盘分时走势叠加图

如图 6 - 90 至图 6 - 92 所示，这是 5 天中大盘指数涨幅最大交易日的该股其中 3 天的分时走势图。作为上半年最牛的股票（涨幅高达 4 倍），经过不断的宣传，投资者也注意到了这只股票，但价格太高、涨幅过大，往往让投资者望而却步。

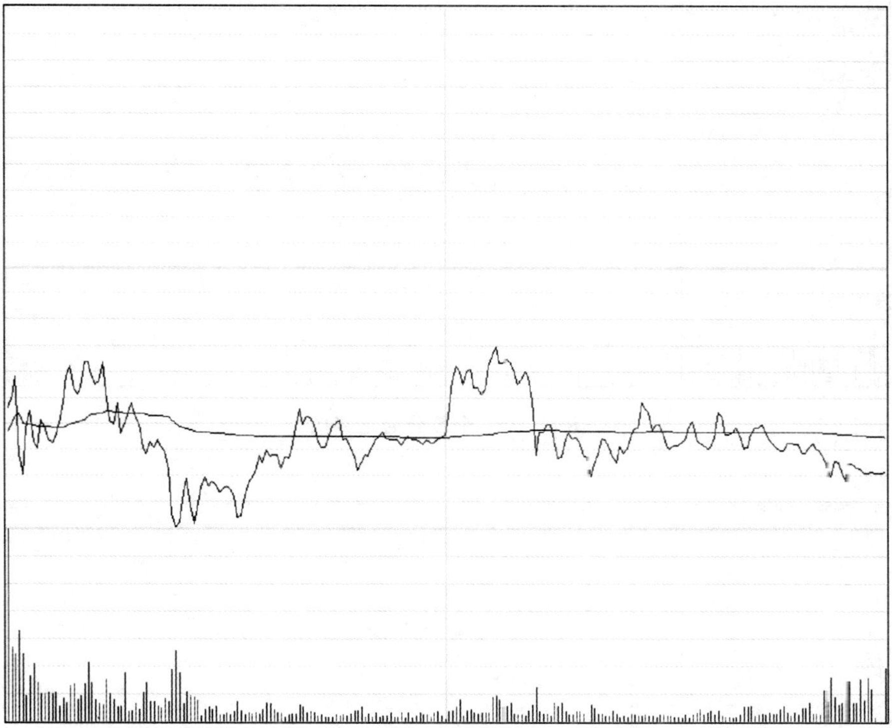

图 6 - 90　个股分时走势图

随着股票投资技术的不断深入，投资者都知道了回调买入，于是主力也在不断给我们制造机会，大盘的上涨，更让我们深信强者恒强，于是我们又奋不顾身地冲了进去。

在上涨的过程中，主力已经出掉一部分货，他的成本比我们低很多，在次高位出掉剩余的货，依然可以获得丰厚的利润。

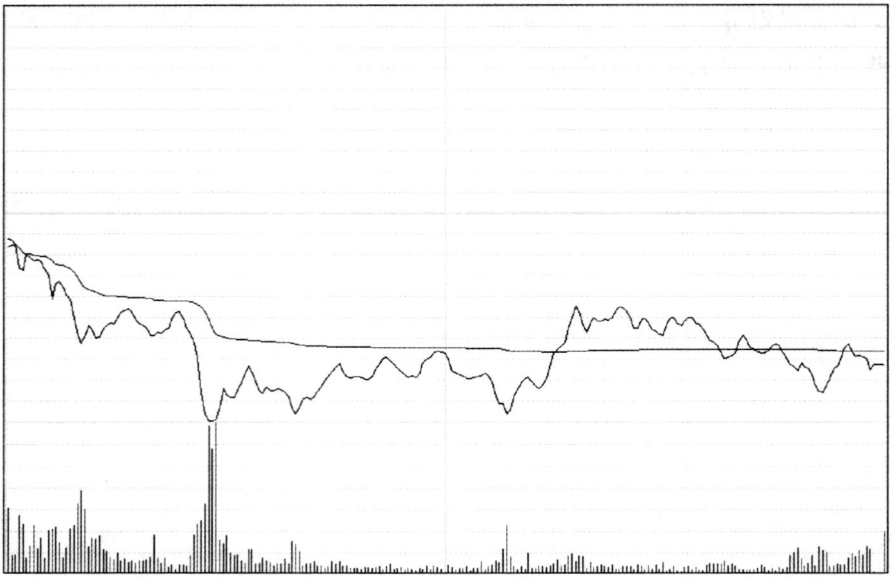

图 6－91　个股分时走势图

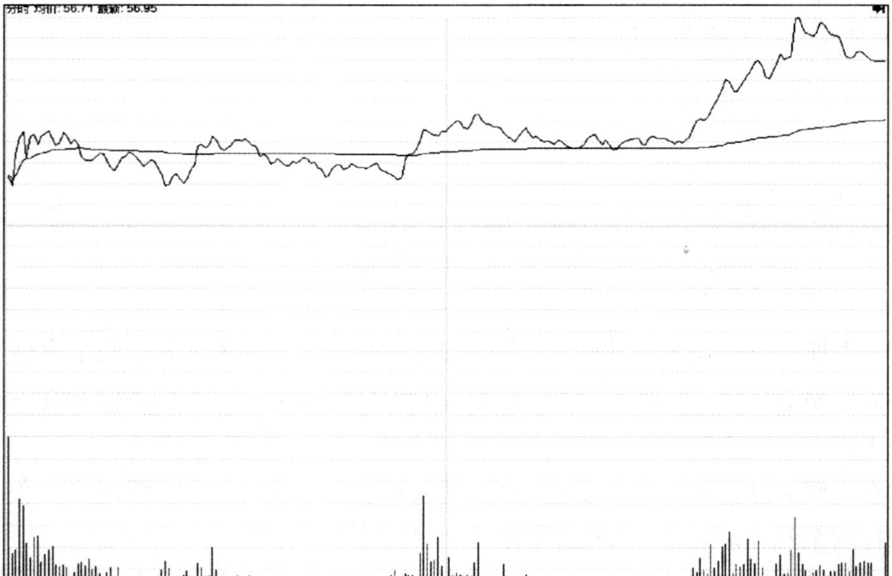

图 6－92　个股分时走势图

就像我们在投资市场里，对别人的行为指指点点，但如果把我们放在那样的环境里，我们难道就能独善其身吗？一个成功的投资者，都要经过一个从理论学习，到经验教训的总结，以及心理斗争后而形成的不以物喜，不以己悲的至高境界。你准备好了吗？

如图 6－93 所示，这是同一时间段的另一只股票，为什么区别会这么大呢？我们来看一下同一时间段的 3 张分时走势图。

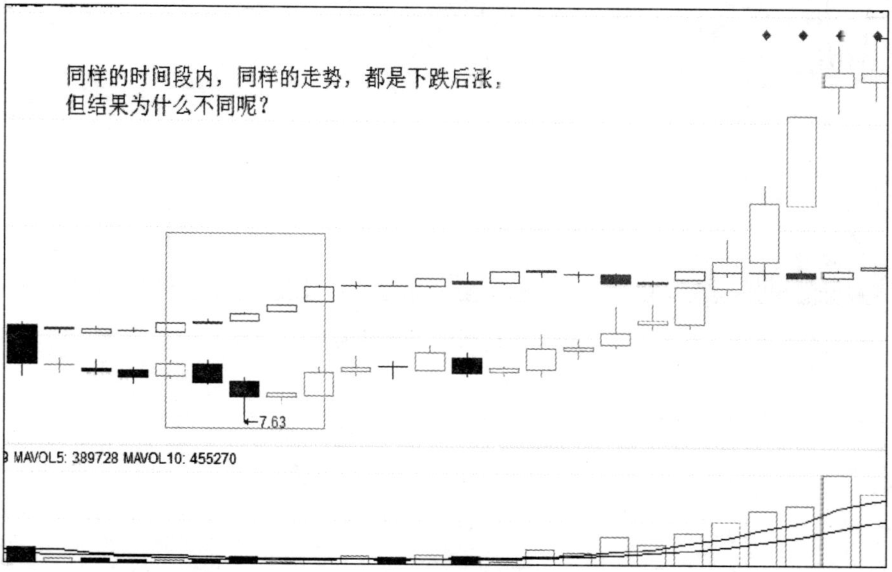

图 6－93　个股与大盘 K 线叠加图

如图 6－94 和图 6－95 所示，不同的个股在相同的时间内走势为什么会有很大的区别？原因在于：

（1）位置不同，前者在次高位，后者在底部。

（2）量能不同，前者和顶部量能差距不大，后者极度萎缩。

（3）走势不同，前者更弱，即使拉升，也是投机性的尾盘赶升波拉升。后者更强，拉升量价配合良好，短波拉升，走势稳健。

我们在买卖股票时，个股价格高低并不重要，关键是否有上升潜力，位置的高低是至关重要的，当然也有强者更强的个股，但是我们没有必要冒这么大的风险。

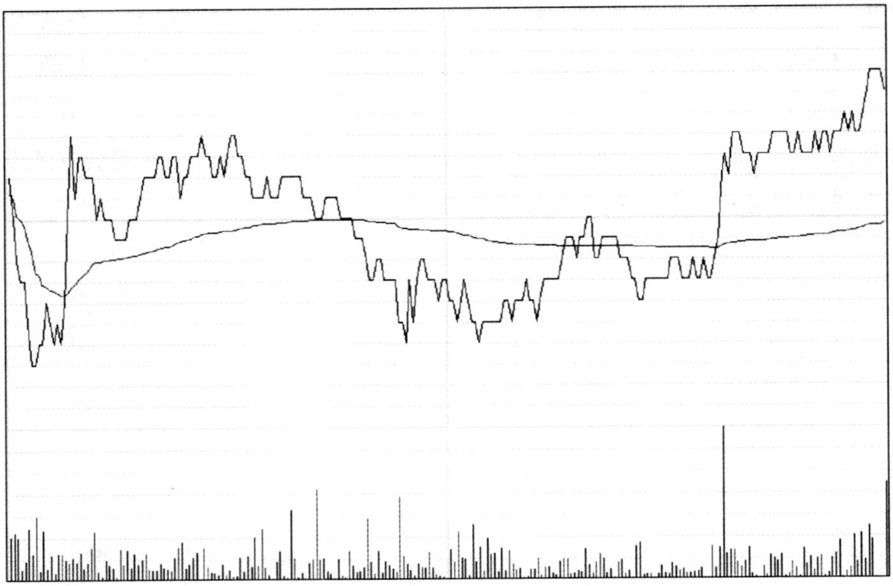

图 6-94　个股分时走势图

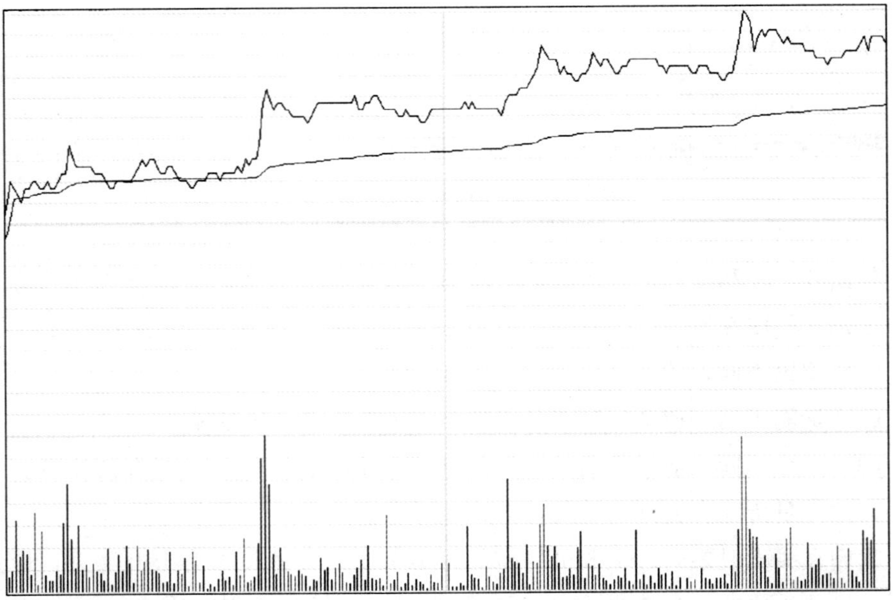

图 6-95　个股分时走势图

7. 大盘持续上涨，个股横盘不动

同一条件下，个股的强和弱都是相对的，强可以转化为弱，弱可以进化成强。大盘的连续上涨，不断刺激着投资者的神经中枢。在这种刺激下，人们的第一想法就是弃弱取强，但是强可能是强弩之末，弱可能是稳如泰山。

如图 6-96 所示，从图中右上角我们可以清晰地看出，大盘指数连创新高，而该股却波动不大。从 K 线走势上看，每根 K 线都有上下影线，而且成交量没有有效缩量，短线出货的迹象很明显，下面我们来看看主力是如何操作的。

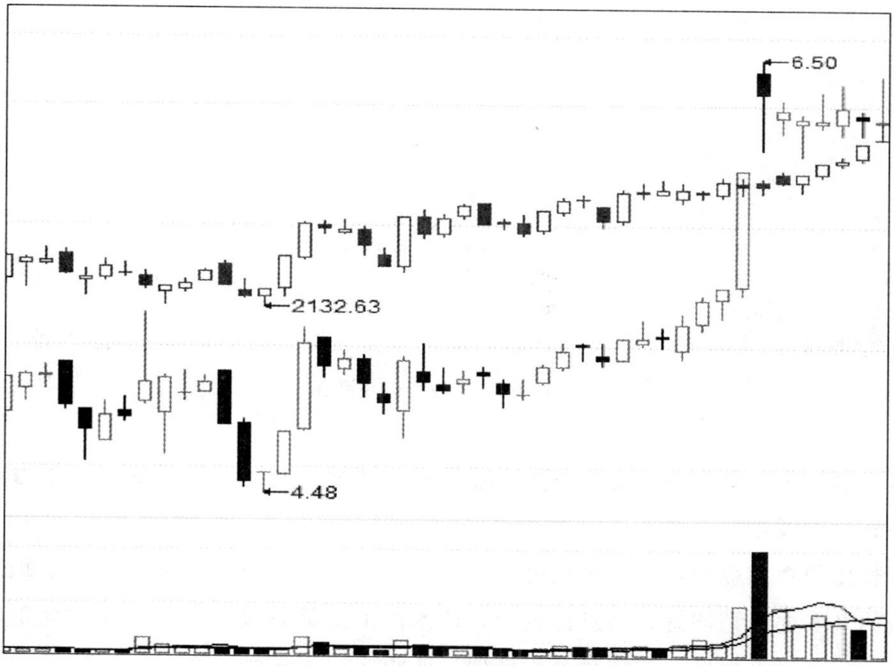

图 6-96　个股与大盘的 K 线叠加

如图 6-97 所示，在高位出现这样的吊颈线是很危险的，成交量也达到了昨日涨停板成交量的两倍，长长的下影线无不提示着我们危险即将来临。

经过吊颈线当天的出货，主力持有的筹码已经不多，大盘连续上涨，个股在维护盘面的同时，采用向下的短波杀跌，不失为一个好的办法，从盘面上可以看到，上涨无量，下跌放量。如图 6-98 所示，早盘后期的拉升，量能不能跟上，

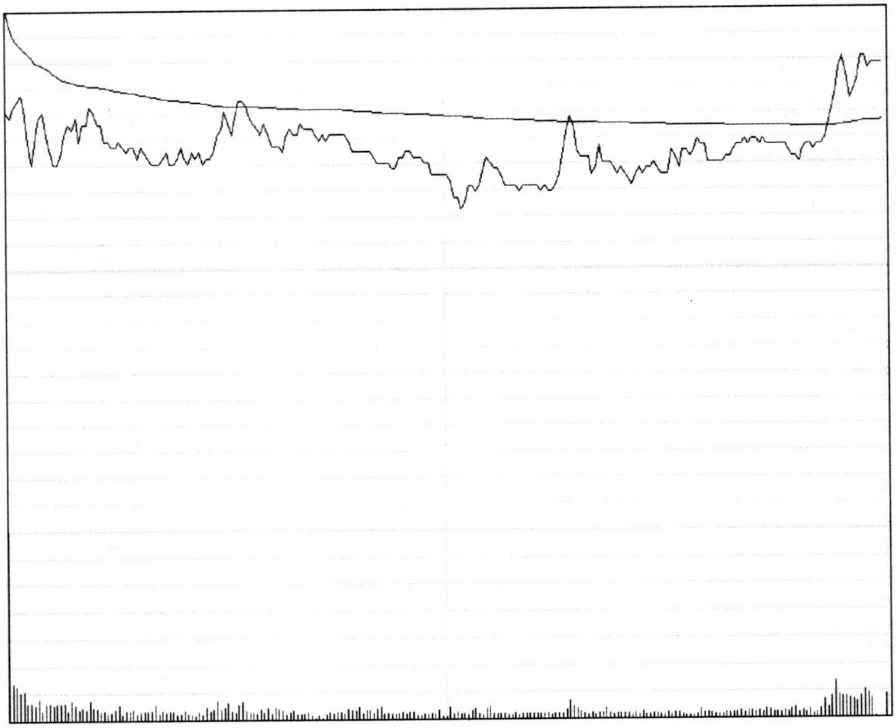

图 6-97　个股分时走势图

均线乖离过大，都在显示着主力的有心无力。这种减仓的方法只适合于主力持有筹码较少的时候。

长庄股在操盘时也会出现这种情况，大盘上涨，个股横盘整理甚至下跌。长庄股的基本面长期向好，消息面较少，技术面上走势各成一派，不受大盘指数干扰，同时换手率很低，均线呈多头排列。如图 6-99 所示。

下面我们看一张短线庄股的操盘分时走势图，大盘指数连续六连阳，该股却在上涨到短期高位以后横盘整理，成交量和前期变化不大，我们来分析一下该股的分时走势图。

如图 6-100 至图 6-102 所示，我们来分析一下该股的 3 张分时走势图，看看其中存在的相同点：

（1）这 3 天成交量相对比较平稳，同时振幅不大，窄幅波动。

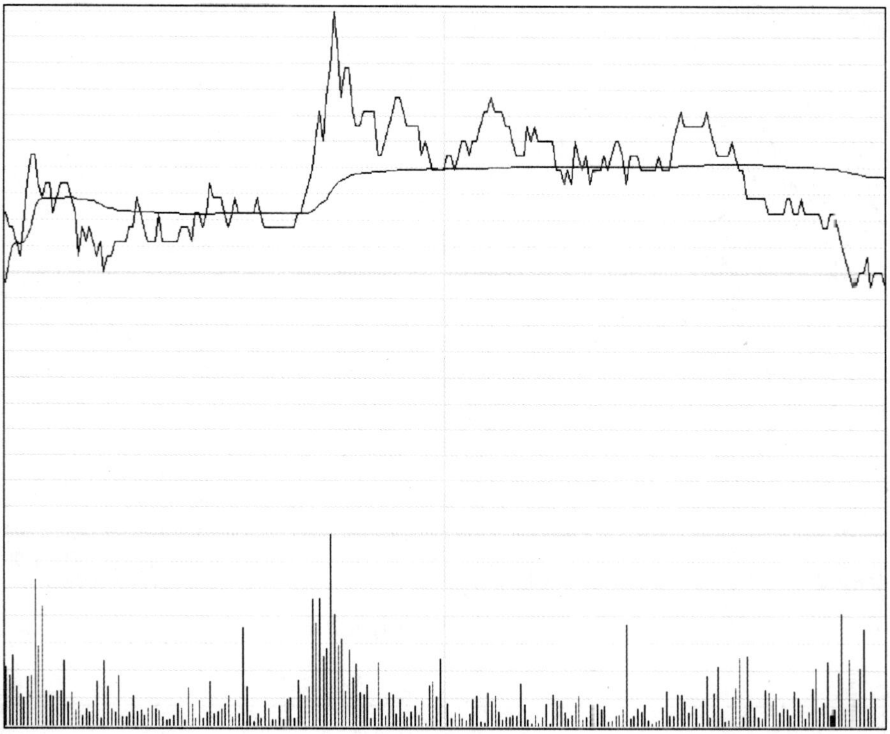

图 6－98　个股分时走势图

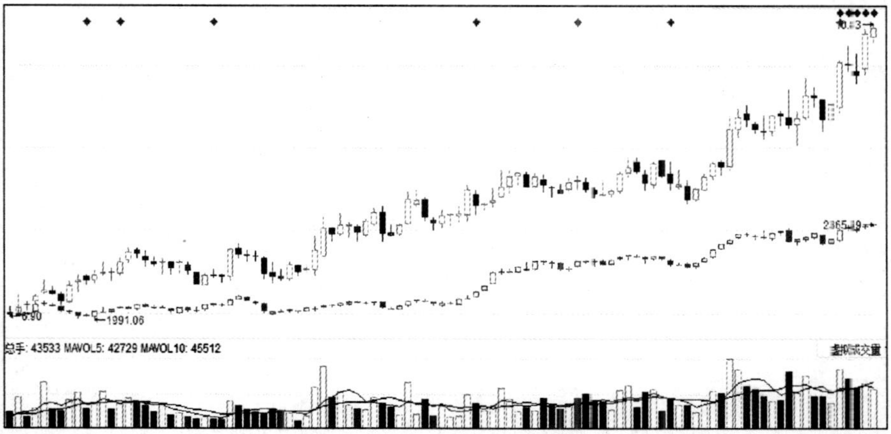

图 6－99　个股与大盘的 K 线叠加

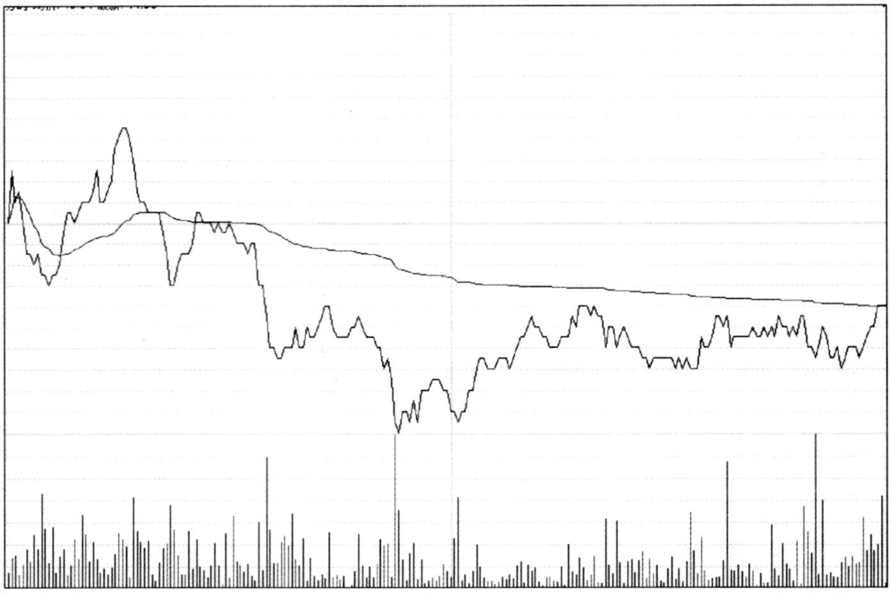

图 6－100　个股分时走势图

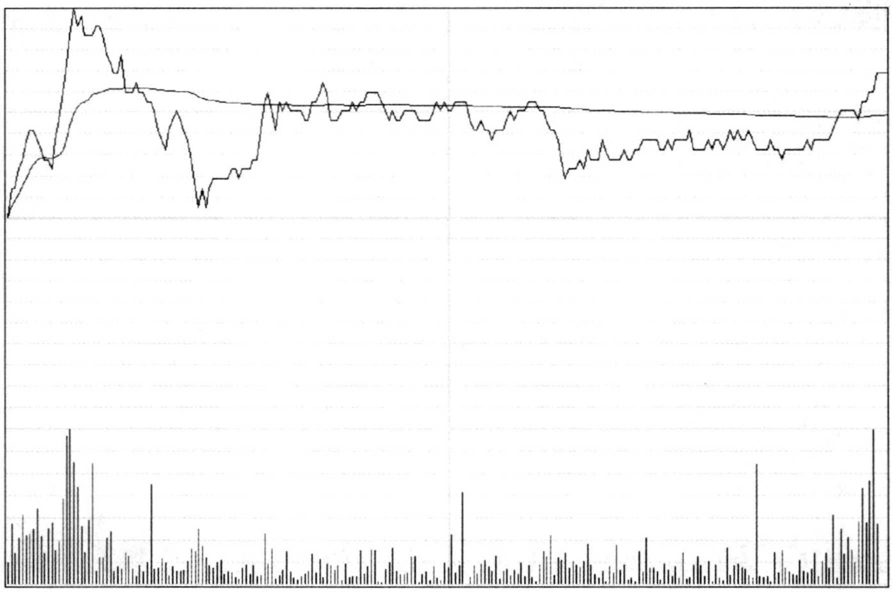

图 6－101　个股分时走势图

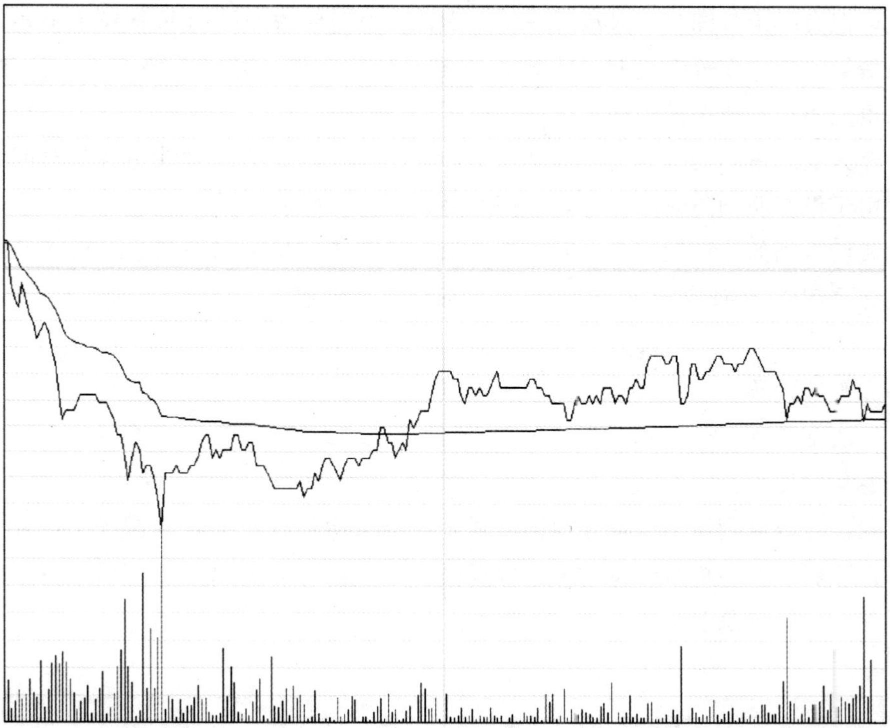

图 6－102　个股分时走势图

（2）由于大盘上涨的原因，都出现了高开或早盘拉升的局面。

（3）都在早盘出现了波浪下跌，在下跌过程中，都没有出现恐慌性的抛盘。

（4）在午盘后走势基本平静，重心略有上移，但量价配合一般。

大盘指数相当于一把利刃，可以杀人，也可以自杀，关键看怎么使用。而个股主力相当于持刀的人，运用自如，方能百万军中取上将首级，如同探囊取物，如果运用不当，也可能在自己操练武功时伤到自己。

三、逆势周期分析

我们在前面讲过分时走势的叠加，就是把个股分时走势图与大盘指数的分时走势图叠加在一起，可以通过与大盘指数的参照对比，来确定走势的高低强弱。分时走势是把股票市场的交易信息实时地用曲线在坐标图上加以显示的技术图形，是把每分钟交易的最后一笔成交价格连接而成的曲线，每分钟可能成交多笔单子，但分时走势图只记录最后一笔。因此，有时候我们看到K线图上显示的最高或最低价格，在分时走势图上却没有显示出来。由于分时走势的不可分化性，好像也就不存在所谓的周期了。

今天我们讲到的分时逆势周期，更加关注于分时走势阶段性逆势的时间和力度。由于没有明确的时间划分，我们姑且称作逆势周期分析。

我们看到的是该股当日分时走势叠加图（图6-103）及各阶段分时走势的区间统计（图6-104至图6-107）。我们先简单地梳理一下：

	A	B	C	D
大盘涨跌幅	2.47%	－0.63%	2.08%	－0.97%
个股涨跌幅	5.45%	－1.81%	1.82%	－1.42%
逆势力度	2.98%	－1.18%	－0.26%	－0.45%

我们可以看到逆势力度在逐渐减弱，在早盘明显强于大盘的情况下，开始趋同于甚至弱于大盘指数，持仓者可以逢高减仓，持币者如果有意该股，可以等待回调到有转强迹象时买入。

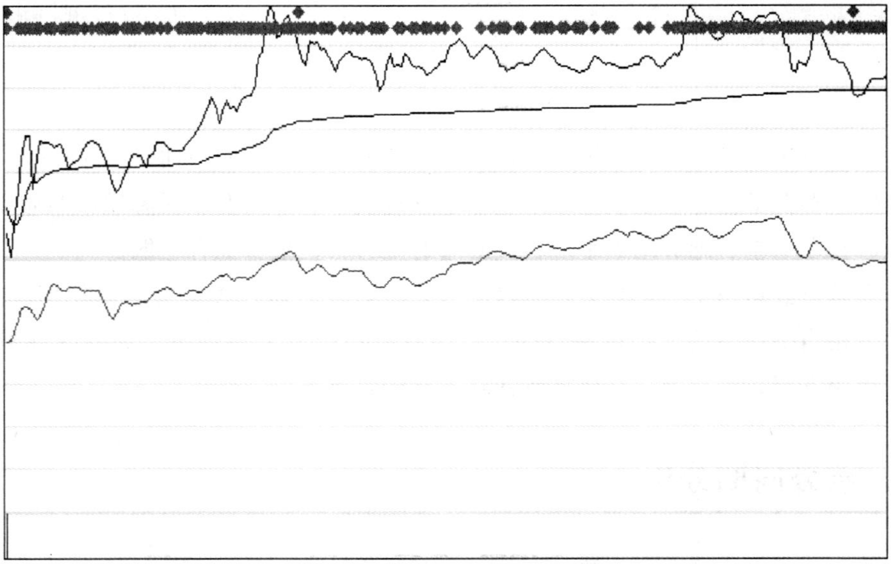

图6-103　个股与大盘指数分时走势图的叠加

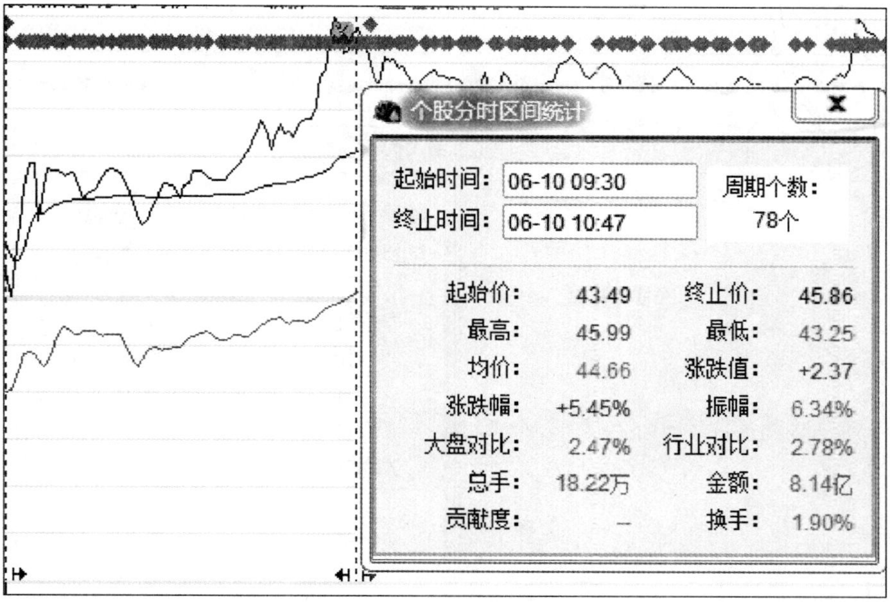

图 6－104　A 阶段分时走势区间统计

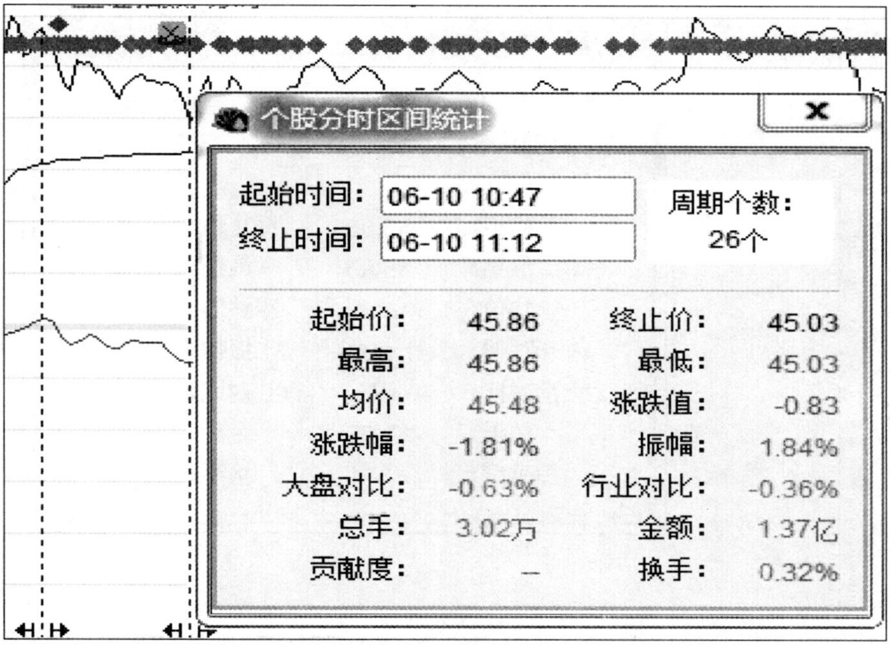

图 6－105　B 阶段分时走势区间统计

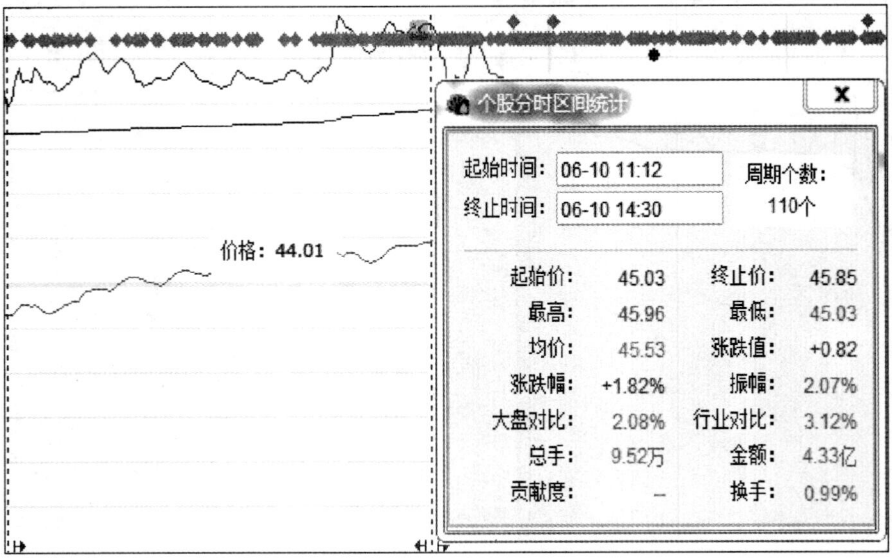

图 6-106　C 阶段分时走势区间统计

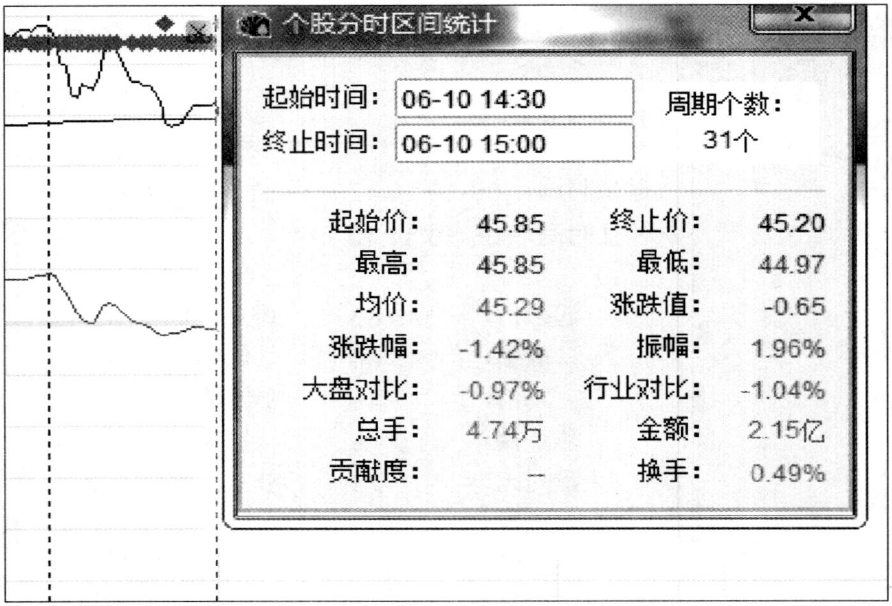

图 6-107　D 阶段分时走势区间统计

个股分时走势上的逆势周期分析，由于其时间和力度的不确定性，我们更加着眼于通过对分时走势各阶段的研究，预判次日的走势。同时，由于分时走势投机性较强的特点，预判的准确率有待考究。后期我们会讲到利用三线来操作的方法，在这里先铺垫一下。

1. 逆势行为分析之十要点

在叠加大盘指数的分时走势图上，大盘指数反映着市场绝大多数股票的涨跌，其在走势图上同样起着压力和支撑的作用，其要点为：

(1) 当大盘及个股走势一致，两条走势线之间的张口很小，个股走势脱离大盘指数的牵绊，跃跃欲试，同时张口开始慢慢地放大，此时是买入的好时机。

(2) 当大盘指数在上，个股走势在距离大盘指数较远地方逐渐向上方抬头，而个股走势从大盘指数下方向上方突破，为买进信号。

(3) 当大盘指数与个股走势基本一致的情况下，个股走势突然跌破大盘指数，但很快又回到大盘指数的上面，上涨的势头不断地得到延续，而个股在向上越过大盘指数的时候就是理想的买点。

(4) 当个股走势位于大盘指数之上运行，回档时未跌破大盘指数后又再度向上时为上升，回调为低吸买点。

(5) 当个股走势位于大盘指数下方运行，突然暴跌，张口不断放大，距离大盘指数太远时，极有可能向大盘指数靠近（物极必反，下跌反弹），此时为超跌反弹买点。

(6) 个股走势位于大盘指数上方运行，连续数日大涨，离移动大盘指数越来越远，说明近期内走势距离大盘指数乖离过大，随时都会产生获利回吐的卖压，应暂时卖出持股。

(7) 大盘指数从上升逐渐走平，而个股走势从大盘指数上方向下跌破大盘指数时说明走势趋弱，应卖出所持股票。

(8) 个股走势位于大盘指数下方运行，趋势由弱转强后但仍未突破大盘指数，且大盘指数跌势减缓，趋于水平后又出现下跌趋势，此时为卖出时机。

(9) 个股走势由弱转强后在大盘指数上方跟随指数上下徘徊，而大盘指数却继续处于疲弱，宜卖出所持股票。

(10) 当大盘与个股走势基本一致，两条趋势线之间的张口很小，而个股趋势脱离大盘指数的走势，由强转弱，同时张口开始慢慢地放大，此时是卖出的好时机。

分时走势的逆势行为分析，重点在于逆势行为的过程和细节，具体形成逆势的原因可以参考前面的章节。分时逆势行为相对K线上，随机性更强一些，稳定性相对较差，今日的逆势上升，并不能保证明日的上涨，这还关系到逆势的力度。

2. 逆势力度分析

前面我们讲到K线逆势力度，其方法同样在分时走势图上得到应用，只不过投机性更强一些，作用时间更短一些。

（1）由弱转强的力度分析。

逆势力度由弱转强，代表逆势力度的逐渐扩大，相对于大盘指数而言，个股领先大盘的幅度越来越大，或者个股虽然暂时落后大盘指数，但已经开始走强，落后的幅度开始收窄。那具体有什么表现呢？

①个股领先大盘的幅度越来越大。个股走势在大盘走势上方，随着时间的不断延续，两者之间的距离不断拉大，市场高度活跃，每个投资者的盈利率远远高于大盘的涨幅，持币者不要被市场的喧嚣所迷惑，逢个股走势回调后重新返回到大盘指数之上时可以买入。持股者应密切关注其走势，如出现走势凝滞，逆势力度由强转弱后，以卖出为宜。如图6-108所示。

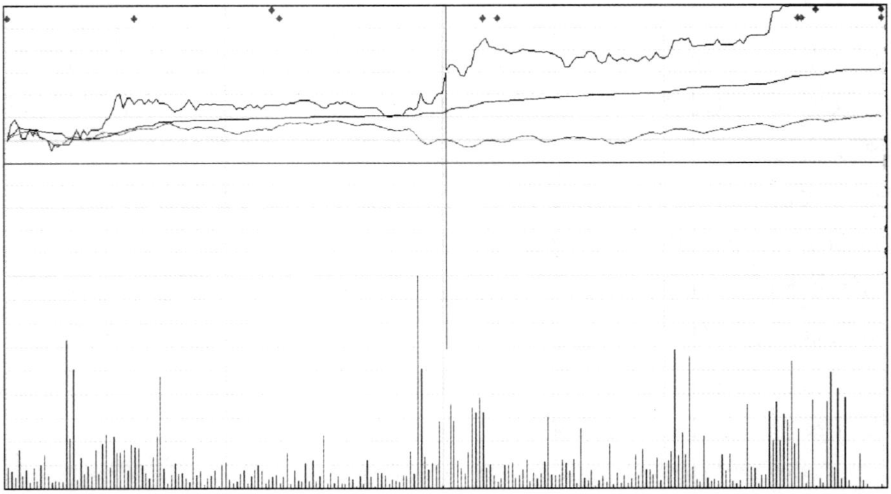

图6-108　由弱转强的力度分析

②个股落后大盘的幅度开始收窄。个股走势在大盘走势之下，随着时间的不断延续，两者之间的幅度开始不断缩小，市场开始活跃，有投资者开始入场抄底，一种见底迹象在投资者中不断地蔓延。持币者开始蠢蠢欲动，可视两者之间的幅度有明确的缩小迹象时买入。持股着密切关注其走势，如又出现走势滞涨时，以卖出为宜，如图 6-109 所示。

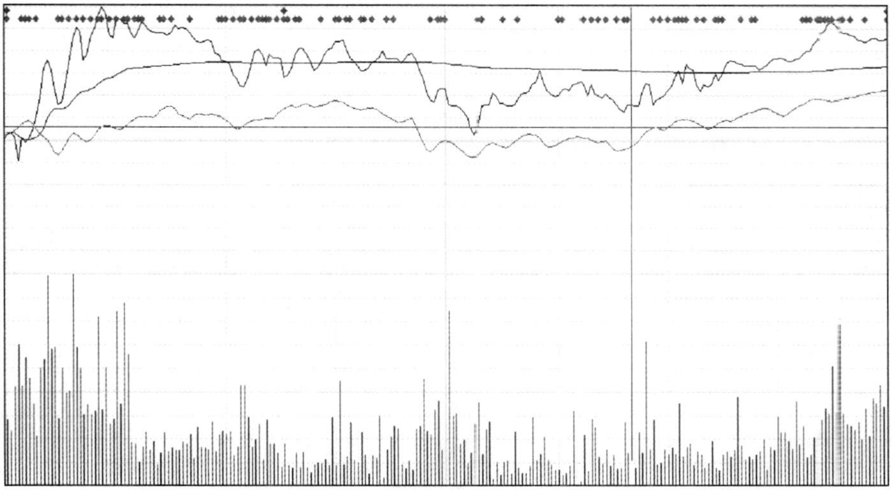

图 6-109　由弱转强的力度分析

(2) 趋势由强转弱的分析。

逆势力度由强转弱，代表逆势力度的逐渐减小，相对于大盘指数而言，个股领先大盘的幅度越来越小，或者个股不仅暂时落后于大盘指数，而且落后大盘指数的幅度逐渐扩大。那具体有什么表现呢？

①个股领先大盘的幅度开始收窄。个股走势在大盘上方，由于前期个股走势远远强于大盘，之间的乖离过大，有修复的必要，同时投资者盈利过于丰厚，获利了结的想法越来越明确，投资者应密切关注其走势，可等幅度有明确缩小迹象时卖出。如图 6-110 所示。

②个股落后大盘的幅度开始放大。个股走势在大盘之下，随着时间的延续，个股落后大盘的幅度有放大的迹象，投资者有由盈转亏甚至亏损扩大的迹象，投资者恐慌性的情绪不断蔓延，市场下跌摇摇欲坠，应密切关注其走势，可等幅度有明确放大迹象时卖出。如图 6-111 所示。

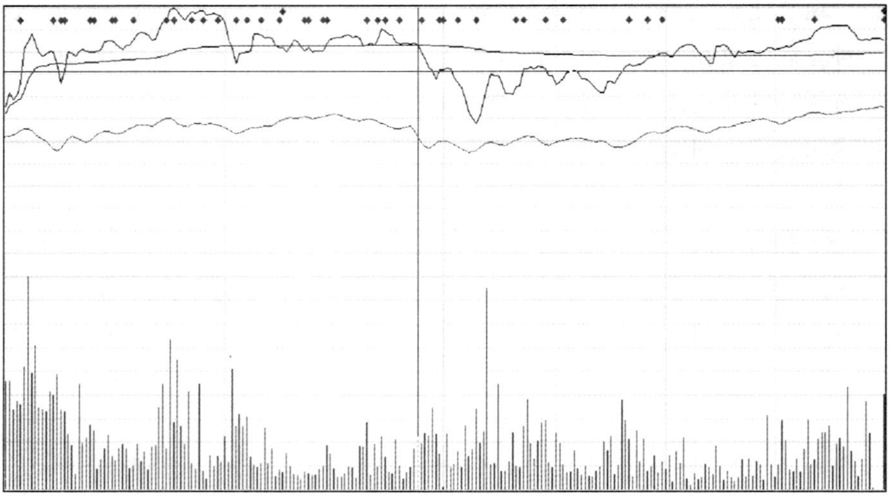

图 6-110 由强转弱的力度分析

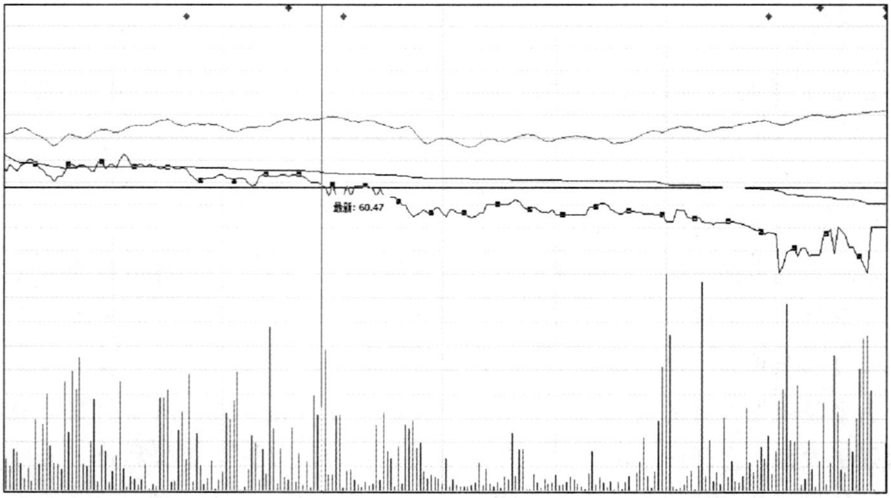

图 6-111 由强转弱以力度分析

3. 分时逆势之三阳开泰

和一般的走势图不同，我们在分时走势图上添加了大盘指数的分时走势图，大盘指数在一定程度上代表市场的气氛，分时走势曲线代表市场对气氛的应对以及个股主力的意愿，分时均线反映市场的平均成本，那我们应该怎么样分析它们三者之间的关系呢？

（1）定轴与动轴。

相对而言，分时均线是比较平滑的一条直线，我们称之为定轴，大盘指数比较曲折，我们称之为动轴，以此来衡量分时走势曲线。如图6－112所示。

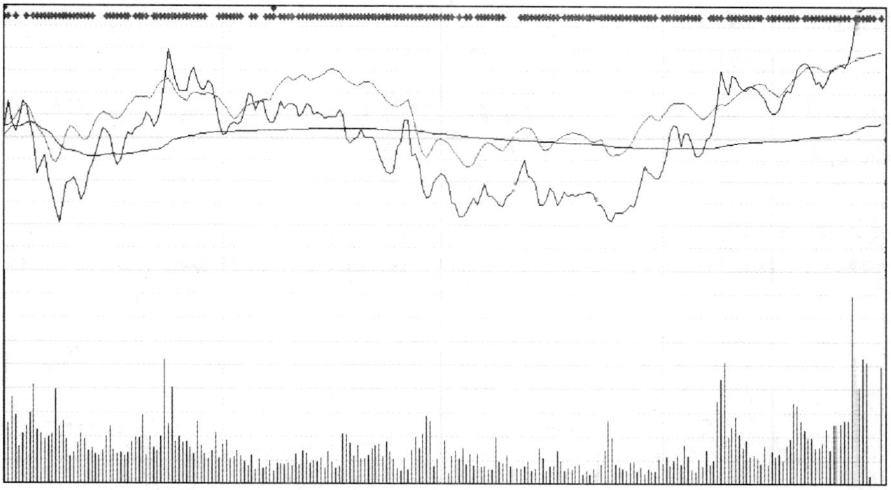

图6－112　定轴与动轴

①如果分时均线和大盘指数相互缠绕，大盘指数围绕分时均线上下波动，说明该股当天买入的平均成本及盈利率和大盘的基本一致。相对后市而言，该股的投资心理可能相对比较稳定。

②如果分时均线大部分时间位于大盘指数下方，大盘指数与分时均线的乖离比较大或者有放大迹象，则说明该股当天平均买入成本相对于大盘来说，相对较低，盈利率也较低。对于后市而言，投资情绪比较低迷。

③如果分时均线大部分时间位于大盘指数上方，大盘指数与分时均线的乖离比较大甚至有放大迹象，则说明该股当天平均买入成本相对于大盘来说，相对较高，盈利率也较高。对于后市而言，投资情绪比较兴奋。

（2）活动状态与不活动状态。

如果分时走势曲线位于定轴和动轴之间，且动轴在下，定轴在上，对于获利盘和套牢盘而而言，当天的盈利率是跑赢大盘的，是完全可以接受的。对于当天的买入者，虽然尾盘可能会以亏损报收，但由于当天的走势强于大盘指数，也是可以有所期待的。我们称这种状态为不活动状态。

同样的道理，如果分时走势曲线位于定轴和动轴之间，且定轴在下，动轴在上，由于个股的涨幅是低于大盘的，对于获利盘和套牢盘而而言，当天的盈利率是跑输大盘的，同时，当天的走势也不会是暴跌的行情，即使有亏损，也是小亏。所以说，相对而言，盘面上是比较平静的，也被称为不活动状态。其他形式我们称之为活动状态。

(3) 黏合与发散状态。

黏合是指分时走势曲线、大盘指数、分时均线缠绕在一起，相距不大，说明股价波动不大，该股的投资者心态稳定。如图 6－113 所示。

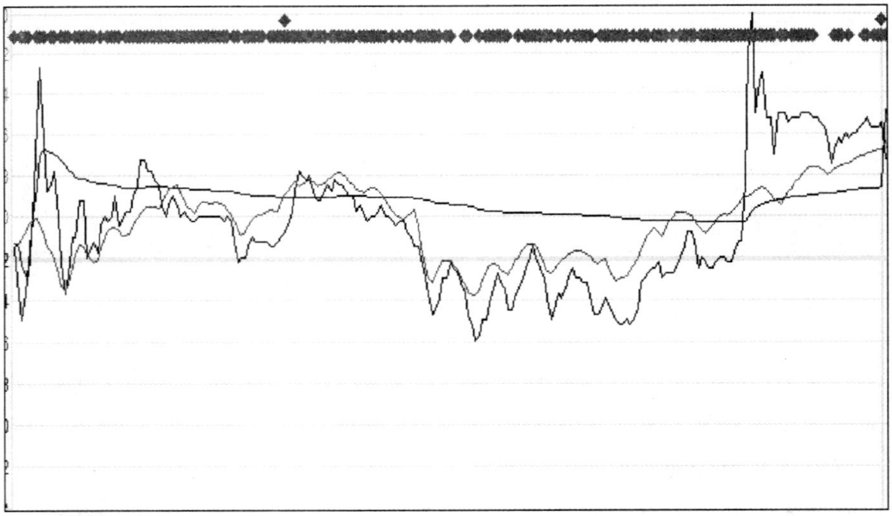

图 6－113　黏合状态

发散是指分时走势曲线在最上边，中间是分时均线，下面是大盘指数线，或者是分时走势曲线在最下边，中间是分时均线，上边是大盘指数线，分时均线和大盘指数都起到助涨助跌的作用，在一定程度上支撑着股价向某一个方向发展。如图 6－114 所示。

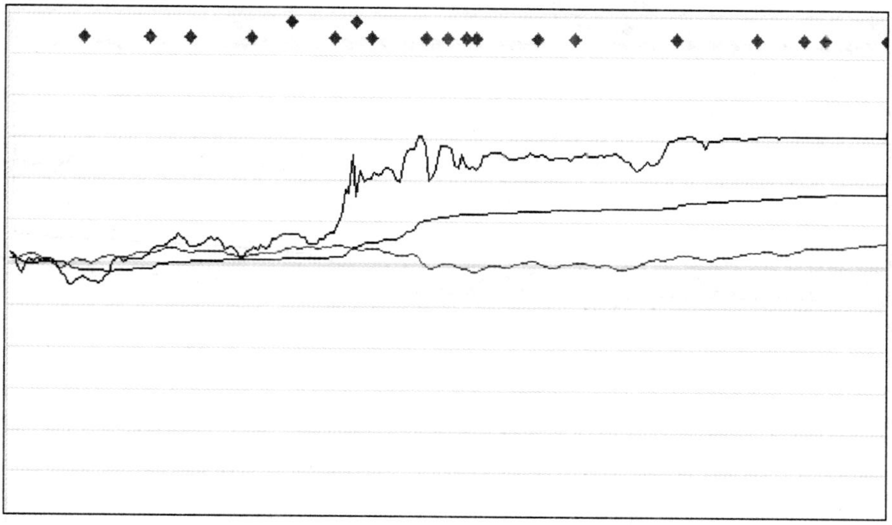

图 6－114　发散状态

（4）买点和卖点的组合。

任何操作系统和方法最后都归结于买点和卖点，追涨杀跌，高抛低吸，都代表着不同的交易模式，具体使用，因人而异。

①分时均线代表个股当天的平均成本，大盘指数作为市场气氛的代名词，同样代表市场的平均成本，两者对个股的走势是作为压力和支撑出现的。

②分时均线和大盘指数在对于分时曲线形态构成中，起着辅助的作用。

③分时均线和大盘指数对于分时走势曲线的作用都符合“葛兰威尔八大法则”。

④股价拉升，分时均线的跟随与否反映着市场的认可程度，大盘走势的上涨与否，反映着个股真实的强与弱。

⑤股价下跌，分时均线的跟随与否反映着市场的恐慌程度，大盘走势的下跌与否，反映着个股真实的弱与强。

如图 6－115 所示，该股早盘三线黏合，分时走势曲线突破均价线和大盘指数后，回调不破后向上拉升，为买入的好时机。

如图 6－116 所示，该股早盘分时走势曲线跌破均价线和大盘指数后拉起，全天保持在均价线之上，突破大盘指数时为第一买点，突破均价线时为第二买点。

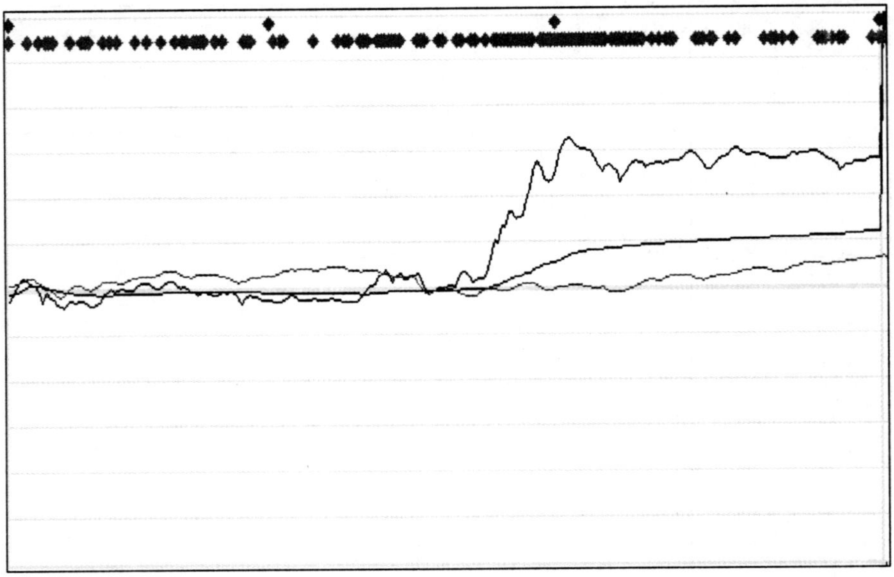

图 6-115 突破性买点

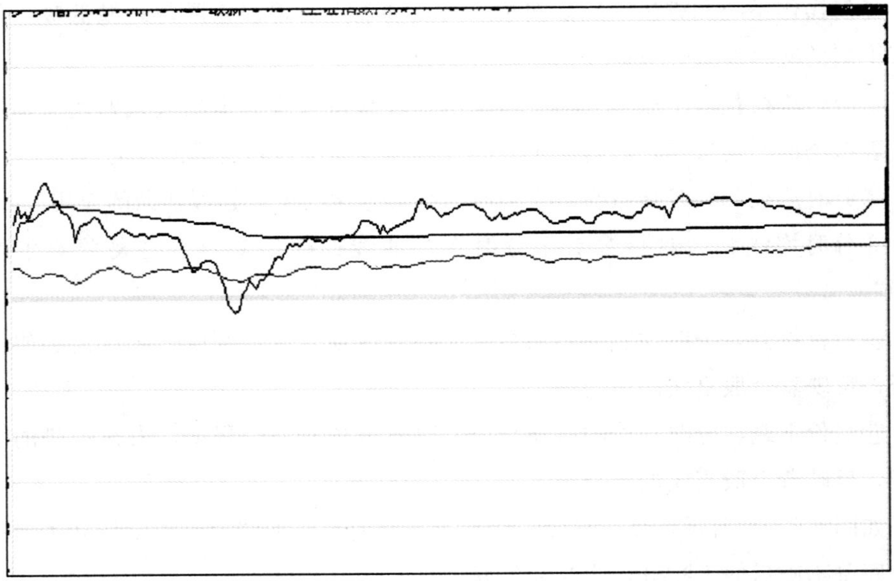

图 6-116 先破后拉升买点

如图 6－117 所示，多重底的买入时机，但明显受制于大盘指数的压力，可轻仓介入，短线持有。

以上只是一些简单的例子，分时走势曲线、分时均线、大盘指数走势三者同时存在于一个图形中，分时走势曲线与大盘指数走势的结合反映着走势真实的强弱。分时走势曲线与分时均线的结合反映着市场中主力持筹的程度和意图的体现。分时均线与大盘指数的结合反映着市场中绝大多数投资者对于市场的反应。三者的相互结合，方能对市场中的反映做出积极的回应，作为投资者应恰当地安排好买点，灵活的处理好卖点。

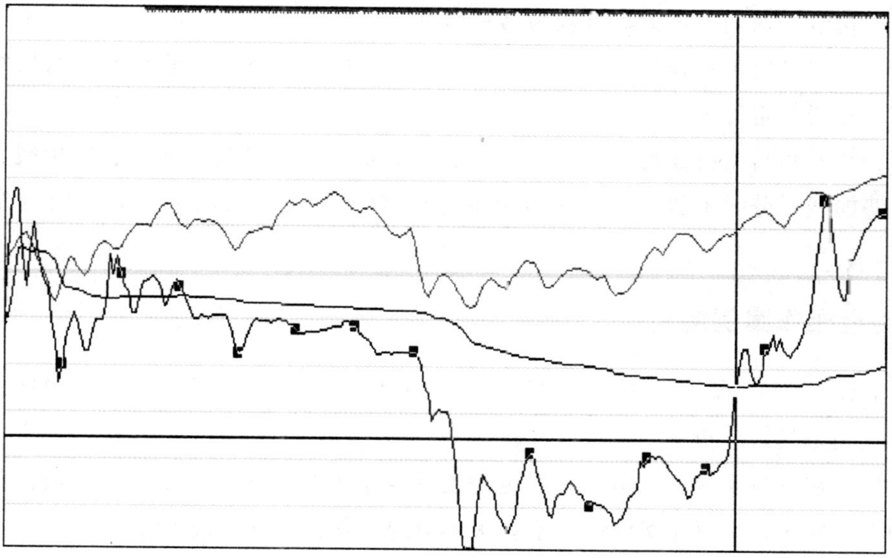

图 6－117　形态买点

分时走势曲线、分时均价线、大盘指数走势三者之间相互结合的买卖点分析：

（1）在一天的大部分时间内，分时走势曲线位于大盘指数走势和均价线下方，反弹越过两者，回调不过大盘指数。反弹上均价线为第一买点，越过大盘指数走势为第二买点，回调不过大盘指数为第三买点。

（2）三者处于黏合状态，分时走势曲线在量价配合下，开始走强并越过均价线和大盘指数走势为第一买点。

（3）开盘后始终保持放量强势，从上到下始终为分时走势曲线、均价线、大盘指数曲线，分时走势曲线缩量回调止步于均价线，再次放量拉升之时为第一买点。

（4）分时走势曲线在量价配合下由非活动状态进入活动状态，向上为突破买点，向下为跌破卖点。

（5）分时走势曲线在量价配合下由黏合到发散状态，向上突破为买点，向下跌破为卖点。

（6）在交易的大部分时间内，分时走势曲线位于大盘指数走势和均价线上方，回调跌破二线反弹不过均价线。跌破均价线为第一卖点，跌破大盘指数走势为第二卖点，回调不过大盘指数为第三卖点。

（7）三者处于黏合状态，分时走势曲线在量价配合下，走势趋弱并跌破均价线和大盘指数走势为第一卖点。

（8）开盘后始终保持放量弱势，从上到下始终为大盘指数曲线、均价线、分时走势曲线，分时走势曲线缩量反弹止步于均价线，再次放量杀跌之时为第一卖点。

7. 实盘操作案例解析

如图 6－118 所示，这是该股连续 3 天的分时走势图，以首日开盘价作为标准，我们来具体分析一下：

（1）在首日及次日早盘，该股走势连续弱于大盘，次日 11:00 左右的拉升开始和大盘同步，末日走势强于大盘，大部分时间保持在均价线上方运行。

（2）第二天该股尾盘在大盘指数及分时均价线上方回调不破两线，为买入时机。

（3）第三天逆势力度保持相对较好，其结构面相对平稳，尾盘的拉升有行情开始加速的特征。

（4）连续 3 天大盘走势平稳，重心开始上移，分时走势曲线在量价配合下由三线黏合开始向上发散，构成了三阳开泰的买点。

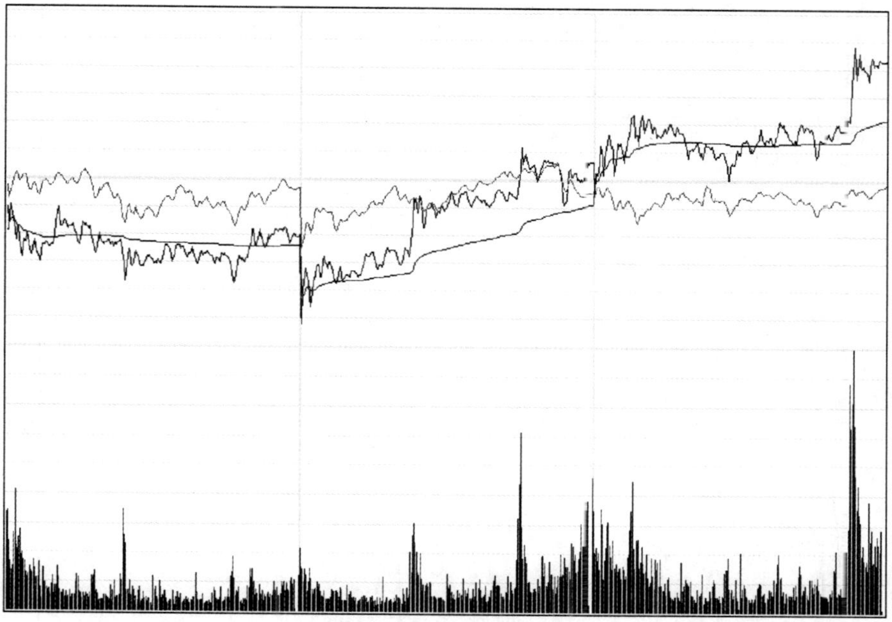

图 6－118　个股 3 天分时走势叠加图

四、K 线逆势与分时逆势的相互作用

K 线逆势由分时逆势组成，分时逆势作用于 K 线逆势，就像 K 线由分时组成一样。连续分时逆势的出现，成为 K 线逆势的开始，连续分时逆势的结束，K 线逆势也就开始逐渐消失。

连续分时逆势的趋强，是市场即将发生质变的信号，连续分时逆势的趋弱，是市场走势走弱的信号。

如图 6－119 和图 6－120 所示，连续的逆势走势，掀起了市场高达 70％的涨幅，领先大盘指数 50 个百分点。如果归结于巧合，就太幼稚了。逆势的形成，源自于市场中主力动作的展开，就像暴风雨来临之前乌云闪电。该股的分时趋势明显强于大盘，K 线组合形成早晨之星，收盘高于第一天开盘价，已经深入到长上影线的顶部，强势姿态一目了然（图 6－121）。

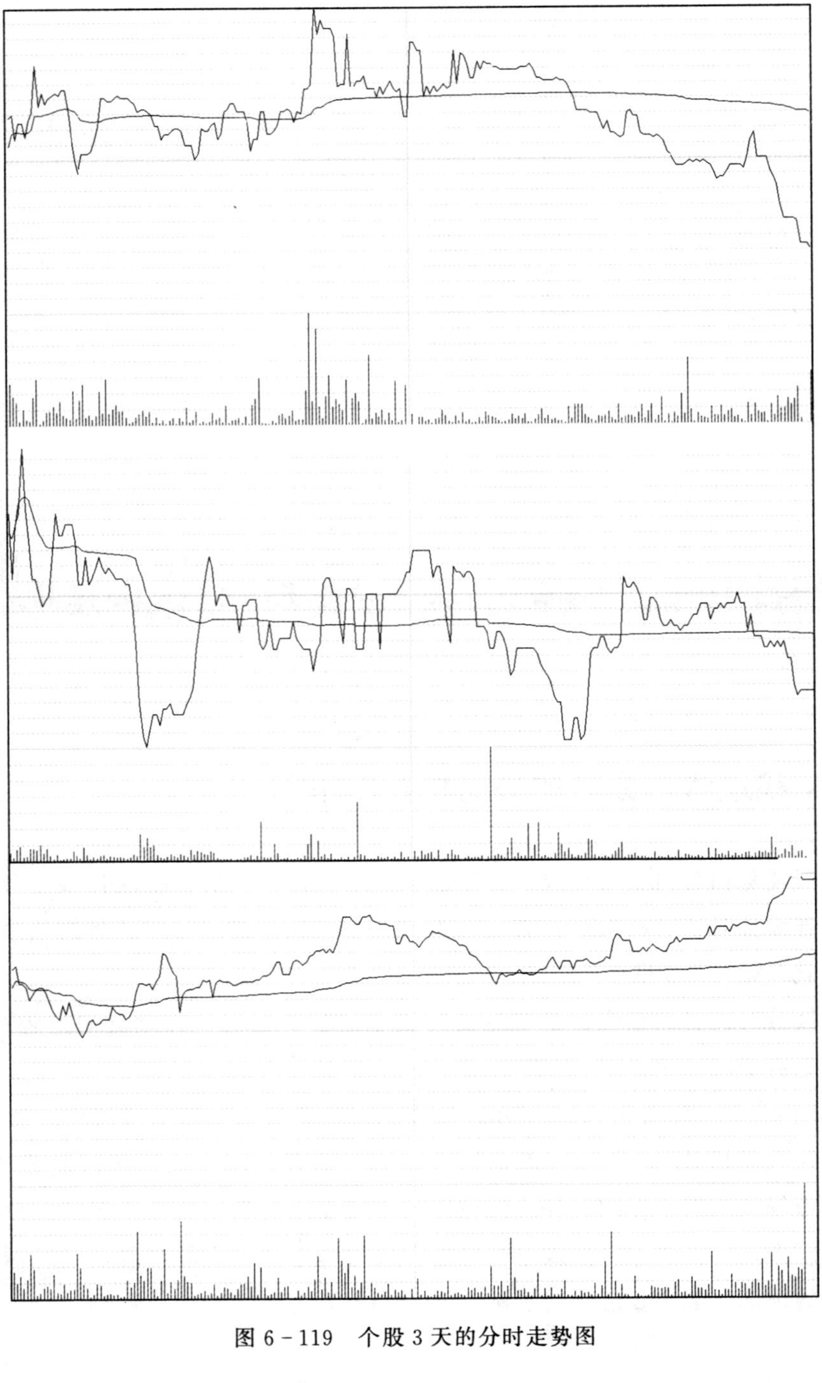

图 6－119　个股 3 天的分时走势图

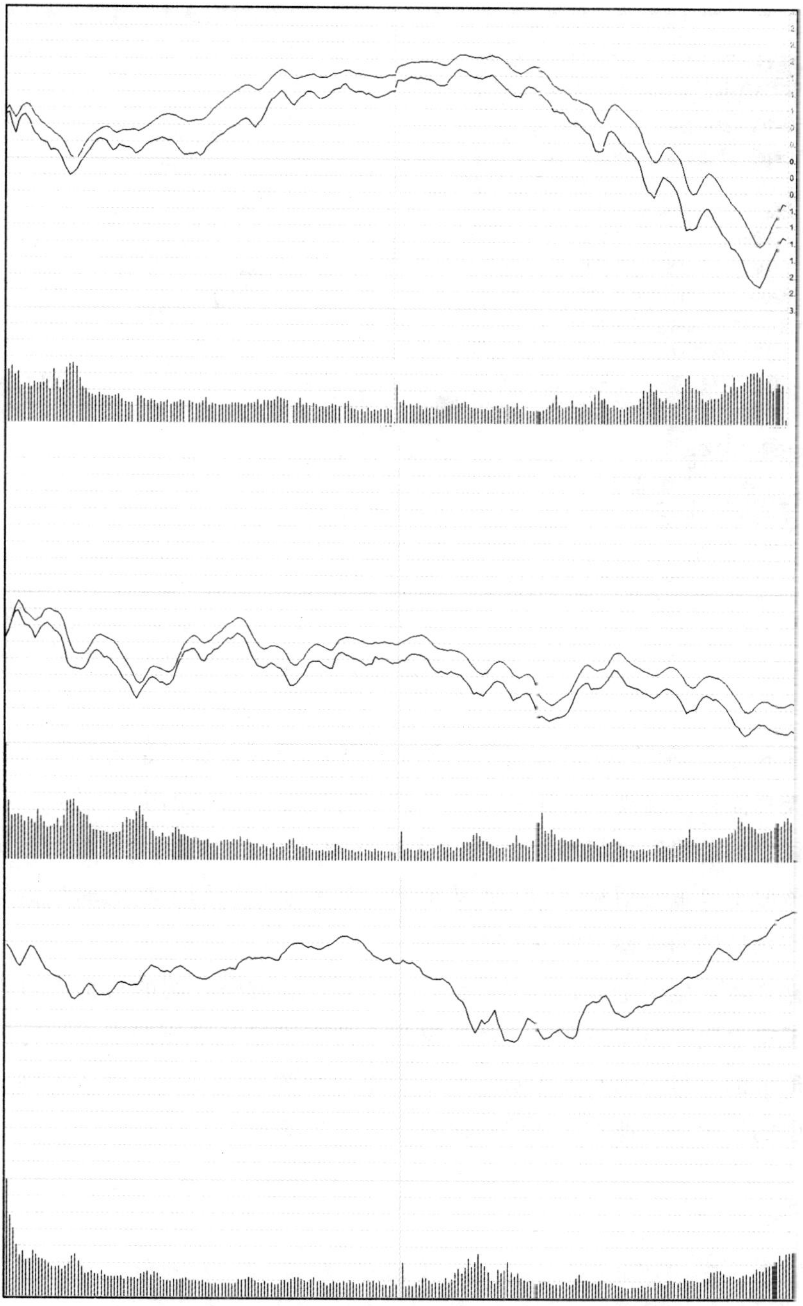

图 6-120　大盘 3 天的分时走势图

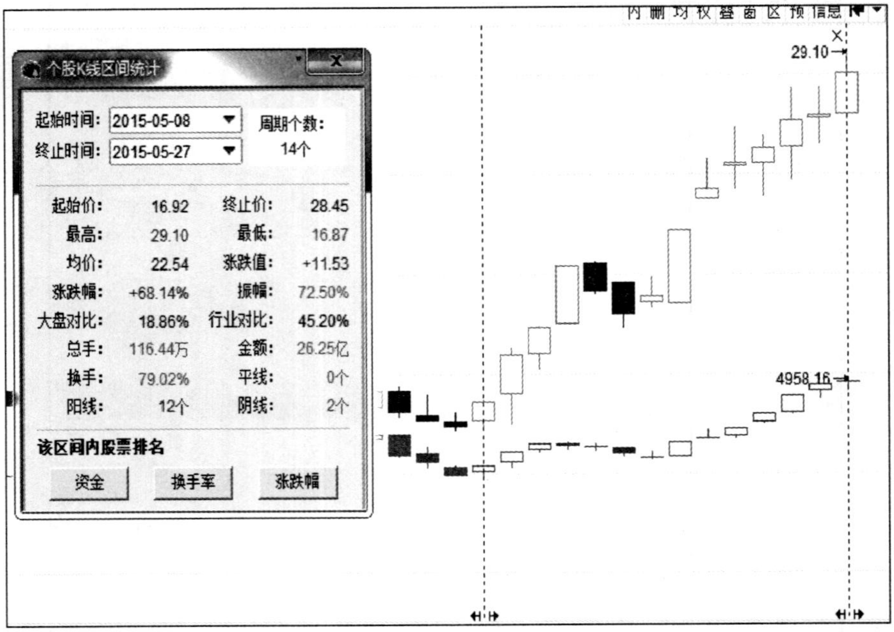

图 6－121　后期走势与大盘对比

如图 6－122 和图 6－123 所示，如果说第一天的走势算是勉强支撑的话，那么第二天真面目便暴露了，第三天的下跌走势改变了市场的上行趋势，后期该股在大盘稳定的前提下跌幅高达 20%。从 K 线组合上看，在大盘指数明显走缓的情况下，该股走势重心明显下移，走势偏弱，如果能够识别市场的弱势信号，可有效规避市场后期的跌幅（图 6－124）。

合抱之木，生于毫末；九层之台，起于累土。波澜壮阔的行情来自于点滴的坚持，千里之堤，毁于蚁穴，一溃千里的下跌亦不过是毫厘的脆弱。行情永远不是一天形成的，每分每秒的走势构筑了万里长城的块块砖石，专注于细节，专注于市场中的变化，方能在大厦将倾之时，谋一方安乐之土。

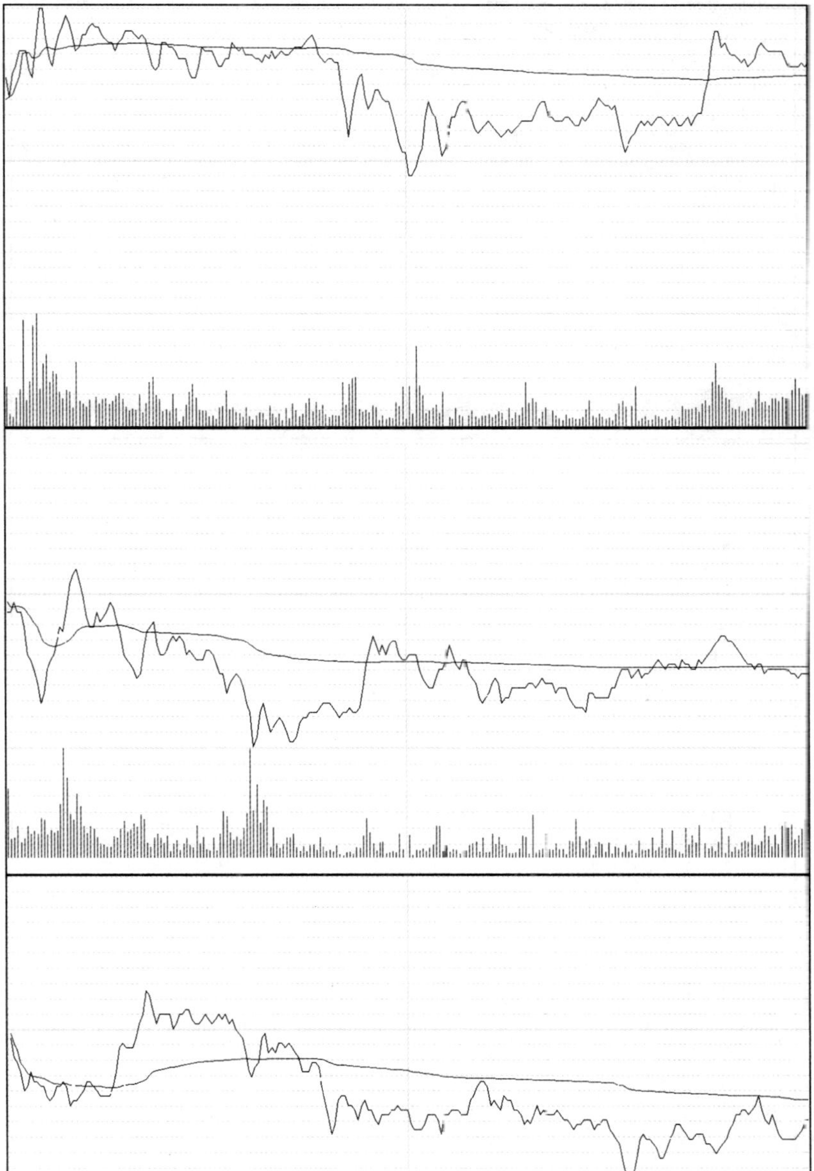

图 6－122　个股 3 天的分时走势图

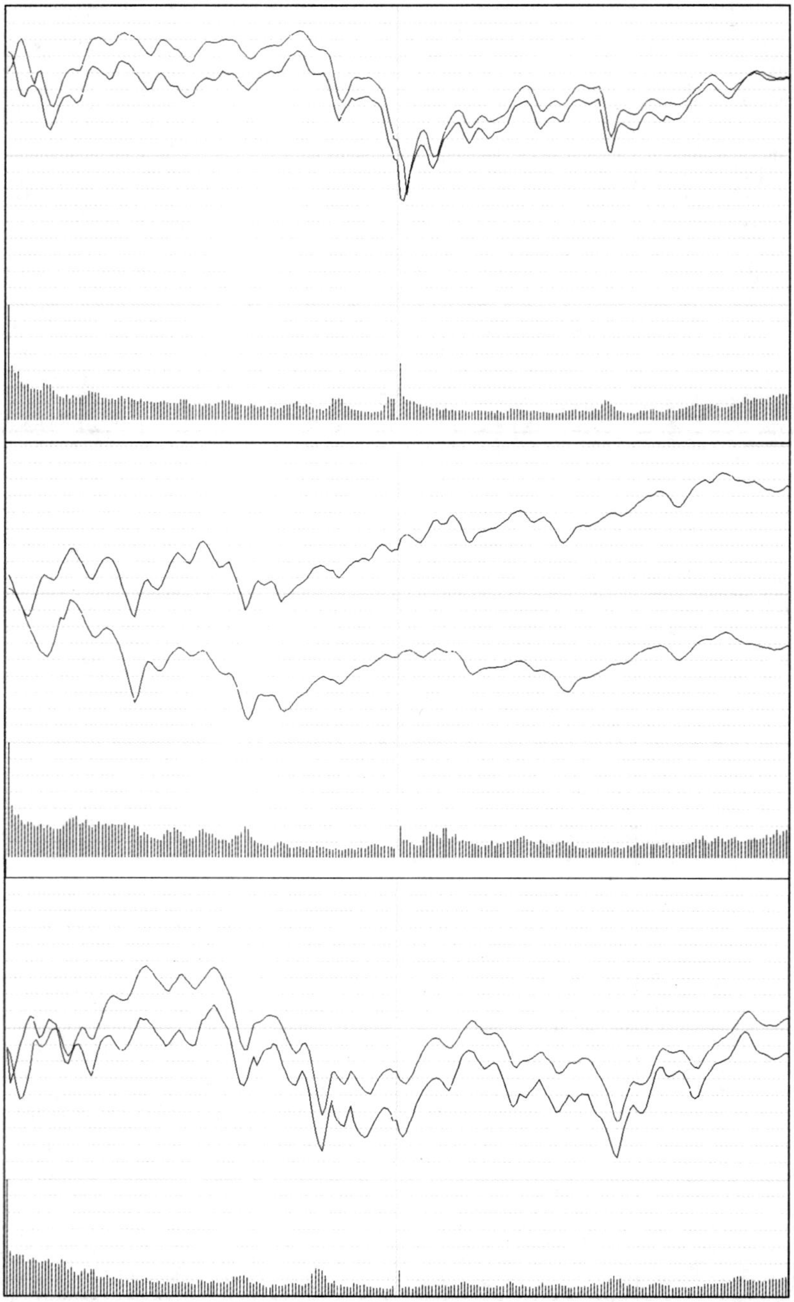

图 6－123　大盘 3 天的指数走势图

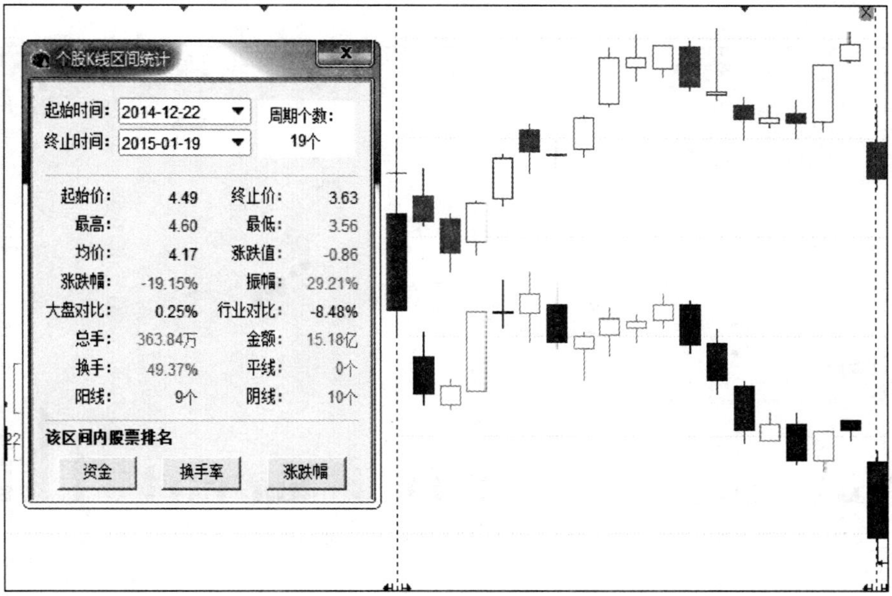

图 6-124　个股后期统计

五、K 线及分时上的波段逆势

波段操作是指投资股票的人在波峰的峰顶卖出股票，在峰谷时买入股票的投资方法。波段操作是针对目前国内股市呈波段性运行特征的有效操作方法，波段操作虽然不是赚钱最多的方式，但始终是一种成功率比较高的方式。我们在这里讨论的不是波段操作的方法，而是在每一个波段中存在的逆势行为以及由此而产生的结果。

1. K 线波段逆势

我们在这里不探讨波段操作的理论及方法，我们研究的是与大盘对比过程中的波段逆势。大盘同样也有波段，大盘的波段与个股的波段有什么关系呢？

如图 6-125 所示，我们可以清晰地看到，该股的前两个波段同处于大盘的一个波段当中，最后一个波段和大盘的波段是重合的。通过个股与大盘指数的走势比较，我们统计一下前两个波段发生时的情况。

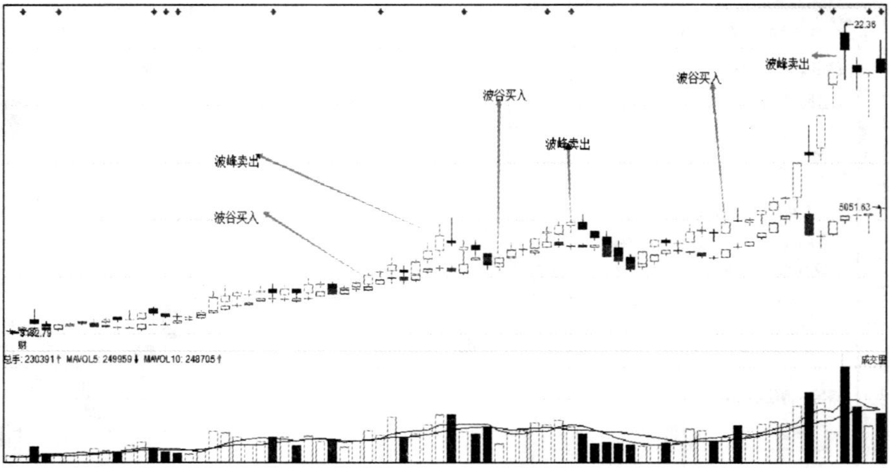

图 6-125　个股波段操作图

通过图 6-126 和图 6-127 我们可以看到此时大盘和行业的对比涨跌幅。那么这样的对比对我们的波段操作有什么好处吗？

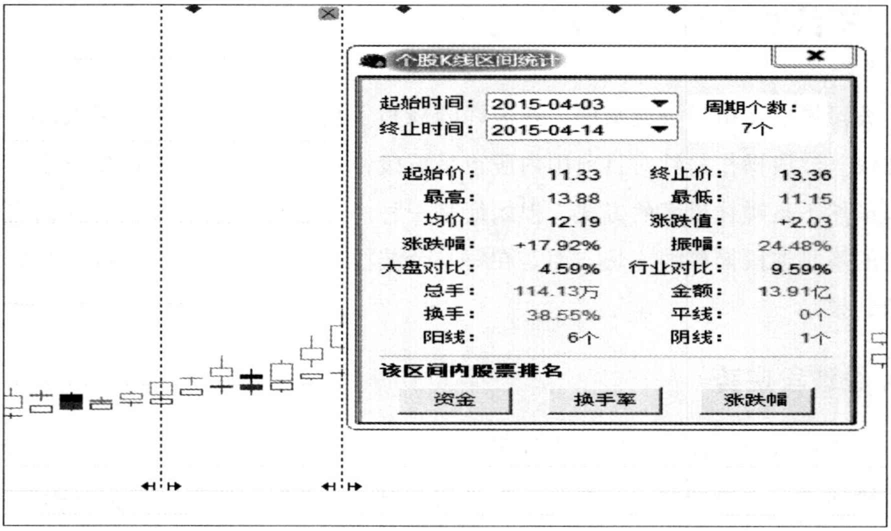

图 6-126　个股波段 K 线区间统计

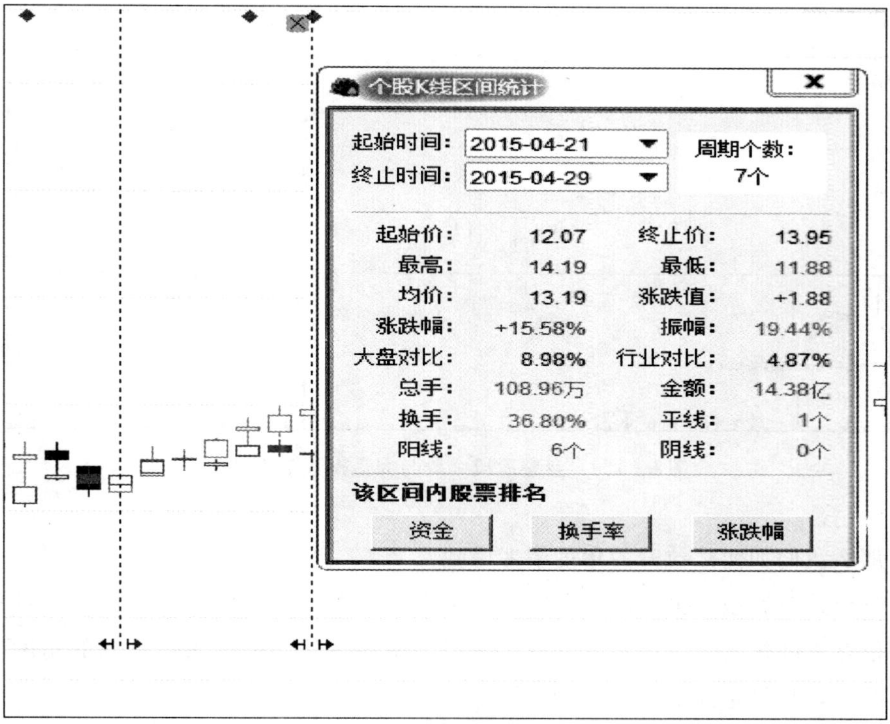

图 6-127 个股波段 K 线区间统计

(1) 通过上升阶段不同上升波段及下跌波段的对比，可以清晰直观地看出中长线趋势上的力量增强还是减弱。

(2) 通过横盘震荡期间不同上升波段与下跌阶段的对比，可以判断横盘整理后的突破方向。

(3) 通过下跌阶段不同上升波段与下跌阶段的对比，了解预判趋势逆转的到来。

上面的例子，由于两个波段的时间相同，两个波段涨跌幅分别为 17.92%及 15.58%，行业对比为 9.59%及 4.87%，在大盘上涨加速（4.59%～8.98%）的过程中，该股及所处的行业涨速有所降低，有重新整理的需求。

我们来看看盘整阶段的例子。

如图 6-128 所示，三次高点到低点的回调，幅度越来越浅，时间越来越短，大盘走势不断趋强，阳线与阴线之比不断放大，多项实例证明股市走势开始脱离底部，迈出主升浪行情。

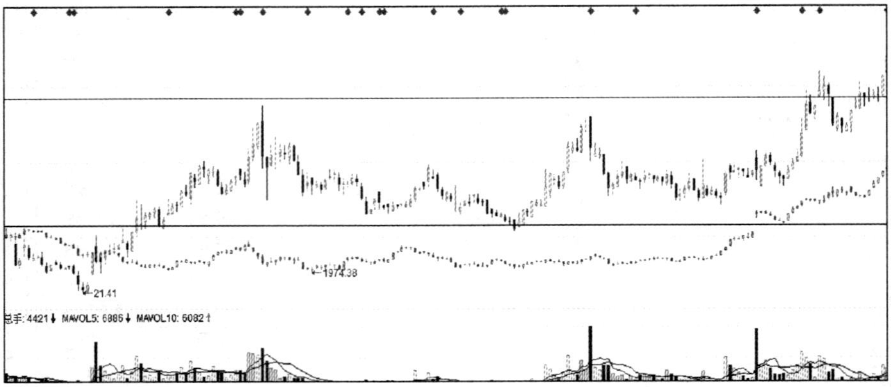

图 6-128　盘整阶段个股与大盘指数走势对比

那么我们如何从拉升的角度去考虑呢？

三个拉升波段，虽然时间不同，涨幅有所差距，但依然可以看到，每日平均涨幅依然不断扩大，力度不断加强，阳线与阴线之比不断放大，不同的角度，相同的结果，趋势走强的姿态开始上路了。

在大盘主跌浪阶段，总会伴随着大大小小的反弹，时间和高度可能有所差异，但从总的趋势来看，反弹的力度越来越弱，效率越来越低，杀跌的力度不断趋强，单位时间内阳线越来越少，阴线越来越多。

研究波段逆势，不是让我们去吹嘘什么，而是用实实在在的数据去证明趋势的延续与反转，通过不断的练习、分析及总结，我们才能明白趋势的延续与逆转永远不是一天完成的，而是一个过程，一个不断修正的过程。

2. 连续分时逆势

由于分时走势是市场周期的最小划分单位，所以把研究的重点放在了连续分时的逆势走势上，这对于短线及中长线的投资者都有帮助，对于买点及卖点的精确把握，有着真实的理论依据，其基础还是我们前面所讲过的分时逆势走势。连续分时逆势走势即多日分时逆势走势，时间的长短，不一而足。连续分时逆势走势不像单日分时逆势走势，是有一个渐变的过程，趋势由弱转强，或由强转弱，永远不是一瞬间完成的。

个股走势在连续逆势期间，逐步由弱于大盘指数、跟随大盘指数到强于大盘指数，前期的过程是个逆势力度不断积累的过程，买点把握也就在强于大盘指数的时候。

连续分时逆势，自然也包括走势趋弱的过程。连续多日逆势，也是逆势力度逐渐消退的过程，卖点的把握在于指数弱于大盘指数的时候。

如图 6－129 所示，该股走势强度由跟随大盘到弱于大盘再到强于大盘，逆势力度逐渐趋强，指数突破后的回调不破大盘指数是第一买点，突破分时均价线是第二买点。

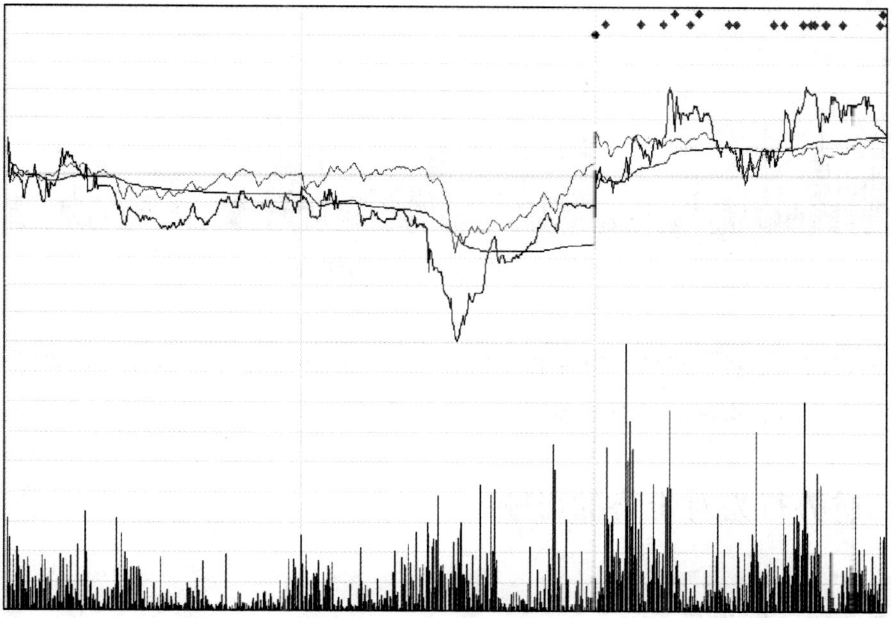

图 6－129　连续 3 天分时走势叠加

如图 6－130 所示，在绝大多数时间里，走势弱于大盘，曾多次试图突破大盘指数的压制，但都没能有效突破，在第三个交易时间中有突破后，再次跌破大盘指数线验证了该股走势的弱势，跌破指数线为第一卖点，跌破分时均价线为第二卖点。

连续多日分时逆势代表市场短期趋势的逆转，但是市场是否由此改变它的运行轨迹，还要从 K 线图上去分析。

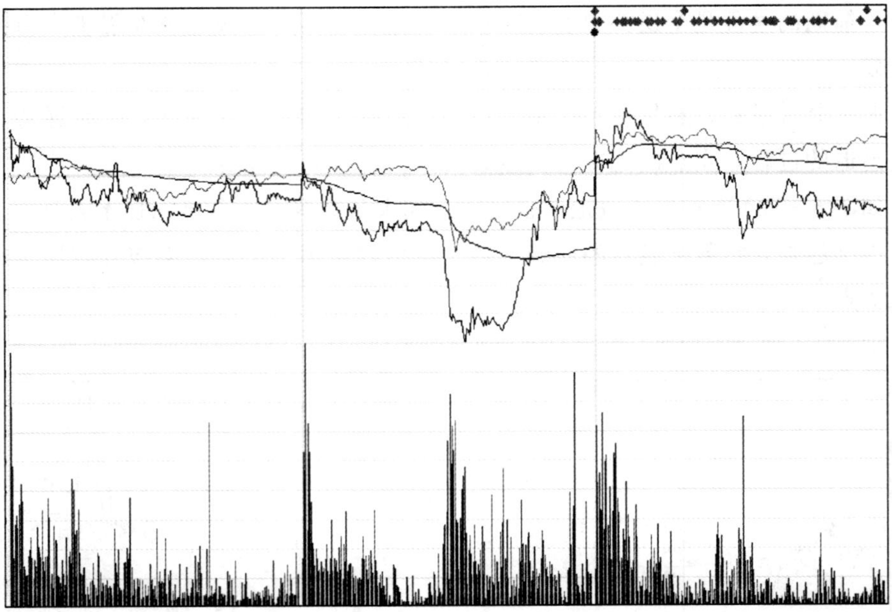

图 6－130　连续 3 天分时走势叠加

K 线波段逆势及连续分时逆势，代表市场的趋势信号，具体分析还要结合 K 线走势中压力、支撑、形态等理论。

六、逆势行为对走势的影响

1. 压力和支撑作用

前面我们讲到了 K 线逆势、分时逆势、当日及阶段内发生逆势行为（K 线逆势、分时逆势及波段逆势行为）的个股，我们称之为逆势个股。逆势行为的发生对于未来的价格波动有什么影响呢？由于逆势行为的发生必然导致持股者强烈的心理波动，会导致部分持股者做出错误的判断，而其他持股者由于对未来的看好，选择了积极或消极的坚持、补仓等措施。当市场再次到达该区域时，无论当时是选择了放弃，或者选择了坚持等策略，都会对此时的状态产生各自的应对。而一直对该股未参与的持股者也会对该区域的未来走向产生各自的心态。我们先看一个例子，如图 6－131 所示。

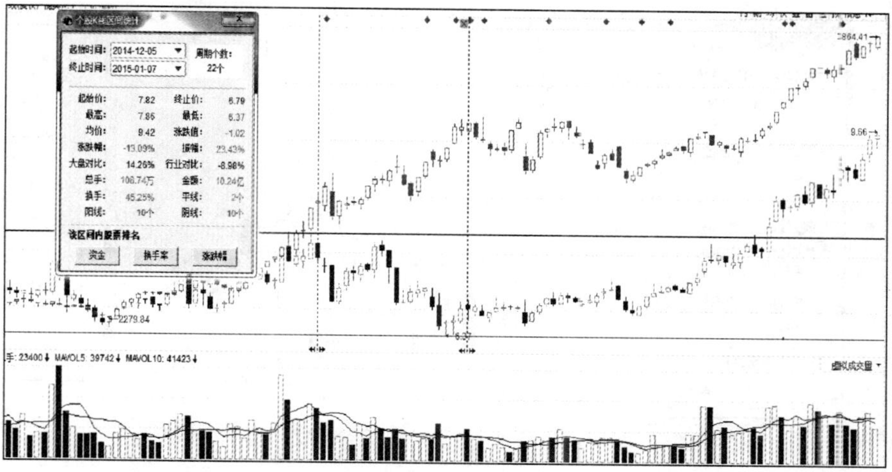

图 6－131　个股 K 线逆势区间统计

该股在 2014 年 12 月 5 日至 2015 年 1 月 7 日期间发生严重的逆势行为，在大盘上涨 14.26％的情况下却逆势下跌 13.09％，K 线走势及大盘指数也出现了开口扩大的情况。逆势区域的上轨线为前一天的最高价 7.97 元，最低价为下轨线 6.37 元。

逆势区域的划分则是以发生较大程度逆势行为的个股发生逆势行为的当天到个股与逆势力度最大时为止。此时的个股当天发生了较大程度的逆势行为，何为较大程度呢，要结合当时的市场氛围来看，相对温和的是长逆势力度大于 3％即为较大程度，活跃性更高的市场逆势力度大于 5％即为较大程度。逆势力度最大时即为个股指数偏离大盘指数最大时。

我们清楚地看出，上下轨线在未来的走势中起到了压力与支撑的作用，后期的两次攻击上轨线受阻也起到了试盘的作用，下轨线也起到了支撑股价上涨的作用。可能会有人说，上下轨线正好是前高点及前低点，当然会起到支撑与压力的作用。那好，我们来看一下不是位于关键点位时的情况。如图 6－132 所示。

该股在大盘大涨 8.34％的行情下，却下跌了 6.86％。该股发生逆势行为的开始日最高价为 29.82 元，截止日当日最低价为逆势区域当日的最低价 27.36 元。随着行情的延续，连续下跌的行情停留在 27.30 元左右，29.82 元也成为了反弹

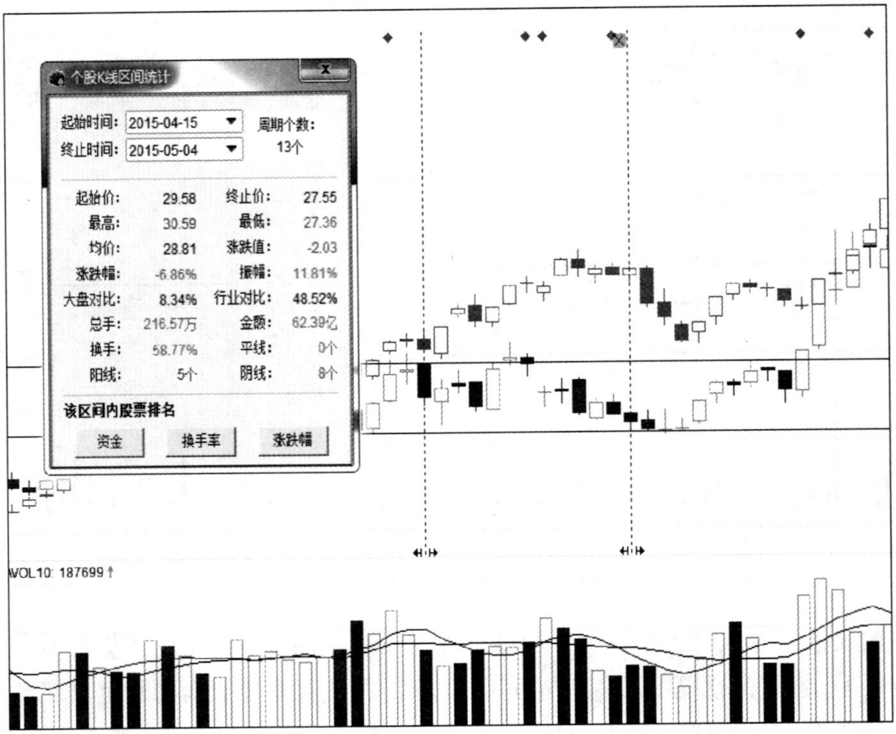

图 6－132　个股 K 线逆势区间统计

的压力位，一分不差，而不是前期的高点 27.59 元，下跌的低点也不是前期的低点 26.33 元。相信通过这个例子，可以解决上面的疑问了吧。

当股价达到某一水平位置时，似乎产生了一条对股价起到压制作用，影响股价继续上涨的抵抗线，我们称之为压力线或压力位。

当股价达到某一水平位置时，似乎产生了一条对股价起到支撑作用，影响股价继续下跌的抵抗线，我们称之为支撑线或支撑位。

上面是压力与支撑的定义，我们先分析一下，上面中的“似乎产生了一条对股价起到压制作用”及下面的“似乎产生了一条对股价起到支撑作用”，这个作用从哪儿来呢？

市场中逆势行为的产生源于市场中主力的动作，动作的产生伴随着筹码的互换，筹码的互换必然产生心理作用，进而对市场走势产生作用。这种作用可能是前期出现过恐慌性暴跌而产生的后怕，也可能是前期出现轧空式上涨而产生的后悔等，正是这种情绪的产生促使我们对该位置产生压力与支撑的作用。

当然，逆势区域的产生可能是大阳线或者大阴线，又或者长上影十字星等当天波动比较大的 K 线。逆势区域的结束同样也是。

2. K 线上的逆势作用力

由于 K 线可以划分为不同的周期，如月 K 线、周 K 线、日 K 线等，不同周期的 K 线逆势作用力作用在不同周期上，其压力与支撑在各自周期上起作用。单根 K 线发生的逆势行为，更多的是主力的试盘行为，在分析时可以忽略不计。越短的逆势区域作用力越小，越长的逆势区域作用力越长。中长期的逆势区域对短期的波动同样起着压力与支撑作用，短期的逆势区域对中长期的压力与支撑作用比较弱。

对于 K 线逆势主要有两个重要的价格，即最高价和最低价。在图 6 - 133 中的 4 个价格中取其中的最高价和最低价，分别在 K 线图上画出直线，我们清楚地看出对其未来走势的压力与支撑作用。

如图 6 - 133 所示，此波逆势区域的最低价和最高价在以后的波动行情中起着压力与支撑作用。

如图 6 - 134 所示，短期逆势区域的上轨线对长期趋势的短期回调起着支撑作用。

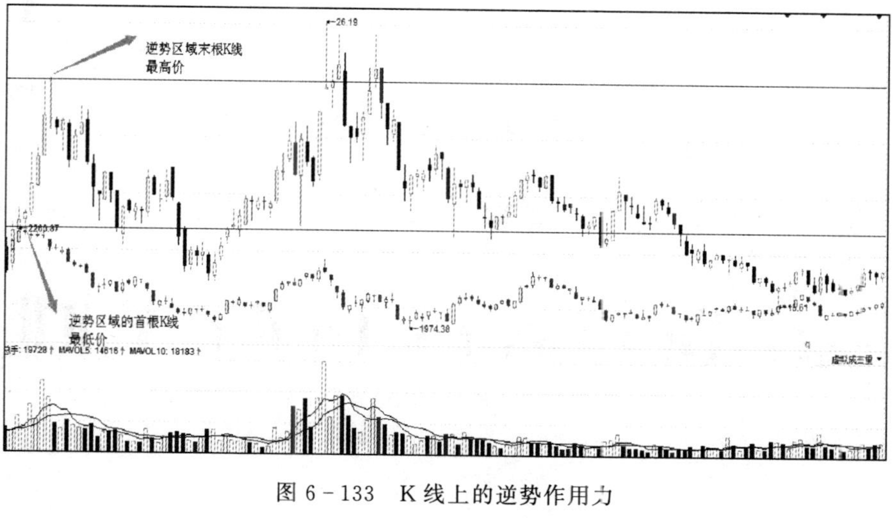

图 6 - 133　K 线上的逆势作用力

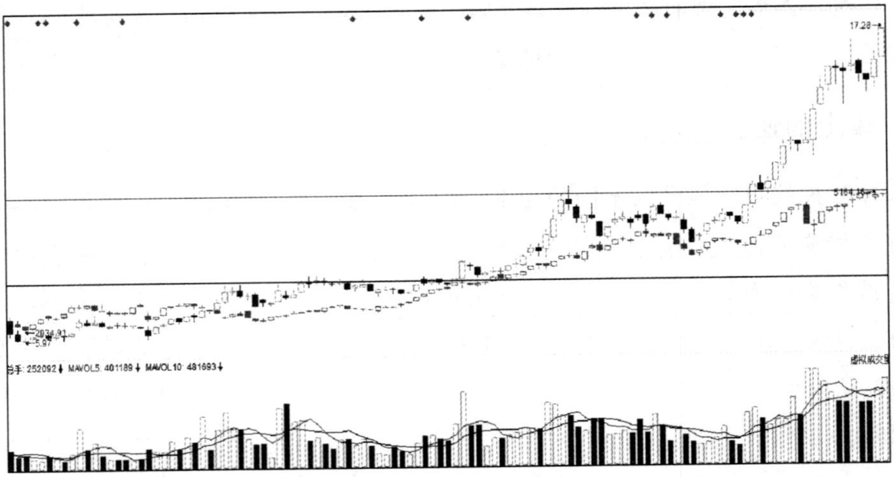

图 6-134　K 线上的逆势作用力

如图 6-135 所示，中长期逆势的上轨线对短期趋势的短期回调起着支撑作用。

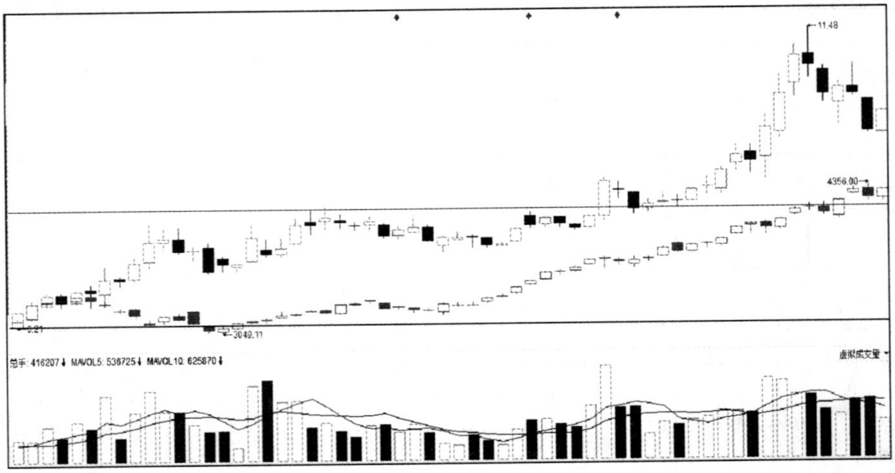

图 6-135　K 线上的逆势作用力

3. 分时上的逆势作用力

逆势作用力同样体现在分时走势上，由于分时走势是每一分钟最后一笔成交价组成的曲线，逆势的开始和逆势峰值在曲线中成为了曲线上的两个点。通过这两个点的直线就成为了分时走势的压力或支撑。由于分时走势的波动比较频繁，市场因素很多，相对于K线走势而言，其稳定性差很多，但逆势作用力体现的是稳定性。

如图6-136所示，连续两日的分时走势，其作为逆势区域启动点和峰值的两条直线成为了后期行情的压力和支撑线。

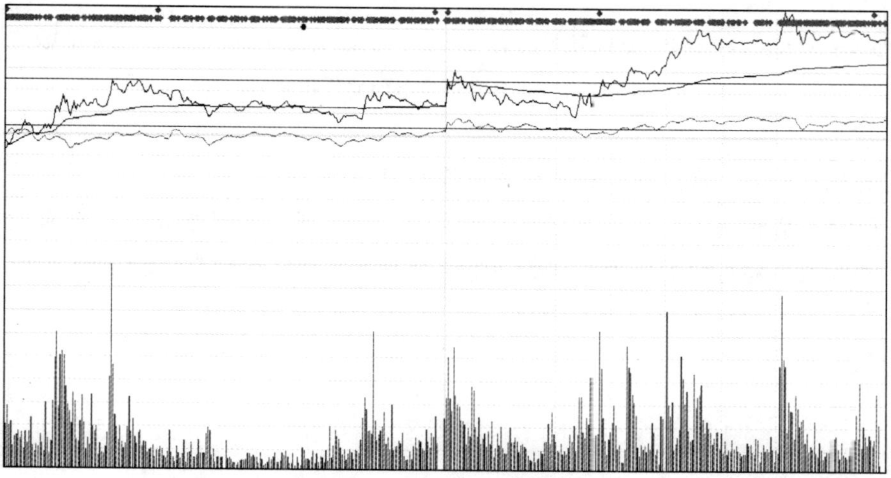

图6-136　分时走势上的逆势作用力

如图6-137所示，连续三日的分时走势图，首日的逆势启动和逆势的峰值，成为连续三日走势中的上方压力位和下方支撑位，在第三日跌破后压力转支撑，同样起着作用。

无论K线逆势作用力还是分时逆势作用力，其原理是相同的，逆势作用力的开始源于主力开始主动性的背离市场趋势，朝着相反的方向发展，在以后的波动中，必然不想跌破这个点位。逆势作用力的峰值源于主力开始改变自己的主动行为，去迎合市场，在以后的波动中，必然不会奋力去突破这个点位。

逆势作用力的高、低点很多时候与前高点和前低点是一致的，这也同时印证

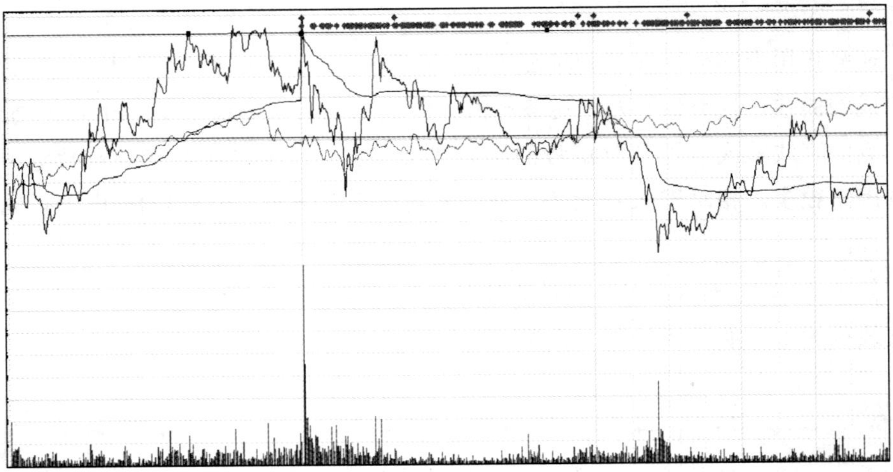

图 6 - 137　分时走势上的逆势作用力

我们的观点，高、低点往往是市场的峰值和启动点。

研究逆势作用力同样是研究主力行为的一种方法，而且是相对比较有效的方法，和股票走势行情的压力与支撑理论结合起来，往往起到事倍功半的效果。

第七章　K线组合及形态的逆势

由于单根K线是由无数种分时走势组成，同样出现在不同的位置意义也就不同，单根K线成功率太低，因此引入K线组合及形态，随着K线数目的增多，所获得信息也就越多，出现骗线的可能性也就越小。一些典型的K线组合或K线形态，会不断地重复出现，如果你掌握了这些规律，将在很大程度上提高你的盈利。

如果在个股走势图及大盘指数走势图上同时出现相似的K线组合或K线形态，仍然是K线的顺势行为，对于行情的分析意义并不大，我们主要研究的是当个股走势在面对大盘指数某种延续或者反转的组合或形态时，与大盘走势的强弱对比，进而分析个股未来走势变化。

一、看涨K线组合之逆势解读

K线组合在这里只简单介绍几种常见的组合形式，其他原理都是一样，类推就可以。

1. 早晨之星

中阴线、止跌线和中阳线三根K线的组合，显示跌势向涨势变化，多方获得优势。

如图7－1所示，该股及大盘走势在方框处出现早晨之星的K线形态，但该股明显强于大盘，后期的走势也验证了我们的推断。具体的依据有：

(1) 个股首日有长上影线及短下影线，明显有做多的力量在维护盘面。

(2) 次日的阳线实体明显较大，涨幅相对大盘较高。

(3) 第三日的开盘价位于首日阴线实体的上方，收盘价更是高于其实体上方。

早晨之星K线组合，预示着跌势将尽，大盘处于拉升的前夜，个股此时的表现尤为重要，能够提前于大盘止跌或者拉升，后市一般都会有比较强的走势。

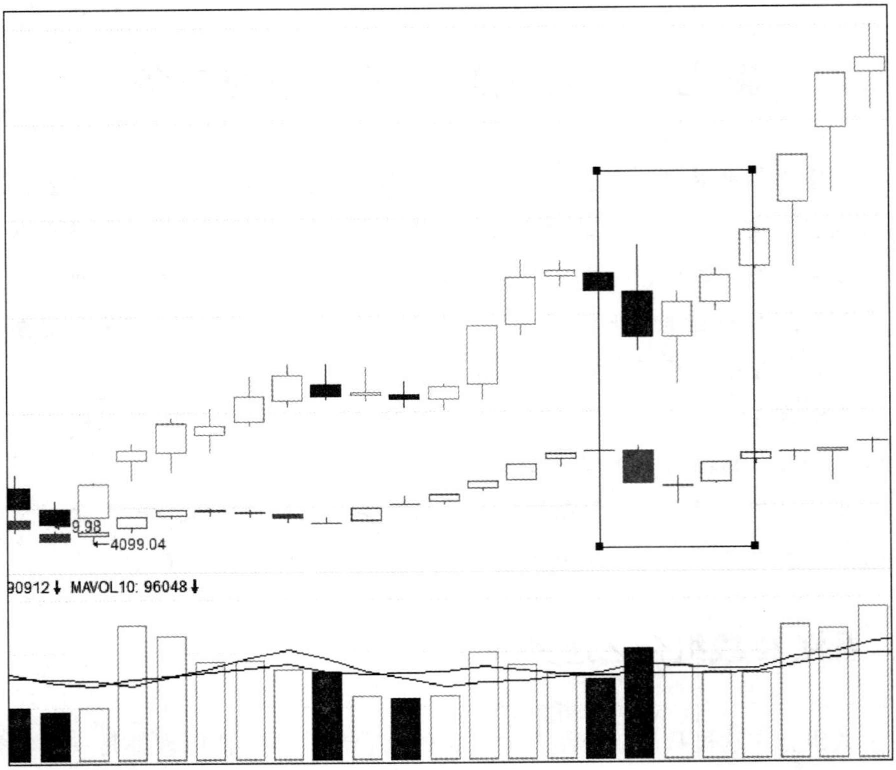

图7-1 看涨K线组合

2. 曙光初现

相反线的一种，是中阴线和切入阳线两根K线的组合，显示下跌遇到顽强抵抗，多头重新积聚力量。

如图7-2所示，该股的走势明显强于大盘，大盘出现曙光初现的K线组合，但该股却出现孕线的形态，在经过短暂的吸筹及整理后，提前于大盘开始拉升行情。

(1) 该股开盘价高于昨日收盘价，要比大盘（开盘价低于昨日收盘价）强。

（2）深入昨日阴线的实体力度更大。

（3）盘中最低价在昨日收盘价之上，而大盘在其之下。

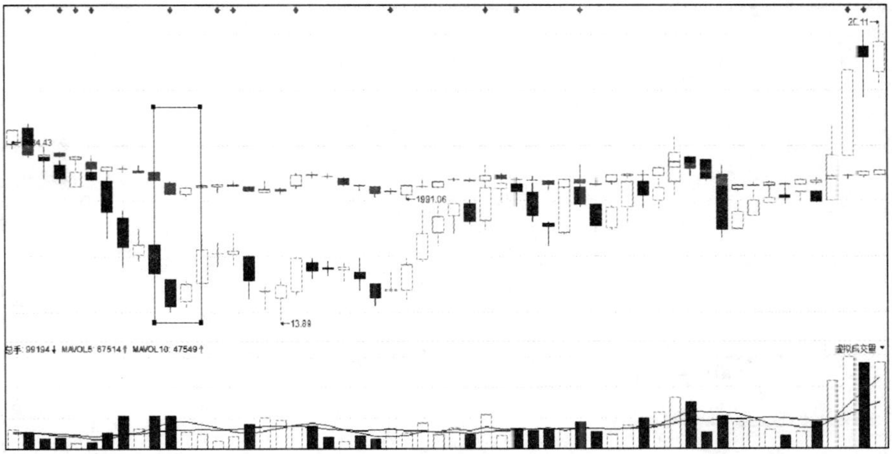

图 7-2 看涨 K 线组合

出现曙光初现，在一个短暂的蓄势整理过程后，往往会爆发强劲的行情。在蓄势过程中，有明显的吸筹迹象，重心明显上移的个股，后市往往有好的表现。

注解： 孕线：由两根 K 线组合成的图形。第一根 K 线是长阳线，第二根 K 线为短小的阴线，第二根 K 线的最高价和最低价均不能超过前一根 K 线的最高价和最低价。孕线又叫作母子线。

3. 红三兵

连续阴线之后出现拉出连续三根阳线（红色），多在底位出现此信号，股价见底回升可能性大。

如图 7-3 所示，大盘在底部经过调整后出现红三兵形态，该股却出现了上升受阻的形态，在经过连续三天小阴、小阳线的整理和两个涨停板后，走势不断加强。

（1）虽然出现上升受阻形态，但该股涨停板突破前期高点即未回补缺口标志着行情只不过是加速中的换挡。

（2）在形态出现前该股明显率先启动。

（3）量价配合完好。

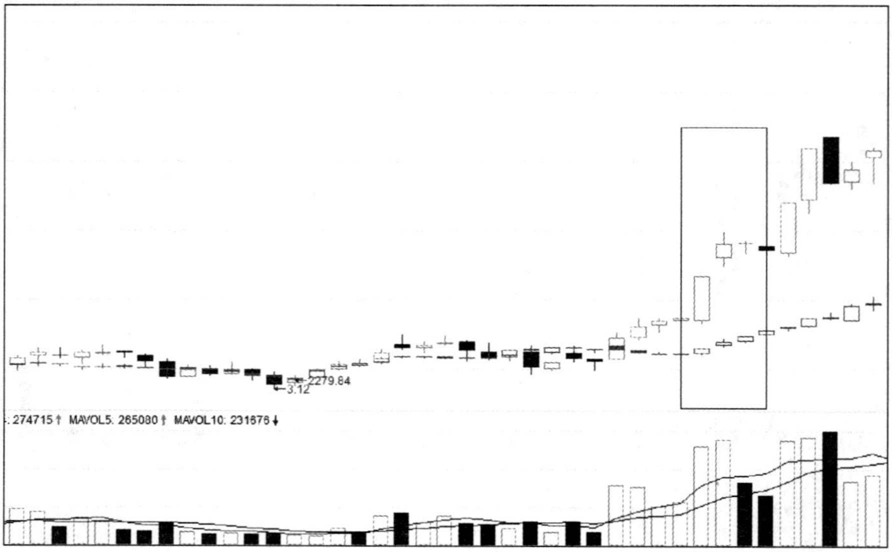

图 7－3 看涨 K 线组合

如果红三兵发生在下降趋势中，是市场的强烈反转信号，如果发生在整理或上升途中，多为加速信号。对于个股的分析，多结合前面的走势、量能的变化及分时图的走势，而不应仅仅关注这三天的走势。

注解： 上升受阻红三兵：升势受阻与红三兵有相似之处，不同的是三根阳线逐渐缩小，其中最后一根阳线的上影线特别长，出现这种形态将会呈下跌走势。

4. 上升三法

中阳线及三根小阴线的组合，表明多方上攻虽遇阻，但连续多日回调幅度不大，后市将继续上行。

如图 7－4 所示，我们看到大盘指数出现四天的回调，第五天便创出新高点，但我们看个股却走出了不同的节奏。回调两天后连续两个涨停板，走势虽然强劲，但只是短线行情而已。

(1) 该股在方框前走势便强于大盘，连续五根阳线。

(2) 该股在大盘明显走出主升浪行情的时候，却在高位出现宽幅震荡的走势。

(3) 结合前期的走势，主力不过是借助五连阳吸筹，利用大盘回调完毕后的拉升展开拉升出货的方式。此类行情我们要坚持短线操作。

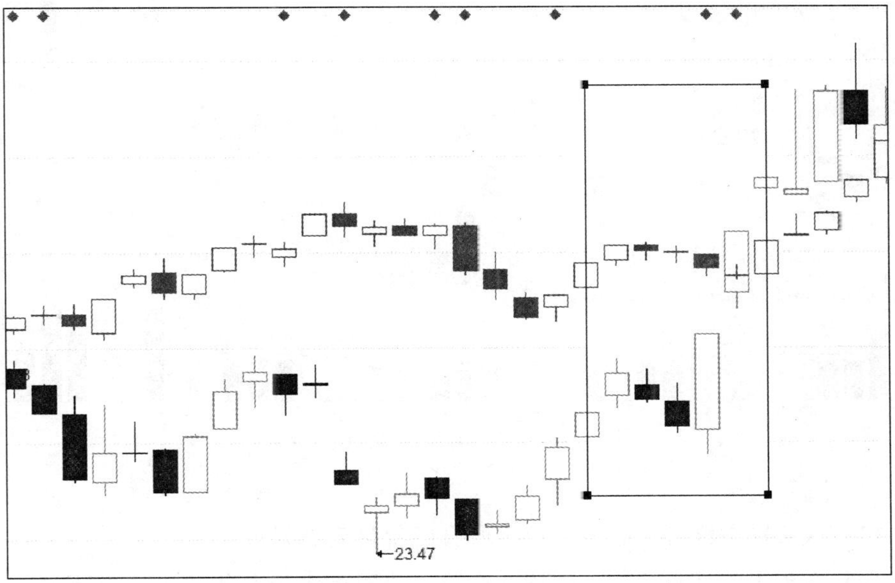

图 7-4　看涨 K 线组合

上升三法，通常是趋势延续过程中的喘息时间，针对强势股的中途调整，投资者可以积极追加投资仓位。但主力不同的操作手法，我们也要有针对性的应对。就像该股，如果按照中长线的思路来持有该股，很有可能坐电梯了。

注解： 上升三法中的小阴、小阳线，阴阳线的数目多少不重要，最重要的一点是，这些线形的实体必须处在第一天长白线的高、低价范围内，包括影线在内。最后一根阴阳线的开盘价位于前一天收盘价之上，并且收盘价创出新高。

5. 平底

连续两日遇某低点回升，显示该低点有一定支撑。

如图7－5所示，大盘指数在回调的尾端出现了收盘价近似相同的K线组合，但该股却明显跳空高开，仅用三天便突破了前期平台高点。

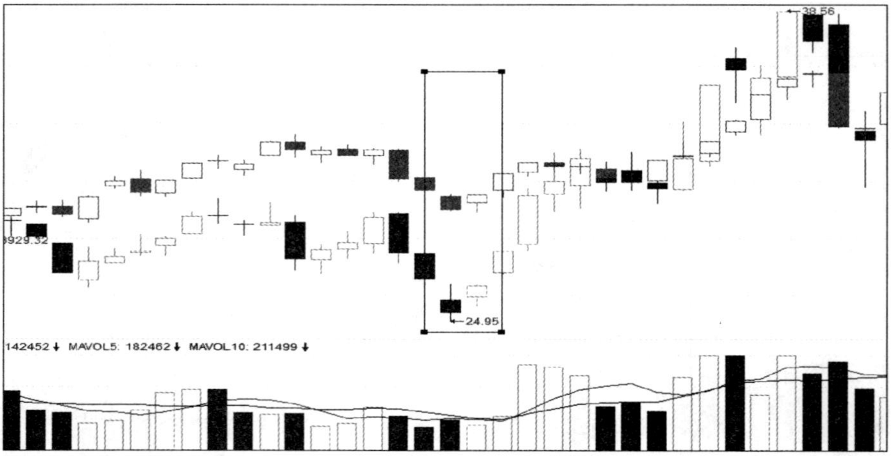

图7－5　看涨K线组合

（1）该股跳空高开，收盘价位于昨日股价最高点附近。

（2）在创出新低点后的三连阳，个股走势明显强于大盘。

（3）小阳线后的跳空高开，强势姿态明显。

注解： 平底的出现，代表着该点位的支撑力度较强，能够提前于大盘止跌或者拉升，提前于大盘创出新高的个股，我们要多多关注。

平底：不分阴阳线，前阴后阳，或前阳后阴，或前后均为同性质的K线，只要是处在低位的两根K线的最低价同值，就是可操作的平底线。

6. 好友反攻

阴线和阳线两根K线的组合，多方跳低后反弹，股价有企稳迹象。

如图7－6所示，数字分别显示大盘指数及个股走势的最低点，若细致观察往往使我们能提前发现一只大牛股的诞生。

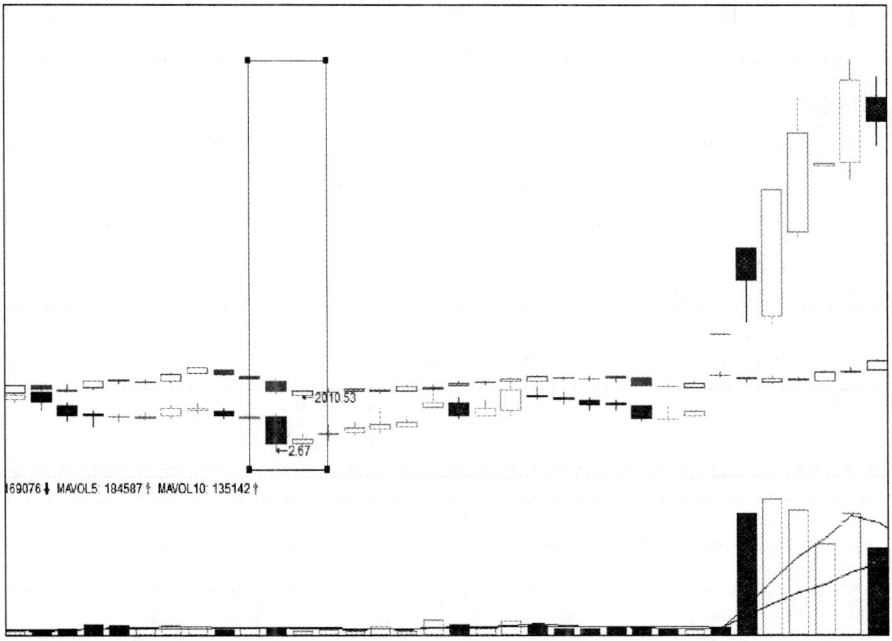

图 7－6　看涨 K 线组合

(1) 该股在大盘指数创出最低点的时候，却没有创出新低点，但这不足以表明个股会走出强于大盘的走势。

(2) 后期在大盘窄幅波动的时候，个股重心明显上移，吸纳筹码迹象明显。

(3) 国资委公布国企改革名单，该股顺势向上，任何大牛股的诞生永远少不了消息的刺激。

好友反攻与曙光初现相似，只不过信号弱一些。但是任何牛股的诞生，在被称作牛市之前，肯定会在走势上有些许不同，对于此类个股不必急于介入，可待消息有被证实的可能时买入。

注解： 由两根 K 线组成的看涨组合，如“曙光初现”“好友反攻”“旭日东升”阳线深入阴线实体的部分越多，趋势信号越强，阳线的成交量越大，市场转向的可能性越大。

7. 锤头线

底部长下影的小阴（阳）线，显示底部可能已探明。

如图7－7所示，该股在大盘创出长下影线的当天，走势明显较弱，这也印证了后期该股走势弱于大盘的表现。

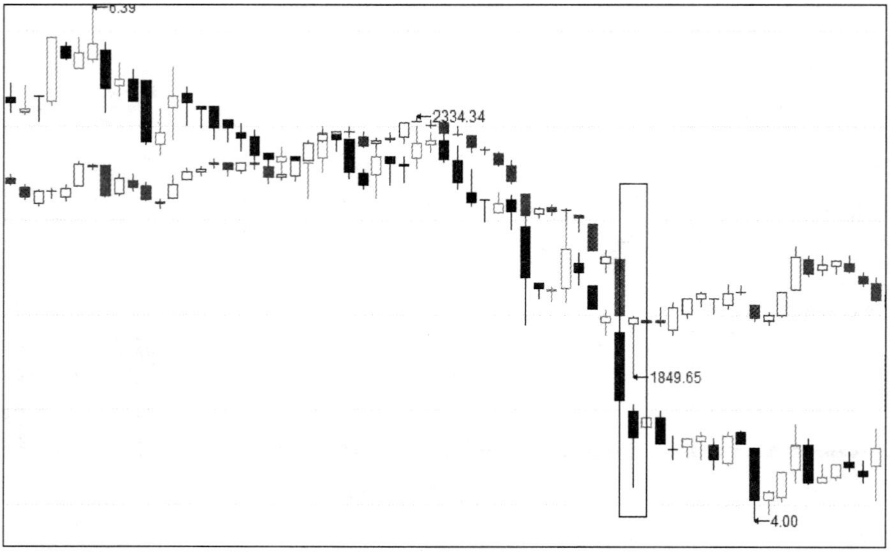

图7－7　看涨K线组合

（1）个股在方框前期走势便弱于大盘。

（2）大盘当天出现长下影小阳线，个股是长下影线中阴线。

（3）个股后期在大盘未创新低的情况创出了新低。

在大盘大幅下跌后出现锤头线，见底可能性大幅提高。这同时也是选股的好时机，提前于大盘筑底或拉升自然是我们的首选，像上面的个股，还是不碰为妙，即便大盘走稳或拉升，个股的表现十之八九可能也会差强人意。

我们在做对比分析时，要从个股的价格与成交量角度分析，其中价格尤为重要。我们不仅要对比组成K线的四个价格（开盘价、收盘价、最高价、最低价），更要分析K线组合及每根K线的力度大小，辅以成交量的作用，从上千只个股中分辨出未来可能强于大盘指数的个股。

二、看跌 K 线组合之逆势解读

我们不仅可以通过看涨 K 线组合判断个股的强势或者弱势，同样可以通过看跌 K 线组合判断个股的强势或弱势。还是按照上面的方式，我们介绍几种比较常见的看跌 K 线组合，其他的可以以此类推。

1. 十字星

当大盘指数在上升状态下出现十字线时，暗示涨势结束。当大盘指数在下跌状态下出现十字线时，暗示跌势结束。

如图 7－8 所示，大盘指数 K 线走势在 5000 点左右的区间内，多次出现十字星，而且伴随着量能的急剧放大，后期大盘连续暴跌，该股却能持续逆势拉升，我们能否在其之前发现什么迹象呢？

（1）个股 K 线走势图上始终保持阳线放量、阴线缩量的走势，重心在慢慢上移，控盘迹象非常明显。

（2）大盘在盘中出现暴跌暴涨时，个股虽然都有跟随，但都能在暴风骤雨后回归升势。

（3）个股走势的逆势力度始终在放大。

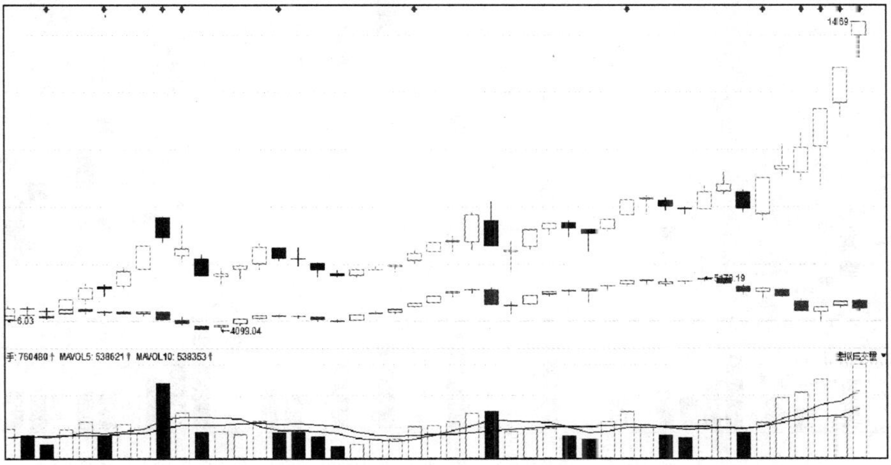

图 7－8 看跌 K 线组合

十字星作为一种基本K线形态，它的含义差别源于它的位置，比如出现在持续下跌末期的低价区，称为“希望之星”，这是见底回升的信号；出现在持续上涨之后的高价区，称为“黄昏之星”，这是见顶转势的信号。十字星的频繁出现往往预示着市场中的多空僵持不下，而此时个股的表现充分体现着主力对于未来的判断，对于未来看好的主力必然会站在多方，走势必然强于大盘，对于未来不看好的主力必然站在空方，走势必然弱于大盘。

黄昏之星：其结构是，第一天是上升趋势中的一根阳线；第二天是由一颗星构成的主体部分；第三天K线是阴线。

如图7－9所示，该股和大盘同时出现黄昏之星的反转形态，但该股力度明显弱于大盘，末日的跌停板及跳空低开再次几乎以跌停板收盘，那么先前有没有什么征兆吗？

（1）在大盘指数创出5178点新高的当天，该股跳空高开的十字星却没有创出新高。

（2）在创出42.58元的最高价后，该股明显出现弱于大盘的走势，逆势力度也在不断减弱。

（3）虽然该股有再次拉升的迹象，但量价明显不配合。十字星显然不是上涨趋势的延续，而是墓碑十字星。

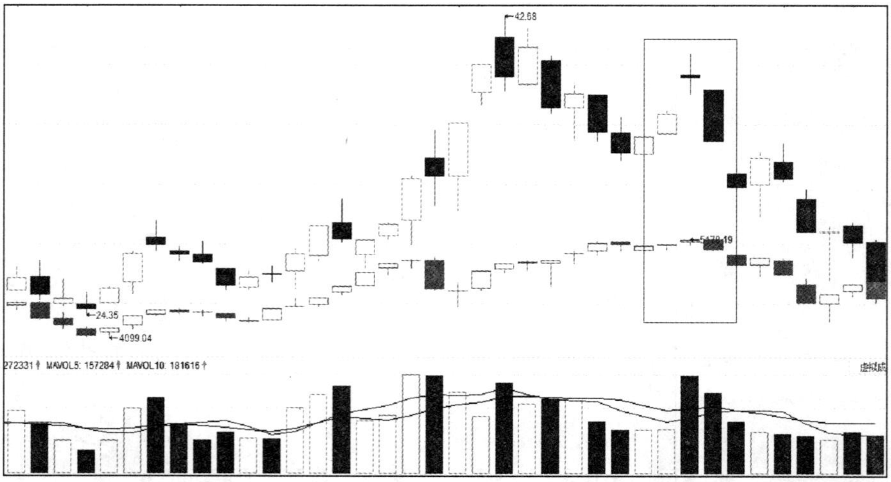

图7－9　看跌K线组合

黄昏之星的图形，预示市场趋势已经见顶，卖出的时机悄然来临。正如前面我们所讲的，在高位放量滞涨的情况下，出现黄昏之星的形态，市场的下跌趋势已经非常明确，该股主力明显对于市场的走势提前做出了预判，早于大盘见顶，早于大盘展开出货。

注解： 墓碑十字星：开盘高于上一交易日收盘价的上方出现跳空缺口，会有一个新高，然后失去力量在接近最低价的位置收盘，这是一种熊市势头。下一个交易日中低于十字星实体的开盘价将确认趋势的逆转。

2. 吊颈线

在于其整根K线中，实体的部分占的比例相当小，而下影线的长度比实体大了好几倍。

如图7-10所示，大盘及个股同时出现吊颈线，但都没有上影线，走势很弱，虽然大盘指数依然向上拉升，但大部分个股已提前展开出货行情。

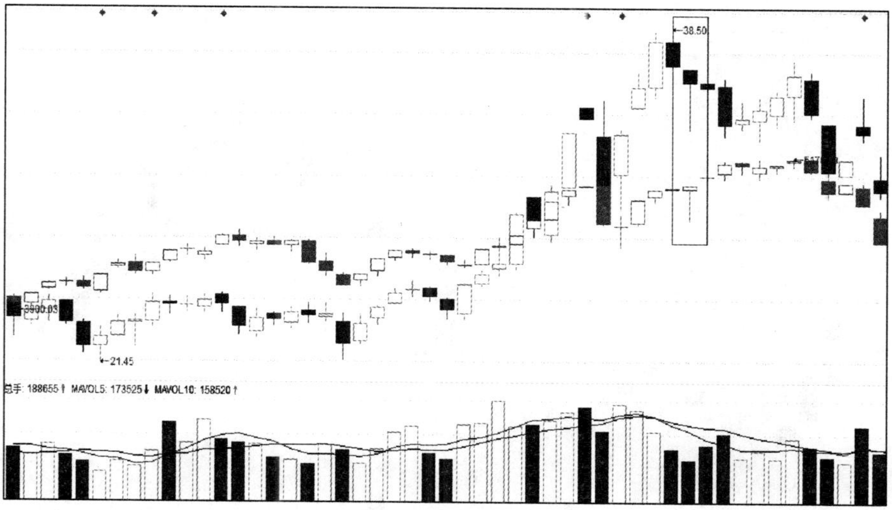

图7-10 看跌K线组合

（1）个股在创出新高38.50元后的连续放量阴线，暴露了主力出货的真相。

（2）跳空竭尽缺口的出现及回补，表明上涨暂告一段落。

(3) 吊颈线没有上影线，下跌的意图更加明显。

吊颈线作为强烈的卖出信号，如果吊颈的K线为阴线，同时下影线比实体的长度大两倍以上，下跌的意图则更加浓。该股在出现吊颈线的后两天日跌破了当日下影线的最低点，可逢反弹出货。

注解： 缺口：某一天个股或大盘指数的最低价比前一天的最高价还高，或是某一天的最高价比前一天的最低价还低，从而使日线图的线条图趋势呈现出跳空的现象。在市场走势的开端、拉升及末期，分别为突破缺口、持续缺口及竭尽缺口。

3. 身怀六甲

由一根阳线或阴线搭配一根十字星构成，其左方的阳线或阴线，一般不会有上、下影线。

如图7-11所示，该股在创出42.67元的次日，即收出了身怀六甲的K线组合，但不同的是，该组合却含有多根十字星，下跌意图非常明显。

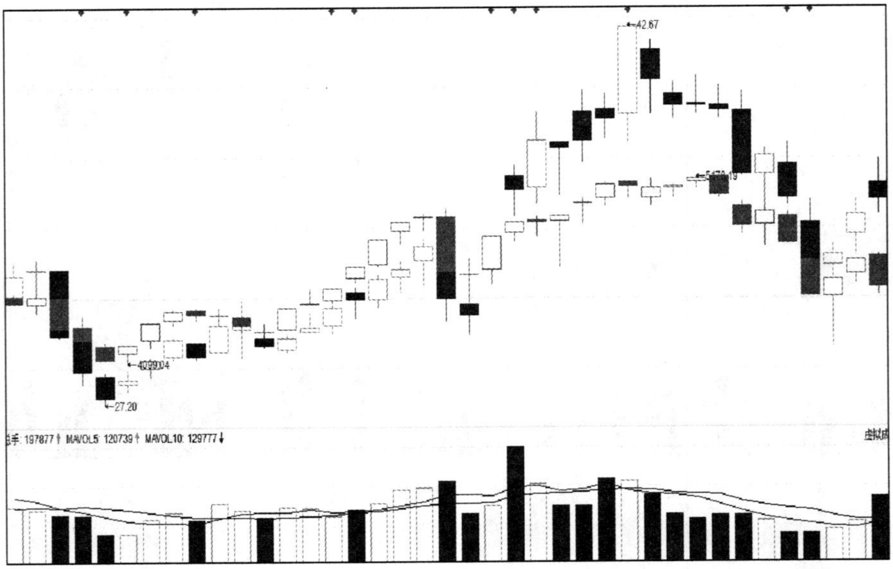

图7-11　看跌K线组合

（1）随着行情的延续，阴线数目开始增多。随着阴线跌破涨停阳线最低价，跌势确立。

（2）该股后期拉升走势蹒跚，见顶迹象明显。

（3）大盘指数创出了新高，个股提前展开调整。

身怀六甲形态的出现，预示着市场上升或下跌的力量已趋衰竭，随之而来的很可能就是大盘或股价的转势。如果第一根K线量能多集中在当天的高位，那么行情反转的可能性更大。

4. 塔形

在波段循环的高点或低点出现“塔”形形态时，都代表“停止”的意思。

“塔”是由一根“开收盘同价线”及一根上影线组合而成的形态，这个组合是不能变的。如图7－12所示，该股在创出21.80元的高位后，多次出现此种形态，后期的走势是可以预料的。

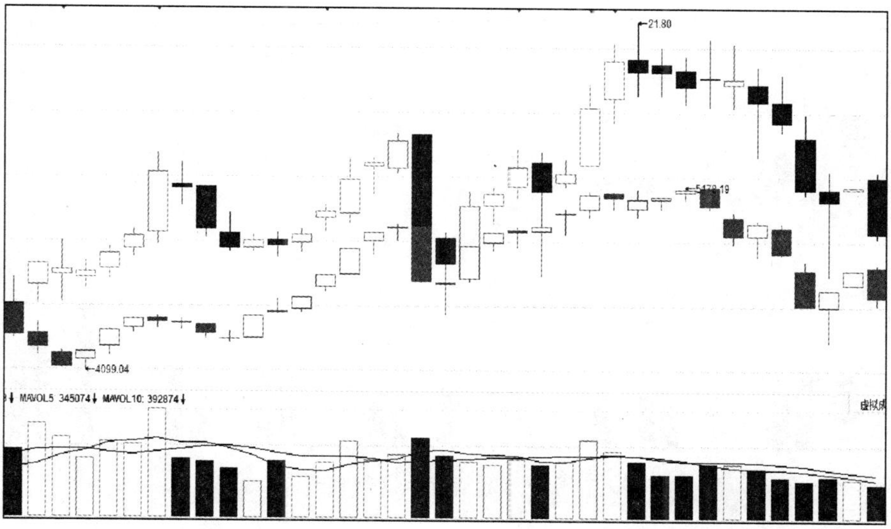

图7－12　看跌K线组合

（1）该股连续数日出现开收盘几乎同价的K线组合，提前于大盘展开调整。

（2）多次长上影线即拉升吸引跟风盘所致。

（3）量能始终没有明显的萎缩是一个隐患。

塔形出现在波段低点时，一般预示着股价即将上涨，而出现在波段高位，则意味着拉高出货。时空环境的不同，看待K线形态的角度与观点也必须随之转变，这是学习K线最重要的基本要领。

5. 光头光脚

大阴线不能有上、下影线，就算有，也只能带一点点影线。

如图7-13所示，该日大盘指数出现光头光脚大阴线，但个股出现长上影线小阴线，当天分时走势明显受制于大盘走势，但依然改变不了市场的强势。

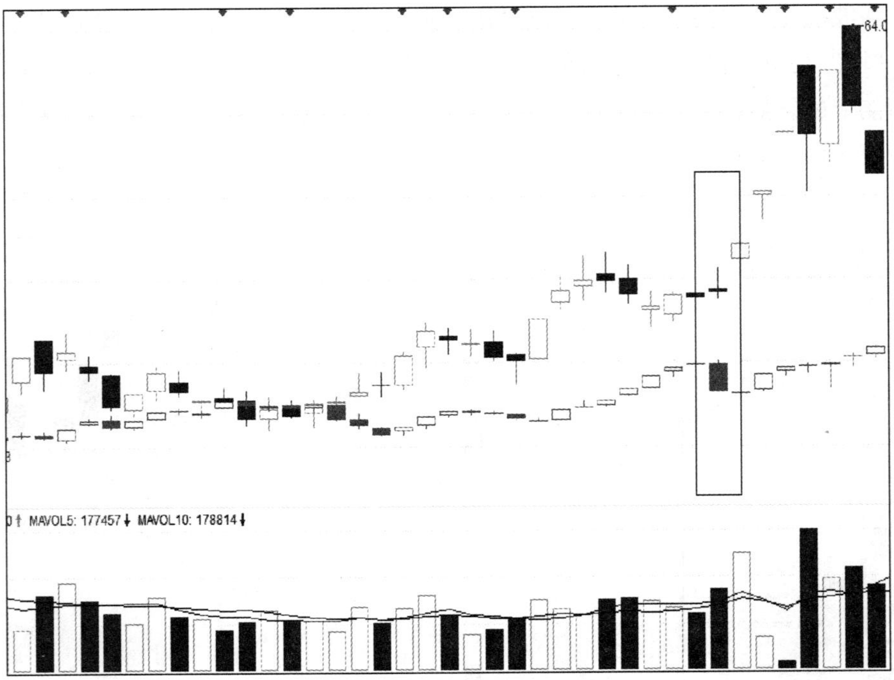

图7-13　看跌K线组合

（1）主力台阶式拉升很有规律，准备拉升之际却遇大盘暴跌，只得暂做休整，次日的涨停板依然延续短线强势。

（2）后期的大阴、大阳线，放量滞涨预示着行情的结束。

（3）借大势回调至前期压力位，买点所在。

这种光头光脚的图形表明空方在当日交战中最终占据了主导优势，多方无力抵抗，股价的跌势强烈，次日低开的可能性较大。如果大盘出现类似图形，个股面对的压力会很大。我们在分析时要注意当日的分时走势图，同时次日的开盘价（高开或低开）对于未来的走势也有着很大的预判意义。

当市场出现看跌K线组合时，说明一轮上涨势头已经走到尽头了，而作为操纵个股走势的主力早已嗅到了市场的风向转换，有出货意向的个股早已展开了出货行情，而有意拉升的个股也会做出抵抗性的动作，而我们要做的就是提前发现这种动作及迹象。

三、反转形态之逆势解读

形态组合作为市场走势的重要组成部分，包括反转形态和持续形态。某些形态组合具有反转意味，某些形态组合暗示行情的持续，当大盘出现不同的形态组合时，个股或提前于大盘筑底，或提前于大盘见顶，不同的表现预示着不同的走势。我们研究形态逆势，就是发觉在市场趋势发生逆转或者延续时，提前发现并采取有效的措施。

下面我们分别介绍一下反转形态与持续形态的逆势解读，为了避免落入俗套，对于反转形态我们从传统的角度去分析，对于持续形态我们从多空力量的角度去分析。

K线反转形态从传统角度可分为圆弧底、V字形底部、反转十字星、W底（双重底）、头肩底股价、低位档五阳线等，相对应的形态为圆弧顶、V字形底部、反转十字星、双重顶等，其分析方法类似，这些组合我们就不多做介绍了。

1. 圆弧底

圆弧底形态多出现在价格底部区域，是极弱势行情的典型特征。不甘寂寞的主力往往会走出不同的行情，有的会提前大盘筑底并开始慢牛的行情，有的喜欢趁大盘弱势反弹之际展开短线行情等，主力不同的操作手法，我们要采用不同的跟随策略。

如图7－14所示，该股在大盘构筑圆弧底过程中，我们可以看到在下跌中的弱势反弹及回升过程中，该股偶有间歇性放量过程，持续时间在三天左右。我们来看看该股的操作手法。

（1）该股趁主力在大盘指数下跌的短暂止跌过程中，拉起一波超短线行情，在放量涨停的第二天大阴线出货，剩下的筹码也在滚动操作中出掉。类似这种短线行情，抄反弹可以，一旦出现放量就该尽快卖出。

（2）在后期大盘指数的回升过程中，依然走出一波为期3～4天左右的超短线行情，延续以前的走法。

（3）类似这种操盘手法，我们要坚持短线操作，一旦放量，立即平仓。因为一旦短线出货完毕，行情会继续延续大盘走弱的态势。

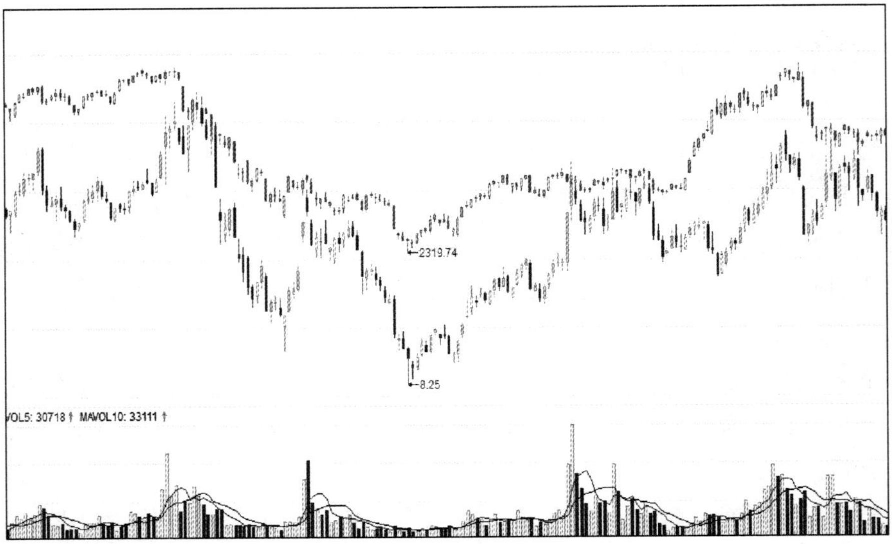

图7－14　圆弧底的个股逆势形态

2. V字形底部：

由于市场中卖方的力量很大，令股价稳定而又持续地错落，当卖出力量消失之后，买方的力量完全控制整个市场，使得股价出现戏剧性的回升，几乎以下跌时同样的速度收复所有失地。

大盘指数在10月21—27日五个交易日内连续小阴线杀跌，该股在回调期间跌幅大于大盘，最后一个交易日更是以跳空低开的形成完成回调。此后大盘指数同样以五个交易日不仅收复了失地，而且涨幅达到6.10%，个股涨跌幅更是达到17.55%（图7－15、图7－16）。

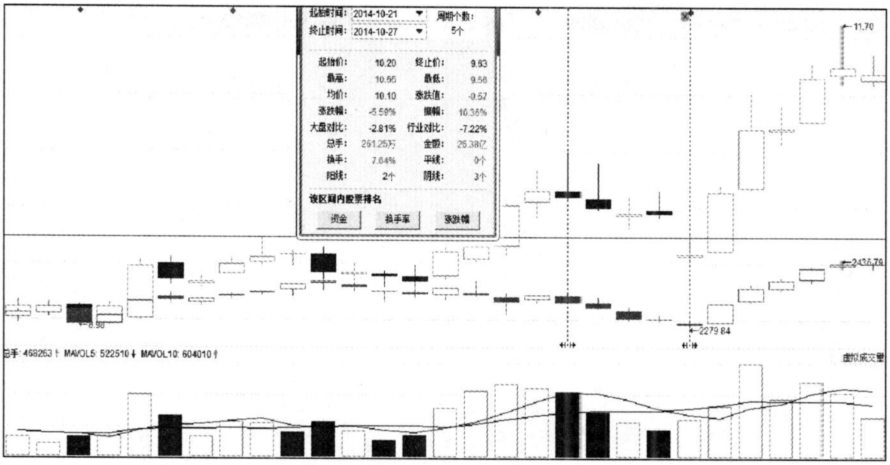

图 7-15　V 形形态右侧 K 线区间统计

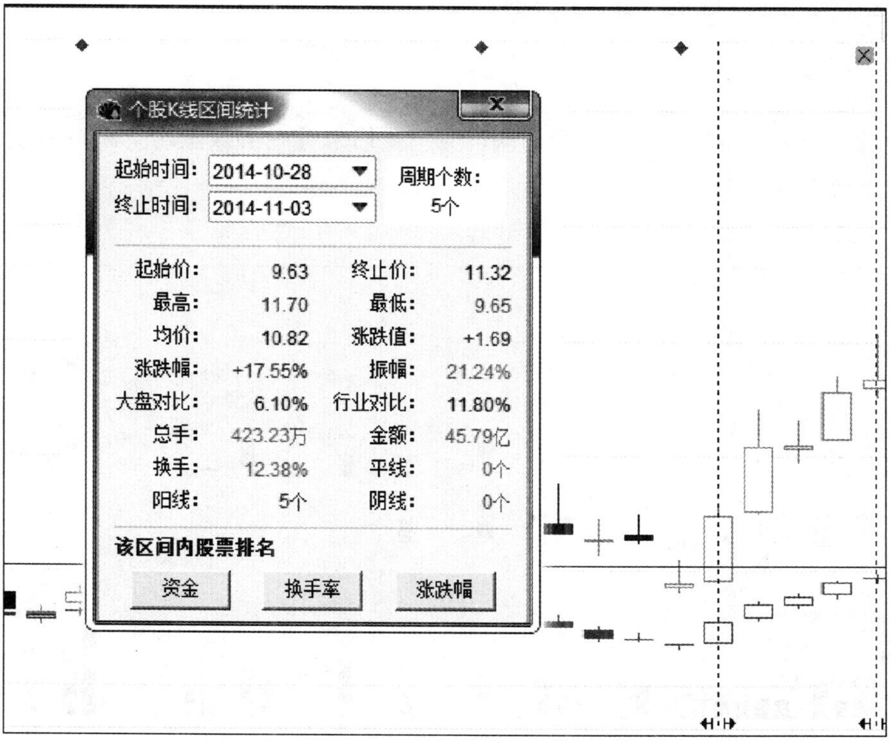

图 7-16　V 形形态右侧 K 线区间统计

（1）虽然个股回调幅度大于大盘指数，但从每天的分时走势图来看，量能多集中在上涨的上影线区域。我们来看其中一天的分时走势（图7-17）。

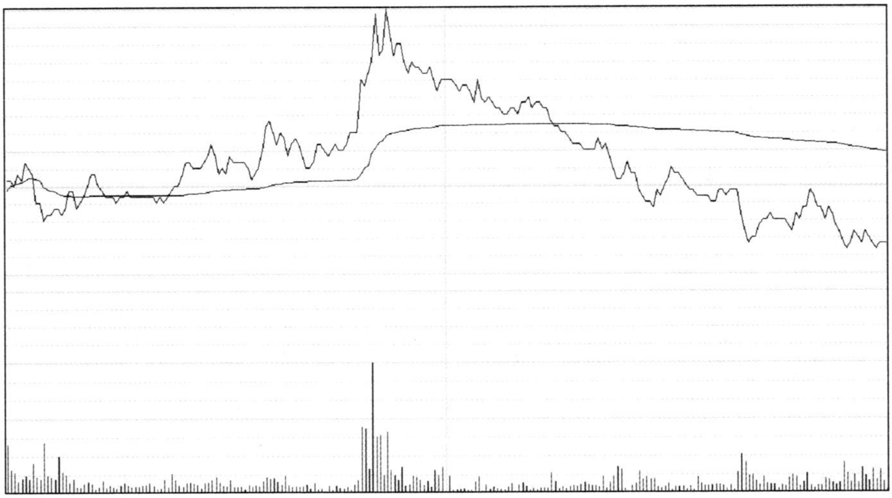

图7-17　个股分时走势图

（2）怎么看待这个跳空低开的缺口呢？我们来看一下截至跳空缺口阴线时的K线走势图（图7-18）。

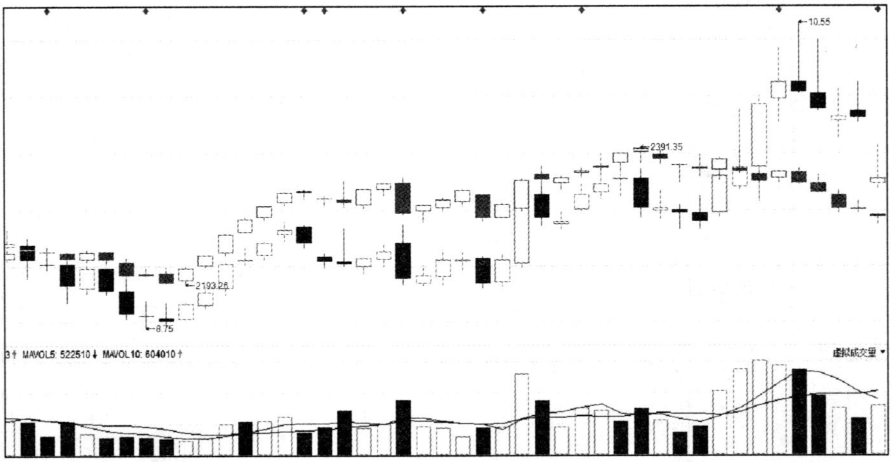

图7-18　个股与大盘指数K线叠加

如果不仔细分析，很容易误解为下跌趋势的开始，但由于前期的涨幅有限及短期高位未有明显分时出货迹象，再加上下跌时量能极具萎缩，综合可以得出，诱空洗盘而已。

（3）跳空回补下跌缺口是激进型投资者的买点，突破前高时为稳健型投资者的买点。

在大盘出现V形反转时，重点关注个股的回调幅度及量能、个股拉升时的力度，从而判断个股未来走势的强弱，回调幅度小且量能萎缩、提前于大盘反转或突破左侧高点，都视为强势股的表现。

3. 双重底形态

指股票的价格在连续两次下跌的低点大致相同时形成的股价走势图形，两条跌至最低点的连线叫支撑线。

如图7－19所示，即为大盘指数双重底形态时个股的K线走势图。

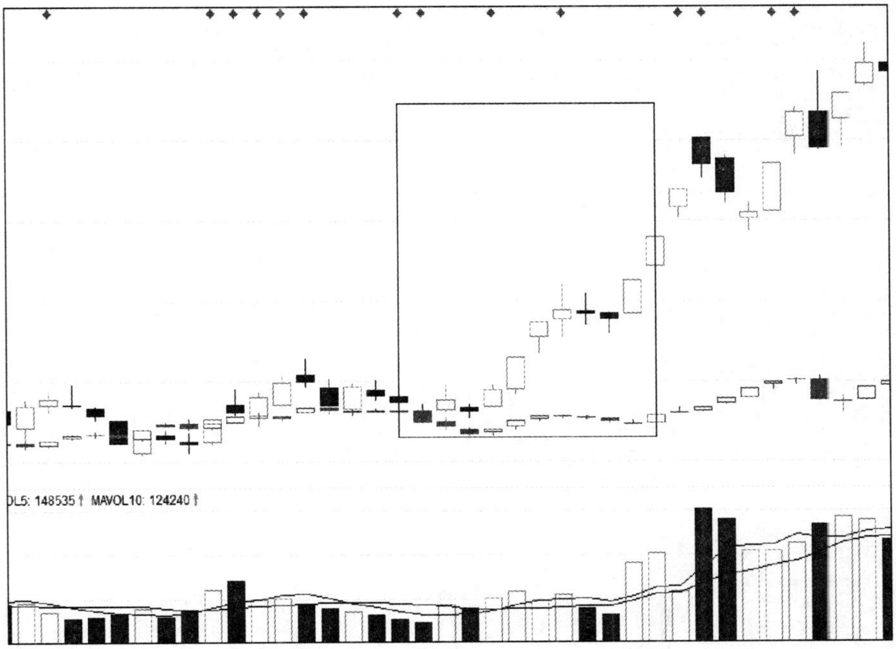

图7－19　双重底的反转形态

（1）大盘指数在回调后构筑第一个反弹时，该股便创出了新高。

（2）在大盘指数再次回调期间，该股却仅仅回调了两根小阴线，而且量能萎缩。

（3）个股在大盘第二个低点当天及之后的两天，连续三个涨停板报收。

针对强势股，在确认该股已经启动的前提下，个股的回调反而是买入的良机。从逆势角度来看，回调至大盘指数不破，开口开始扩大时，激进型的投资者完全可以介入。

双重底构成有两个条件：①两个底部中第二个底部的位置更高，意味着市场做多的力量占据上风；②量价要配合。因此当大盘出现双重底形态时，个股第二次回调力度越小，量能越萎缩，个股趋势越强。

4. 头肩底形态

一种典型的趋势反转形态，是在行情下跌接近尾声时出现的看涨形态，图形以左肩、底、右肩及颈线形成。三个波谷成交量逐步放大，有效突破颈线阻力后，形态形成，股价反转高度一般都大于颈线与最低点之间的垂直高度。

如图 7－20 所示，该股在大盘连续杀跌过程中，不再创出新低，走势稳健有力，阳线放量，阴线缩量，而且提前大盘走上了拉升行情。

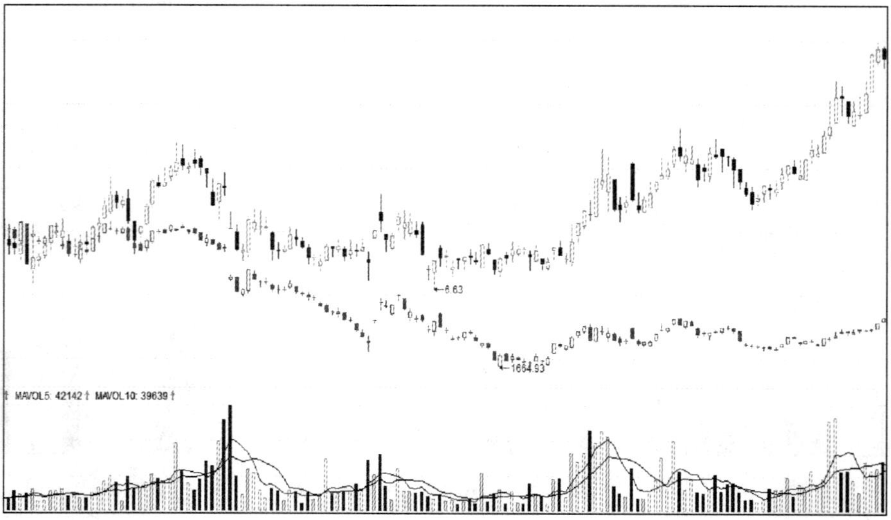

图 7－20　头肩底的反转形态

(1) 大盘下跌，个股没有跟随，说明有做多的力量在维持盘面。

(2) 下跌过程中的窄幅波动说明控盘力度很好。

(3) 大盘创出新低 1664 点后，该股开始拉升，回调的低点构筑市场的买点。

从逆势角度来看，逆势力度是不断扩大的，前后又有所不同，前期是因为大盘指数下跌，后期是因为个股走势的拉升。前者是被动的扩大，激进型的投资者可以逢低买入底仓，后者是主动的扩大，稳健型的投资者在对市场的走势有了明确的认识后，可以逢回调或者逢阴线买入。

头肩底为典型的牛市入市信号，形成了三个波谷，两个波峰，强势个股在波峰及波谷的形成过程中，会不自然的流露出提前启动的信号，或不创新低，或突破前期高点，我们研究形态的逆势，就是研究在主力强势拉升之前发觉其异动的信号。

5. 低位档五阳线

多出现在下跌行情中或连续拉出 5 根阳线，多为小阳线见底信号，后市看涨。低位档五阳线不一定都是 5 根阳线，有时也可能是 6 根、7 根阳线。

如图 7－21 所示，大盘指数五连阳，涨幅为 6%，个股上涨 17.54%，后续依然延续拉升的行情，走势远远强于大盘指数。

(1) 该股在分红派息及增资扩融的利好刺激下，连续 6 个交易日内 3 个涨停，阳线的实体逐渐加大及量价的配合说明市场开始走出短线的上涨行情。

(2) 前期走势的呆滞，显示主力良好的控盘特性。

(3) 大盘走势的转好为个股的拉升提供了良好的时机。

从逆势角度来看，该股由个股走势与大盘指数的黏滞状态，到后期穿越大盘走势曲线后，开口开始逐渐扩大，该股的走势一气呵成。

五连阳是主力短线冲刺的行为，吸引了投资者的注意力，对于短线投资者来说，由于上升五连阳涨势可观，获利出局的迹象很强烈，同时有意买入的观望者也在等待回调买入，后期一般都会有整理的过程。

反转形态表示股价的原有走势将要有逆转的趋势，也就是将要减缓原先的股价走势方向，但是下一步的趋势不明。例如，原来的上升趋势变成下降趋势，原来的下降趋势将变成上升趋势，或者原来的上升或下降将变成一段平稳的图形后再发生下一步的变化。反转形态是由多浪的浪形构成，研究反转形态的逆势，贵在研究每一浪的逆势力度及量价配合，研究个股重心的转移，同时结合关键日分

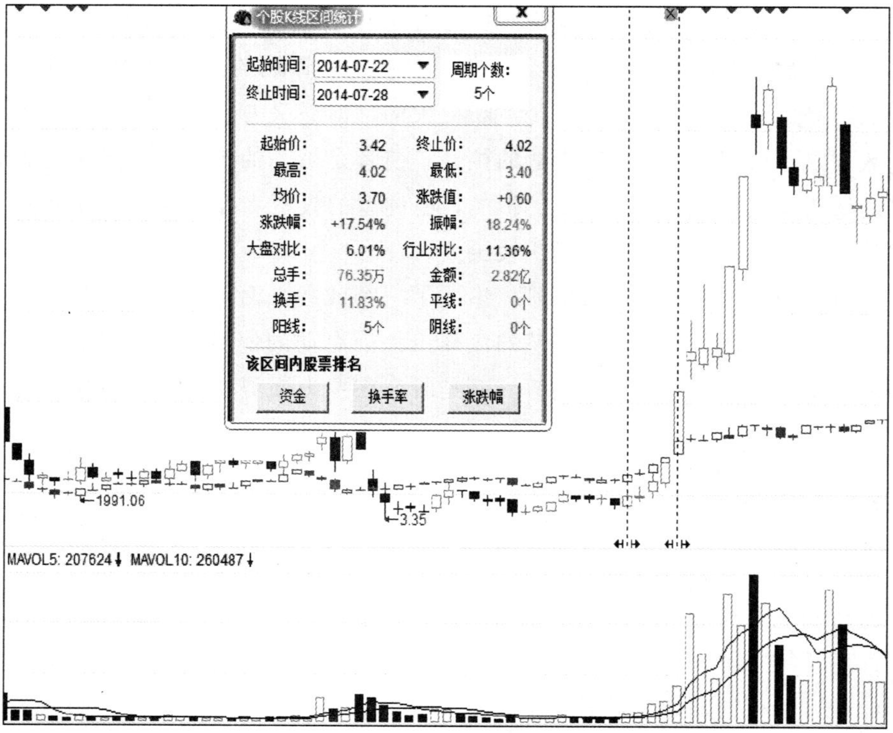

图 7－21　低位档五阳线的反转形态

时走势与大盘的对比。

四、持续形态之逆势解读

从多空力量角度划分，持续形态分为芝麻开花、背水一战、趁热打铁、直上青云、弹剑长啸、九天射日等类型。

1. 芝麻开花（二次高开阳线）

股价跳空高开，形成阳线，第二天再次跳空开盘，且高走高收，此图形为多方占优走势，一般预示着空头的溃败，股价可能会快速上行，连续拉出阳线。

如图 7－22 所示，大盘指数经过昨日小上影线的试探后，跳空高开高走，次日继续拉阳线，但个股在发生日前两天还能长阳报收，后期为什么走弱呢？

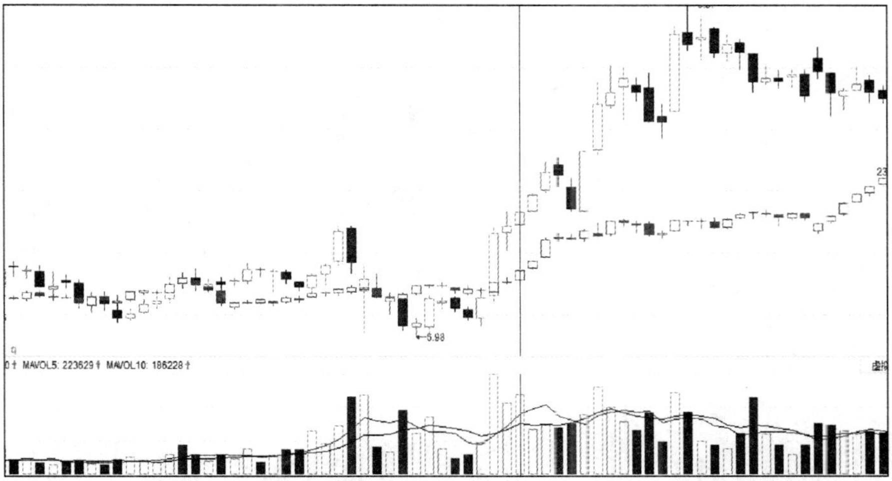

图 7-22　芝麻开花的个股逆势形态

(1) 虽然个股长阳线拉升接近于前期高点，但后期走势明显力度不够，大盘指数连续拉升，个股却明显量能背离。

(2) 拉升的角度没有保持循序渐进的方式，拉升过程显得太过急躁。

(3) 量能在整个拉升过程显得太过杂乱，需要进一步梳理。

大盘指数连续两个跳空阳线拉升，一般预示着空头的溃败，大盘可能会快速上行，我们要选择提前于大盘启动，走势有规律，并且主力的控盘度较好的个股介入，在大牛市行情中以免赚了指数没赚钱。

2. 背水一战（跳空攀援线）

股价跳空高开突破后，连拉两根顺次向上的阳线（攀援线），多头尽快将防线向前推进到离第一天跳空缺口较远的地方，这是多方占优的走势，一般表明空头基本放弃抵抗，股价将继续上行。

如图 7-23 所示，该股在大盘跳空高开（白线）左侧区域，走势明显弱于大盘走势，大盘创出新高，该股却依然在谷底徘徊，后期的走势依然谈不上强势。

(1) 该股在底部没有足够的时间收集筹码及整理，即使后期走势转强，依然不是我们选股的对象。

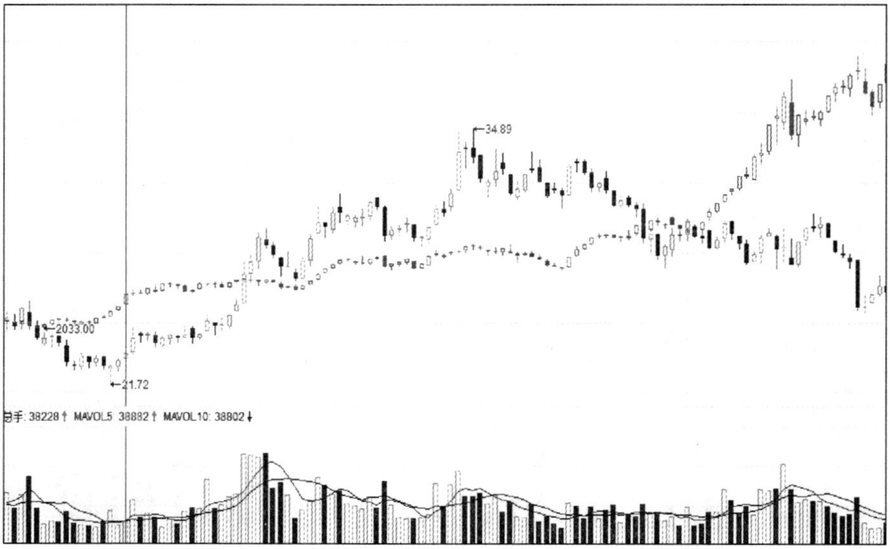

图 7－23　背水一战的个股逆势形态

（2）该股在跟随大盘指数上涨过程中，走势明显沉重，量价不配合而且显得毫无规律，非强庄所为。

（3）大盘在经过整理后，连拉阳线上涨，该股却转涨为跌，整理一下也是必然的。

背水一战的 K 线形态与芝麻开花不同之处在于，第二根 K 线并没有跳空的要求，平开或者低开都可以，力度相对比较弱一些，后期整理的可能性也很大。不同的位置出现相同的 K 线形态组合，其意义可能差距巨大，一定要区分开来。

3. 趁热打铁（渐大三连阳）

大盘指数或股价上升途中，多头接连向空头发起进攻，且攻势一天比一天猛烈。反映在 K 线图上，大盘连收阳线，而阳线实体也越来越大，这常常是股价将加速上行的先兆。由于本 K 线组合中连续阳线的实体是由小变大，一般表明多头攻势日见顺利，将趁热打铁，向空方发起总攻。

如图 7－24 所示，该股在大盘上升途中，先是窄幅波动，后是逆势下跌，后期大盘有筑顶迹象该股虽有拉升的动作，但明显力度不强，在这种大盘行情中，此类个股还是不碰为妙。

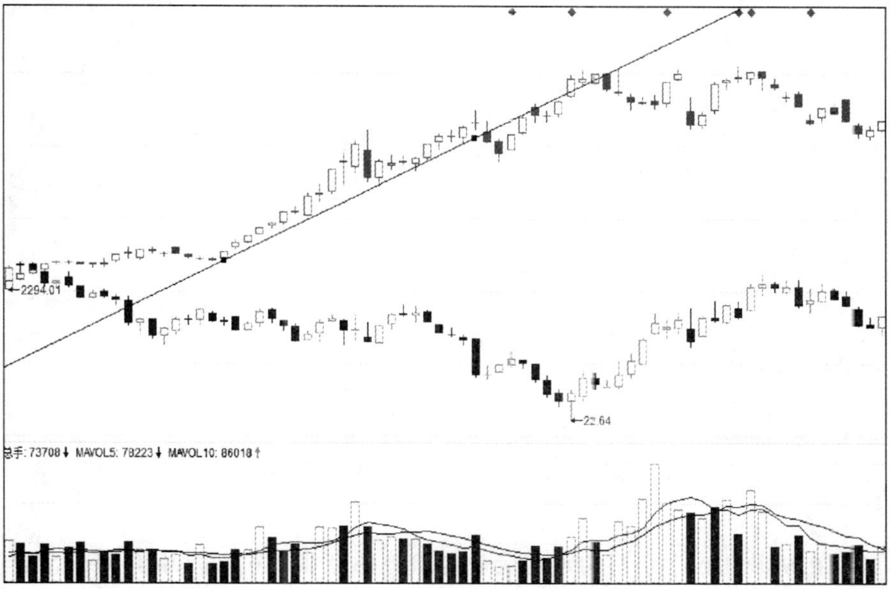

图 7－24　趋势打铁的个股逆势形态

（1）该股明显弱于大盘走势，而且越来越弱。

（2）大盘创出阶段性新高时，该股却创出了新低 22.64 元。

（3）后期该股拉升明显显得放量滞涨，一旦大盘转弱，该股必跌无疑。

当大盘出现趁热打铁的形态组合时，我们可以从个股启动的时间是否早于大盘，涨幅是否高于大盘，量价是否配合等多方面去分析。大胆选择强势股，是该种行情的应对策略。

4. 直上青天（上升中跳高十字星）

随着股价上升，在中大阳线后常会出现或多或少的十字星。这类十字星只是上涨途中的暂时整理而已，次日若股价上扬且伴随成交量的有效放大，一般为介入信号，通常将再出现一波快速上攻行情。

如图 7－25 所示，我们可以看到该股及大盘指数在拉升的不同过程中多次出现十字星，拉升初期、中期及末期，不同的市场阶段代表着不同的意义。

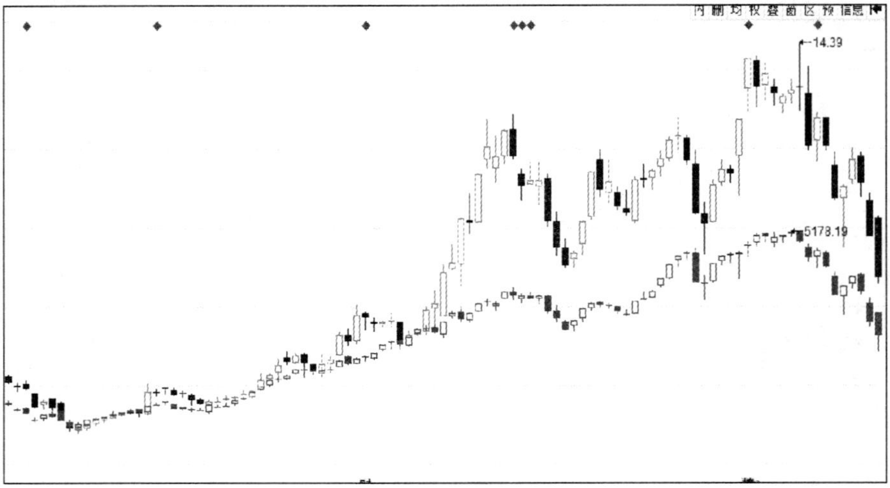

图 7-25　直上青天的个股逆势形态

（1）在初升期，十字星的出现代表着趋势的延续，虽然盘中有回调，但明显多方的力量更加强大。

（2）随着行情的延续，十字线的振幅开始扩大，多空双方开始发生分歧。

（3）在拉升高位，走势凝重，十字星的频频出现，收盘价已不能每次都收到开盘价附近，而且十字星出现后的若干天内，收盘价已经不能再次创出新高。

同样的十字星，在不同的阶段，有着不同的意义，生搬硬套的应用，在弱肉强食的资本市场里，存活的时间不会太长。

一般来说，连续出现十字星的概率不大，大多为横盘整理的前兆，如果后期出现大阳线拉升，多为行情的延续。如果发生在大盘指数高位，多为下跌趋势的征兆。如果股指处于直线跳水式的下跌途中，连续十字星往往无法遏止大盘的跌势。行情委靡不振时，股市处于缩量温和盘整阶段时出现连续十字星，一般容易形成底部。

5. 弹剑长啸（上升中途跳高剑形线）

随着市场气氛回暖，看好后市的人迅速增多，导致股价以较大缺口向上跳空开盘，其后虽受短线获利盘打压向下回落，尾市仍被拉高至开盘价附近收市，从而收出一根跳空的剑形线。此图通常表明空头反抗力量十分薄弱，如第二天仍以高开跳空的形式开盘，股价一般会加速上扬。

如图 7－26 所示，我们可以看到大盘指数及该股走势同时出现弹剑长啸的 K 线形态，但不同的是该股刚刚突破前期高点，而大盘已经是连续拉升超过 20%，具体应该怎么分析呢？

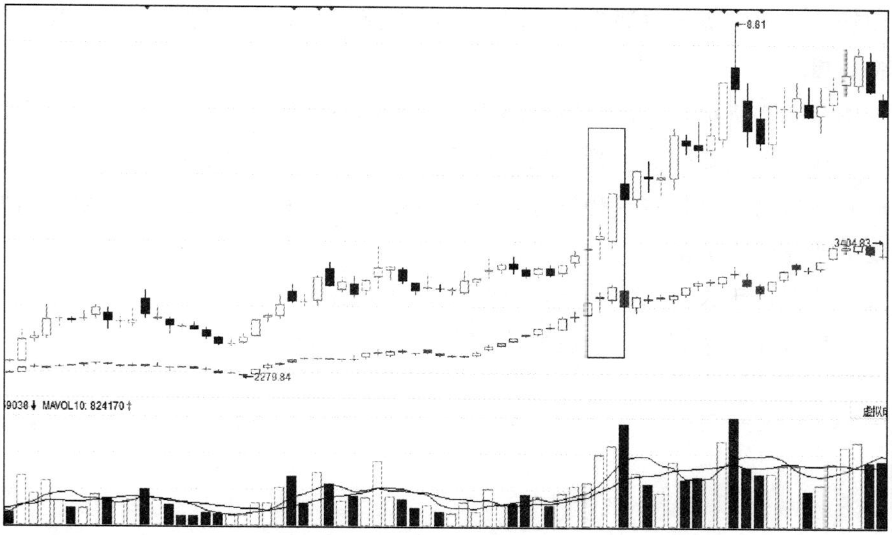

图 7－26　弹剑长啸的逆势形态

（1）该股在大盘连续上涨过程中，走势弱于大盘，以一根长下影线与涨停板的 K 线组合开始拉升行情，后期走势明显强于大盘指数。

（2）后期上涨过程中阴线放量太大，这是一个隐患。

（3）在大盘后期创出新高，而该股没有创出新高时宜卖出。

该组合中剑形线的长下影虽然没有成功阻碍走势的上升，但空方还是有一定能量的。该组合发生在涨势初期，可能会导致一些较敏感的空头反手做多，股价上行速度将会加快，但如果发生在涨势末期，长长的下影线却是一个大的隐患。当大盘出现弹剑长啸的组合时，我们要比较两天内大盘指数与个股两者间的分时走势，来判断个股未来的上升力度。

6. 九天射日（上升中途跳高弓形线）

股价上升途中，多方奋力向上，但遭空头狙击，不得不回撤至较低价位，从而在K线图上走出一根长上影K线（即弓形线）。由于K线组合中空头力量在制造“长弓”过程中已消耗殆尽，因而弓形线形成时即介入良机，即使第二天不能形成将这一弓形线包容在内的大阳，股价上行趋势一般不会改变。如第二天多头尽全力向上攻击，将前一日长上影全部抹去，则股价将加速上行，连收阳线。如第二天多头不能攻上弓形线最高点，而是收出一根包孕在此弓形线长上影之内的中小阳线，说明多头上攻遇到较大阻力，虽不能就此妄言股价见顶，但其后上攻速度将放慢。

如图7－27所示，大盘指数出现九天射日的K线形态（方框处），后续连续拉升，该股走势明显强于大盘，我们来看看个股走势上的特点：

（1）该股与大盘指数走势黏合，但仔细分析可以看出，该股在大盘前期回调期间走势明显强于大盘。

（2）该股出现长上影线当天，分时走势明显强势。

（3）后续拉升过程中，该股量价配合相对比较健康。

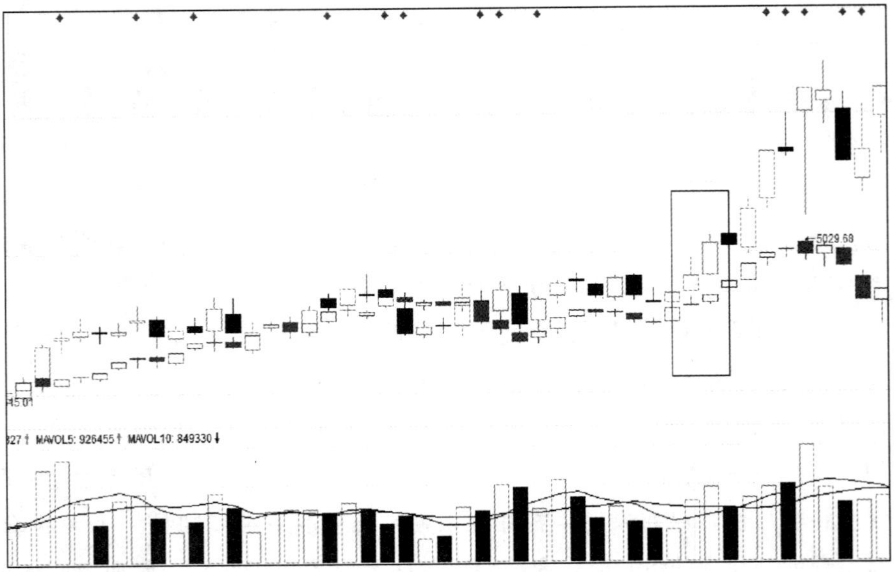

图7－27　九天射日的逆势形态

由于大盘指数出现该形态组合时处于高位，影响了后续拉升的高度，但个股依然强于大盘，给我们充足的时间离场。因此，在分析个股K线组合时，一定要结合当时的位置，这包括个股的位置，也包括大盘的位置，以提防某些主力借此形态骗线出货。

从多空力量的角度分析其逆势，与传统的角度分析，其核心的区别在于其把重点放在多空双方在发生激烈冲突后市场未来的走势。所谓持续形态是指股票价格维持原有的运动轨迹。市场事先确有趋势存在，是持续形态成立的前提。对于上升趋势中的持续形态，多方在与空方的激烈斗争后，取到了暂时的胜利，从逆势角度去分析，在大盘指数出现持续形态时，个股的多方显然比空方强大得多，在盘面上明显比大盘指数更胜一筹。我们在做分析时，要把重点放在分析关键 K 线（或 K 线组合）当天的走势，及后续的走势配合上。

五、吸筹形态之逆势解读

庄家理论自从产生以来，就为大多数投资者所着迷。股市的复杂程度令我们眼花缭乱，各种各样的突发消息和内在趋势杂乱无章的影响着股市，呈现在我们面前的往往是一个不可解释的混沌体。趋势理论才是市场的永恒，过度迷信庄家理论只会使我们血本无归。但是，庄家理论的很多东西我们要取其精华，为我所用。

下面我们讲解一下主力吸筹及出货阶段的 K 线形态，只是简单地介绍了几种常见的 K 线形态，当然，庄家理论丰富的多，我们在这里就算是抛砖引玉吧！

庄家吸筹迹象一般有牛长熊短、红肥绿瘦、窄幅横盘、低开高走、下影支撑、横盘止跌、逆市飘红等。下面我们简单地介绍一下：

1. 红肥绿瘦

在整个吸筹阶段，K 线图上基本上以阳线为主，夹杂少量的绿色阴线。阳线通常采用低开高走的方式，这样收盘时 K 线图上常常留下一根红色的阳线。

如图 7－28 所示，这是典型的吸筹形态，从图形我们可以看到，阳线数量明显多于阴线，阳线多为低开高走，由于吸筹必然导致股价重心的上移，我们看到逆势力度在不断加强。当然，不同的吸筹方式，必然导致不同的逆势力度。

2. 牛长熊短

主力进仓吸筹，股价在主动性买盘的推动下，不断走高，当股价经过一段慢

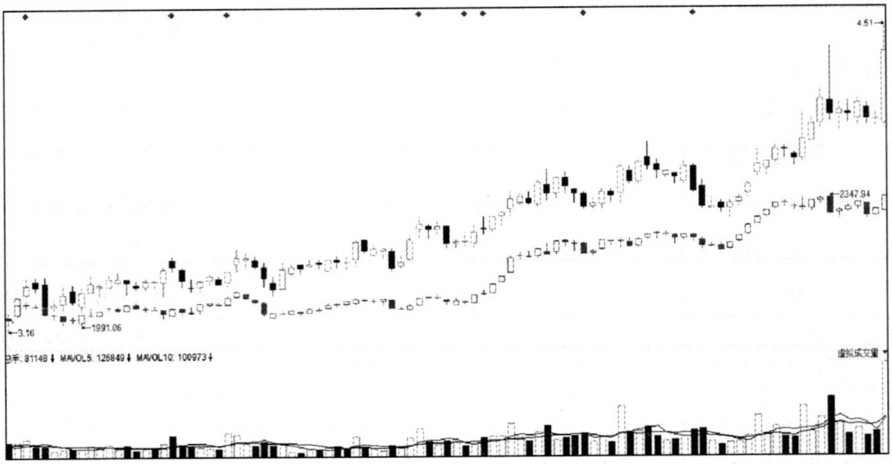

图 7 - 28　红肥绿瘦的逆势吸筹形态

牛行情后，主力通常会以少量筹码迅速将股价打压下来，以便重新以较低的价格继续建仓，如此反复，在K线图上就形成了数波牛长熊短的K线形态。

如图 7 - 29 所示，该股在买盘的推动下，不断走高，逆势力度不断走强。当股价经过若干天的连续小阳线后，都会出现缩量的中阴线，形成了数波牛长熊短的形态。中长线的投资者可以逢阴线回调买入。

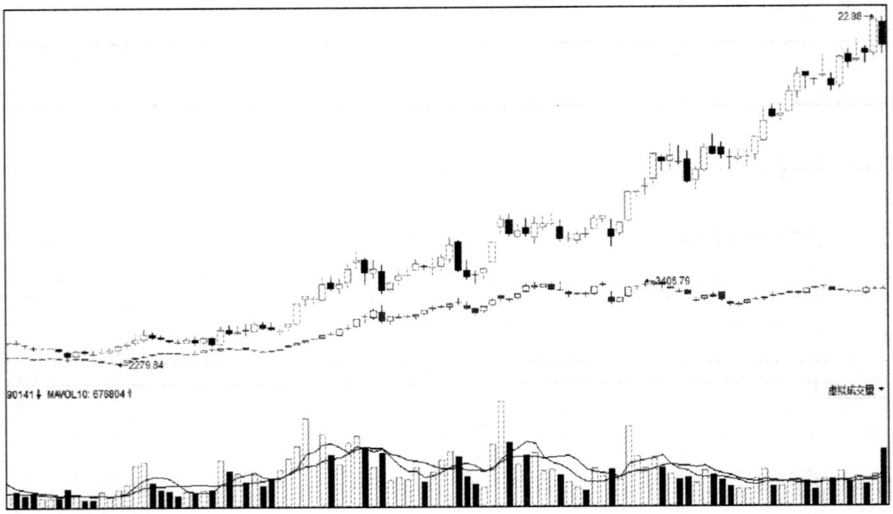

图 7 - 29　牛长熊短的逆势吸筹形态

3. 窄幅横盘

在个股底部区域，主力控制股价在一个很窄的范围（幅度 15%以内）波动，基本上可以认为主力资金已经进场吸筹。

如图 7－30 所示，主力前期在 7%左右的区间内窄幅波动，后期在 15%的区间内继续震荡吸筹，可以认为是主力吸筹留下的迹象。同时从走势的规律性可以判断，该股的控盘程度非常好，后期在大盘开始拉升时，便能一跃而上。

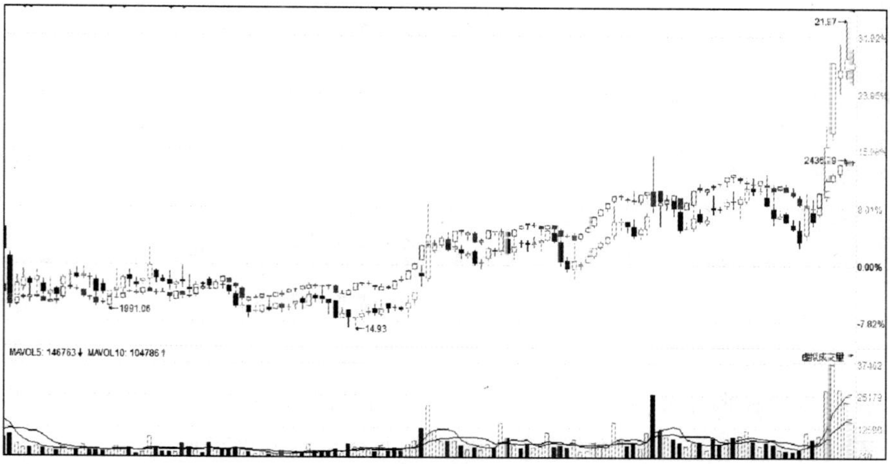

图 7－30　窄幅横盘的逆势吸筹形态

4. 下影支撑

当大盘指数或个股股价出现深度跌幅之后，此时有卖出意愿的投资者减少，抛出的筹码极为有限，但同时也没有太强的做多意愿，在这种状况下，市场随时可能出现扭转的势头。如果大盘指数或个股多次出现了带长下影线的 K 线，往往意味着市场随时可能出现扭转。预示扭转作用的 K 线还有十字星，低开高走的小阳线，带下影线的光头阳线等。

如图 7－31 所示，该股在底部区域多次出现带长下影线的小阳、小阴线，一般情况上影线长，表示阻力大；下影线长，表示支撑力度大。不过，由于个股的走势是由主力控制的，影线经常被主力用作骗线，上影线长的个股，并不一定有多大抛压，而下影线长的个股，并不一定有多大支撑。多次出现带长下影线的K线预示大盘指数或个股底部的到来，它的前提是市场（个股）经历了相当幅度的下跌，才能成为具有典型意义的止跌信号。

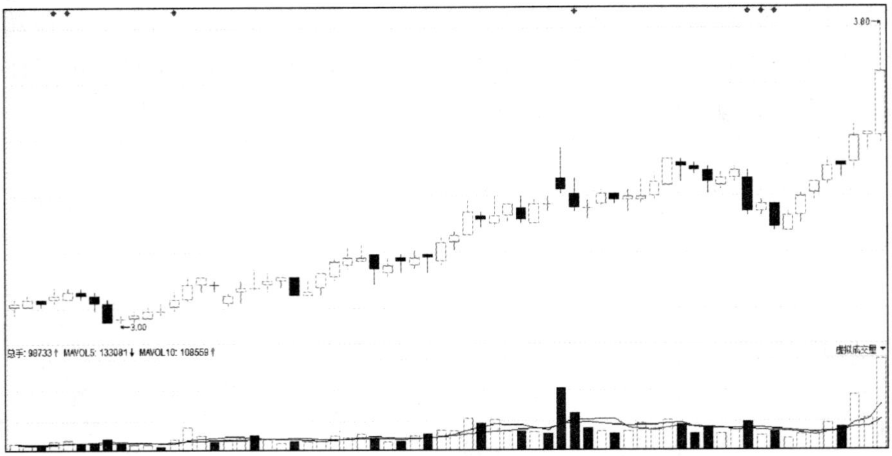

图 7－31　下影支撑的逆势吸筹形态

吸筹是指在股市中主力、大户介入某一个股，在一段时间内不断买入的行为。不同的市场行情，不同的市场氛围，主力会采用不同的吸筹方法。我们介绍的只是几种简单的吸筹形态，在分析时，一定要结合当时的市场走势。

注解：主力吸筹的其他迹象：

（1）横盘止跌：个股在长期下跌之后出现止跌迹象，在一定区间内横盘吸筹，成交量趋于平缓，从多日的行情来看，阳多阴少，阳线放量大于阴线缩量是其明显的标志。

（2）逆势飘红：指的是个股在大趋势下跌的情况下依旧上涨。

六、逃庄形态之逆势解读

庄家逃庄比较简单的关于K线组合的信号主要有：熊长牛短、绿肥红瘦、上影成林、高开低走、遇阻横盘等。下面我们就这几种组合简单介绍一下：

1. 熊长牛短

熊长牛短指的是时间，而不是空间，在大盘指数或个股高位阶段，K线走势图上基本上以阴线为主，夹杂少量的红色阳线，其中阴线多采用高开低走的方式。

如图7-32所示，从该股的高位可以看到，阴线的数量不断增多，跌幅逐渐加大，阳线数量少，而且涨幅小，重心不断下移。资金大量流出，主力砸盘出货，下跌的行情一泻千里。

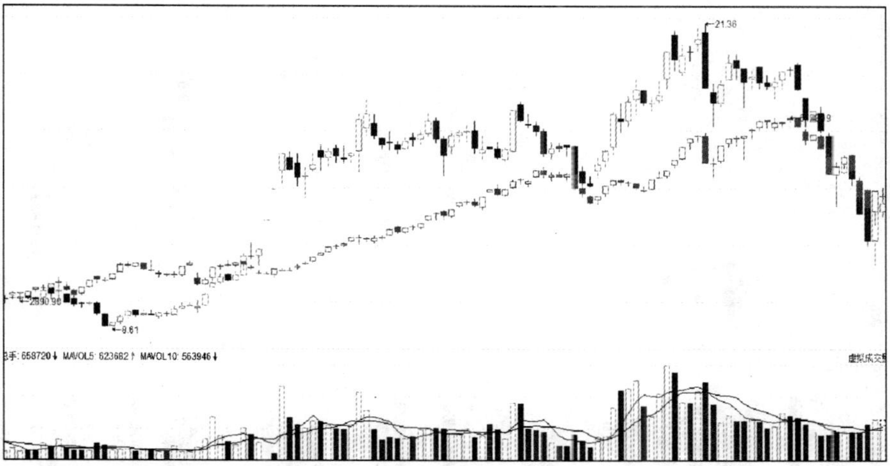

图7-32 熊长牛短的逃庄逆势形态

2. 绿肥红瘦

熊长牛短说的主要是时间，而绿肥红瘦说的是空间，即阴线下跌的幅度比较大，阳线上涨的幅度很小。

我们还是以图7-32为例，高位区域的阴线下跌幅度明显大于阳线上涨幅度，下跌过程中的反弹也没有超过前期高点。

3. 上影成林

大盘指数或个股在连续上涨到相对高位后，此时持股者获利了结的欲望很强烈，在这种状况下，市场随时可能出现扭转的势头。如果大盘指数或个股多次出现长上影线的K线，往往意味着市场随时可能出现扭转。预示扭转作用的K线还有十字星、高开低走的大阴线、带上影线的光脚阴线等。

如图7－33所示，该股在高位多次出现长上影阴线，一般上影线意味着压力大，但在不同的阶段及位置，长上影线的意义又有所不同。在底部阶段，多次出现的长上影线多为主力吸筹所致。有些主力拉升股价时，一般用上影线试探上方抛压。在一些刚刚启动不久的个股上，有些主力为了洗盘、震仓，往往用上影线吓出不坚定的持仓者，以骗取更多散户手中的筹码。

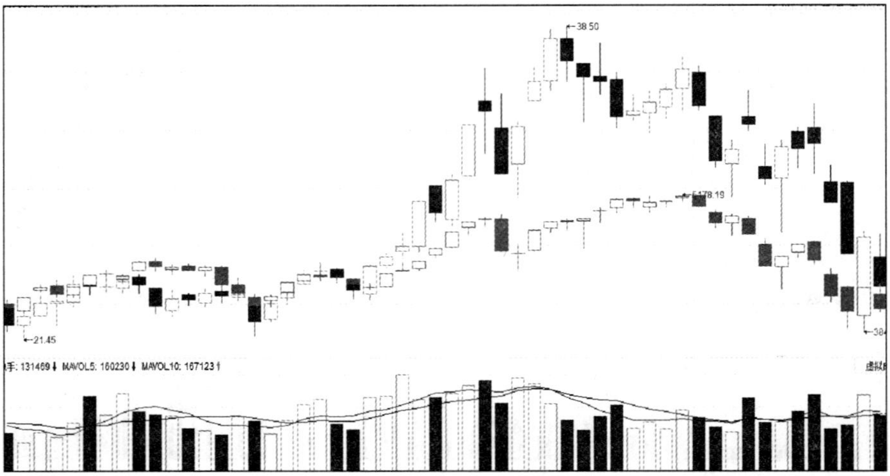

图7－33　上影成林的逃庄逆势形态

4. 高位横盘

一般是指股价涨到一定程度，主力控制股价在高位区间内上下波动，并不时做出拉升的假象，但始终不能把股价再创新高，这种情况就是高位横盘。在没有资金再次注入的情况下，高位横盘一般预示着股价的下跌。

如图7－34所示，该股在高位区域近半个月的高位横盘，量能急剧放大，在后期甚至创出了新高，但终归不过是骗人的把戏，掩盖不了主力出货的真相。

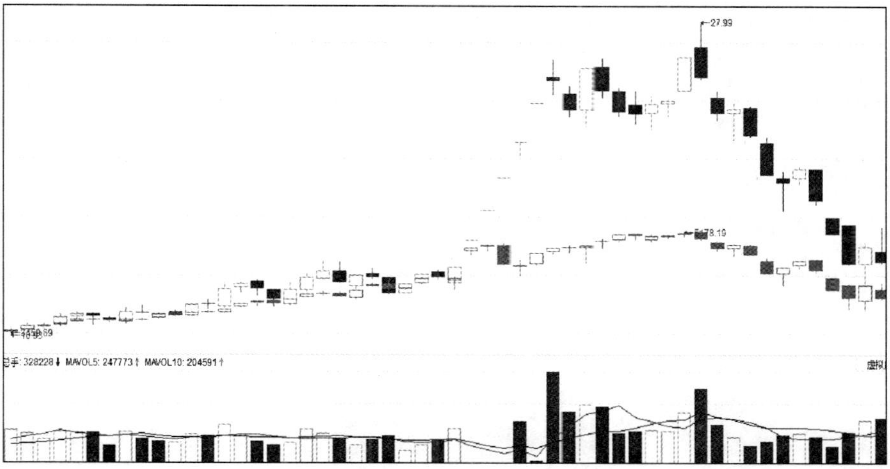

图 7-34　高位横盘的逃庄逆势形态

注解：主力逃庄的其他迹象：

遇阻横盘：个股在上升过程中遇到前期高点，在横盘过程中多次出现破新高的动作，其实只不过是诱多出货而已，在一定阶段的横盘后必将开始下跌，而有的个股甚至还没有到前期高点便开始下跌。

出货指在高价时，不动声色地卖出，称为出货，与吸筹相反。同样的道理，不同的市场行情及氛围，主力会采取不同的出货方法，但其最重要的相同点便是股价位于相对高位，有足够的获利空间。

在这一章里，我们采用逆势分析的方法解释了各种不同角度的现象，即 K 线组合、形态组合、庄家理论三个方面。当然，每一套理论都有其丰富的内容，我们在这里只是简单介绍常见的类型，其他内容可以继续按照我们的这套分析方法去研究，笔者相信，大家可以得到不一样的体会。

第八章　量能逆势

量能有趋势吗？当然有。技术分时是以价格分析为主，量能作为辅助性的分析工具，也是必不可少的。但很多书中都把量能分析过度神话了，是不可取的。价格和量能的分析相辅相成，缺一不可。

量增价涨、量减价跌被认为是股市正常的量价关系，关于这方面分析的图书很多，这里就不啰嗦了，我们重点关注量能发生异变时的状况。

前面我们谈到了K线逆势，我们现在主要探讨一下K线上的量能逆势。和前面不一样的是我们探讨K线逆势，主要探讨的是表现形式上的逆势，量能逆势主要探讨的是量能发生异变时的逆势行为，这主要有以下几种形式。

一、当大盘连续放量时

大盘或个股成交量创历史新高，成交创天量，天量天价，这是我们对于成交量急剧放大时的理解。当大盘急剧放量上涨时，市场中人声鼎沸，谈笑风生，基本上每一个投资者都在赚钱，但是巨大的获利盘带来的砸盘也就不远了。当大盘急剧放量杀跌时，市场中人人自危，谈股色变，基本上每一个投资者都被深度套牢，底部积聚的能量很可能带来股市上涨的动力。

现在我们探讨的是市场在一种急剧的效应中个股的表现。

如图8-1所示，在经过连续上涨之后，沪深股市2014年12月9日迎来全面暴跌，沪指跳水5.43%，创下5年多来单日最大跌幅。伴随股指大幅波动，量能急剧放大，沪深两市成交大幅放大，分别达到7934亿元和4731亿元，以12665亿元的总量再度打破A股史上最大单日成交纪录。在此之前，股指短时间内涨幅高达

25%，中间没有一丝的回调迹象，市场获利盘巨大。那我们来看看个股的表现。

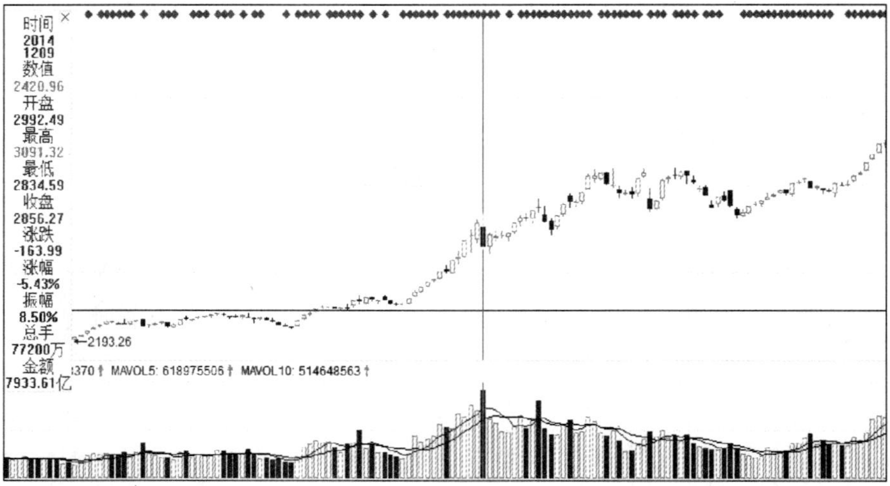

图 8－1　大盘指数 K 线走势图

如图 8－2 所示，大盘连续的放量上涨，该股却缩量回调，后续的筑底也最终被下跌所淹没，弱势形态的反转尚需时日。但有序的走势，持续的缩量，在很大程度上也验证着筹码的归属性。

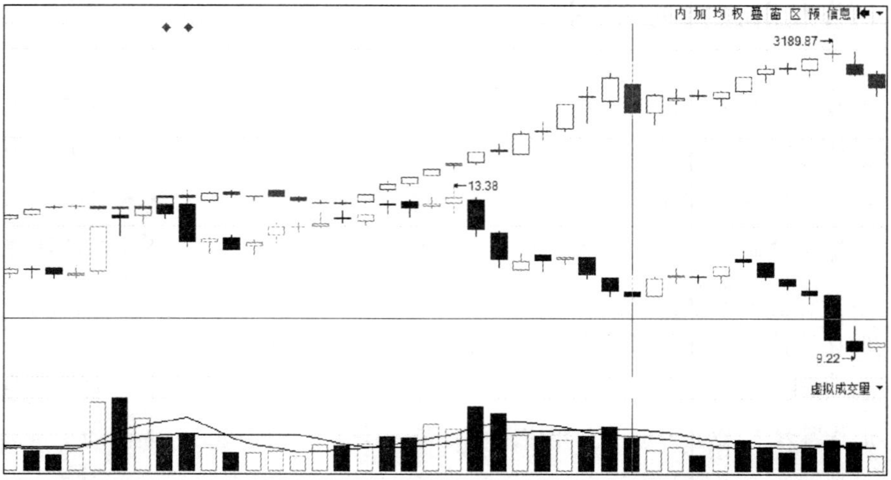

图 8－2　大盘与个股的 K 线走势图

如果说K线的逆转，主要研究的是市场中主力的目的性及应对，那么量能的逆转我们侧重于市场中筹码的稳定性，一个喧嚣的市场，在一定阶段内，保持连续的量能背离，反而验证了市场中筹码的归属性。

我们来看一个相反的例子，如图8-3所示，该段在之前走势偏弱，在大盘连续放量上涨的过程中，一直保持着缩量的姿态。但该日借助利好消息的刺激强势涨停，单日振幅达到13%，换手率为10.6%，一改之前的颓势，似乎要逆大盘强势而上，在暴跌的当日足够吸引人的眼球。次日16.73%、第三日9%的换手率显示出该股的交易活跃性之高，连续的放量滞涨明白告诉我们，该波段的行情不过是短线的操盘而已。

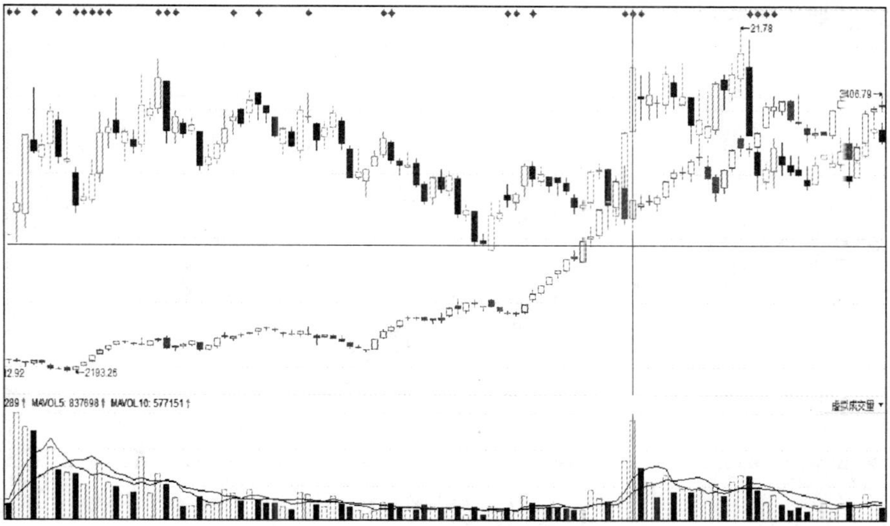

图8-3 大盘与个股K线走势图

大盘连续放量拉升后的天量暴跌，恐慌情绪的蔓延，如果某只股票能够鹤立鸡群，极易吸引市场的眼球，再加上暴跌后市场走势的趋缓，对于该股而言，短线的操盘再合适不过了。既能在乱世中博取短差，也不用耗费太多的筹码。

注解： 一旦出现天量，那么距离股价见顶回落就不远了，在这个时候，中长线投资者就应该着手抛掉手头的股票，但具有丰富实战经验的投资者，都知道这段时间之后股价仍然有很大的惯性上冲时机。

二、当大盘连续缩量时

当量能连续萎缩时，市场人气低迷，持币者在场外观望，持股者也都心如死灰。我们这个阶段一定不要放松警惕，多去寻找市场中有筑底迹象的，量能有规律的个股，把它们放到自选股池以供备选。

如图 8-4 所示，此时的大盘成交量萎缩至 500～600 亿，成交量缩至近一年半内的新低，该股虽没有连续的拉升，但我们仔细观察会发现，成交量很小，呈豆粒状分布，绝大多数位于 5 日、10 日均线以下，后期的走势明显呈现出阳线放量、阴线缩量的分布，自创出 10.04 元的新低后，连续阳线放量拉升，缩量回调洗盘，后期走势值得关注。

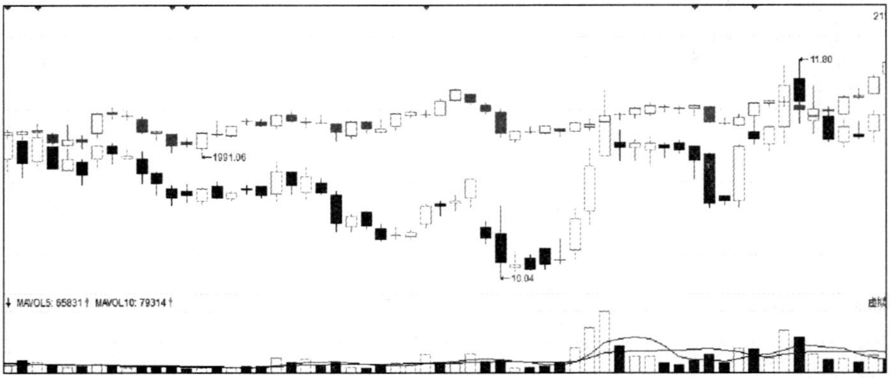

图 8-4　大盘与个股指数 K 线图

量能的缩小必然伴随着浮筹的减少，连续的量能萎缩，势必有个别主力难耐寂寞，开始有规律的操盘，除非有意通过连续拉升吸引市场注意力，否则一般都会静悄悄地去搜集筹码，连续几天的阳线后，还会有所回落，以免引起市场的注意。

在持续萎靡的市场中，短线操作永远是市场的首选。选择一些有实质或潜在利好的个股来操作，未必不是一个好的选择。

如图 8-5 所示，在该股的主力操作过程中，持续的利好总是恰当的出现，非公开发行股票的批准，世界华文传媒论坛的开幕，关联公司股票获准在全国中小企业股份转让系统公开转让，年报及半年报的公布等利好消息不断，市场的低迷，需要不断的催化剂，消息与走势的配合再次证明了个股走势是一只看不见的手在操纵着。

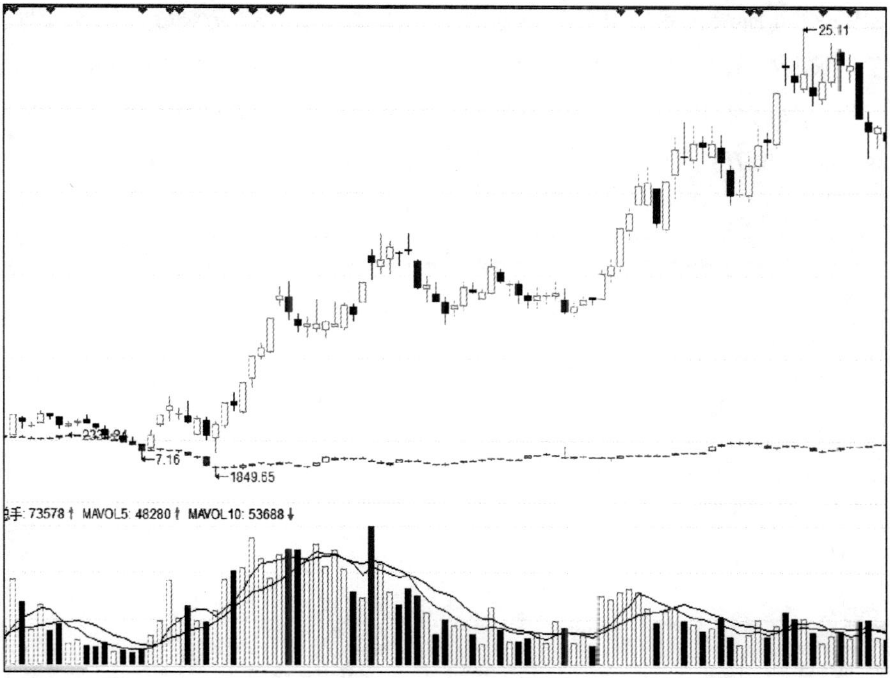

图 8－5　大盘与个股指数 K 线图

注解： 地量和地价的关联度与表现方式也是不同的，空头市场中，是地量之后还有地量，多次地量之后才有地价，真正的地量到来后，才是中长线买入者的时机。在多头市场中，由于大部分投资者极具信心，看好后市，愿意持股待涨或者大部分筹码被主力控制，此时地量产生，地价（底部）便随之产生。

三、当大盘持续平量时

平量是一个很容易被忽略的现象，连续平量也是很少出现的行情，连续一段时间内的成交量相同，意味着市场中投资者的想法趋同。量能有地量、天量、常量之分，地量和天量往往会带来趋势的转向行情，很多书中都有明确解析，我们在这里不多赘言了。我们现在重点讨论一下连续平量时这个看似普遍，但又不普通的现象发生时，大盘后期的走势。

如图 8-6 所示，我们可以清晰地看出，连续地量、连续常量、连续天量分别构成了这波行情的开始、持续和结束。一波大的行情始于地量的产生，结束于天量的产生。我们可能从以往的走势图上看到，底部是量能最少的地方，顶部永远是量能最大的地方，这也就很好地诠释了股票投资一赚二平七亏的现实。

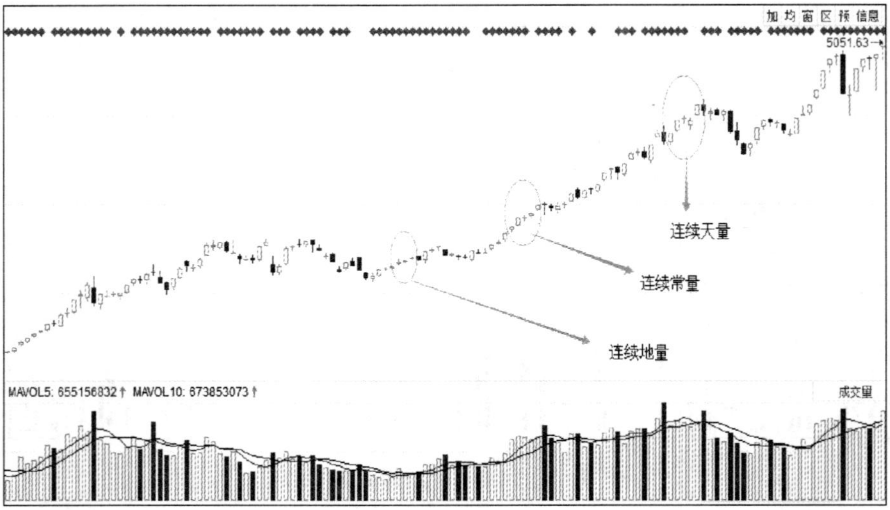

图 8-6 在大盘趋势中的连续平量

连续地量的出现，意味着市场的平淡，市场缺少赚钱效应，人气低迷，通常离底部不远或者本身就是底部，连续地量多发生在上涨过程中或下跌趋势的末端。如果出现在下跌过程中的初中期，却不是好的征兆。连续常量一般出现在市场的主升浪或主跌浪中，代表着市场的延续。

连续天量的出现，是股市即将发生逆转的信号，若是发生在市场底部，说明一波行情呼之欲出了。但若是发生在下跌趋势中，这是市场反弹结束的信号。

持续平量的出现，对于行情的展开起到了促进作用，对于我们追逐趋势中的主升浪有很大的好处，特别是对于中长线投资者。

四、当大盘量能背离时

我们经常谈到背离这个词，但是从传统技术分析方面来阐述，一般是指价格与量能或者指标等的不一致。例如，价格创新高，量能不创新高，价格创新低，量能不创新低等。但我们重点阐述的是大盘量能背离时个股的表现。

这种背离反映了当市场的气氛发生微妙变化时，个股的表现代表着个股的走向可能和市场的走向产生了偏差。这其中又有着顶背离和底背离之分。

（1）量能的顶背离。

如图 8－7 所示，指数在五浪上涨后，连续三次试图突破五浪高点未果，量能不断萎缩，不断的背离，说明市场对于未来的趋势越来越持怀疑态度，我们可以从盘面上的背离来判断个股主力对于未来走势的态度和预期。

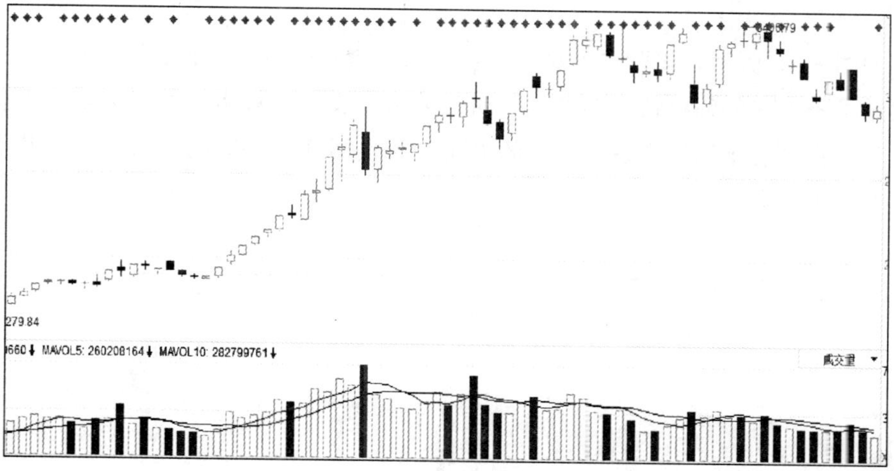

图 8－7　大盘 K 线走势图

我们来看三个不同的主力，由于对市场的预期不同，而对于后期的走势有什么决定性的影响。

如图 8－8 所示，前期主力利用逆势效应（大盘指数涨而个股跌）收集筹码，到了后期才开始拉升，由于大盘指数的不确定性在加强，市场上的主力态度也有明确的分化，但该股主力态度坚决，筹码的聚集也使该股不得不展开拉升的行情。

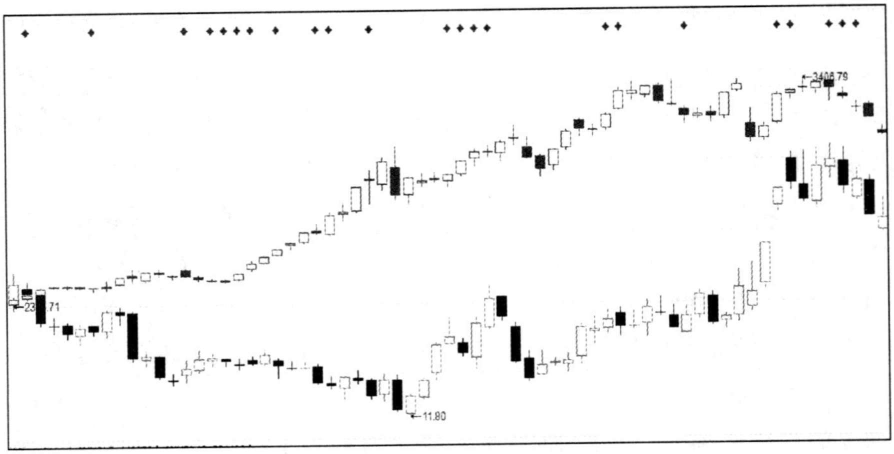

图 8-8　量能背离时个股的走势

如图 8-9 所示，该股缺少对于市场未来走势的信心，在前面的拉升中，主力已然做了一波完整的行情，在大盘后期三重顶阶段，走势明显弱于大盘，即使后期大盘走强，对于该股来说，筹码的失而复得也同样需要时间，后期的走势可能也不会强于大盘。

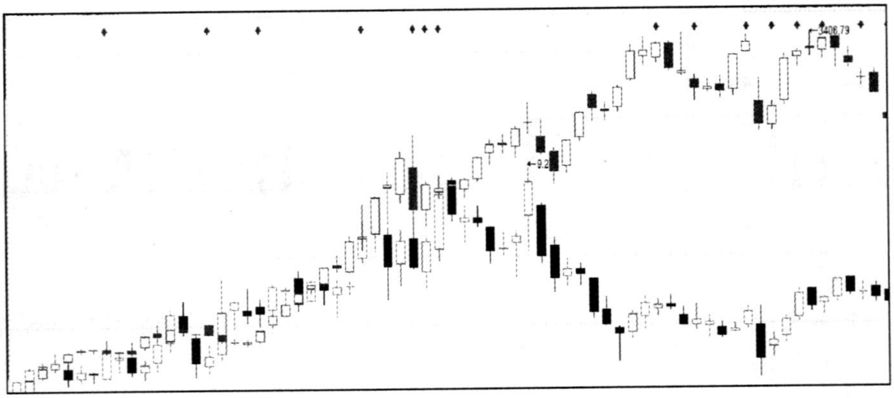

图 8-9　量能背离时个股的走势

如图 8-10 所示，该股看起来就没什么追求了，估计该股主力也是个三天打鱼，两天晒网的，喜欢偶尔做做短线，对于大盘未来走势的研究，只能说马马虎虎了。操作上以不超过一周的短线为主，所以呈现在我们面前的成交量，即使出现单日的巨量，也不能说明该股未来走势的转好，而只能说明主力短线操作的兴趣又来了。

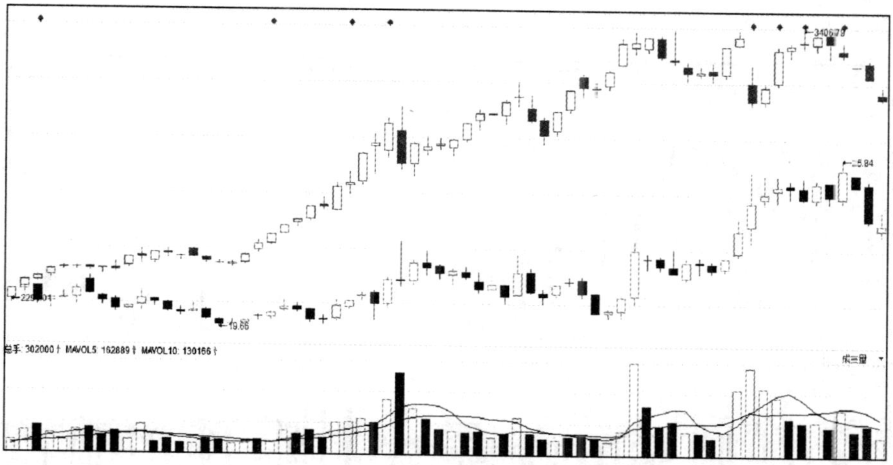

图 8－10　量能背离时个股的走势

三只不同的个股，相同的大盘走势，由于对待市场的态度不同，其结局也就不同。上面三只不同个股相同时间内的涨跌幅对比，个中强弱大家一目了然了。

背离，我们不在于强调走势的图形，我们看重的是市场的态度。背离区域，反映的是市场走势的不确定性在加强，对于未来的预期产生了不同的解释，每一个投资者的内心也是在喧嚣和不安中度过。这个时候，反而正是观察主力的好时机。

(2) 量能的底背离。

底背离：当股价或大盘指数逐波下行，量能和指标不是同步下降，而是逐波上升，与走势形成底背离，一般预示着股价或者指数即将上涨。

从根本上说，背离的产生，还是源于市场氛围的改变，在大盘指数不断下跌的情况下，原先市场一直看空的态度发生了微弱的改变，一部分投资者认为市场趋势可能有变化，开始改变原先的操作思路，从而背离便开始出现了。我们的任务便是去找市场中先驱者的影子，去跟上他们的步伐，未来赚取超越大盘指数的盈利便指日可待了。

如图 8-11 所示，上证从 2260 点下跌以来，跌幅达 11.57%，除了下跌途中有一周的缩量盘整以外，呈现单边下跌的行情，但在下跌的末期，阳线数量明显增多，阴线数量较少，同时，单根阴线的跌幅也在变小，无论从量能还是指标看，明显的底背离行情。那不同个股在这一段时间的表现又是如何呢？

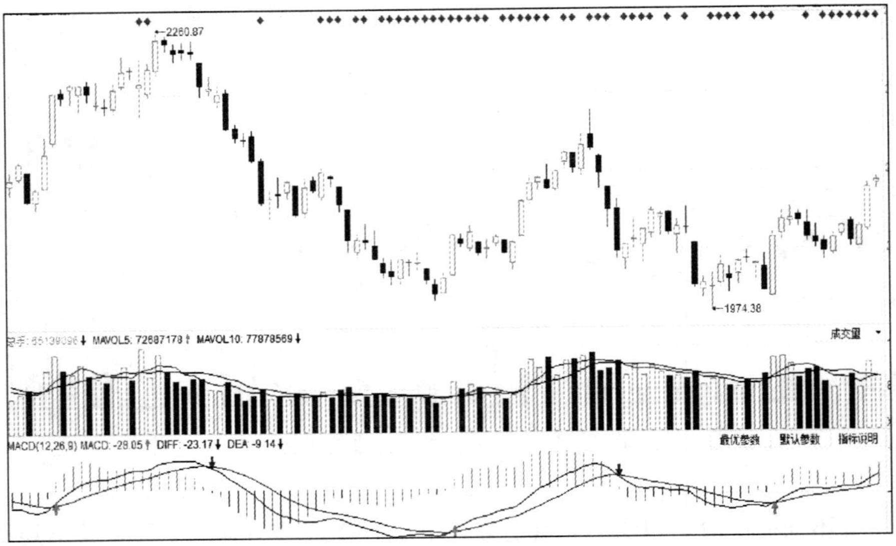

图 8-11 上证指数的底背离

我们从上面三张不同个股的走势图可以清楚地看到，在大盘下跌背离过程中，三只不同个股的表现。

(1) 如图 8-12 所示，该股走势明显强于大盘，跌幅小于大盘，量能合理，在大盘自 2260 点下跌之前就有明显的主力吸筹迹象，后期的走势也令人刮目相看。

(2) 如图 8-13 所示，该股走势明显弱于大盘，即便大盘开始筑底，该股依然跌跌不休。

(3) 如图 8-14 所示，该股走势和大盘基本一致，后期大阳线的操作依然是短线的操作行情，并不代表市场的强势。

任何大盘指数的背离都是一个渐变的过程，由投资者初始的怀疑，到后来的犹豫，到最后的介入，永远是一少部分投资者开启了趋势逆转的历程，我们可以

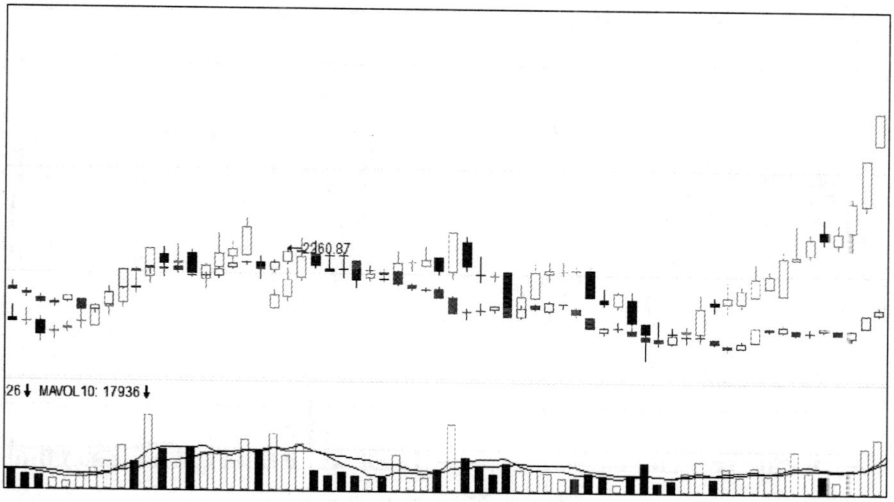

图 8－12　个股 K 线走势叠加

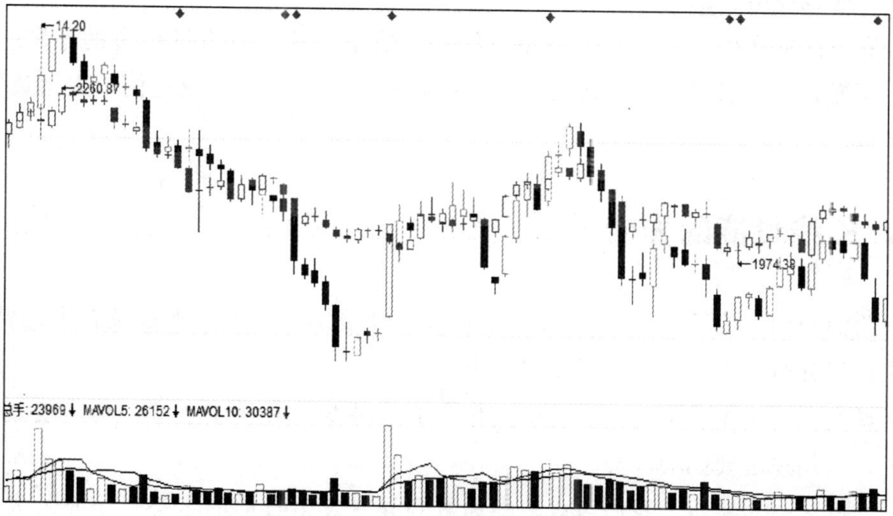

图 8－13　大盘与个股 K 线走势叠加

看到大盘在下跌过程中，三只个股不同的表现以及后期不同的走势。

在主跌的行情中，大盘指数的背离可能发生过多次，很多试图抄底的投资者也被套牢在市场的半山腰上，随着看好的投资者的数量和资金在不断的集聚，市

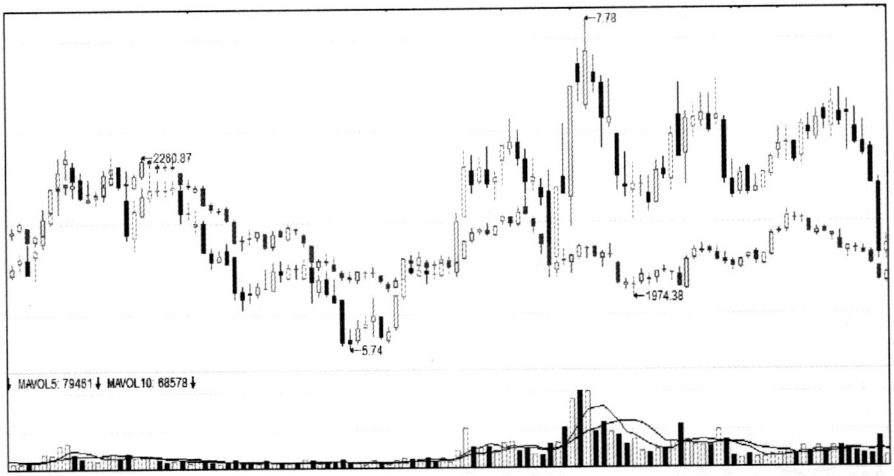

图 8-14　大盘与个股 K 线走势叠加

场的方向也在潜移默化的改变着。

底背离的产生，源于一种恐慌下的苟且偷生，源于对市场后市的不顾一切，看似莽撞，但开启了趋势逆转的洪流。我们的目的就是去发现它们，去追逐它们的脚步。

五、K 线量能的异变

前面我们讨论了在 K 线走势图中量能连续萎缩、放大、平量及背离的情况，现在我们分析一下量能发生异变时的走势。

异变在词语中的解释是奇妙的变化，那这种变化必异于平常，具体蕴藏什么玄机，我们还是要因股而异。

如图 8-15 所示，我们可以清晰地看到异变发生日前的走势，该股及大盘的走势近乎一致，只是近几日的走势明显强于大盘，异变发生日当天量能急剧放大，振幅高达 14.14%，换手率达 11.32%，长长的上影线，种种迹象提醒我们该注意了。次日走出了包含在上影线中的小阴线，见顶迹象明显。后期大盘虽然不断创出新高，但该股却始终没有突破异变当日的最高价。

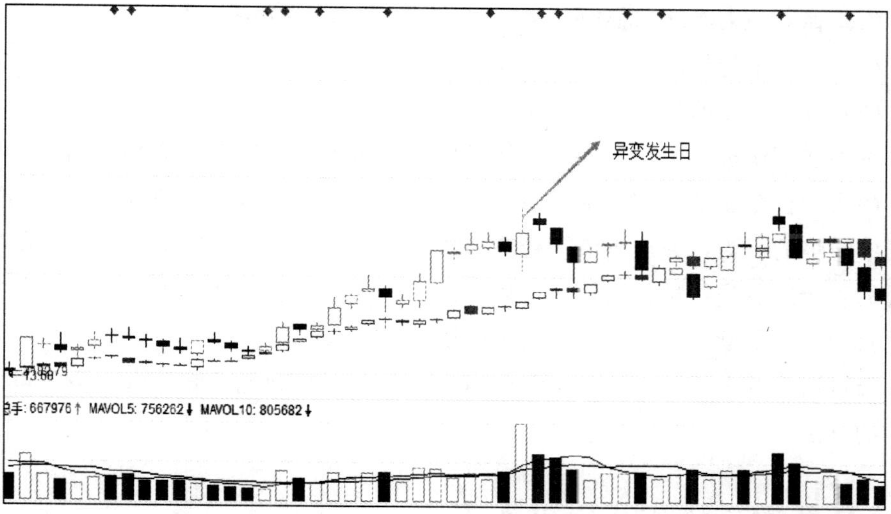

图 8-15 大盘与个股叠加走势图

如图 8-16 所示，该股在发生异变之前的走势中，走势虽然尚算规律，但明显弱于大盘，发生异变当日出现一根振幅高达 11.25%、换手率达到 15.42%的长阳线，在传统技术分析领域中，箱体突破是明显的买入信号，但该股量能过大，获利盘出逃迹象明显。与其说是拉升，不如说是拉升中的试盘，后期的走势也验证了试盘的结果。

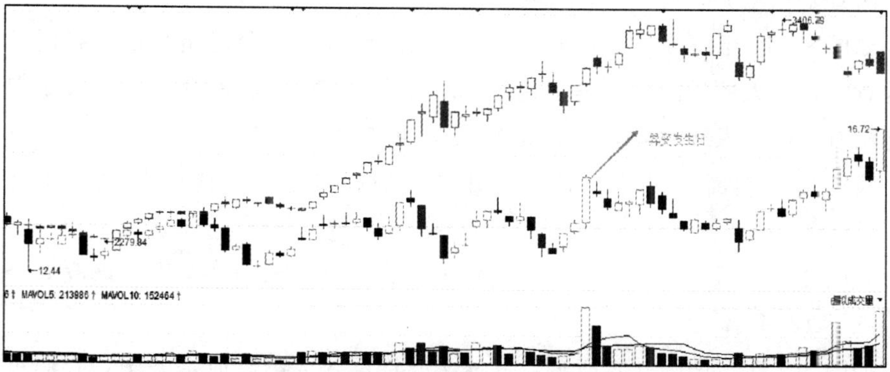

图 8-16 大盘与个股叠加走势图

股票技术分析常常被人们所质疑，其为何经常失败，原因有三：

（1）孤立的去看问题。

（2）忽略了趋势的存在。

（3）没有有效的量化。

本书在写作过程中，其核心思路就是价格趋势与市场气氛的相互结合，不是孤立的去分析个股的走势，而是在当前的市场氛围下，通过研究市场中的异动，市场中逆势的行为，去辨析市场趋势的强或弱，同时通过对个股分时走势或K线走势的若干阶段进行量化比较，用数据说话，辨析市场中变化的强或弱，研究逆势，目的是为了顺势，为了在不同的市场行情中有所得。

通过以上两个例子，让我们明白相互验证、因势利导、知行合一方为其解决弊端的方法。

六、量能逆势的相互作用力

前面我们讲到了K线量能逆势及分时量能逆势，讲解了K线及分时上量能急剧变化时对股价趋势产生的影响，以及单日发生异变时可能对趋势产生的作用力，K线量能是由每天的分时量能组成，分时量能在很大程度上对于K线量能的转变有很大的信号作用，如果一段时间内，连续出现量能不济或者出现多次补量的情况，对量能的逆转乃至对于市场趋势的逆转都是有用的信号。

同样，K线量能的变化，对于分时量能的作用力是体现在市场的每一分钟里，两者是相互关联与相互制约的。

如图8-17至图8-19所示，这是该股连续3天的分时走势图，我们可以清楚地看到，全天的量能分别集中在10:30左右、10:00之前及午盘，虽然当天的量能没有过度放大或缩量，大盘指数走势也相对平稳，再加上股价处于市场底部，我们可以判断，这是该股在上升之前的补量过程，离后期的拉升应该不远了。

如图8-20所示，在大盘及行业板块走势相对平稳的情况下，该股6个交易日上涨了17.52%。

如图8-21至图8-23所示，这是该股连续3天的分时走势图，我们可以清楚地看到，量能集中出现在市场的底部，虽然3天的K线量能都没有太大的放量及缩量，大盘指数也相对比较平稳，再加上市场处于短线次高位，安全起见，我们还是以逢日内高点出货为好。

与我们判断的一样，该股在之后的一周内跌幅达 15.45%，如图 8-24 所示。

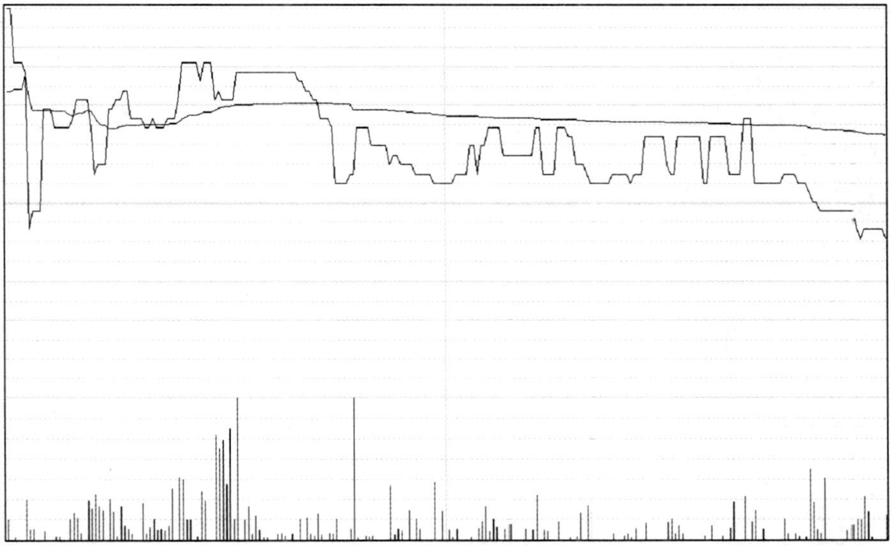

图 8-17　个股分时走势图

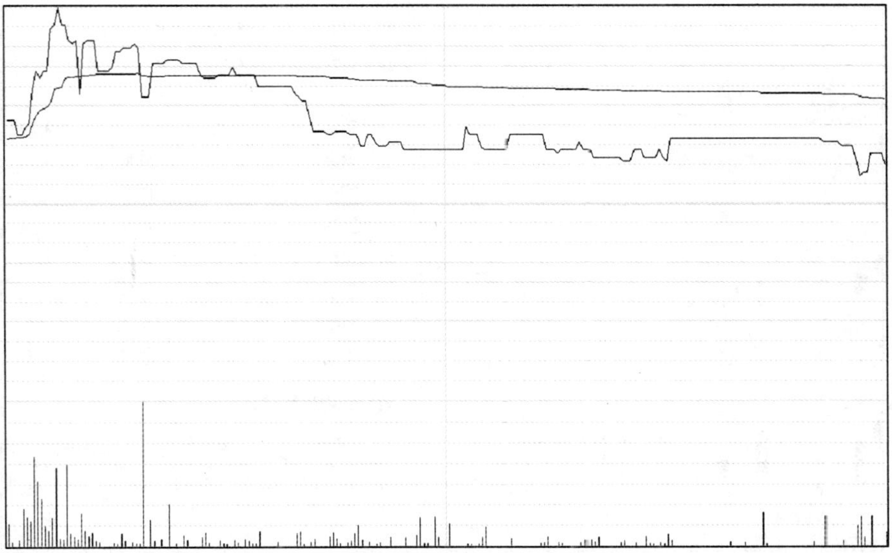

图 8-18　个股分时走势图

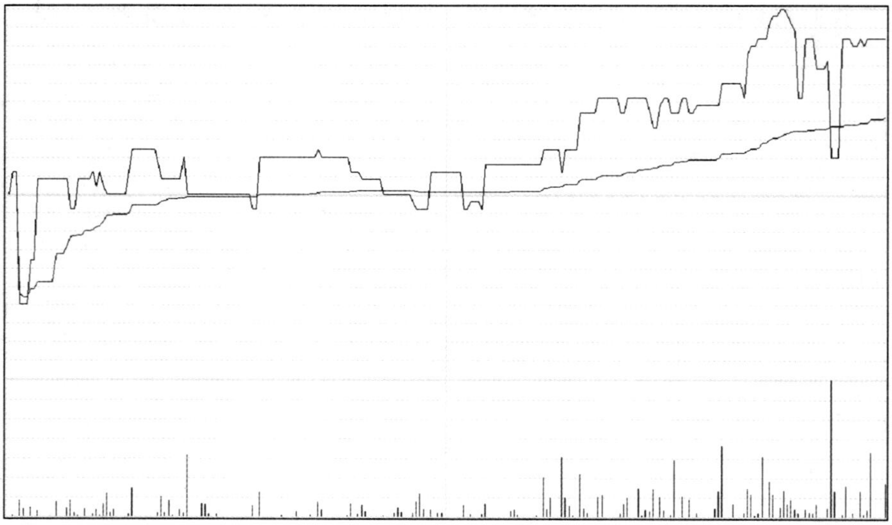

图 8－19　个股分时走势图

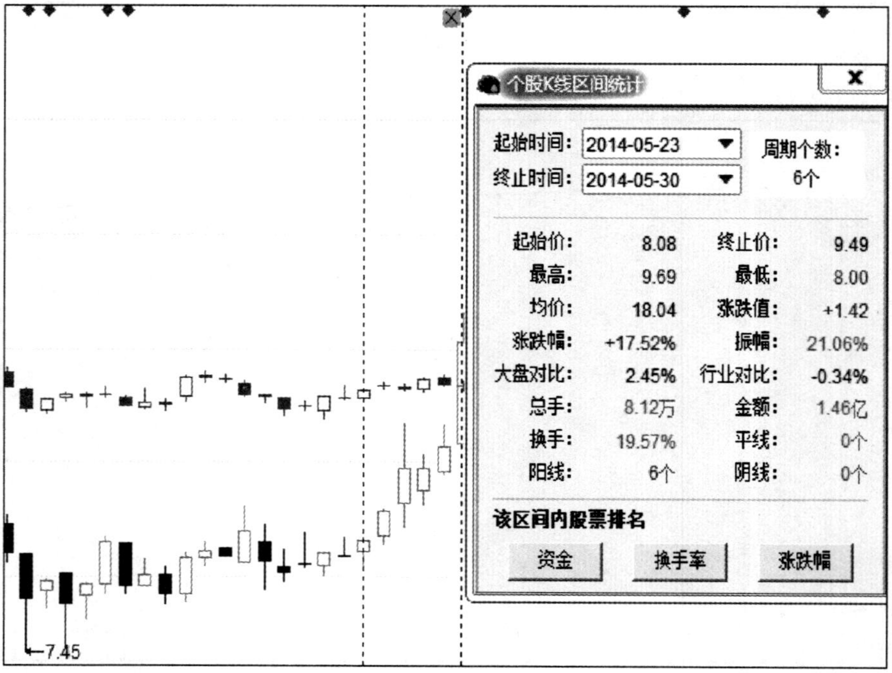

图 8－20　个股 K 线区间统计

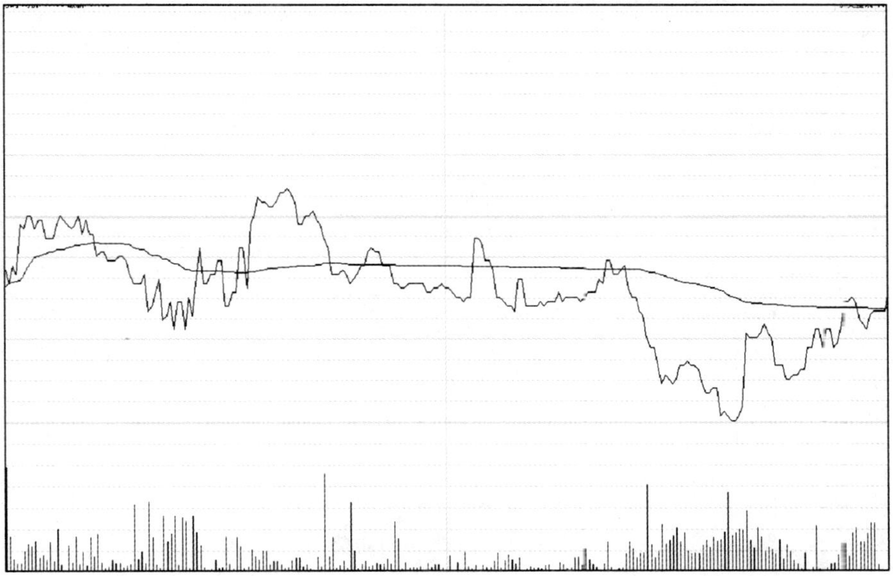

图 8-21　个股分时走势图

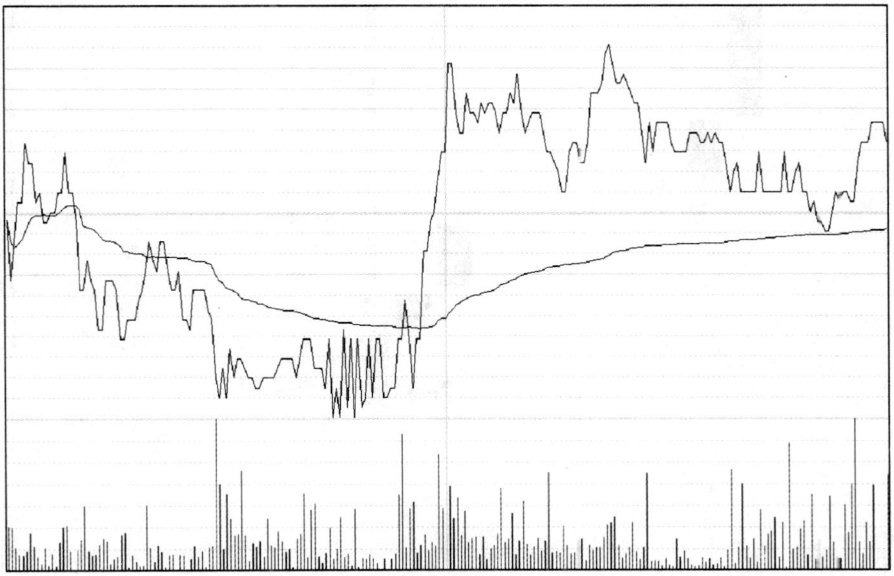

图 8-22　个股分时走势图

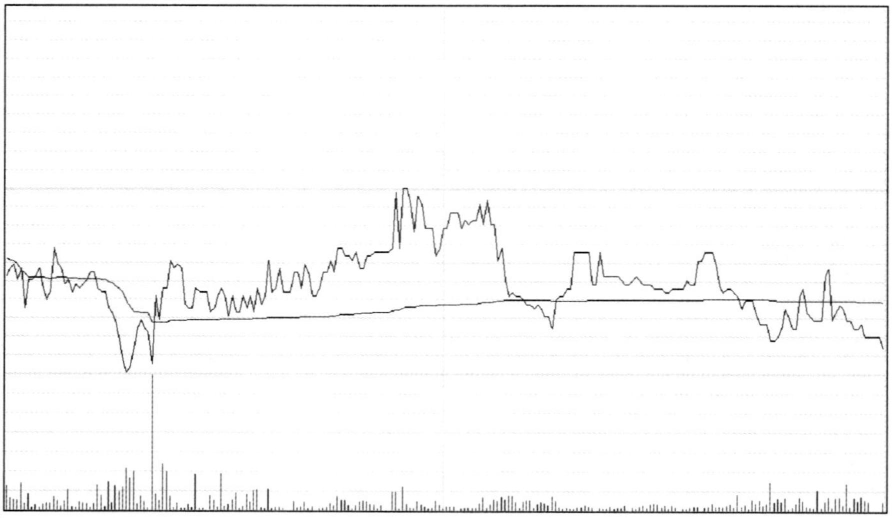

图 8-23　个股分时走势图

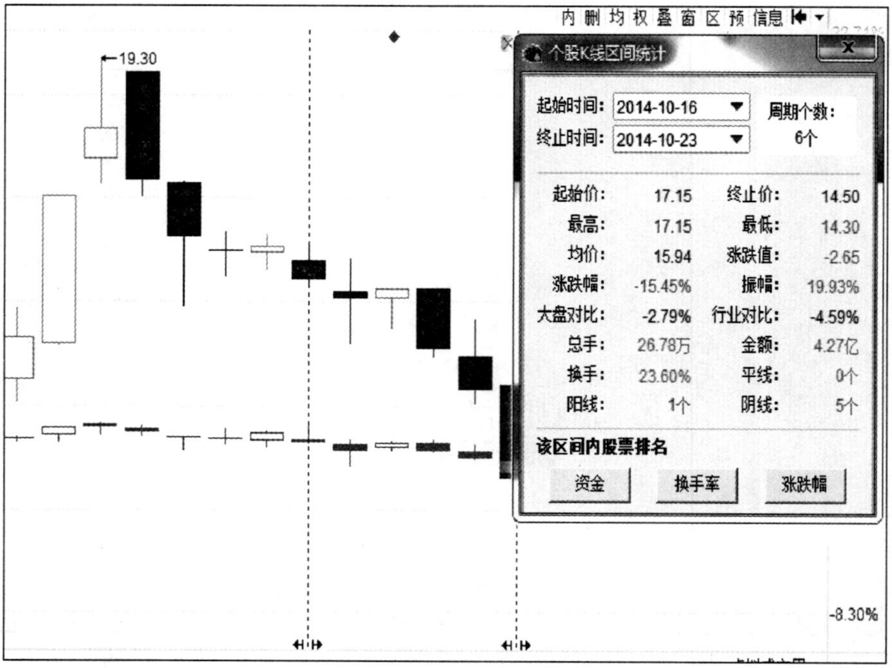

图 8-24　个股 K 线区间统计

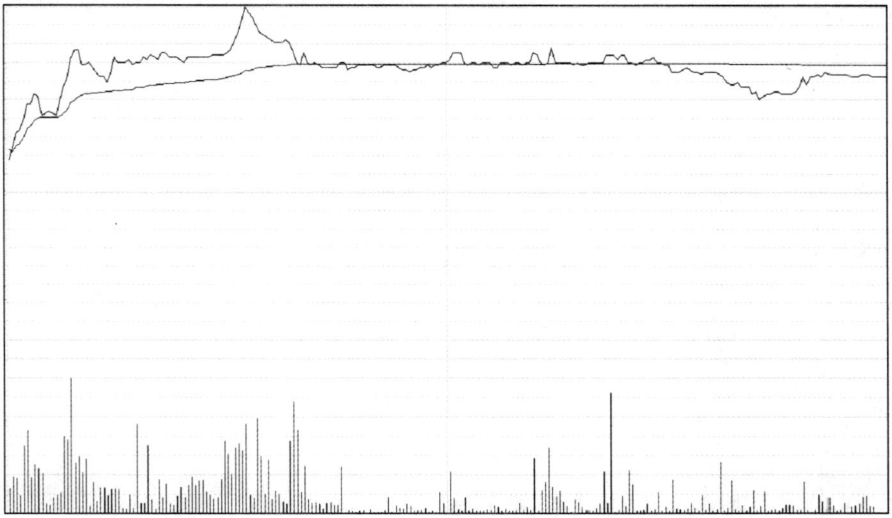

图 8－25　个股分时走势图

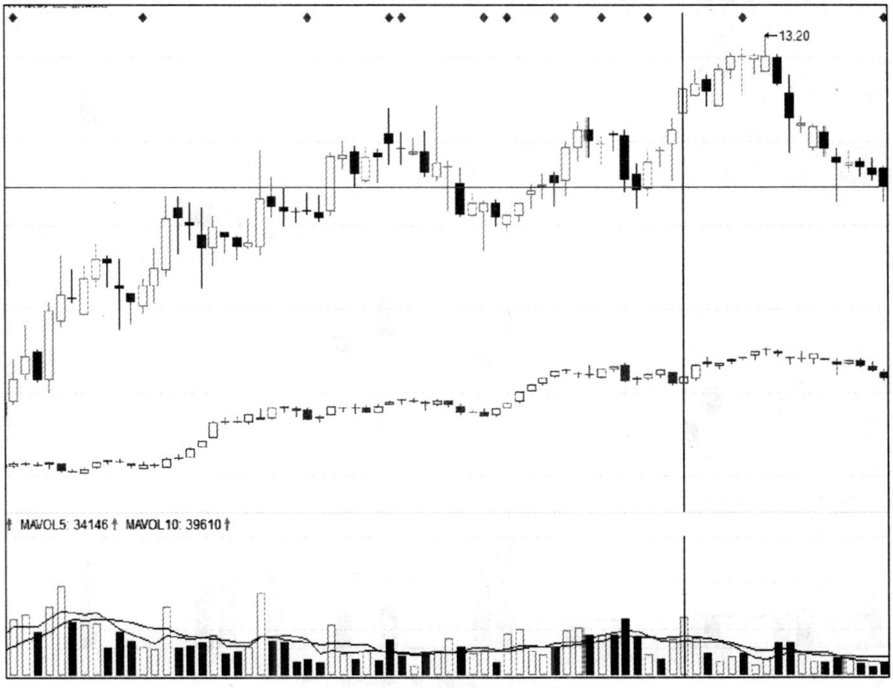

图 8－26　个股 K 线走势图

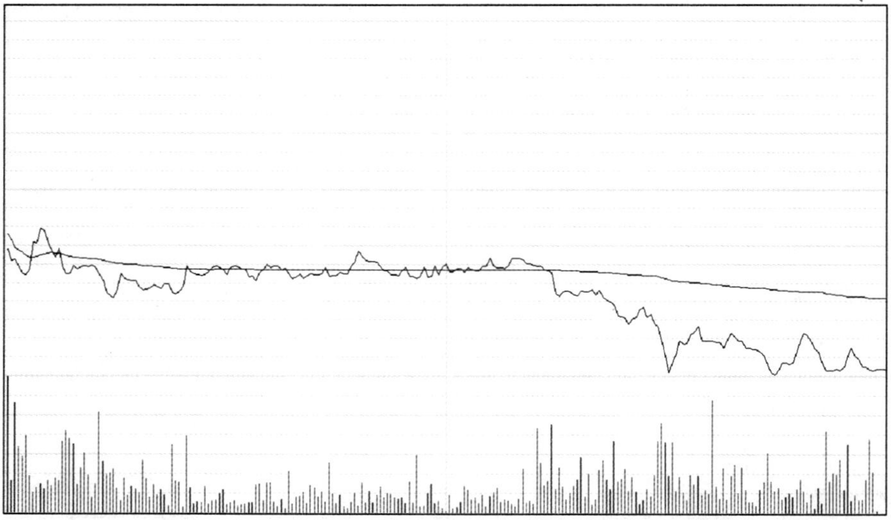

图 8-27　个股分时走势图

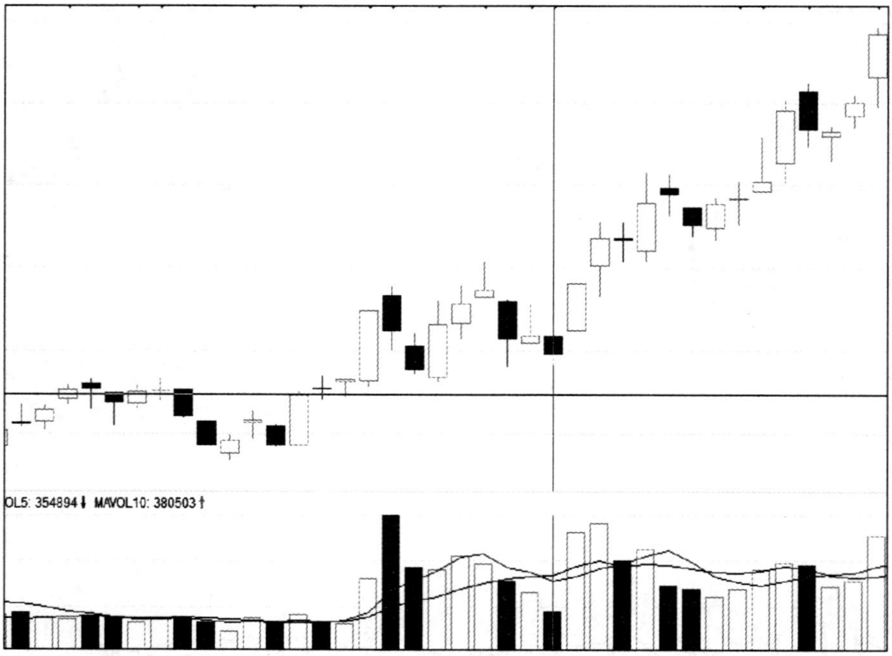

图 8-28　个股 K 线走势图

如图 8－25 所示，如果单纯看这张分时走势图，相信 90％的人都认为市场依然处于强势中，但细心观察后发现，量能的不规则分布，午盘后下跌放量，再结合 K 线上连续多日的放量滞涨，股价处于短线高位的事实，放弃应该是最好的选择（图 8－26）。

如图 8－27 所示，价涨量缩，价跌量增，多么完美的下跌走势，但结合 K 线走势上的分析，萎缩的单日量能，股价正处于拉升初期的阶段，上升趋势线的支撑，继续的持有对于现在来说风险并不大，后期的走势也验证了我们的分析（图 8－28）。

K 线走势是由分时走势构成的，同样，K 线量能是由分时量能构成的。分析的过程，是两者相互结合的过程，过分的看重其中一方面，都容易使我们顾此失彼，都会使我掉入市场的陷阱。

第九章　异动中的逆势原理

很多书中在谈到异动时，都普遍结合了主力运作的各个阶段，吸拉派落，看起来，总是引人入胜，好似好莱坞大片。但笔者认为，单纯依靠庄家理论解读市场中的变化，是远远不够的。市场本来就不是一湖静水，单纯把坐庄各阶段的步骤生搬硬套是不准确的，结合市场氛围、结合主力的资金情况、结合市场主力的操盘习惯、系统的分析K线及分时上走势的异动，才是致胜之道。

异动其意思解读为不轨举动，不轨即异于常人。我们本章讲解的是其中含有的逆势原理。逆势原理是以价格分析为主，以量能分析为辅。价格是市场中最核心的要素，我们研究量能，研究的重点也在于量能发生异变时，价格的趋势变化。我们在这里讲到异动，重点不是讲解异动产生的原因和结果，而是讲解异动的逆势原理及处理方式。

一、消息异动之逆势解读

前面我们在"看盘时的误区"一章中讲到了数据消息的误区，重点说明了公开消息对于大盘走势的影响，本章我们将重点阐述消息对于个股的影响，这里的消息包括公开的消息、非公开的消息、真实的消息及非真实的消息，即一切可以影响市场走势的消息。

1. 利多与利空的区分原则

利好，也称为利多，就是给股市带来好的因素的消息，能刺激股市上涨。例如营业收入创新高、中标某大订单、银行利率降低、社会资金充足、银行信贷资金放宽、市场繁荣等，以及其他政治、经济、军事、外交等方面对股价上涨有利的消息。

利空，是指能够促使股价下跌的消息。例如股票上市公司的经营业绩恶化、银行紧缩、银行利率调高、经济衰退、通货膨胀、天灾人祸等，以及其他政治、经济、军事、外交等方面促使股价下跌的不利消息。

假作真时真亦假，无为有处还有无。当你把真实的东西当作虚幻的东西来看的时候，那虚假的东西甚至比真的东西更真实。反之也是一样，把不存在的东西说成是存在的东西，那捏造的事实甚至比存在的事实更显得真实。

利空与利多，本身就是一对难以分辨的欢喜冤家。有时主力为了造成一种对自己有利的局势，无论是空头或是多头都乐于制造或传播一些流言来影响股价走势。对于投资者来说，除了辨别流言的真伪以外，最关键的就是要区分信息的性质是利多还是利空。

（1）根据资金的供求关系来决定。

股价的涨跌其决定因素便是资金的供求关系，资金宽松则股价上涨，资金紧张则股价下跌。所有能给股市带来源源不断资金的都是利好消息，反之都是利空消息。所有能给股市带来压力，分流股市资金的消息都是利空消息，反之都是利多。暂停 IPO、社保基金入市、QFLL 额度扩大等都会促使股市的供求关系向资金供过于求、股票供不应求方面转化，从而也引发了当年股市的上涨行情。规范融资融券、严查伞形信托、严禁场外配资等都会促使股市中的供求关系向着资金供不应求、股票供不应求方面转化，从而促使当年股市的回调甚至下跌行情。

（2）对上市公司业绩有无实质性的影响。

一切能够对公司业绩产生实质性正面影响的消息都是利好消息，包括国家出台新的类似一带一路的战略构型、类似自贸区的改革开放新方案、类似中国南车北车的合并等。反之都是利空消息，如新政策法规的出台导致公司成本急剧增加、供过于求的局面导致公司利润大幅下降、新项目的投资失败等。

（3）对投资者炒作收益或交易难易程度的影响。

股票交易费的增减，股票收益是否征税，T＋0 恢复与否，在一定程度上都会影响着投资者的收益情况，及炒作的难易程度。如果股票收益的征税得到落实，它将很大程度上减少投资者的收益，降低投资者的炒作热情，对于股市的活跃性产生影响，所以它是利空消息。

（4）其他相关行业及衍生品的推出与发展。

股票期权的推出，新三板的推出等，都会使券商长期受益。股指期货的推出，长期改变了股市的游戏法则，其利好或利空到现在依然没有定论。金融产品的不断推出，股票衍生品的发展都在一定程度上促使着股市的良好健康发展，又在一定程度上使投资者的选择更加丰富，分流了市场资金。

2. 利好变利空

中国中车，我们在前言中讲到了这只股票。中国中车又被称为“中国神车”，是热的发烫的股票，而往往这种股会给很多散户带来巨大的伤害。中国中车于2015年6月8日在上海证券交易所和香港联交所鸣锣上市，宣告这一世界上最大轨道交通装备制造企业同步登陆A股和H股，承载着中国高铁走向世界梦想的“巨型航母”在资本市场上正式扬帆远航。公司当天也以一字涨停收市。虽然股价处于高位，但连续的涨停依然为广大投资者所期待。然而，后来的走势却让人大跌眼镜，连续9个交易日跌幅近40%，依然没有止跌的迹象。中国中车，具备“一带一路”、国企改革等多种“噱头”。股价被市场主力炒作后引起市场认同而暴涨，但这个暴涨主要是主力资金获利的过程，而如何能最终获利，就必须把大量筹码高位卖给广大接盘的散户，这是正常的市场行为。6月8日的鸣锣上市，以及6月11日的重大合同，都不过是市场主力的出货延续，利好的不断发酵，不断兑现，变成了主力出货的工具。如图9-1所示。

面对市场层出不穷的消息，要多从市场趋势的角度去研判趋势，多头初期的行情对于利好消息的影响远远强于高位的行情对消息的影响，同时研判市场的主力成本和利润，分析股价所处的相对位置。如果股票利好出台时，股价并没有像人们想象的那样，出现上扬的行情，反而与大势背离，在这种情况下，基本可以确认是诱多消息，这时一旦股价跌破发布消息前日价格时应离场。

3. 利空变利好

2010年7月3日，紫金矿业集团旗下福建上杭紫金山铜矿造成流域重大环境污染，当地养殖业受到重创，污染事故发生后，作为中国最大黄金企业，紫金矿业不仅要赔偿受影响渔户的损失，其黄金业务也遭到重创。而受“污染门”牵连，紫金山金矿当年将限产，预计本年度将减少黄金产量1吨左右。

8月7日紫金矿业旗下招远一金矿发生伤亡事故，导致其全面停产，并接受安全专项检查整治，其黄金产量进一步减少。

9月21日晚间公告称，因受11号台风“凡比亚”影响，全资子公司信宜资

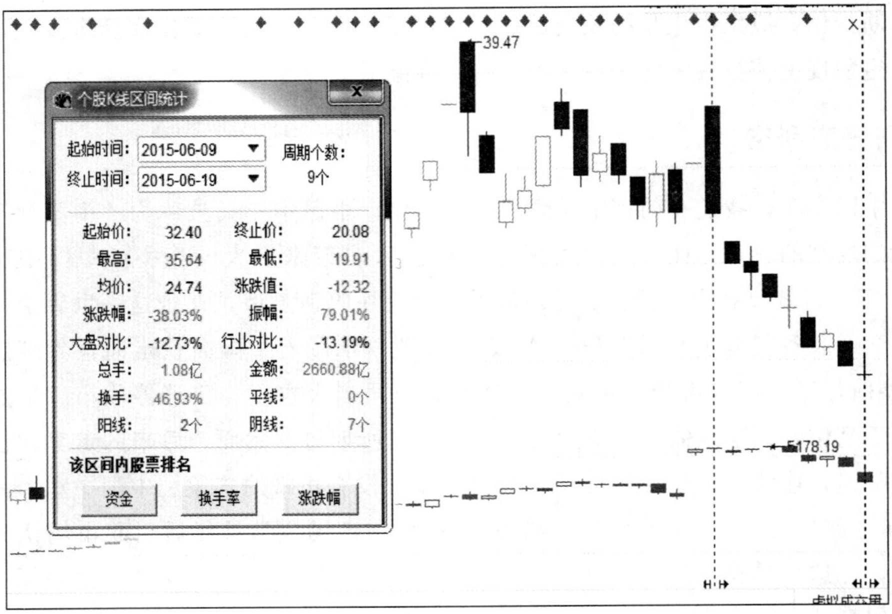

图 9-1　利好兑现变利空

金矿业有限公司所属的广东省信宜市银岩锡矿尾矿坝母坝被泥石流冲垮。经过有关部门调查，紫金矿业下属信宜银岩锡矿尾矿库存在严重质量问题。该矿 4 名负责人已被带走协助调查，或将被追究行政甚至刑事责任。

我们来看看紫金矿业当时的走势，如图 9-2 所示。

做股票就是做预期，但是一旦兑现了也就是所谓的出尽了，就不再是预期了，而是现实，就对市场没有价值了。利空兑现时利好，利好兑现是利空，反过来理解也是一样的。

在操作中，结合市场的趋势及主力股价的相对位置，分析利空对于市场的影响。从技术上分析，如果出利空，股价不跌反涨或虽有下跌，但在一段时间内股价又重新站在利空前日价格时，应果断跟进。

《三十六计》中的这句话很值得今天的股票投资者仔细揣摩：“阴在阳之内，不在阳之对。”转换成股票投资方面的行话，就是说利空总是暗含在利好之内，利好并不与利空截然对立，利空连带着利好，利好包含着利空，投资者在看到利空时，要透过现象看到本质，要透过利空看到利好。

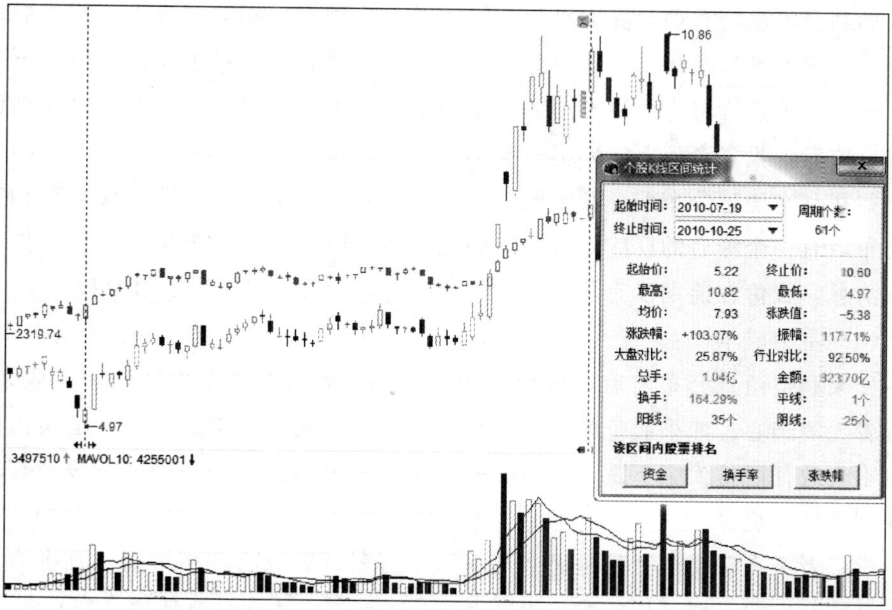

图 9－2　利空兑现变利好

4. 利好及利空消息分析

任何事物都是相对的，利好和利空因素都不是绝对的。在不同的时间、不同的市场条件下，它们所起的作用也不一样。一个信息的产生到底是利好还是利空，主要由市场说了算，而我们在分析利好及利空消息时，需要重点关注以下几个方面：

（1）利好及利空的性质。

上市公司发布的利好及利空消息五花八门，既有确定性的，也有突发性的；既有包含实质内容的，也有虚无缥缈的；既有对未来企业影响巨大的，也有对未来发展影响不大的。投资者一定保持清醒的头脑，首先要对利好及利空消息分析清楚再定夺。

（2）股价走势。

一般来说，凡是利好及利空消息都会对上市公司的股价产生不同程度的影响，只不过这种影响有的提前有的滞后。因此，投资者在遇到消息时重点要看消息公布前股价有没有做出提前反应。

如利空消息公布前，在大盘和其他股票走势相对平稳的情况下，利空股已经出现了一定程度的跌幅，提前消化了利空对股价的影响。对于在这种情况下公布的“利空”消息投资者已没有必要过于担心。如果是利好消息，在股价前期已经有了反应后，投资者反而需要提高警惕。

如在利空消息公布前，利空股一切正常，未出现下跌，一般来说会在利空消息公布后有一个滞后的反应过程，遇到这种情况时投资者就需引起警觉。如果是利好消息，股价在前期没有异常变动的情况下，投资者没有必要过分担心。

（3）主力成本。

如果利空消息公布前后股价处于相对底部，尚未脱离主力成本，一般来说，投资者无需担心；如果股价处于相对高位但主力尚无脱身迹象，有一定实力的主力也不会放任股价大幅下跌，想离场的投资者只要不是特别贪心，大多会有较好的获利出局时机。

投资者重点需要注意的是那些利空消息出来时股价已处相对高位且主力已全身而退的利空股，对这样的股票投资者应尽力回避，不应存有任何侥幸心理。

对于利好消息，如果股价处于相对高位，此时主力尚有余货以待清理，我们要提高警惕，一旦走势疲软，应立即离场。如果利好消息公布前后股价处于相对底部，一般来说，多为行情开始的标志，投资者可以放心持股。

（4）活动迹象。

重点观察利好或利空消息公布后，分时走势是否有逆势行为及异动发生，量能是否有异常的表现。如果股价处于低位，主力操作迹象明显，且时不时出现有规则的逆势行为时，极有可能是主力在吸纳筹码；如果股价处于高位，主力趋势变弱、成交明显放量，则多半是主力在倒仓或出货。

通过以上四个方便的分析，观察利空股或利多股有无中长线或短线投资机会。若没有机会，就选择卖出或放弃建仓，若有机会，就一路持有或适量买入。

二、K线异动之逆势解读

1. 连续缩量创新高

如图9－3所示，连续缩量，股价的重心却不断上移，阳线的实体不断放大，其原因无外乎以下三点：

（1）主力控盘度很高，不用多少资金就能拉升。

（2）大盘走势向好，为缩量拉升提供了外部条件。

（3）主力志存高远。

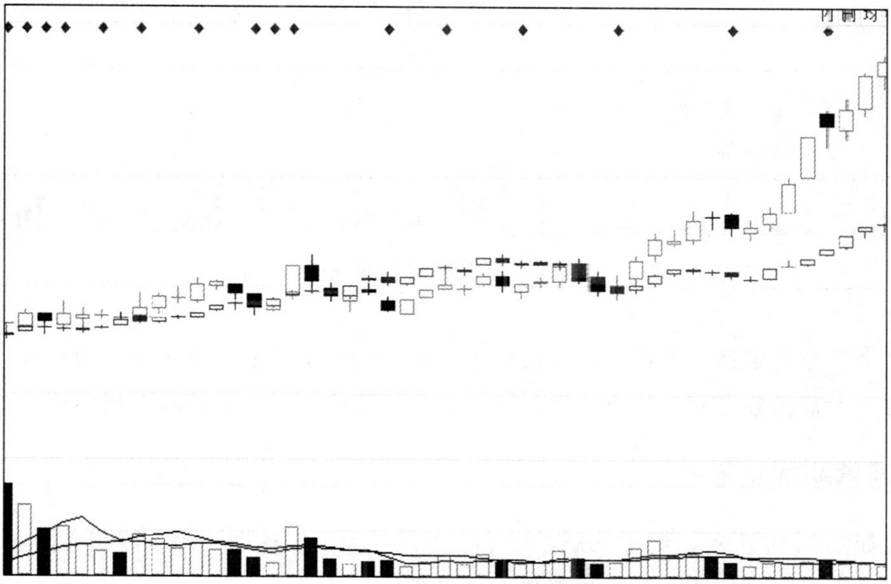

图 9－3　连续缩量创新高

逆势原理解读：连续创新高，K 线走势从大盘指数下方向上穿越，回调不破后，逆势力度逐渐扩大，可每天记录当天的逆势力度，当逆势力度 3 天内不创出新高则卖出平仓。

2. 连续放量价不升

如图 9－4 所示，短线高位连续 3 次放量，终未能突破前期高点，震荡加大，短线拉升行情表明已经结束：

（1）主力短线操作，滚动操盘。

（2）大盘处于底部反弹行情，连续攻击未能突破 2270 点，缺乏长线操盘的条件。

（3）主力对市场持谨慎态度。

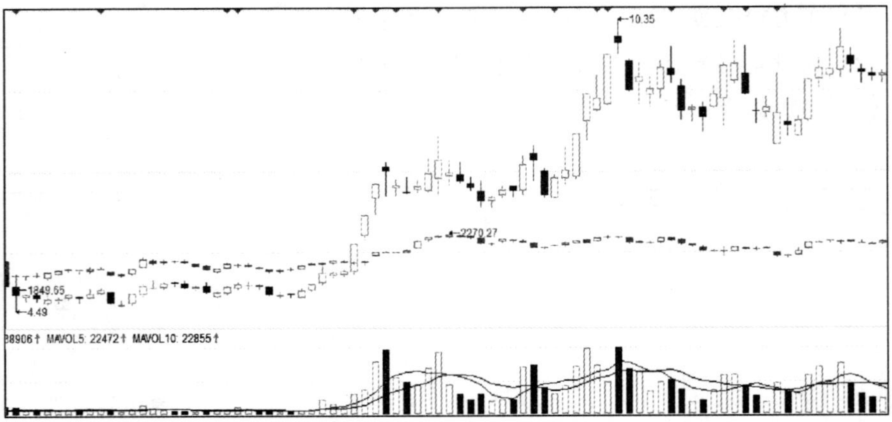

图 9－4　连续放量价不升

逆势原理解读：连续 3 次放量未创新高，同时大盘指数走势相对平稳，K 线走势与大盘指数之间的逆势力度，明显出现滞涨的情况，可暂时退出观望。

3. 连续阴线价不跌

如图 9－5 所示，调整末期，一个三连阴，一个四连阴，两个双阴夹阳，如果被吓的卖出离场的活，后面的涨势也就与我们无关了。

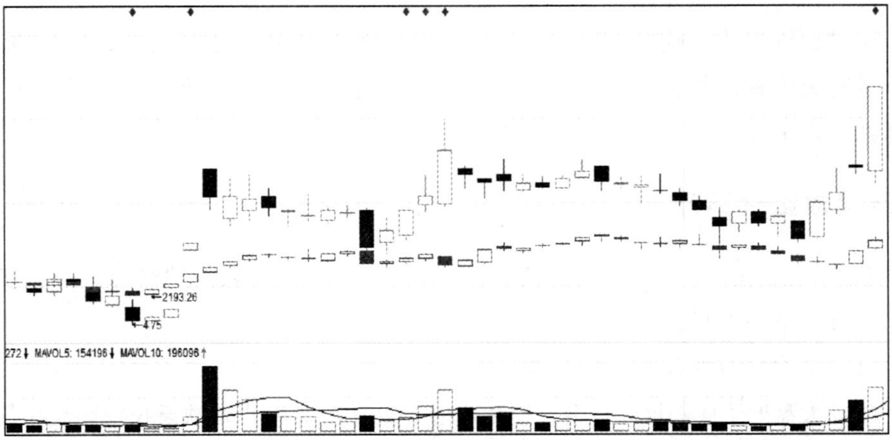

图 9－5　连续阴线价不跌

（1）阴线虽多但成交量萎缩明显，重心没有进一步下移。

（2）大盘指数连续下跌为个股洗盘创造了条件。

（3）主力看好后市，有所失必有所得。

逆势原理解读：个股走势在大盘指数不远的上方保持窄幅波动，虽然连续出现阴线，但逆势力度并没有由正转负，以双底的形态回调，在大盘指数受到支撑后可果断买入。

4. 连续阳线价下行

如图 9-6 所示，在下跌反弹阶段，连续出现多根阳线，但趋势下行依然没有改变。

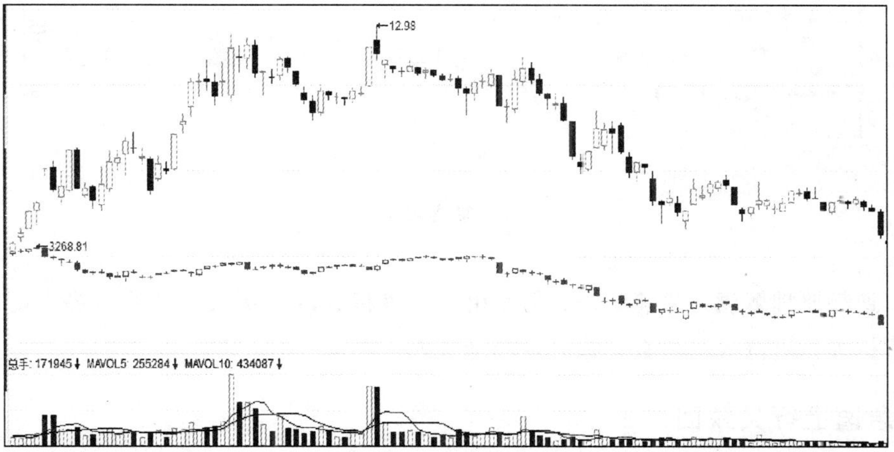

图 9-6　连续阳线价下行

（1）连续阳线，但量能萎缩明显。

（2）大盘指数处于盘跌过程中，主力采用这种方法为出货创造了条件。

（3）主力操盘稳健，出货但不破坏图形。

逆势原理解读：在大盘下跌阶段，个股借助市场反弹连续出现阳线，但重心没有上移，逆势力度依然持续减弱，并有持续加速的可能，可逢阳线出局。

5. 急速大跌又返回

如图 9-7 所示，由于大盘单日暴跌 6.2%，导致该股下跌 5.62%，但该股却在发生暴跌的第二天开始连续两个涨停板，后市值得期待。

（1）暴跌期间量能明显萎缩，且下跌过程无明显的放量。

（2）大盘连续上涨，缺少回调洗盘，单日放量暴跌，释放获利盘回吐压力。

（3）主力因势利导，不盲目，应对自如。

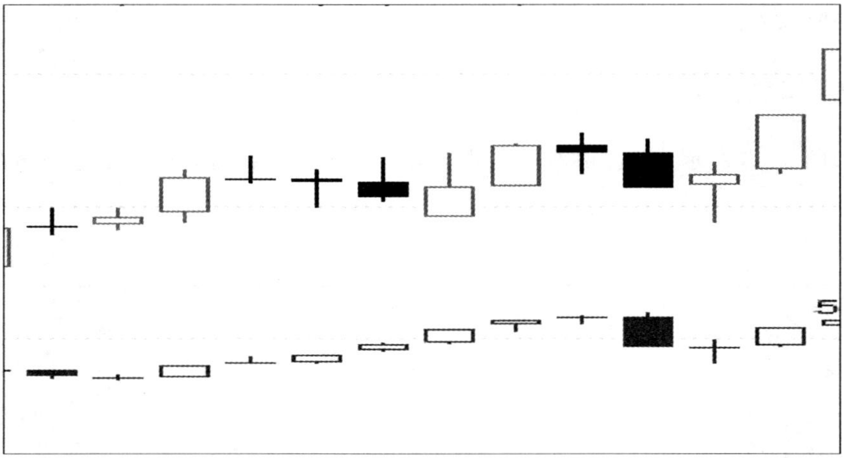

图9－7　急速大跌又返回

逆势原理解读：急速暴跌，但是由于大盘指数跌幅更大，导致逆势力度反而有所扩大，可待大盘指数企稳时，加仓买入。

6. 急速上行又跌回

如图9－8所示，大阳线以及涨停板的突破行情，但是4天跌幅18%，跷跷板式洗盘，后市值得期待。

（1）剧烈阴线制造恐慌，快速企稳暴露了主力的真实目的。

（2）大盘指数回调创造洗盘良机。

（3）主力收放自如，其胆量源自于有实力。

逆势原理解读：个股走势自大盘指数由上往下跌破后，很短的时间内在量价配合下又返回，证明了只是个股走势的回调而已，向上突破当日是买入的好时机。

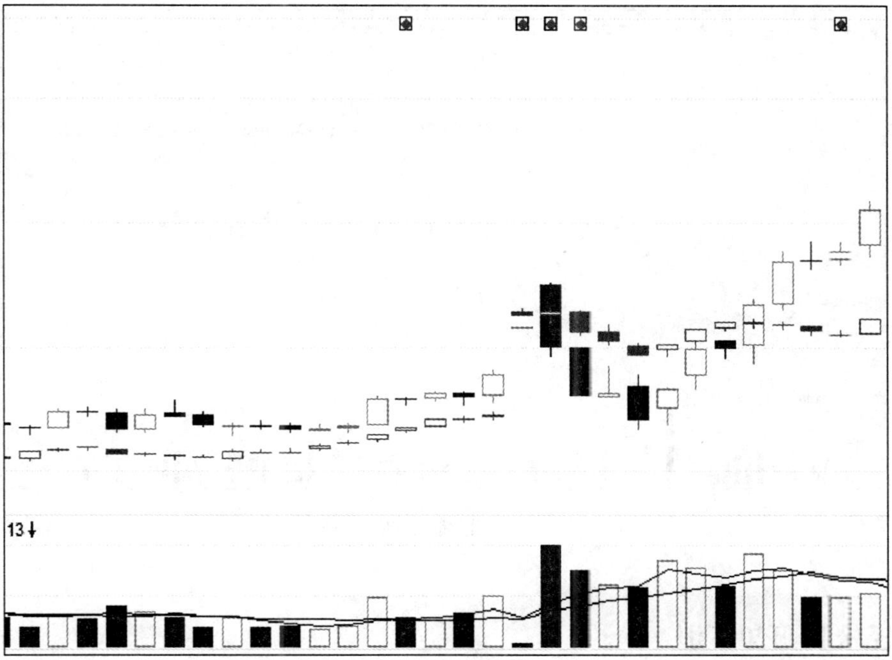

图 9-8 急速上行又跌回

7. 恐怖 K 线价不跌

如图 9-9 所示，主力在前期高点附近多次制造长上影线、大阴线等攻击受阻的 K 线及 K 线组合，释放前期获利盘的压力，以便轻装上阵。

（1）前期涨幅有限，多次攻击受阻有故意示弱之嫌，后期的突破验证了主力有更大的想法。

（2）大盘处于主升浪行情，多次攻击受阻更有利于消化市场跟风盘。

（3）主力能在大盘涨升中保持自己的节奏，其意在长远。

逆势原理解读：在此期间，如果是大盘延续上升的行情，可在前期高点处暂时出局观望，逢个股走势回调大盘指数不破后买入。由于此时个股主力持筹较多，未来的走势可能会远远强于大盘，不可因大盘指数走势发生变化而轻易平仓。

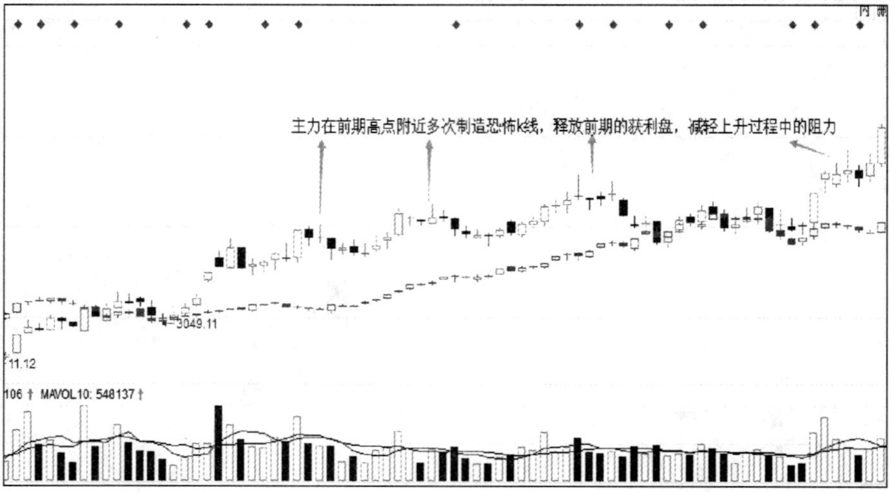

图 9－9　恐怖 K 线价下跌

8. 轻松长阳却不涨

如图 9－10 所示，该股在大盘盘跌下制造出短线行情，用一根轻松长阳线（即缩量长阳）创出 14.22 元的最高价，量价背离，最终以近乎跌停板的巨阴线宣告此波行情结束。

（1）该股在前期拉升、维护盘面时，主力却在陆续出货。轻松长阳线乃是吸引投资者跟进的诱饵。

（2）大盘从 2444.80 的高点逐步盘跌，途中的弱势反弹给了主力短线操作的机会。

（3）主力在暴跌之间出掉大部分仓位，为明智之举。

逆势原理解读：由于大盘指数的转跌，市场中的气氛在改变，个股缩量大阳线的出现也未能改变其趋势的逆转，其后个股的暴跌导致市场的逆势力度急剧缩小，应及时止盈出局。

这些有悖于常理的走势，也在一定程度上暴露了主力的操盘节奏，如能有效地捕捉这些痕迹，可在主力操盘过程中应对自如，不至因大跌而慌乱，因大涨而狂喜。逆势原理的解读，并非刻意追求异动的原理，更在乎从趋势的角度，应对市场出现的各种现象。

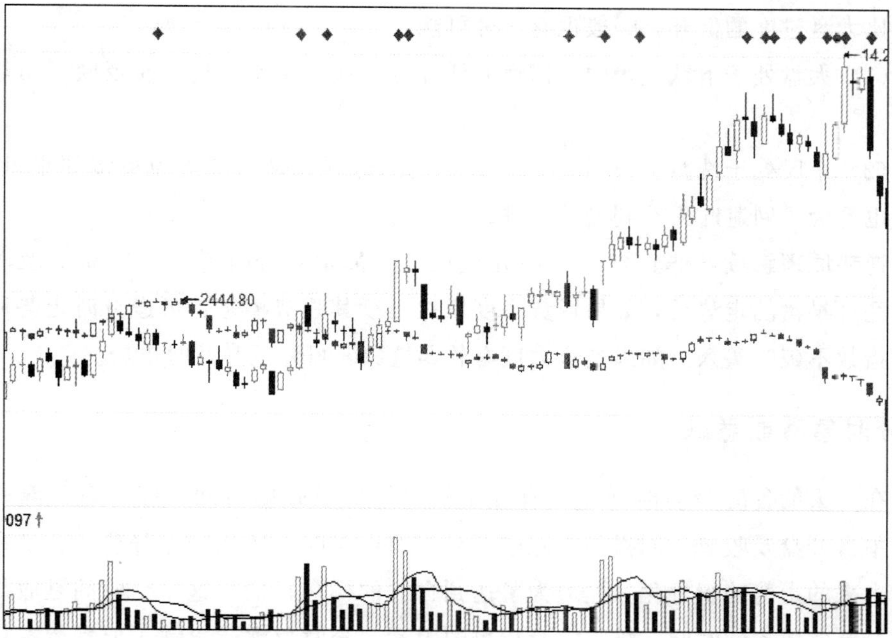

图 9-10　轻松长阳却不涨

三、分时之异动

分时异动相对于 K 线异动，其时间更短，突发性更强，对于短线投资者或 T+0 投资者而言，如不能有效掌握这些异动的意图，可能有被套之忧。因此我们在这里深入地讲解一下，希望能为投资者朋友有所帮助。

1. 非正常性的高开或低开

正常情况下，个股的开盘是根据大盘指数的开盘来定位的，过度的高开或者低开都是不正常的。

比大盘指数高开的原因，一般有两种可能：

(1) 个股处于拉升状态中，过度的高开是为了提高买入者的持股成本，以免后期获利盘先于主力平仓。

(2) 大盘处于出货状态中，大幅高开是为了增大出货的空间，同时也利用最实惠的方法提高自己的利润率。

比大盘过度的低开，一般也有两种可能：

（1）大盘处于下跌过程中，惯性的低开低走属于正常，进一步反映了市场的疲软。

（2）个股处于洗盘调整状态中，大幅度的低开，是为了避免更多的跟风盘，同时也是为了回避昨天获利盘的出逃。

逆势原理解读：非正常性的高开或低开，都是对分时逆势力度做的及时修正。经过早盘的走势后，如果逆势力度依然延续其强势姿态，可逢分时走势回调大盘指数不破时买入。如果逆势力度有软弱迹象，可逢反弹及时出局。

2. 分时急涨或急跌

在一天的分时交易时间里，有4个投机性比较强的时间，即早盘开盘及收盘，午盘开盘及收盘。同样是上涨或下跌，但由于时间段上的差异化，会造成价格在未来的走势趋于分化。主力为了达到自己的操盘目的，这4个时间是收效最快，最节省成本的时间。排除大盘指数的因素，分时急涨或急跌主要发生在以下几个阶段：

（1）拉升股价，抬高投资者成本（图9－11）。

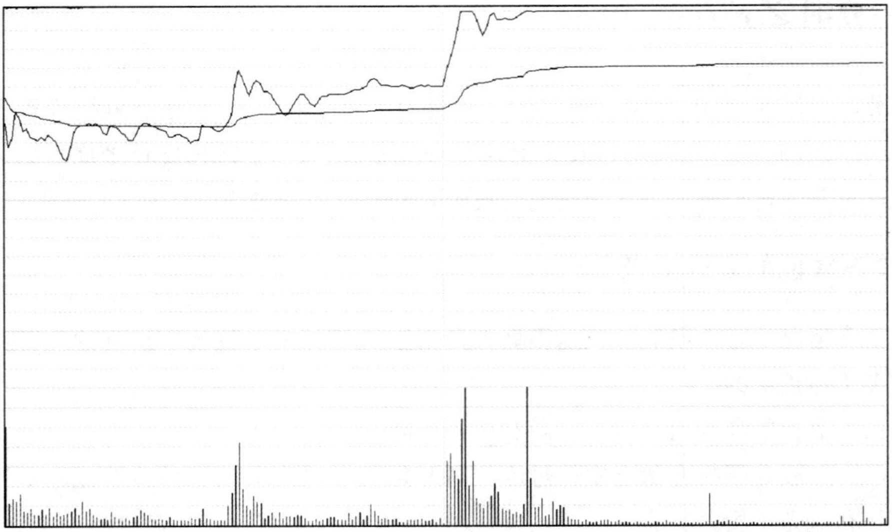

图9－11　午盘开盘拉升至涨停

（2）趁投资者不注意，把货砸给他们（图 9－12）。

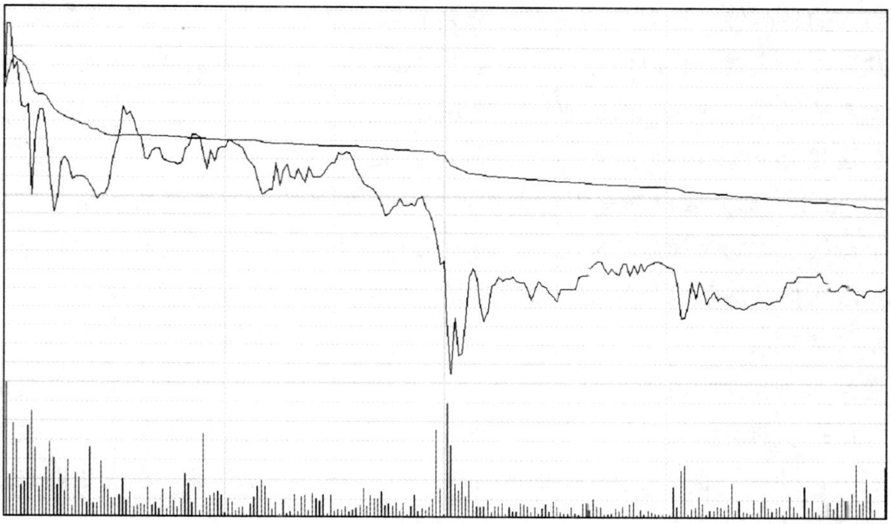

图 9－12　连续两个时间段内砸盘出货

（3）试盘，试探上方的压力位或者下方的支撑位（图 9－13）。

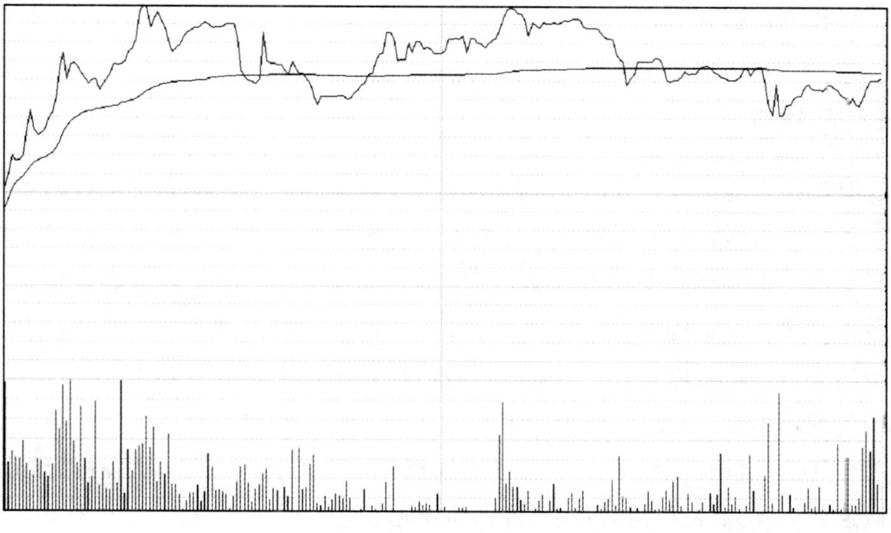

图 9－13　早盘拉升试盘后，量能平稳，波段行情展开

我们在分时量化中谈到角度量化，最强势的上涨走势是直线拉升至涨停，一旦股价直线上涨，要么涨停，要么在日内展开日内调整，所以，一旦滞涨，很可能是当天的最高价。最弱势的下跌走势是直线下跌至跌停，一旦股价直线下跌，要么跌停，要么展开日内反弹，一旦勾头，很可能是当天的最低价。如果这个时候大盘走势平静的话，反而构成日内的买卖点。

在这里还要多啰唆几句。中午前后的走势，即 11:00—11:30，13:00—13:30。由于大部分散户都有固定工作，中午有很多的时间去分析行情，主力总是在早盘快结束的时候急涨或急跌，刻画出有利于完成自身操盘任务的走势，引诱散户落入挖好的陷阱。午盘开盘的时候，可能散户们还没有反应过来，主力已经开始收网捕鱼了。

逆势原理解读：由于大部分的个股在 4 个投机时间内并没有太多明显的变化，大盘指数的走势相对比较平稳，少部分个股的急涨或急跌导致逆势力度的增大或缩小，但并非是买入或卖出的好时机，需要我们继续观察，在发生明显的趋势变化时做出反应。

注解： 分时小技巧：当股价以一种很陡的角直线拉升在远离均价线 4～6 格的时候，如果量能不能跟上，一般需要减仓或出货；如果在没有量价配合的情况下直线下跌，远离均线 4～6 格多为买点，在运用此技巧时，需要结合股价所在位置。

3. 长时间横盘

长时间横盘的个股，说明该股经受住了大盘上涨或下跌的多次考验，理应不会被看坏。早盘横盘时间比较短，可能不容易被发觉，长时间横盘的个股，均价线走平，分时走势曲线围绕均价线上下波动，此种情况说明市场人心稳定，在操盘的各个阶段都有可能发生。后期一旦在量价配合下脱离均价线，开始拉升。如果处于历史低位，可以介入，后期的行情可能会让人目瞪口呆（图 9-14）。

逆势原理解读：长时间横盘的个股，排除市场中暴涨的行情，逆势力度是没有太大变化的，持有继续观察是最好的选择。暴涨的行情，可以暂时退出观望，等该股逆势力度强势反弹的时候再介入也不迟。

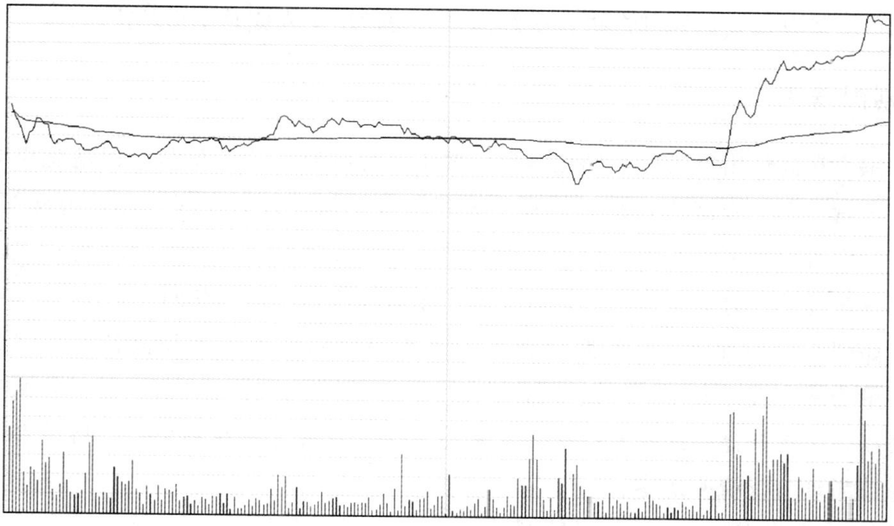

图 9-14 长时间横盘，突然放量拉升

4. 尾盘急涨或急跌

前面我们讲到了急涨或急跌的行情，在这里我们重点介绍一下尾盘急涨或急跌的行情。尾盘的涨跌关乎当天收什么样的K线图，大部分投资者还是以看K线图为主。因此尾盘是投机性最强的时刻，尾盘的急跌，或是主力不计成本出货，或是制造大阴线恐吓投资者抛出筹码，又或是消息泄露导致的因素等，尾盘的急涨，或是主力吸筹拉升，或是制造大阳线迷惑投资者买进，又或是消息导致的抢筹等。

股价位于不同阶段，主力操盘手法不同，急涨或急跌的原因及后续的结果也就不同。

尾盘的行情，成为了市场中主力最后画图的工具，盘中的涨涨跌跌，主力或达到自己的目的，或没有达到自己的目的，但为了继续按照自己的操盘计划，总要在最后时刻勾画出自己需要的图形，尾盘的表现也就成为了我们研究市场重要的工具之一。

逆势原理解读：尾盘急涨或急跌，由于其明显的投机性特点，逆势力度有急速休整的过程，可根据股价所处的位置做出及时的应对，高位的尾盘暴跌，可以暂时退出。如果处于低位，可以稍微等等。对于这种现象，次日一般都有回应，我们可以等其消化后对其走势再次解读，以便做出买入或是卖出的决定。

5. 剧烈震荡

主力在高位出货阶段，剧烈震荡，摆出一种继续上攻的架势，以诱惑更多投资者跟盘。上下震荡价差很大，有人看到强势上扬，以为还能升高，追涨买入。有人看到股价掉下那么多，以为是低位，入局捡便宜货，不管在什么价位进，主力都是欢迎的，只要接他的货就行，因为今后股价是继续下跌的。

如图 9－15 所示，全天振幅高达 20%，换手率 8.43%，长波拉升，回调有量，量价配合极不规则。早盘开盘杀跌出货，盘中的拉升吸引追涨盘，回调吸引抄底盘，午盘开盘后的拉升也是力不从心，持有者宜逢高获利出局，持币者千万不要被当日的行情所迷惑。

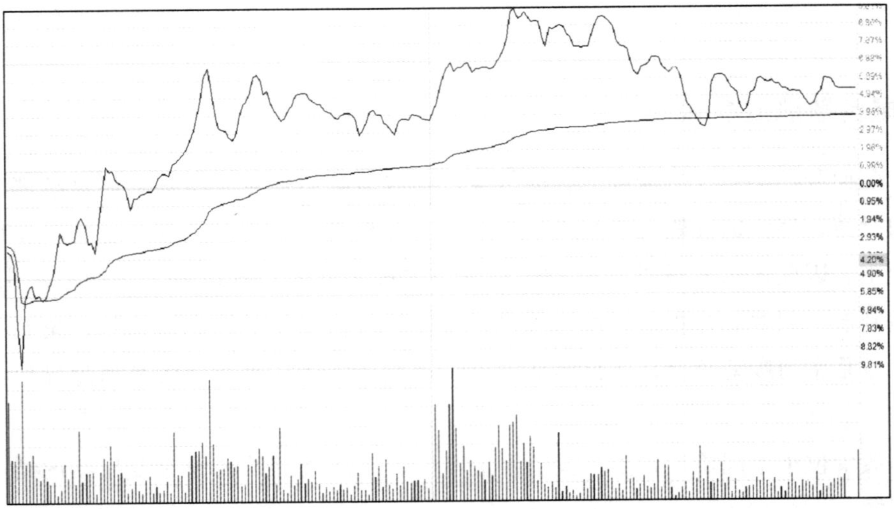

图 9－15　剧烈震荡分时走势

我们来看一下股价底部拉升的大阳线的走势图，如图 9－16 所示。该股当日振幅接近 10%，换手率 8.88%，量价配合理想，走势规律。

逆势原理解读：股价位于高位，自然 K 线逆势力度处于强势，有回调的风险，高位的震荡，在分时走势上，逆势力度开始趋于缓和，甚至缩小。两者的风险叠加，止盈或是止损可能是最好的选择。投机性的买入只会让我们陷入不利的境地。

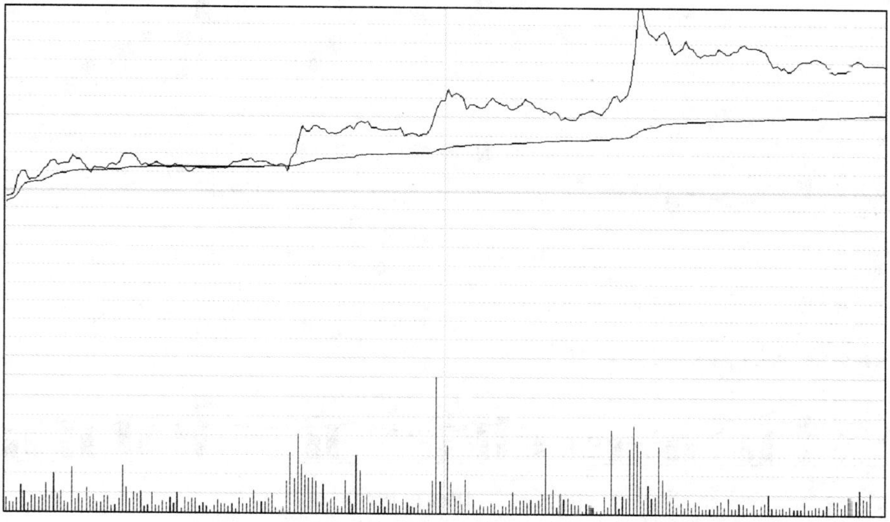

图 9－16　底部拉升大阳线的走势

6. 阴跌的行情

人们常说，急跌不可怕，那是主力的震仓行为，阴跌才是主力的出货行为。虽然不全对，但也是有一定道理的。股价处于资金链崩裂或者主力最后的筹码大甩卖等，都可能出现急跌出货的行情，但是阴跌却总能把持有者套在山顶上，把难耐寂寞的投资者套在半山腰上（图 9－17）。为什么会出现这种现象呢？

拉高出货一方面耗费成本，一方面容易有获利盘的打压。砸盘出货一方面使自己的利润降低，一方面图形也会遭到破坏。唯有阴跌最合适，每天不痛不痒，持股者很容易麻痹大意，同时途中的弱势反弹又能吸引市场中抄底盘的介入，对于主力来说，简直就是两全其美。

逆势原理解读：阴跌的行情，尤其是暴跌之后的阴跌，逆势力度由急剧的缩减到缓慢的变小，似乎给人有止跌的假象。但从暴跌当日算起，其走势是明显弱于大盘的，恰当使用不同周期分析逆势的做法，可以在一定程度上看清事情的真相。

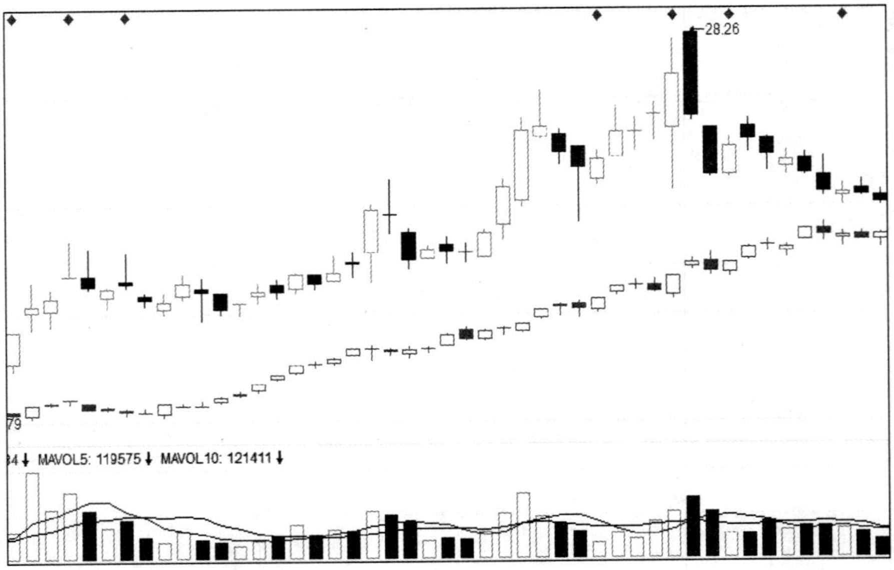

图 9－17　阴跌出货的行情

四、形态异动之逆势解读

讲解异动 K 线及分时，重点说明异动存在的逆势原理，及买卖点的选择。但是市场中每一次逆转都不是一根 K 线所能完成的，形态构筑了市场的顶部和底部，构筑市场的延续及反转，排除市场中同步性的个股，市场中的每一种形态都存在着逆势原理。那么我们怎么通过对其形态的逆势解读，提前发现市场中趋势的改变呢？

1. 形态异动之上升途中的反转形态

如图 9－18 所示，该股在上升途中走出了假双顶形态，我们如何解读？

该股在前期明显呈现逆势下跌，在创出 8.53 元的最低价后，走势逐渐走强，在前期股价向上反弹过程中，明显受到大盘指数的压力，回调再次向上突破，未能突破后开始整理，构筑反转形态中的双顶形态，后期的走势验证了假双顶的骗局。

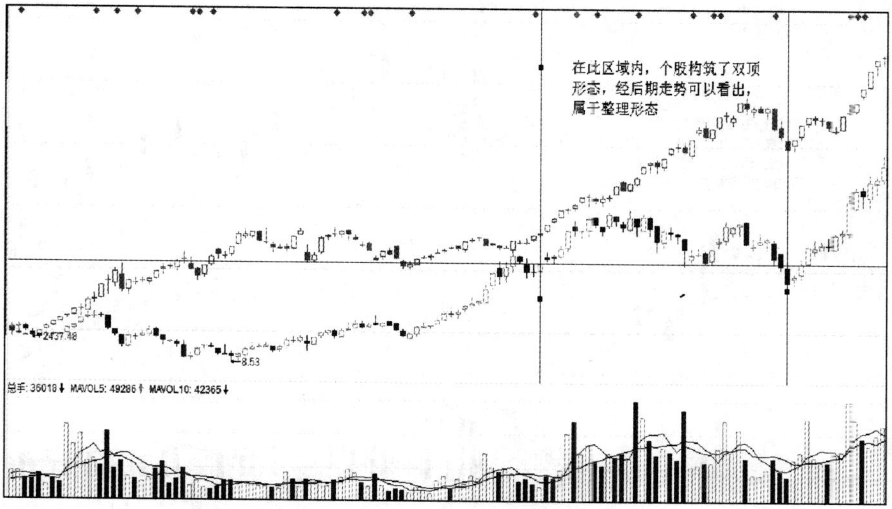

图 9－18　上升途中的反转形态

如果持有该股，可在第一次试图突破大盘指数未果后果断出局，最晚也要在第二次突破未果后出局。在双顶形成后，可在突破最高点后介入，或者逆势力度有明显的增强后介入。

我们以第二次回调的低点（即第二根竖线与横线交叉点处）为基准点，这是该股在双顶形成逆转后第二天的逆势力度为5.68－4.72＝0.96。此后第三天到第七天的逆势力度为5.27、4.34、6.09、8.04、11.67。我们可以明显地看到逆势力度的加强，即趋势的加强，我们可在第三天或第五天介入。

2. 形态异动之顶部的突破形态

如图 9－19 所示，该股在突破形态之后，高位震荡，连续放量阳线滞涨，为短线行情的终结。我们从逆势的角度来分析一下。

如图 9－20 所示，我们以 7.48 元为基准日，计算一下高位震荡期间 3 天的逆势力度分别为 61.69、54.75、54.18，我们明显地看出逆势力度和趋势力度的减弱，类似这样的短线行情，连续 3 天逆势力度不上新高，我们就可以考虑减仓甚至平仓，中长线的个股连续 5 天或 8 天未创新高，我们同样也要做好出局的准备。

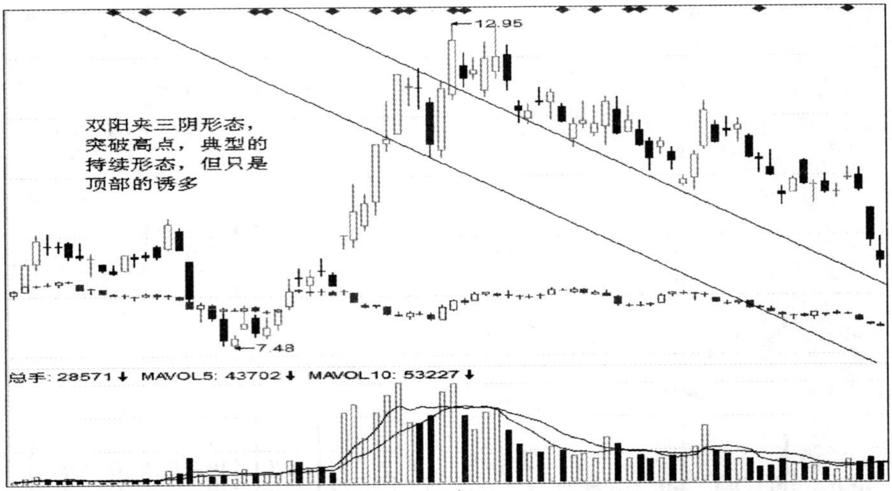

图 9－19　顶部的突破形态

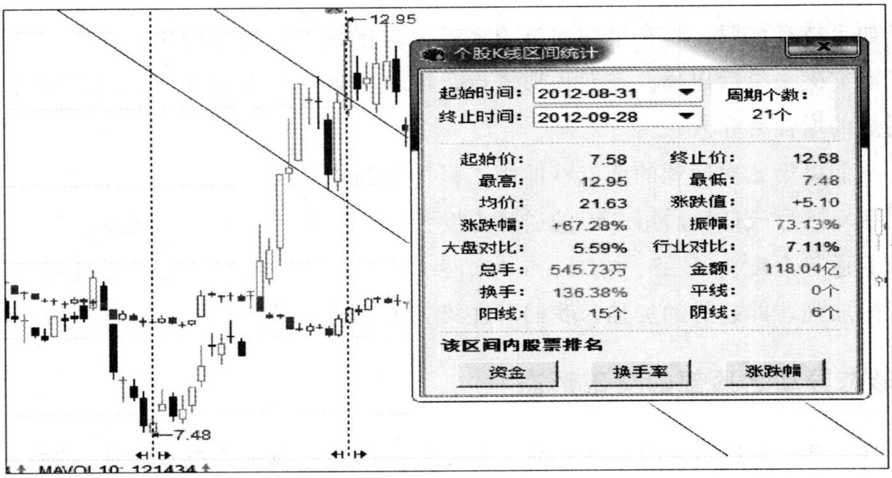

图 9－20　最低价当天及最高价当天的 K 线区间统计

3. 形态异动之底部下跌形态

如图 9－21 所示，该股走势与大盘指数呈现出由弱到强的走势，对称三角形的跌破意味着市场下跌趋势的延续，但后续的行情验证了前期原来是诱空。在这个过程中，逆势力度上是怎么变化的呢？

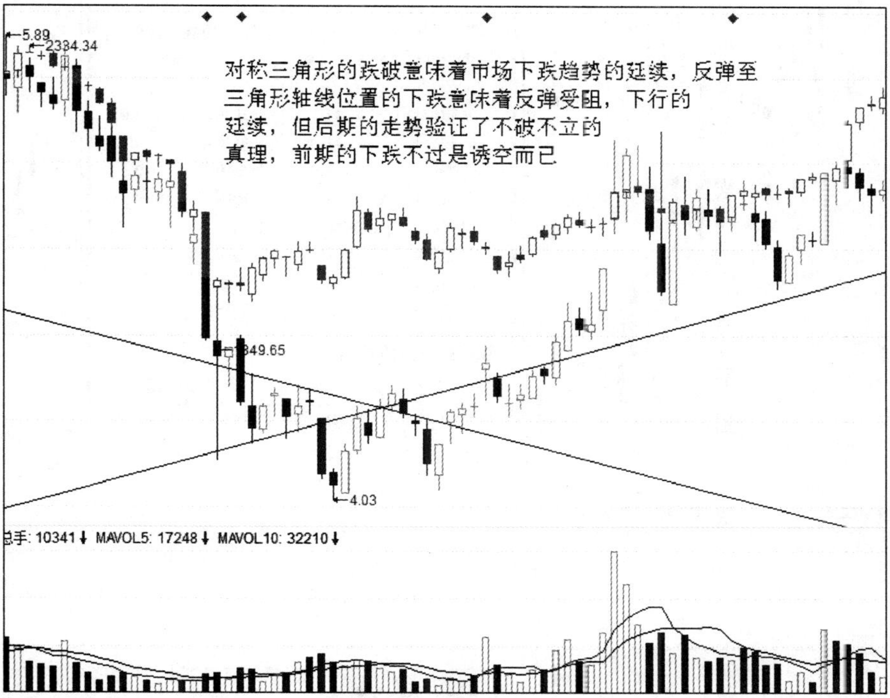

图 9－21　底部的下跌形态

我们以大盘创新低次日为基准点，分别测试个股下跌的最低点，反弹的最高点，再次下跌的低点及超越底部盘整当日的逆势力度。

如图 9－22 所示，逆势力度为－11.35－0.74＝－12.09。

如图 9－23 所示，逆势力度为－3.17－8.51＝－11.68。

如图 9－24 所示，逆势力度为－9.52－1.58＝－11.1。

如图 9－25 所示，逆势力度为 0.50－3.96＝－4.46。

逆势力度的逐渐变大，表明市场的趋势开始逆转，相同时间内个股由弱于大盘，逐渐开始到强于大盘。逆势力度的提出，为我们判断个股走势的强弱变化提供了数据上的支撑，提供了理论上的依据，对于股价在不同阶段的盘整形态有了提前预判的可能，以免落入市场的陷阱。

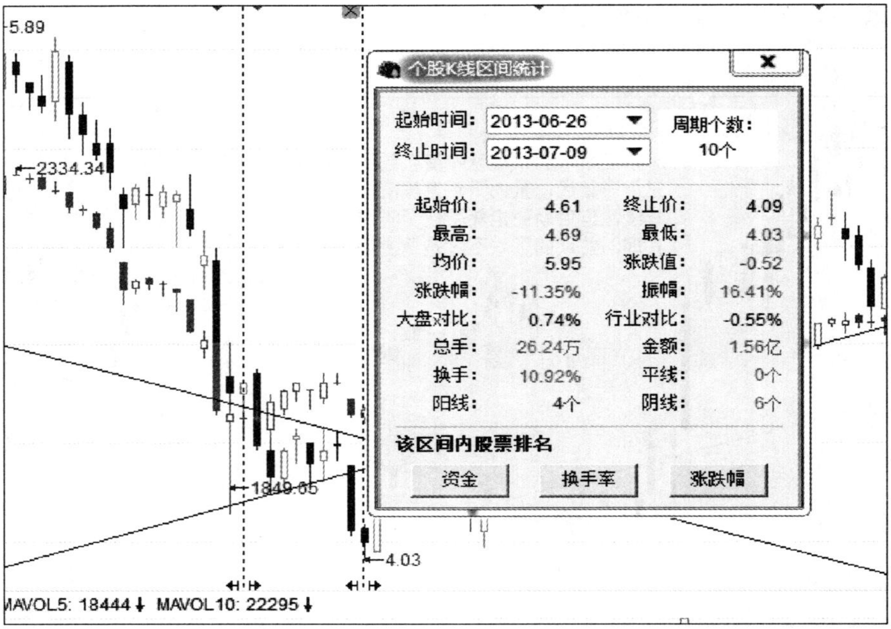

图 9－22 逆势力度

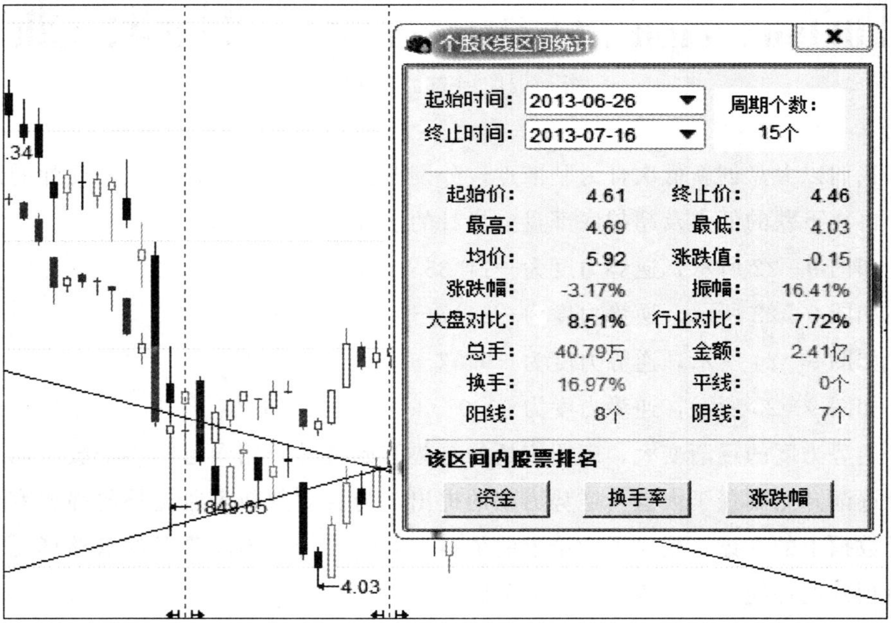

图 9－23 逆势力度

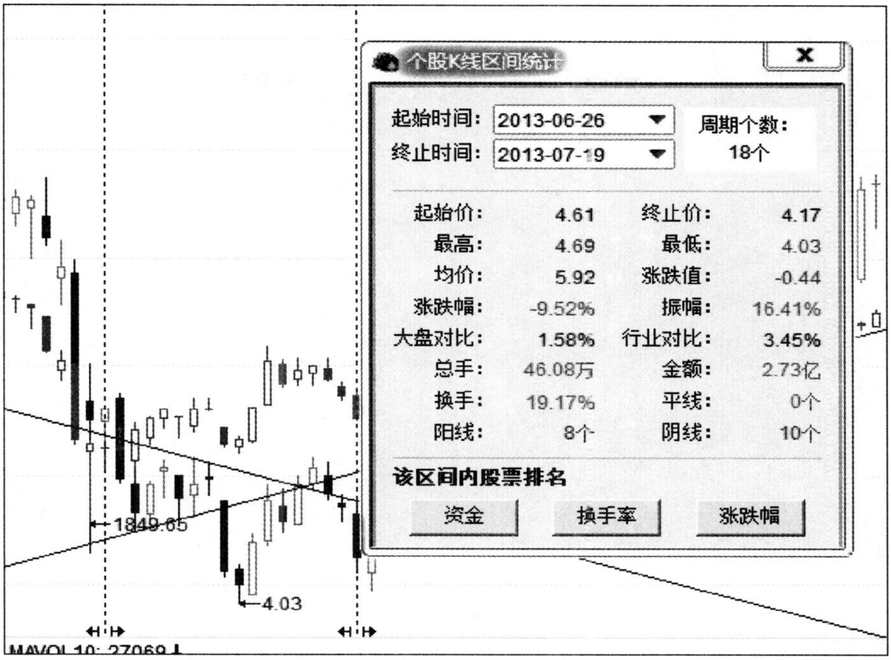

图 9-24 逆势力度

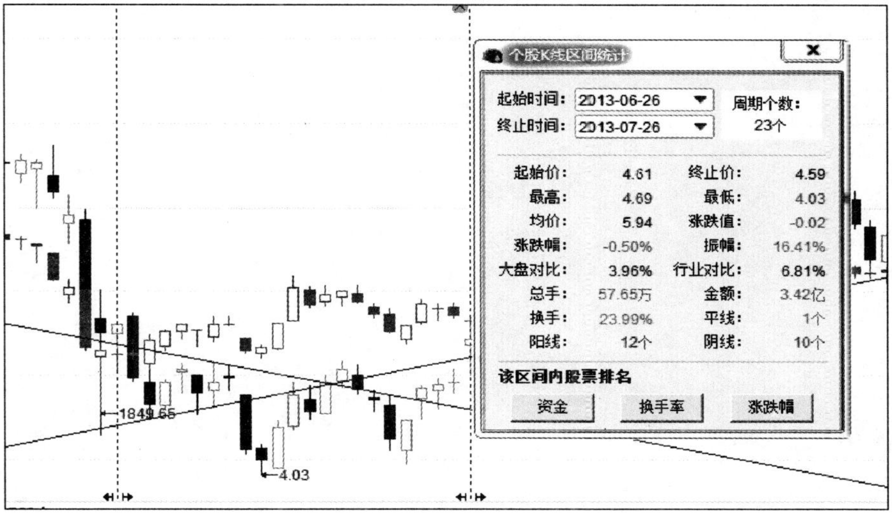

图 9-25 逆势力度

第十章　顺势交易与逆势交易

顺势交易与逆势交易作为两种不同的交易方法，并不是相互排斥的，反而是需要相互配合的，逆势交易着重在于捕捉市场交易机会以及买卖点的确定，顺势交易着重在于趋势的把握以及持有的周期。

一、顺势交易的误区

顺势而为是指在交易中首先发现趋势，然后根据趋势的方向进行交易，被认为是长期盈利的方法。在日常炒股时，多数投资者喜欢顺势而为，当大盘处于明显的上升通道中，选择持股，当大盘持续下跌时，选择离场。一般情况下，采用顺势而为的操作方法，短线获利的胜率比较大。但也有例外，部分投资者一直看好的股票，没买时一直涨，一旦买了立即被套；手头持有的股票不卖一直跌，一卖马上涨。问题的根源就在于市场不是直线运行的，而是波浪前进的。市场在上升趋势中会有回调，在下降趋势中会有反弹。

顺势交易只适合趋势初期，因此顺势交易对那些先知先觉的人很有用，能盈利，对后知后觉的人反而无用，容易造成亏损。顺势交易只有当入场后的趋势与入场前的交易方向一致时，才会盈利。这往往发生在趋势形成的初期。这也就是先知先觉的人获利的原因。顺势交易如果入场后的趋势与入场前的趋势相反，就会亏损。这也就是为什么追高的人亏损的原因。

如图 10－1 所示，无论从短期趋势或中长期趋势来看，股价突破了前期新高，而且量价也配合，都是买入的时机。但后期走势却让人咂舌，6 个交易日内跌幅达到 17.36％（图 10－2）。

如图 10－3 所示，通过前两个回调低点连接而形成的趋势线，当股价再次回调到该趋势线后买入，短期内上涨的幅度高达 40％以上。

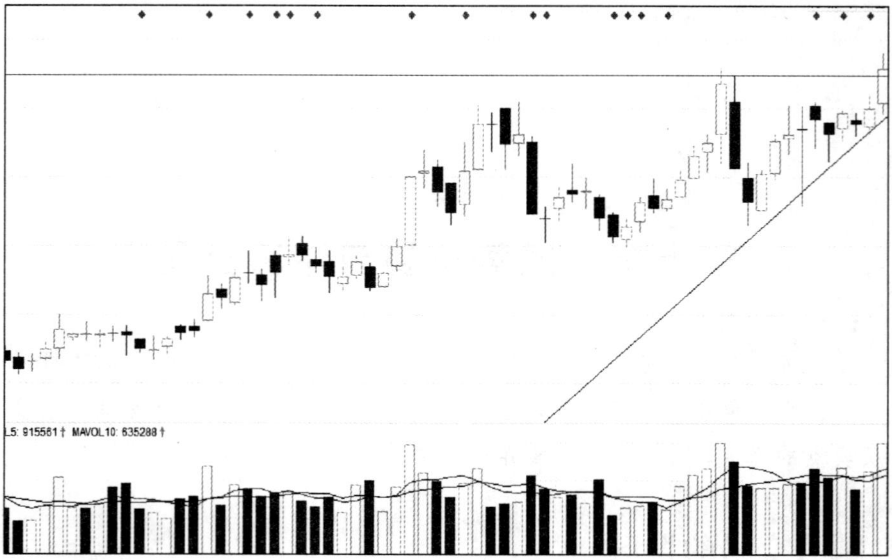

图 10－1　个股 K 线走势图

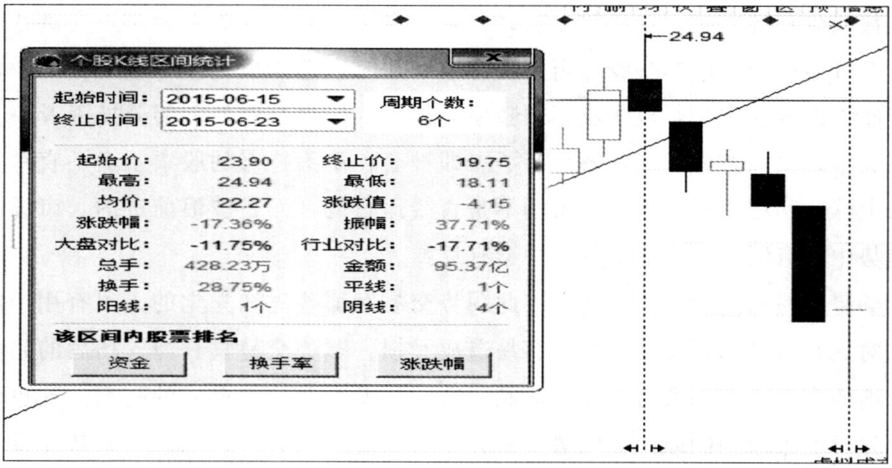

图 10－2　个股 K 线区间统计

通过以上两个例子我们可以看到，第一只股票虽然形态构筑完好，趋势线也有效突破，但由于股价及大盘已处于高位，放量滞涨的行情提醒我们，此刻已处于股价的上升趋势末端。但第二只股票再次回调到支撑线时，此时的价位离起涨点并不高，趋势延续可能性更大一些。

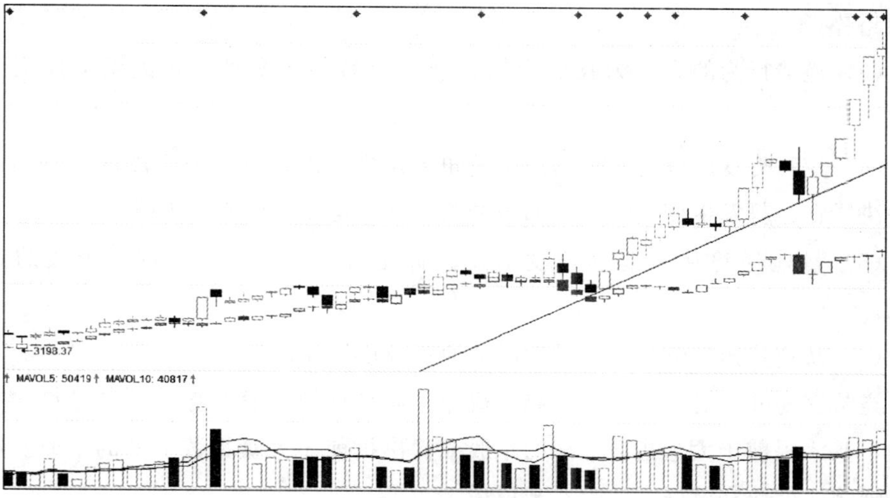

图 10-3 个股与大盘指数的 K 线叠加

顺势而为操作不赚反亏的原因大致有以下两种情况：

(1) 介入时机选择错误，在大盘涨幅过大或上涨时间已久，或大盘跌幅已深或下跌时间较长时。

(2) 介入的多是那些涨幅过大，众人一致看好，主力正要出货的品种，或卖出的多是那些区间跌幅已深，众多投资者普遍看空，行情即将结束的股票。

以上两种情况共同的特点是投资者在进行顺势操作时，大盘及个股已处于趋势末端。

二、逆势交易的实质

同样道理，只有当逆势交易入场后的趋势与入场前的趋势不一致时，我们反而能盈利。因此，逆势交易的实质源于个股趋势与大盘指数的趋势发生了逆转，即逆势是逆了未来的趋势。

逆势交易的理论：

(1) K 线及分时逆势行为解读了逆势交易能够获利的原因：主力的主动性操作及大盘走势的相互影响与相互作用。

(2) 逆势周期的分析解决了在各周期趋势不同的情况下，我们该顺应何种趋势的问题。其根本原则是，做长线应该顺应大级别的趋势，做短线应该顺应小级别的趋势。

（3）逆势行为的要点为我们提供了逆势交易的买卖点，并提供了理论上的依据。

（4）逆势力度的分析从数据及论证角度出发，阐述了逆势力度的强与弱，从而解决了在趋势发生变化时，我们该继续持有还是该止盈或是止损。

（5）量能逆势从量能的角度出发，研究当量能发生异变时，个股的走势情况。

（6）从逆势角度解读股价异动时的原理及后续操作。

逆势交易并不是违背市场的趋势规律，而是利用个股走势与大盘走势的不一致时，买入提前于大盘指数上涨的个股或卖出提前于大盘指数下跌的个股。别管顺势逆势，能盈利就好，让收益来说话。

三、风险爱好型及风险厌恶型的不同选择

风险表现为收益或代价的不确定性，说明风险产生的结果可能带来损失、获利或是无损失也无获利。风险和收益成正比，所以一般积极进取的投资者偏向于高风险是为了获得更高的利润，而稳健型的投资者则着重于安全性的考虑。

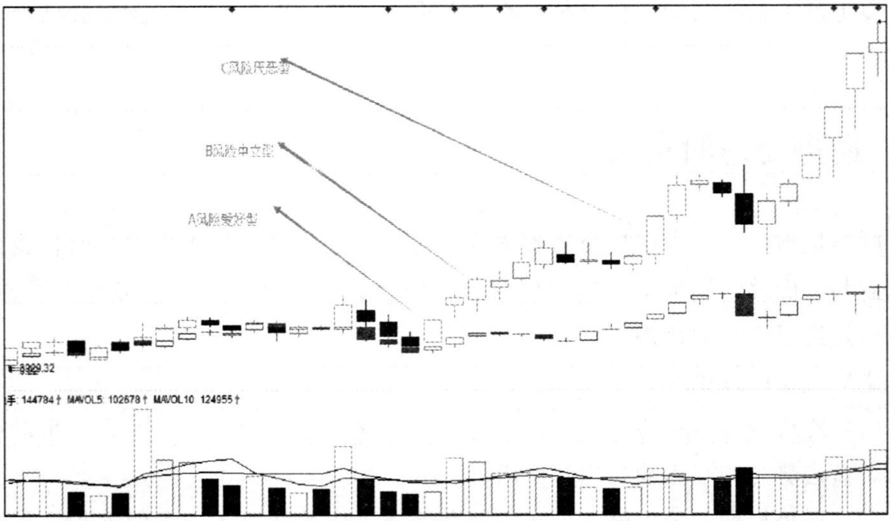

图 10－4　不同风险型对买点的不同选择

风险爱好型：在风险中更愿意得到期望收入而不是风险的期望值收入的人。对于风险爱好者来说，期望值的效用大于风险本身的期望效用。

风险厌恶型：在降低风险成本与收益的权衡过程中，厌恶风险的人们在相同的成本下更倾向于做出低风险的选择。

如果通常情况下你情愿在一项投资上接受一个较低的预期回报率，因为这一回报率具有更高的可测性，你就是风险厌恶者。如果你愿意接受一个较高的预期回报率，即使这一回报率具有太多的不确定性，你就是风险爱好者。

风险中立性介于两者之间。

（1）风险爱好型买点，在回调结束之际，第一根高开高走的阳线即为买入时机。

（2）风险中立型买点，有效突破前期高点即为买入时机。

（3）风险厌恶型买点，突破前期高点后反压前期高点不破即为买入时机。

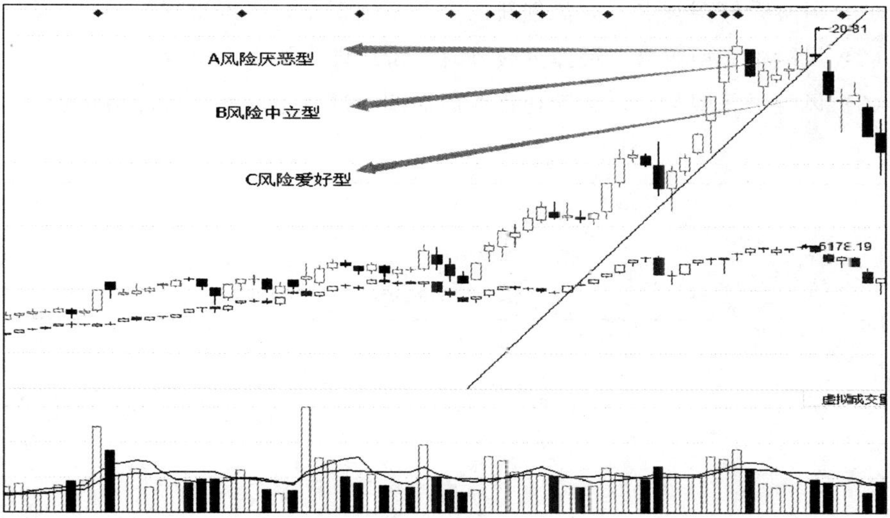

图 10－5　不同风险型对卖点的不同选择

（1）风险厌恶型卖点，连续拉升，与趋势线距离过大，有回调风险，在第一根阴线处止盈。

（2）风险中立型卖点，创出新高后再次拉升不能有效突破即为卖点。

（3）风险爱好型卖点，跌破上升趋势线，双重顶形态构筑完成即为卖点。

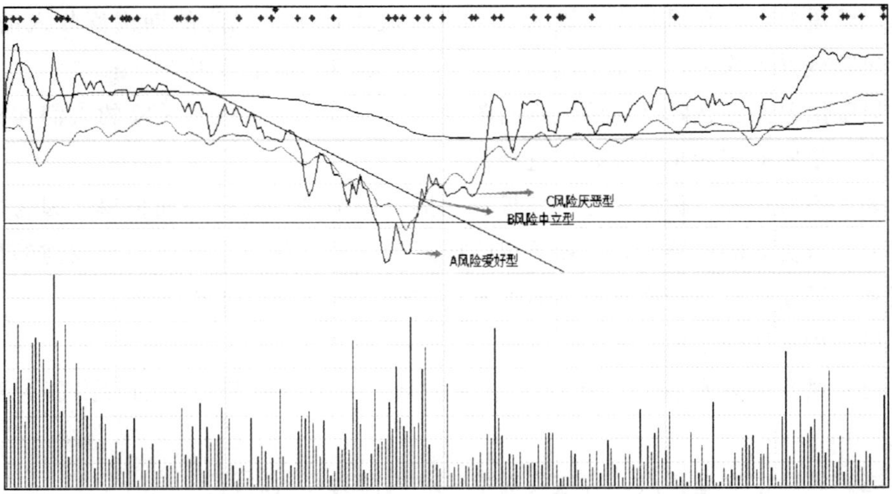

图 10－6　不同风险型在分时走势中对买点的选择

（1）风险爱好型买点，大盘创新低个股不创新低，买点出现。

（2）风险中立型买点，反弹突破分时均价线即为买点。

（3）风险厌恶型买点，突破均价线后回调不过双重底颈线位即为买点。

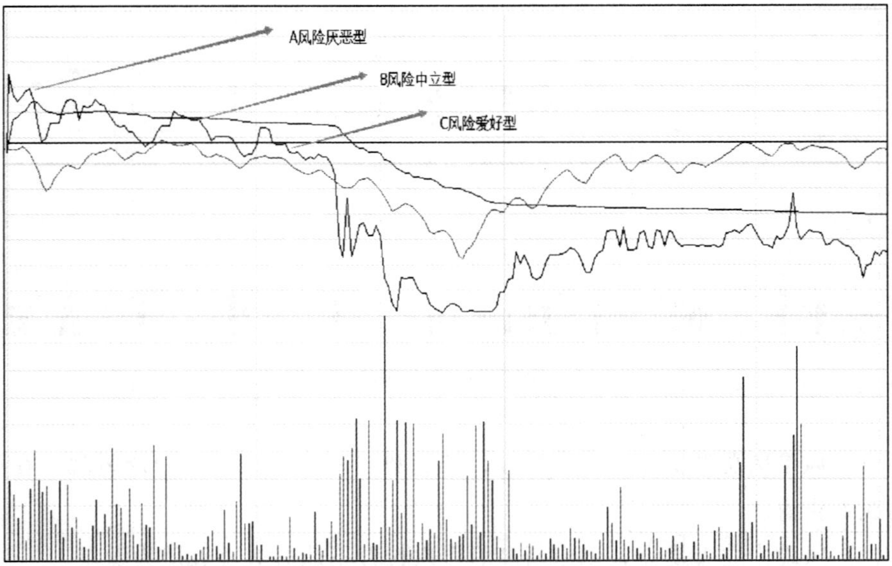

图 10－7　不同风险型在分时走势中对卖点的选择

（1）风险厌恶型卖点，开盘拉升回调后再次拉升不破前期高点即为卖点。

（2）风险中立型卖点，数次反弹均价线未过，跌破时即为卖点。

（3）风险爱好型卖点，跌破前期震荡的下沿线即为卖点。

由于逆势交易在很大程度上需要对未来趋势的预判，所以不确定性在增加，从表面上看，更加适合于风险爱好型的操作者。但是，由于逆势交易抓取的是市场趋势发生转变的那一刻，趋势的延续时间更长，持股的利润相对更大一些。

每个投资者由于家庭财力、学识、投资时机、个人投资取向等因素的不同，其投资风险承受能力也不同；同一个人也可能在不同的时期、不同的年龄阶段及其他因素的变化而表现出对投资风险承受能力的不同。根据每个人的风险承受能力不同，制定不同的交易策略，赚取自己承受能力之内的利润，承担自己承受能力之内的风险。

四、画线在逆势交易中的作用

1. 裸K线中的画线功能

画线功能是通过技术分析走势图中的画线工具栏来实现的，画线工具栏包括光标、画射线、画直线、画平行线、画垂直线、画黄金分割线、画甘氏线及删除选画线和全部画线等的工具和功能。

由于裸K线在在软件界面上去掉了所有的均线，只剩下K线，那么我们怎么判断和把握趋势的方向及趋势的转变呢？投资者都希望在下降趋势转为上升趋势的时候买入股票，在上升趋势转为下降趋势的时候卖出股票，我们怎样才能区分是短期、中期还是长期趋势的改变呢？利用画线无疑是最为简单和有效的方法之一。所谓一条直线闯股市，即是对画线的重要性及实用性的高度概括（图10-8）。

其中最常用的画线工具有趋势线、水平线、平行线、黄金分割线、阻速线、甘氏线等，这里我们先简单介绍一下，然后结合逆势原理我们将展开其具体应用。

（1）趋势线：上升（下降）趋势线是以向上（下）走势中的低点（高点）与低点（高点）的连线。其中时间跨度越长所构成的支撑作用也越强，而趋势线与K线相交的点位越多，趋势线形成的支撑作用也越强。

（2）水平线：用前期低点画线，构成再度回落的支撑作用，或者前期低点在

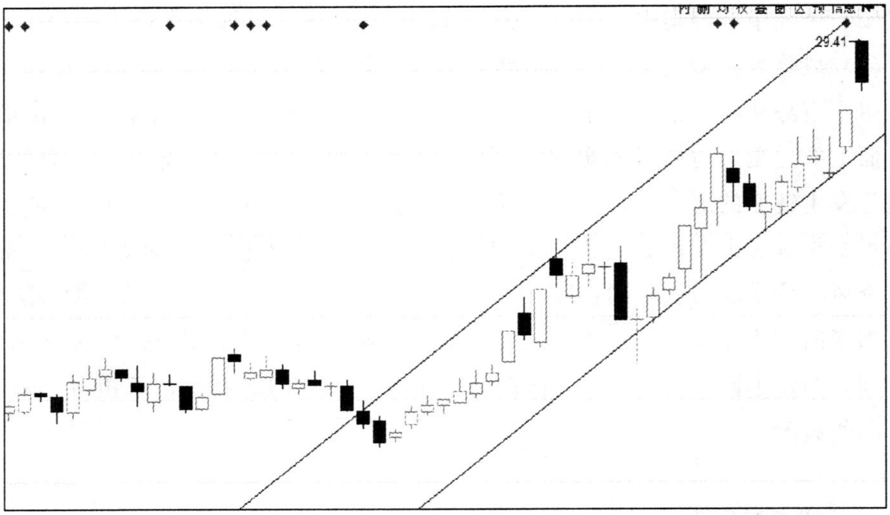

图 10－8　裸 K 线中的画线

后期下跌后再度上升将形成阻力作用。水平线有构成阻力和支撑作用。水平线的画法，一般是用 K 线实体高点或低点为支点画线，被认可的是开盘价和收盘价，所以我们在画线时经常用 K 线的实体就是这个道理。

（3）平行线：可分为上升通道和下降通道。在上升走势中把下面的两个低点进行连线，然后点击两个低点当中的高点，上升通道完成。平行线的作用是预测作用，能预测股价的局部顶部或底部。

（4）黄金分割线：这是用来观察涨势中的回调力度用的，对后期再度上升走势的判断也有着重要的意义。画法是，一波完整的上涨走势结束，把低点和高点画线，形成 5 根线的画面，从上面下来的第二根线是 0.382，第三根是 0.5，第四根是 0.618。我们可以凭这几根线来判断股价反弹的阻力位及目标位。

（5）阻速线：取一段升幅或者跌幅的最高点和最低点做一垂直线，并将此直线三等分，每等分的交点与最高点或最低点的连线即为阻速线，而一轮中级以上的波动，往往会在 1/3 阻速线上转势。

（6）甘氏线：从一个点出发，依一定的角度，向后画出的多条直线，甘氏线中的每条直线都有支撑和压力的功能，但这里面最重要的是 45°线、63.75°线和 26.25°线。这三条直线分别对应百分比线中的 50％、62.5％和 37.5％。

2. 逆势交易中的画线功能

逆势交易最核心的功能是通过与大盘指数的对比，发现趋势的开始与结束，再与画线功能相结合，我们就可以更有效的判断个股的强弱及其变化，有效的发现市场的买卖点。

(1) 趋势线：个股走势与大盘指数走势图的趋势线，构成了交叉的两条直线，其夹角越大，趋势的逆转力度越大。个股趋势的转强，其趋势线越来越陡，与大盘指数的趋势线夹角变大，其逆势力度不断加强（图 10－9）。由于个股趋势的减弱，其趋势线越来越空，与大盘指数的夹角也越来越小，逆势力度减弱，其上行趋势甚至有逆转的可能（图 10－10）。

如图 10－11 所示，我们看到的是连续两天的分时走势对比图。由于大盘指数及个股走势都在同时减弱，其各自对应的趋势线都在变得趋于平缓，其夹角虽然变化不大，但其倾斜度变小，在次日跌破分时走势趋势线时宜卖出。

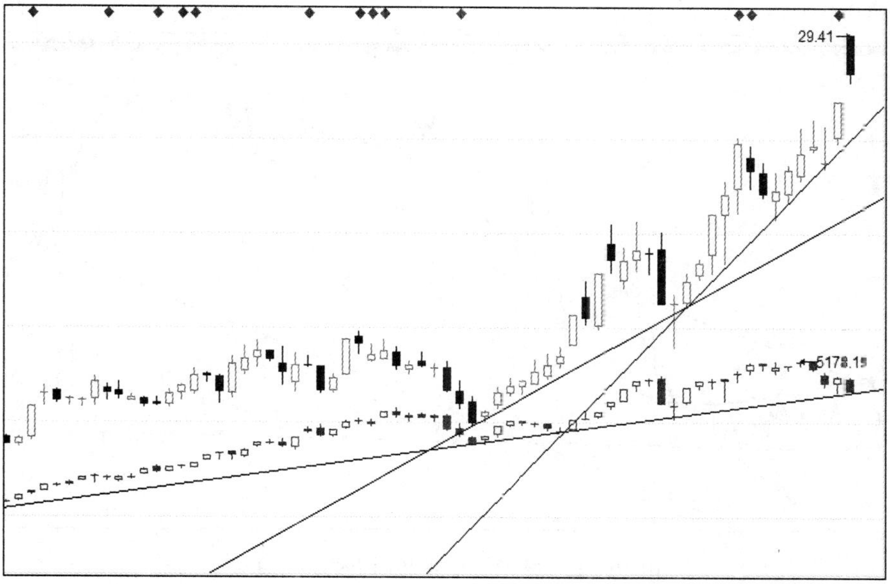

图 10－9　逆势力度加强

买卖点总结，在大盘趋势向上或者盘整时：

①在大盘指数趋势基本保持不变的情况下，个股新的上升趋势线呈现加速的

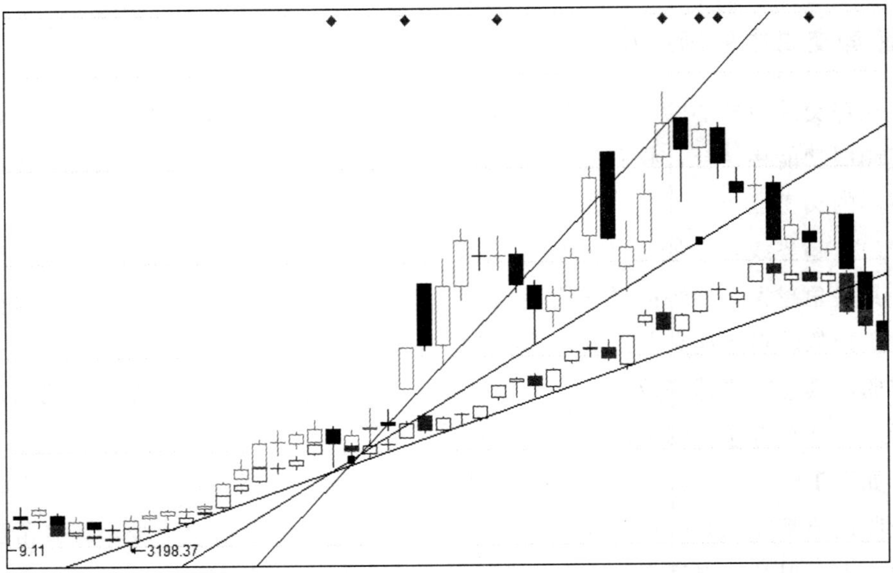

图 10－10　逆势力度逐渐减弱

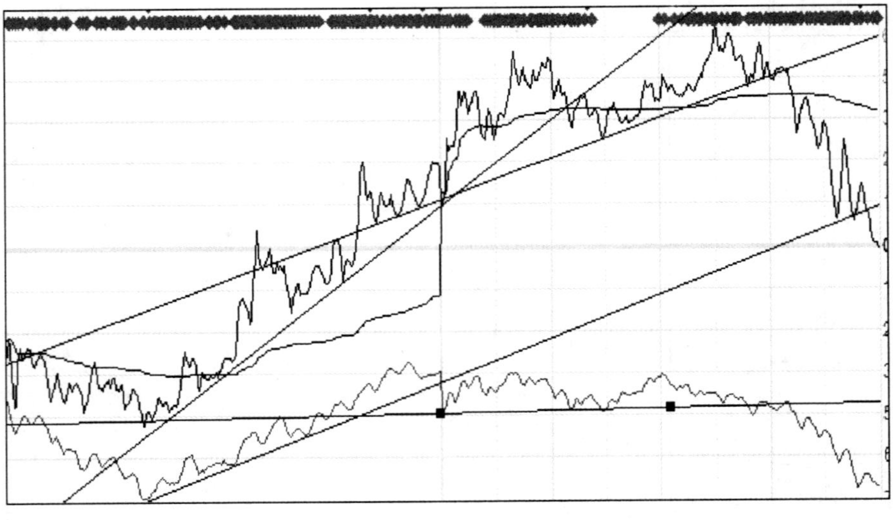

图 10－11　多日分时走势图上的趋势变化

迹象，可在股价回调趋势线时买入。

②在大盘指数趋势基本保持不变的情况下，个股的上升趋势线呈现放缓有跌破的迹象，可在股价跌破趋势线时卖出。

③在大盘指数趋势基本保持不变的情况下，个股新的下降趋势线呈现加速的迹象，可在股价反弹趋势线时卖出。

④在大盘指数趋势基本保持不变的情况下，个股新的下降趋势线呈现放缓的迹象，可将该股纳入自选股池，以备观察。

无论大盘处于上升趋势还是下跌趋势，无论是 K 线走势图，还是分时走势图，以上 4 条都可以应用。利用双趋势线原理，其实和我们前面谈到的逆势原理都是相同的，利用双趋势线的角度分析可以更直观的给出趋势变化的判断。

我们谈到的是当大盘在向上或者向下的趋势中，个股的趋势变化，如果个股的趋势发生了方向性的变化，那么我们就要按照新的趋势线来操作。

（2）水平线：水平线的应用主要用来判断个股走势与大盘走势在突破压力位或阻力位的时间对比，从而判断个股走势的强弱及强弱的变化。

如图 10－12 所示，我们可以看到两条平行的线，上面的是大盘指数的短期高点，下方的是个股的短期高点，竖线是个股突破近期高点的时间，比大盘突破近期高点早了 7 个交易日。

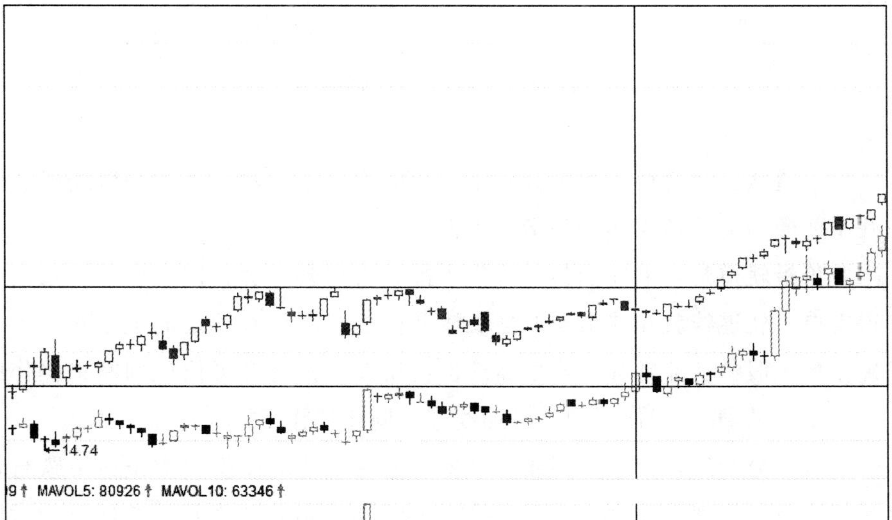

图 10－12　水平线的应用

如图 10－13 所示，通过大盘指数与个股走势的对比可以看出，该股比大盘提前两个交易日突破前期高点，提前 7 个交易日跌破上一浪的波峰，后期更是快速跌破了上一浪的波谷，走势明显趋弱。

水平线的应用主要是压力线与支撑线，具体包括相对的高点和低点、跳空缺口等。

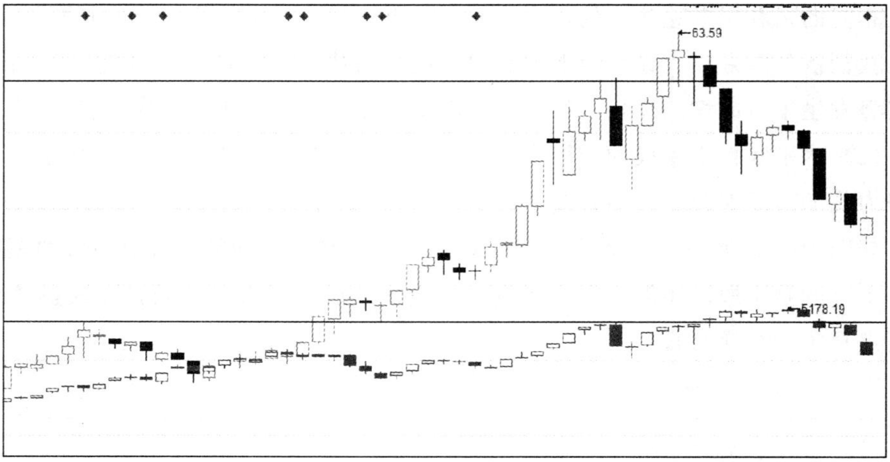

图 10－13　水平线的应用

（3）轨道线：轨道线在技术分析中应用的很广泛，轨道线是趋势线概念的延伸，其主要的功能是预测功能和指导操作。

当股价沿轨道趋势上涨到某一价位水准，会遇到阻力，回档至某一水准价格又获得支撑，轨道线就在前高点的延长线及前低点的延长线之间上下排徊，当轨道线确立后，股价就非常容易找出高低价位所在，投资者可依此判断来操作股票（图 10－14）。在裸 K 线体系中，平均线起着同样的作用。

（4）黄金分割线：黄金分割线用来揭示上涨行情的调整支撑位或下跌行情中的反弹压力位。在裸 K 线体系中，我们通过分析个股走势中每一浪回调的时间与力度来判断市场的趋势强弱，进而分析市场的走向变化。同时，通过个股走势与大盘走势回调的力度与时间对比，来分析两者走势的强弱。

通过三浪的对比（图 10－15 至图 10－17），我们可以看到回调幅度越来越大，从第一浪回调不足一半，到第二浪的回调超过一半，再到第三浪回调收盘跌破低点，回调幅度越来越大，趋势力度减弱，趋势逆转的可能性在加强。

从图 10－18 与图 10－19 的对比可知，若个股的回调幅度远远大于大盘，趋势相对比较弱，则从后期个股突破前高点比大盘晚了两天，我们也可以得出同样的结论。

由黄金分割 0.618 衍生出一组重要的比例关系：

0.618×0.618＝1－0.618＝0.382，0.618×0.382＝0.236，1－0.236＝0.764，0.3828×0.5＝0.191，1－0.191＝0.809。

重要的比例：

0.191、0.382、0.500、0.614、0.764、0.809。

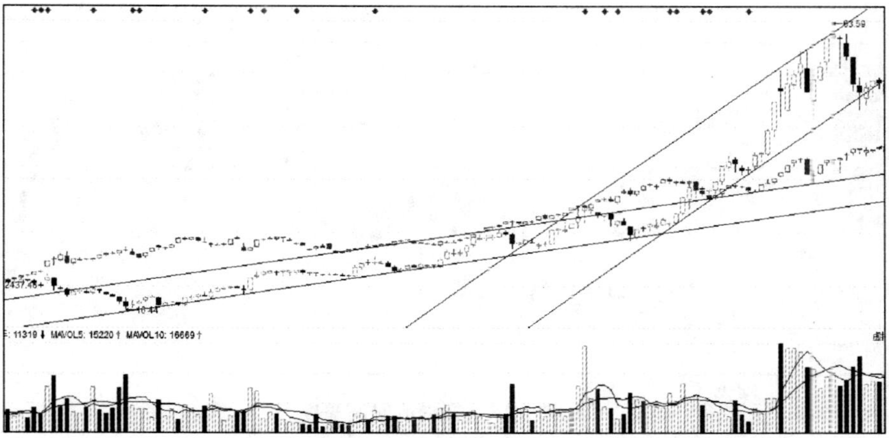

图 10－14　轨道线的应用

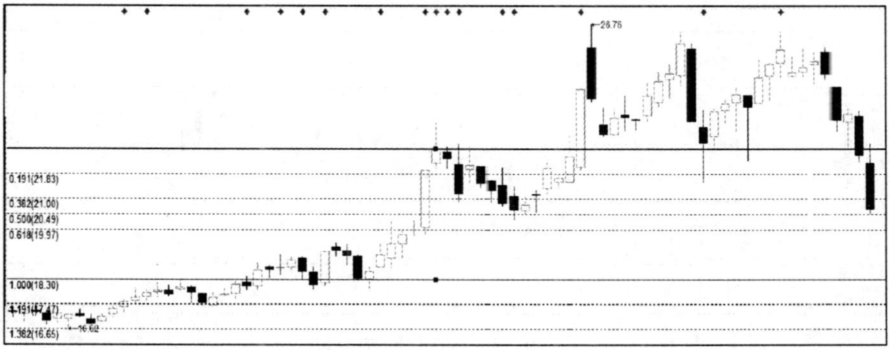

图 10－15　第一浪回调幅度

图 10－16　第二浪回调幅度

图 10－17　第三浪回调幅度

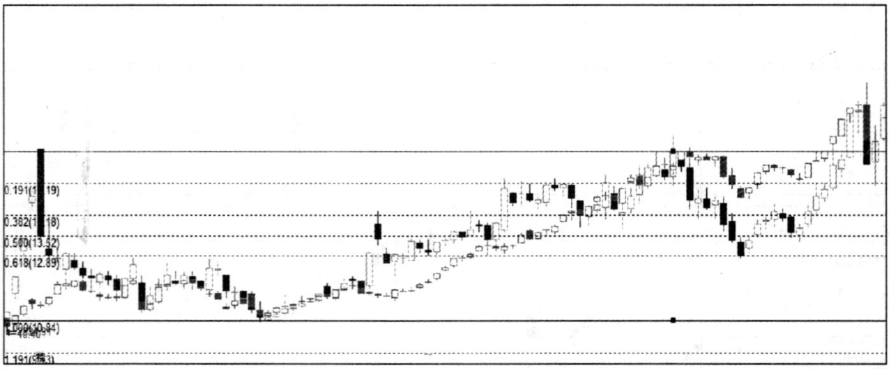

图 10－18　个股回调幅度

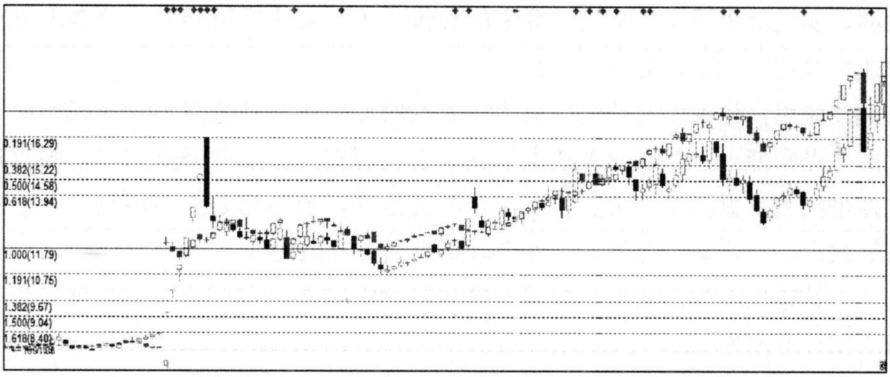

图 10-19　大盘回调幅度

（5）阻速线：阻速线是一种将趋势线和百分比回撤融为一体的新技巧，测绘的是趋势上升或下降的速率（或者说是趋势的速度）。

如果处于上升趋势的调整当中，那么阻速线中 2/3 阻速线及 1/3 阻速线作为其调整的压力位，如果两条线都被跌破了，那么价格就可能一路向下了，直至原趋势的起点的水平。在下降趋势的反弹走势中，下方的速度线如果被突破，那么价格很可能上冲到上方阻速线处。要是后者也失守，那就意味着价格将会涨到原趋势的起点的水平（图 10-20）。

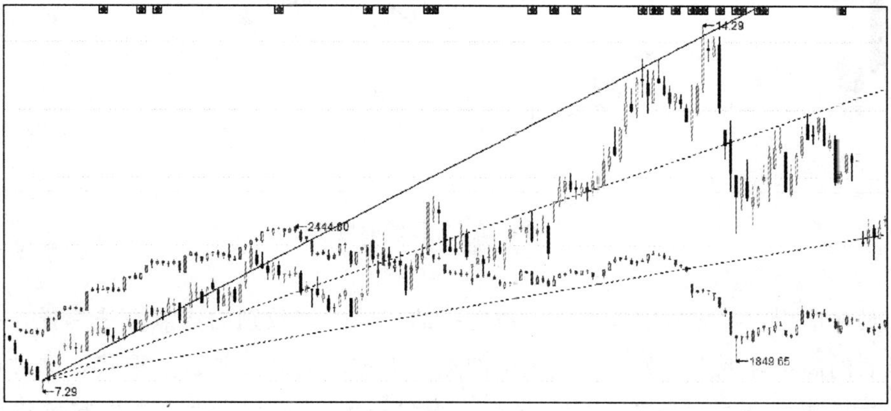

图 10-20 阻速线的应用

阻速线是一种将趋势线和百分比回撤融为一体的新技巧，是埃德森·古尔德开创的，实质上也属于趋势线三分法的具体应用。阻速线测绘的是趋势上升或下降的速率（或者说是趋势的速度）。

具体应用：①确定起始点，被选择的点同大多数别的选点方法一样，一定是显著的高点和低点，如果刚被选中的点马上被创新的高点和低点取代，则阻速线的选择也随之变更。②确定起始点后，再找角度，如果起始点是高点，则应画下降阻速线；反之，如果起始点是低点，则应画上升阻速线。

（6）甘氏线：甘氏线主要起到支撑和压力的功能，它往往同黄金分割线等其他切线相结合使用。

甘氏线并不是弧立的起作用，它往往同百分比线等其他切线相结合使用，以避免绘图时采用的刻度不同而导致同样一组数字，在不同刻度取法的图表中表现出来的图形模样不同（图 10 - 21）。

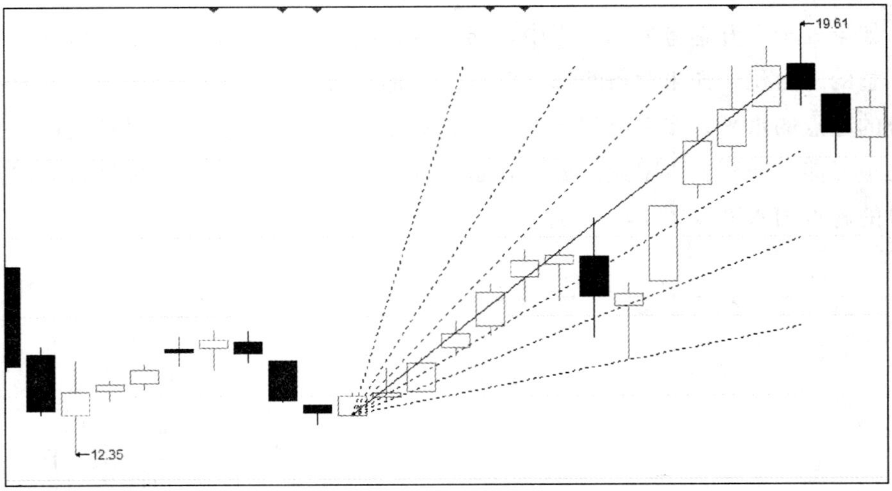

图 10 - 21　甘氏线的应用

具体应用：①先确定起始点，被选择的点同大多数别的选点方法一样，一定是显著的高点和低点，如果刚被选中的点马上被新的高点和低点取代，则甘氏线的选择也随之变更。②确定起始点后，再找角度（即 45°线），如果起始点是高点，则应画下降甘氏线；反之，如果起始点是低点，则应画上升甘氏线。这些线将在未来起支撑和压力作用。

第十一章　同步性中的机会把握

沪深所有的股票中，绝大多数股票的走势还是和大盘同步的，因此把研究的重点放在逆势个股的同时，我们在这里也简单的提示一下同步个股机会的把握。

一、量能的辅助作用

前面我们一直在探讨逆势的走势，在本章我们关注一下和大盘同步的股票，由于价格的同步性，股价的平均涨跌幅是和大盘一致的，量能的辅助作用就显得格外重要了。同步的股票在量能上也要和大盘保持基本一致，量能如果连续发生突变的话，同步性的节奏可能也会被打破。

我们通过图 11-1 可以发现，该股在左侧第三个交易日开始，连续 6 天明显放量，是 10 日平均量能的 3 倍，5 日平均量能的 2.44 倍。

如图 11-2 所示，黑线为 5 日平均换手率，灰线为 10 日平均换手率，包括该日前 3 天的量能开始呈现量能放大趋势，换手率柱状图位于 5 日平均换手率及 10 日平均换手率的上方。在光标所示处，量能开始明显放大，而且是连续 6 天的持续放量，价格当天大多于最高价附近收盘。相对大盘 4%涨幅及行业 8.62%的涨幅，连续 6 天的换手率达到 50%以上，强势的姿态跃然纸上了（图 11-3）。

该股前期并没有发生量能连续突变的行为，但后期的走势让人大跌眼镜。那具体为什么会发生这种现象呢？

利好消息的公布导致巨量资金的介入，发改委、外交部、商务部联合发布《推动共建丝绸之路经济带和 21 世纪海上丝绸之路的愿景与行动》，“一带一路”路线图正式出炉。作为“一带一路”经济核心区的新疆，迎来了重大发展机遇。作为主营基础设施建设的上市公司，同时基础建设作为国家优先投资行业，其发

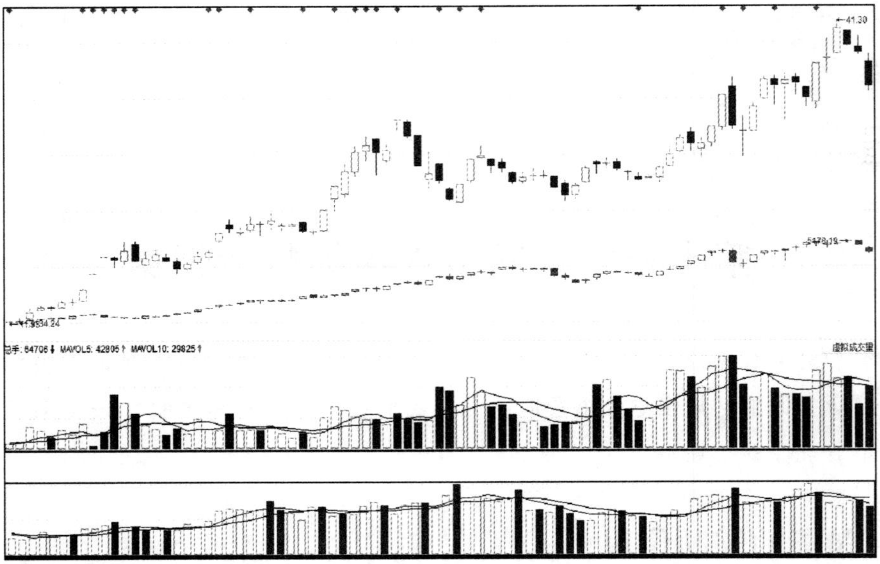

图 11－1　个股与大盘指数的对比

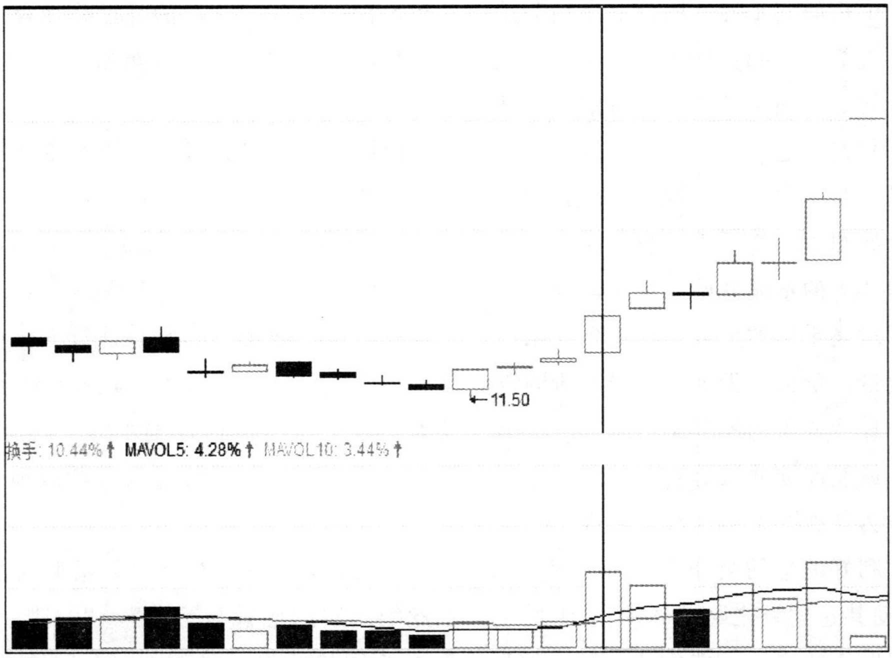

图 11－2　个股量能异变发生日前后走势图

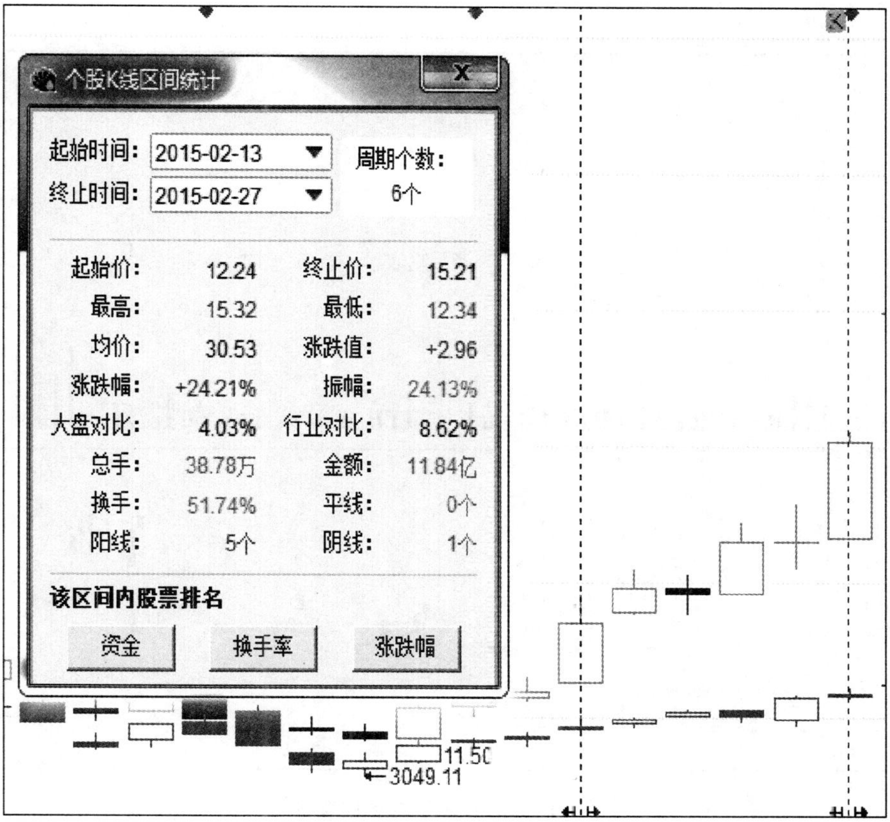

图 11－3　量能异变统计

展前景和想象空间更是被看好。

量能的突变既不是个股发生逆势行为的充分条件，也不是其必要条件，也就是说，个股开始发生逆势行为不一定会有量能的突变产生，量能的突变也不一定会发生个股的逆势行为，但是量能的突变作为市场发生趋势性改变的信号仍然是值得关注的。

如图 11－4 所示，该股在创出 12.96 元的新低后，连续发生量能突变行为，单日换手率甚至高达 10％以上，连续三个涨停，在大盘涨幅仅为 1％左右的情况下，15 个交易日内暴涨 50％以上。后期的走势似乎让人很期待，但后期的走势却没有明显强于大盘的迹象，基本上和大盘同步（图 11－5）。原因呢？从其操作手法来看，是短线的操作手法。

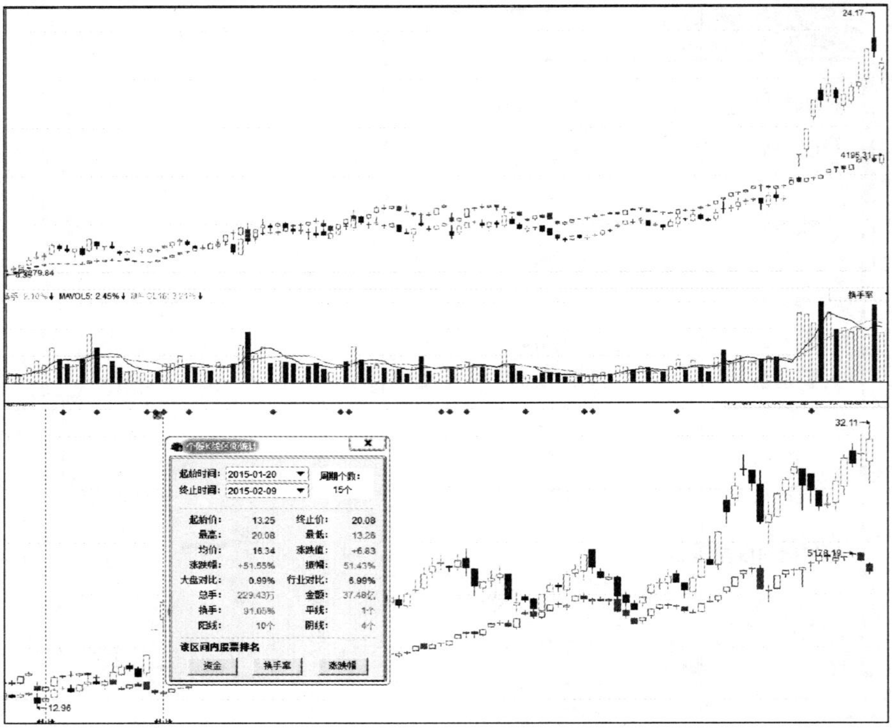

图 11－4　个股 K 线区间统计

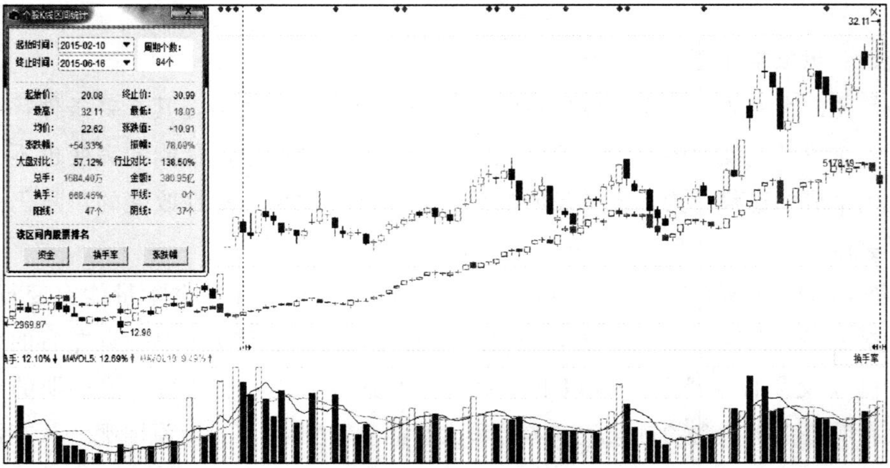

图 11－5　个股 K 线区间统计

二、缩量的核心作用

缩量是指市场成交较为清淡，大部分投资者对市场后期走势意见十分一致。缩量一般分为两种情况：一是大部分投资者都十分看淡后市，造成只有人卖，却没有人买，所以急剧缩量；二是大部分投资者都对后市十分看好，只有人买，却没有人卖，所以又急剧缩量。缩量一般发生在趋势的中期，大家都对后市走势十分认同。下跌缩量，碰到这种情况，应注意观察，等量缩到一定程度，于始放量上攻时再买入。同样，上涨缩量，碰到这种情况，就应坚决买进，坐等获利，等股价上冲乏力，有巨量放出的时候再卖出。

如图 11-6 所示，大盘处于上升通道，目标个股也处于上升通道，该股回调时出现的地量是见底信号，应重仓参与。

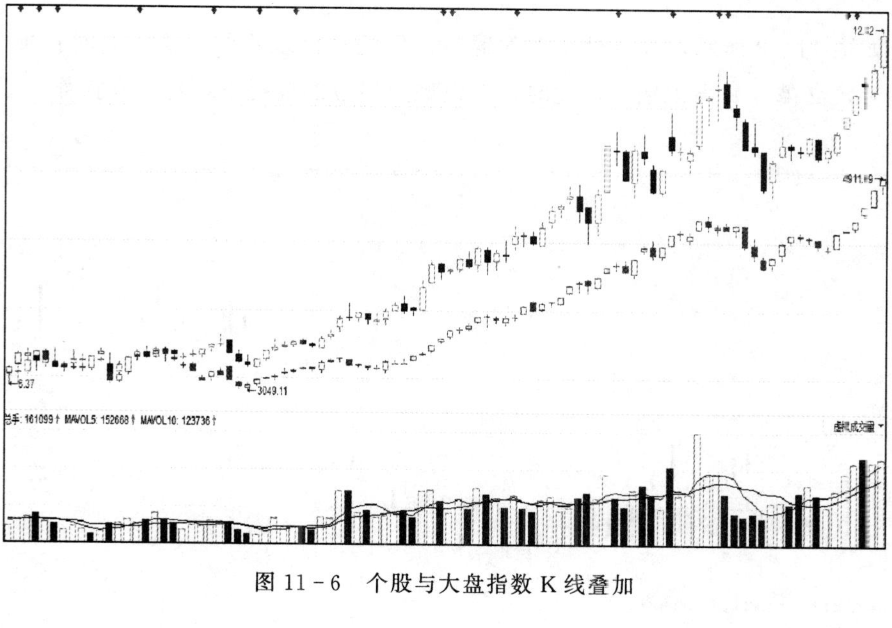

图 11-6　个股与大盘指数 K 线叠加

如图 11-7 所示，大盘处于下降通道时，个股同时也处于下降通道，此时该股出现的地量不是见底信号，应停止操作，不介入为宜。

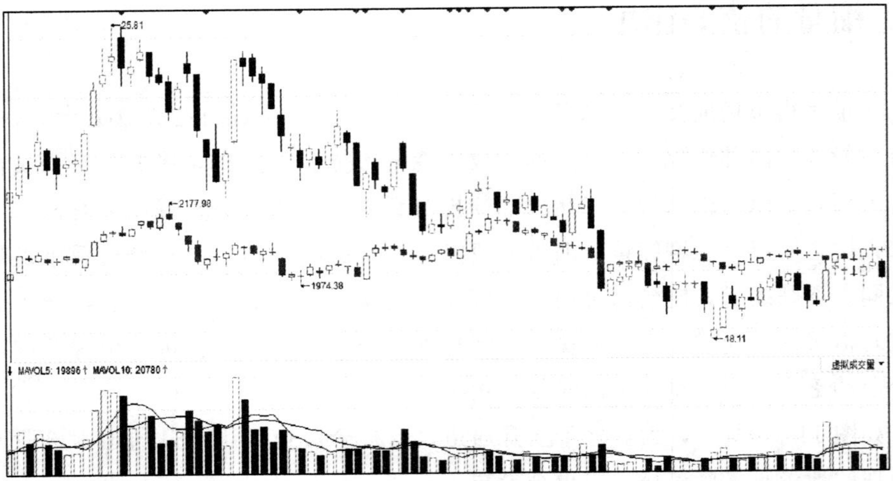

图 11－7　个股与大盘指数 K 线叠加

如图 11－8 所示，大盘处于下降通道，但已经出现止跌迹象，同时目标个股得到有效支撑，并出现地量，此时，在设好止损位的前提下，可轻仓操作。

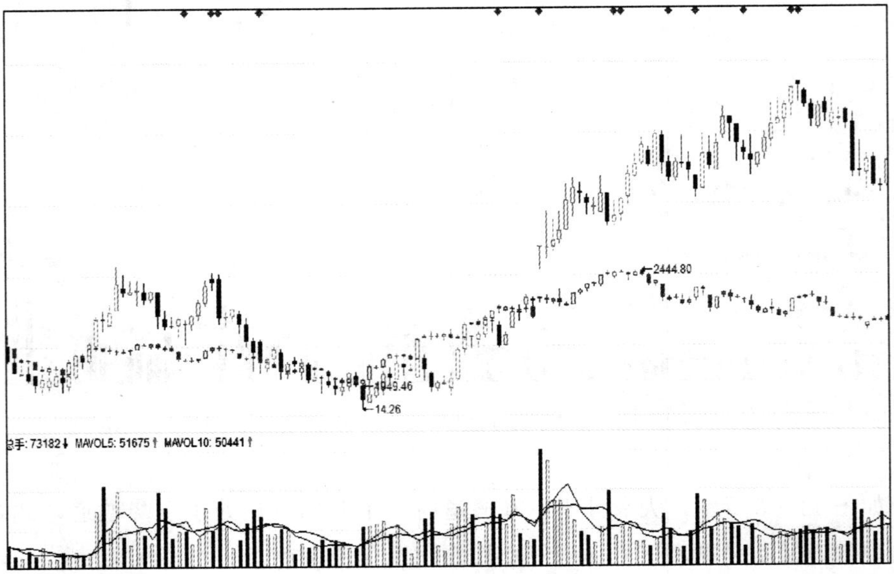

图 11－8　个股与大盘指数 K 线叠加

以上三种是大盘及个股出现缩量时，不同的应对方法，拉升途中的回调缩量我们大胆参与，下降途中的缩量严禁操作，市场底部出现的缩量可轻仓介入。

三、敏感部位的量能作用

股价的敏感部位包括每一段走势的高点和低点、筹码成交密集区、平台整理区域及跳空缺口等，在大盘与个股走势同步性的情况下，敏感部位的缩量代表市场中投资者看法一致。遇到这种情况，大家可以稍等一下，市场会自然给出方向，放量上攻则介入，下跌则卖出。

如图 11－9 所示，大盘及个股位于整理阶段，面对前期高点，量能保持着上涨放量，下跌缩量，投资者惜售的情况，可等突破高点时介入。

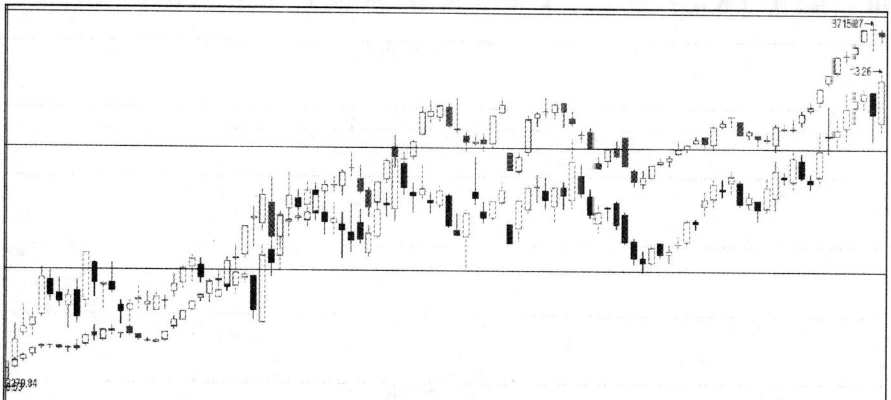

图 11－9　个股与大盘指数 K 线叠加

如图 11－10 所示，个股突破压力位回调整理，量能严重萎缩，回调到前期高点时，受到上行趋势线的有效支撑，可重仓买入。

如图 11－11 所示，该股在缓慢上移过程中碰到前期高点，但依然没有改变其上行的走势节奏，量能健康，可逢阴线处买入。

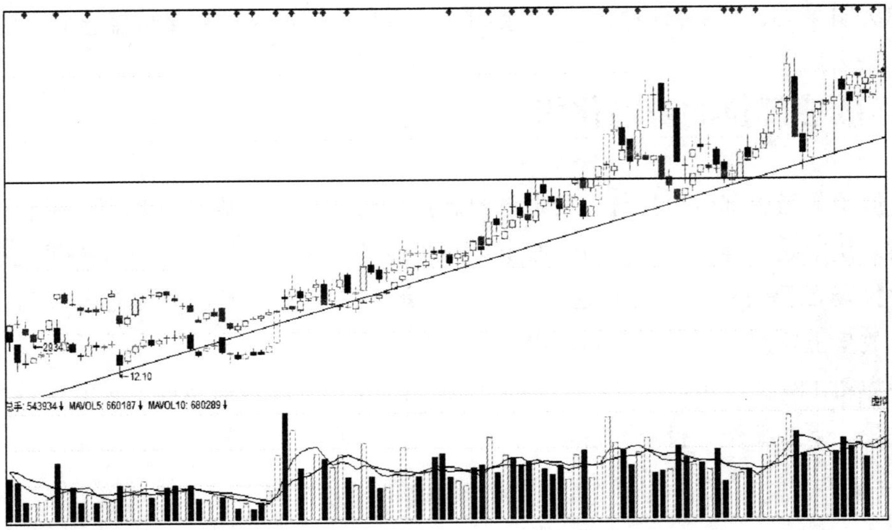

图 11-10　个股与大盘指数 K 线叠加

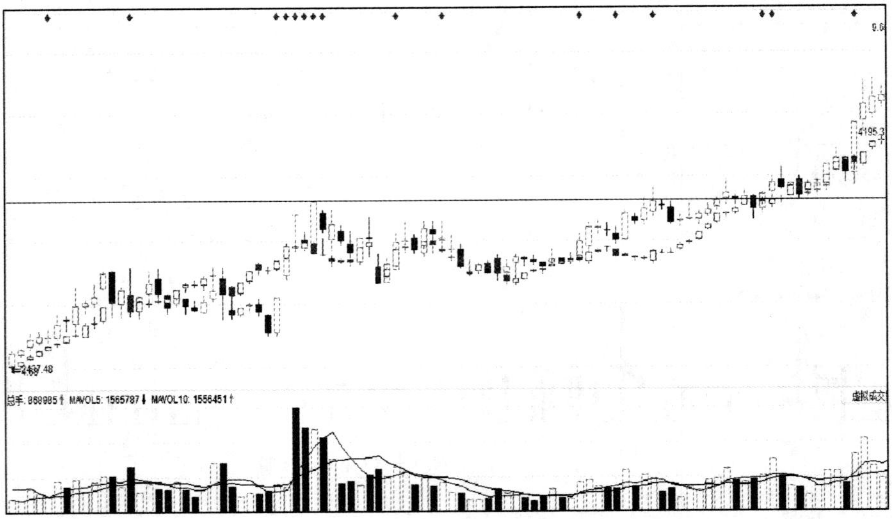

图 11-11　个股与大盘指数 K 线叠加

如图 11-12 所示，该股在上行过程中多次回补跳空缺口，量能持续萎缩，在量能有明显放大，回调低点不断抬高时可逢低介入。

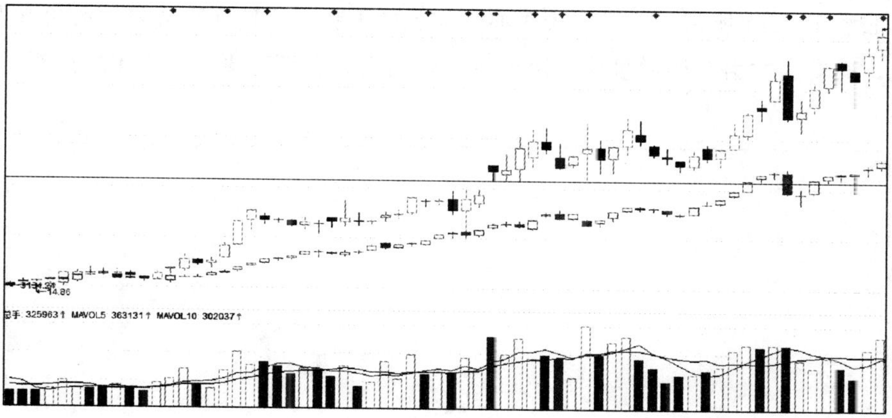

图 11－12　个股与大盘指数 K 线叠加

四、突放巨量的判断

放量，即成交量比前一段时间明显放大。股市操作中经常发现有些个股成交量突然成倍增大，短期就实现巨量换手，但主力的意图则要综合多方面的信息来判断，有时属于主力出货，有时属于主力换庄，投资者可根据放量出现的位置、K 线形态等情况来判别。

如图 11－13 所示，突放巨量的短线操作，风波过去后，量能萎缩，走势逐渐同步于大盘走势。

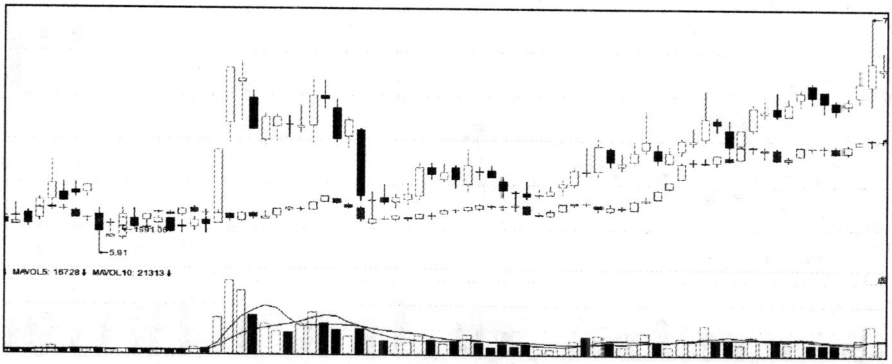

图 11－13　个股与大盘指数 K 线叠加

如图 11－14 所示，该股与大盘亦步亦趋的走势，后期连续放量，股价却明显滞涨，通常为主力对倒做量吸引跟风盘，表明主力去意已决，后市不容乐观。

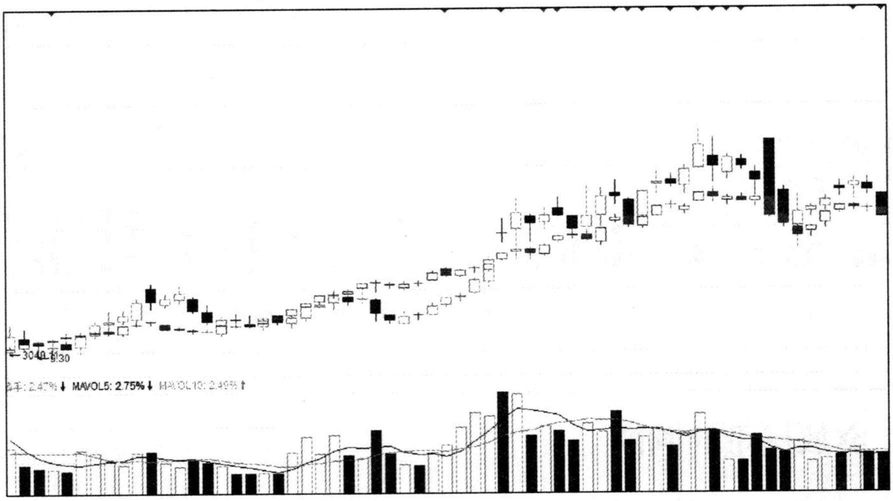

图 11－14　个股与大盘指数 K 线叠加

如图 11－15 所示，该股高位放量下挫，这是股价转弱的一种可靠信号，投资者宜及时止损。

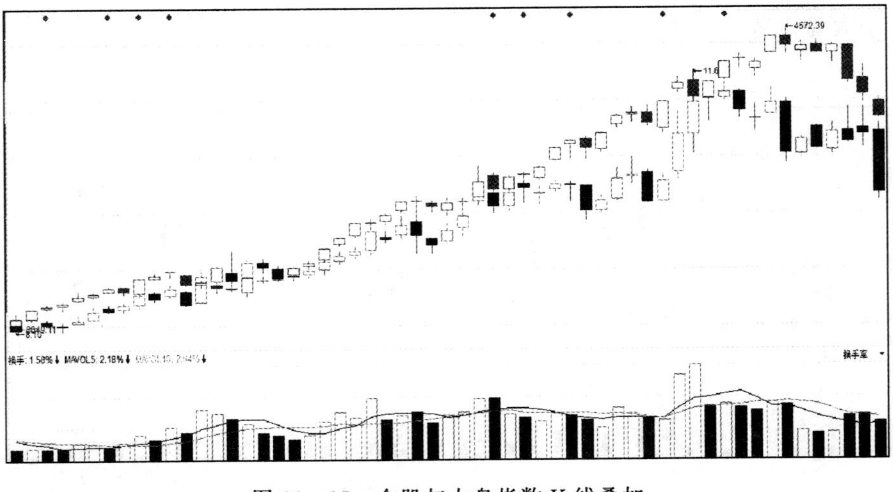

图 11－15　个股与大盘指数 K 线叠加

如图 11－16 所示，该股下跌途中放量连收小阳，需谨防主力构筑假底部，跌穿假底之后往往是新一轮跌势的开始。

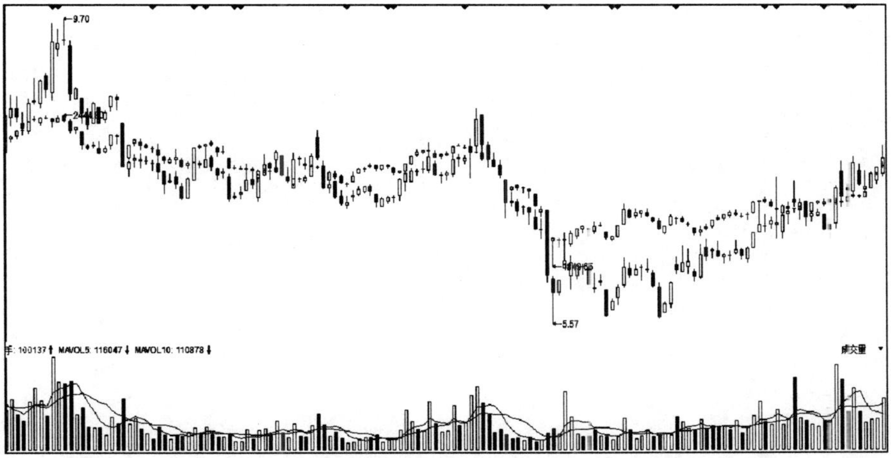

图 11－16 个股与大盘指数 K 线叠加

由于大盘与个股同步性的原理，在操作中，量能成为我们分析市场最重要的工具，缩量的产生源于市场的看法一致，放量则是源于市场分歧的产生，位置不同，分析也就不同。看菜吃饭，量体裁衣，精确的把握买卖点，赚取市场的平均利润，依然是不错的选择，毕竟市场一赚二平七亏是市场的铁律。

第十二章　操盘案例解析

在本书创作的过程中，不断地提醒自己，提高理论的实战应用效果。笔者始终认为任何理论的堆砌如果没有得到实盘操作的验证，都成了云里雾里，只会是占卜算命的工具。以上理论都是笔者多年的操盘经验，虽然不能说字里行间都是呕心沥血的原创，但也是在前人的理论上不断总结分析考证的结果，点点滴滴都是笔者实际操盘技巧的总结，凝聚了多年的投资经验和阅历，希望能为广大投资者所用。

一、长线投资案例解析

长线投资，即长期投资在时间上没有严格的界定，投资者不会在短期内卖掉所持有的股票，通常情况下，6个月以上的持有者就应该算是长（线）期投资了。长线，多数情况下是以基本面为依据或者买入后期待公司出现大的发展进而带动股票价格出现涨幅。一般来说，一家公司的基本面很难在几个月内出现明显的转变，所以，如果以这种思路去介入股票的话，往往要持续一年以上，一般称为长线投资。

1. 长线投资的误区

许多投资者采取“长线持有”的策略后同样亏损。出现这种情况，可能主要是由于投资者陷入了以下误区：

（1）选时的误区：许多投资者喜欢选择在疯涨阶段或在高位区域去建仓做中、长线投资。对于建仓时机的把握，投资者应在每年行情低迷期考虑中、长线建仓，而行情越低迷，投资者越应考虑以长线心态去择股建仓，因为时机的选择成功也就意味着你离获利的机会越近。

（2）选品种的误区：投资者往往买进短期的热门品种做中、长线投资。但当买入这些热门品种之后，有短线获利机会时，却往往以中、长线投资为由，不愿轻易获利了结，最后结果是“坐电梯”。对于中、长线的选择，投资者应发掘市场中价值被低估的板块，同时该类品种未来有被市场尚未挖掘的炒作题材。找到合适的目标后，只要目标仍处于潜伏期，投资者就应大胆逢低介入。

（3）持有时间的误区：许多投资者选择介入了一只中、长线个股不久，没想到该品种便开始疯涨起来，但有些投资者却坚持以中、长线的思路死守，结果没过多久，这个品种走完主升浪进入调整期，这些投资者仍是死捂不放，到头来空欢喜一场。“中、长线持有”并不意味着一定要死捂很长时间，当它完成这样一段较大涨幅空间也许要花几个月时间，也许几个星期就能完成，那么中、长线持有就可以转化成“速战速决”。

长线投资不是一味的去死守，投资者往往会在长线投资时适度穿插一些灵活、有效的短线操作，做到长中有短、长短结合。同时，投资者还可在两个不同品种之间来回操作，进行交易。

2. 长线投资案例

虽然长线投资着眼点在于基本面的持续转好，但是技术分析也是必不可少的，如何准确确定市场的底部及如何分批买入都是重要课题。

2012 年被称作经济放缓元年，从宏观角度看来，经济增速回落的原因主要在于全球经济继续恶化，外需不足，甚至到了年末，中国的出口也没有如年初所预计的那样有明显回升，加上 4 万亿元刺激政策的影响接近尾声，房地产调控持续收紧，造成基础设施和房地产投资下降较大，进而导致整体投资增速趋缓。

经济学家及职能部门预测经济形势是 L 形反弹，2012 年四季度作为经济的底部，未来的反弹之路是漫长而曲折的。

在全球经济放缓的情况下，作为经济发展三驾马车的出口，调控的空间并不大。2013 年促进消费的平稳增长，增加居民收入，推动收入分配改革，这些都是探索及漫长的过程，甚至有可能走弯路。最有效而直接的措施是加大投资，在房地产价格居高不下的年代，城镇化建设及基建投资作为可以拉动多产业发展的公共服务投入，显得尤为重要。

在这样的投资背景下，选择这一类股票才是明智之举。中国中铁股份有限公司是集基础建设、勘察设计与咨询服务、工程设备和零部件制造、房地产开发、铁路和公路投资及运营、矿产资源开发、物资贸易等业务于一体的多功能、特大型企业集团，也是中国和亚洲最大的多功能综合型建设集团。2014 年，在《财富》“世界 500 强企业”中排名第 86 位。根据中国中铁的 K 线走势做如下分析：

（1）个股在大盘屡创新低的过程中，拒绝跟随，甚至开始一波 20%左右的拉升行情，在双底的过程中构成了第一买点（图 12－1）。

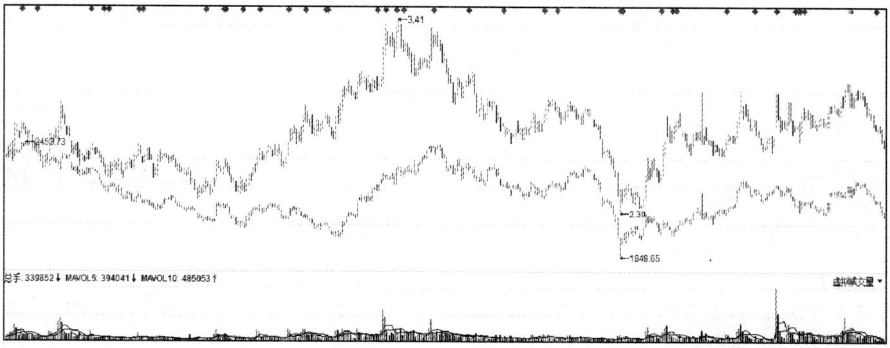

图 12－1　中国中铁前期 K 线走势图

（2）大盘在反弹后跌回原点，该股也跟随大盘调整跌回到原点。

（3）大盘在底部开始横盘整理，始终保持在 1849.65 点上方，该股走势与大盘基本一致。

（4）历史低位长期盘整而不跌破，可以考虑加仓，也可以继续观望。

（5）盘整末期走势逐渐缓和，大盘指数窄幅波动，但从该股走势看，规律有序，底部较大盘明显抬高，走势趋强。该股构筑圆弧底形态，突破颈线位为第二买点，可以加仓买入（图 12－2）。

（6）该股延续强势行情，回调不破大盘指数线为第三买点（图 12－3）。

自写作之日，较第一买点涨幅高达 10 倍，较第二买点涨幅为 7.9 倍，较第三买点为 6 倍。按照传统的分批买入比例 5∶3∶2 的原则，涨幅为 9 倍。

趋势永远是一个渐进的过程，追逐趋势，要在理性的基础上，过于感性的人只适合做短线，每一个买点都要有理有据，每一个卖点都要合情合理。下面我们来看一个卖点的案例解析。

持股不动不代表永久持股，如果说长线操盘的买入是基本面与技术面的有效结合，那么可以说卖出的技巧更偏向于技术面。在中国股市中，系统性风险的爆

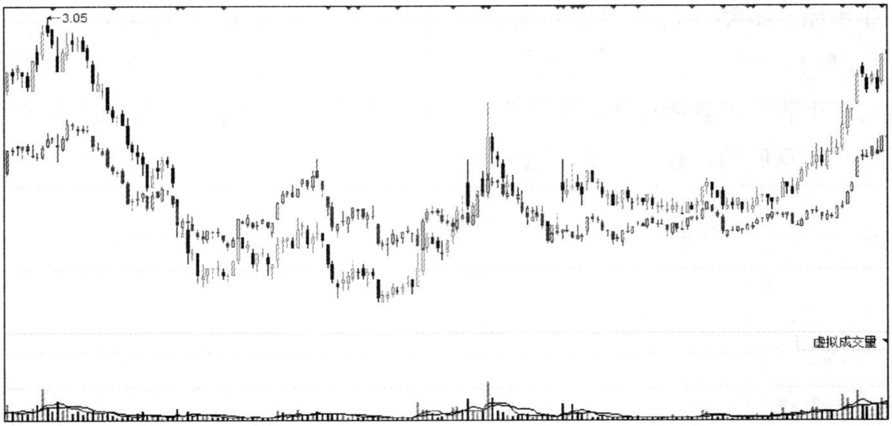

图 12－2 中国中铁中期走势图

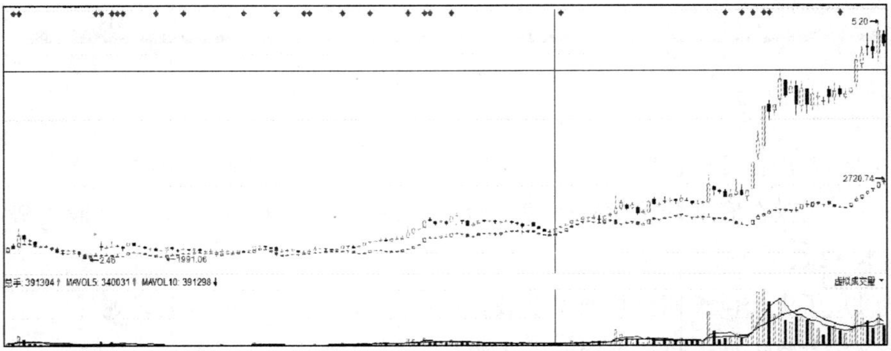

图 12－3 中国中铁后期走势图

发，基本面再优秀的公司也难以抵挡非理性群起抛售股票的灾难。所以说，中国出不了可口可乐那样连续 40 年上涨数万陪的优秀上市公司，中国也出不了靠长期战略持有 4 只股票而成为世界首富的巴菲特。

如图 12－4 所示，如果你持有该只股票，那么恭喜你，你走大运了。巨资收购科技公司，转型互联网企业，股价扶摇直上，连续 12 个涨停，经过整理后，再次上涨 70%。如果按照基本面的因素，我们可以继续长期持有，但是该股的走势已经走坏，资金留在里面，不只是过浪费了时间，又浪费了资金。

（1）长期趋势线的跌破，构成了第一卖点（图 12－5）。支撑转压力，两次连续长上影线的攻击受阻。

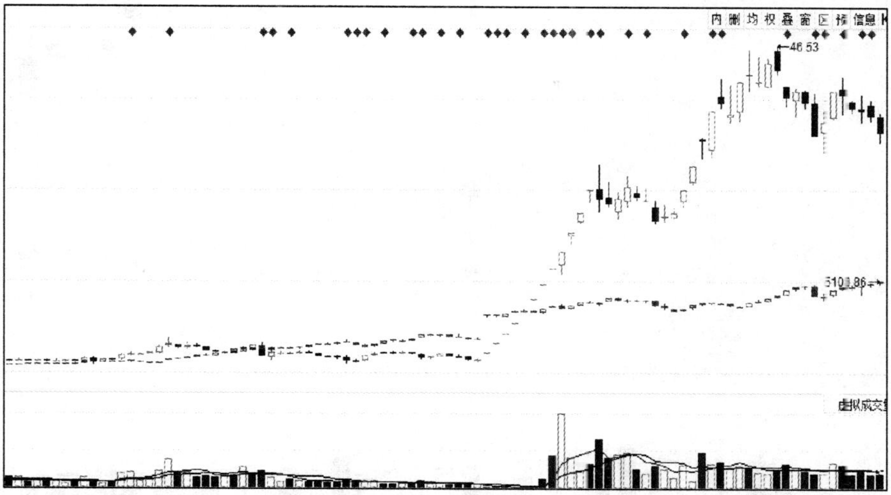

图 12-4　个股与大盘指数 K 线叠加

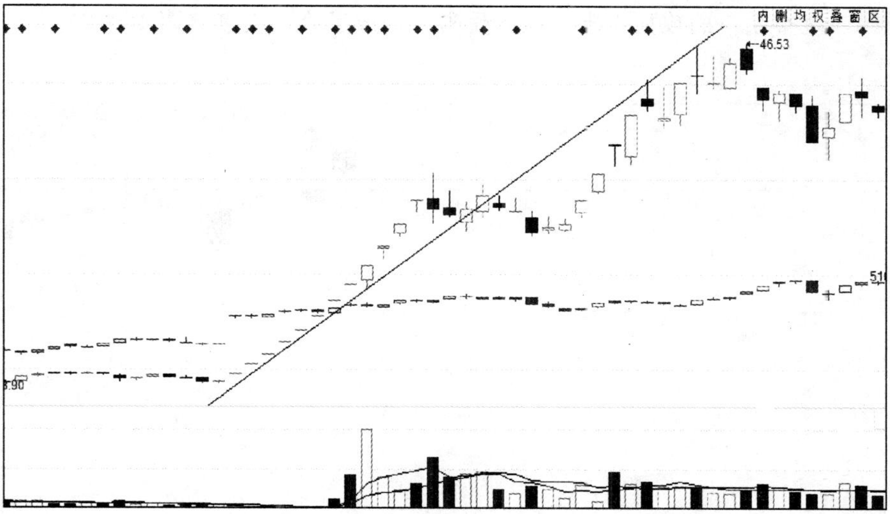

图 12-5　第一卖点在走势中的位置

(2) 连续 3 个交易日收盘未能有效突破长上影线的最高点，跳空低开构成第二卖点（图 12-6）。

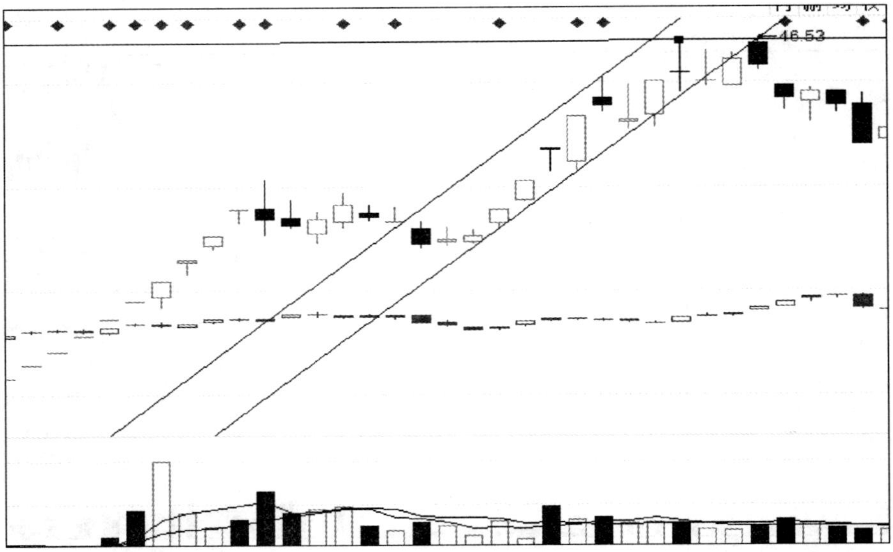

图 12－6　第二卖点在走势中的位置

(3) 跳空缺口的攻而不破，反弹受阻，构成了第三卖点（图 12－7）。

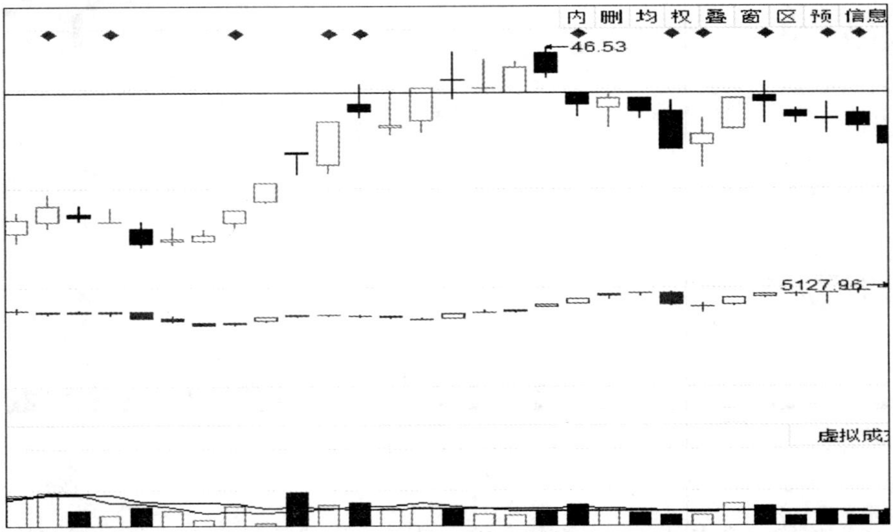

图 12－7　第三卖点在走势中的位置

由于该股涨幅过大，导致K线与大盘指数走势乖离过大，大盘指数显得过于狭长，对个股K线分时帮助有限。那我们再把每一个阶段细分，来看看强势个股回调期间与大盘指数对比的情况。

如图12－8所示，这是该股第一次回调整理期间个股走势与大盘指数对比图，走势明显弱于大盘指数与行业指数，大盘及行业跌幅仅为4%与7.69%，但该股却高达15.42%。从量价配合上，我们明显可以看出，阴线放量，阳线缩量，弱势反弹，下跌的征兆已然出现了。

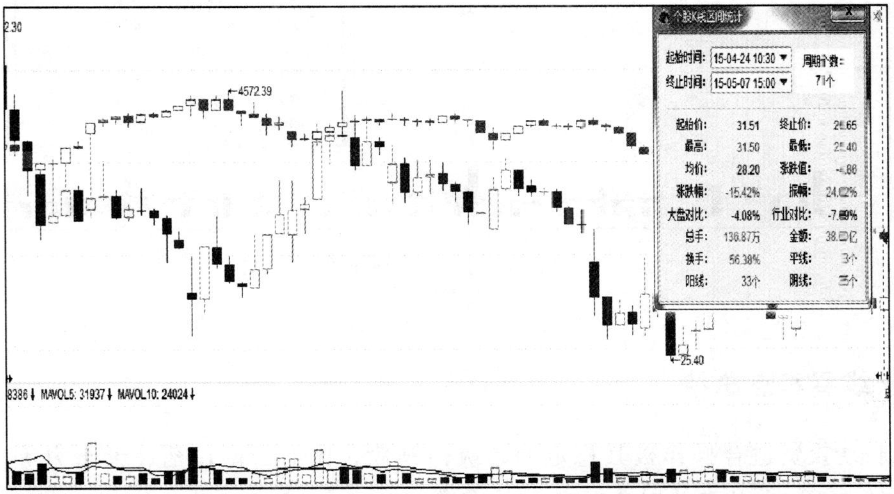

图12－8　第一次回调期间30分钟K线走势图

大盘在回调结束开始上涨后，连续阳线拉升，而该股在4个涨停板后走势趋缓，在长上影线创出盘中新高43.00元后；连续3天收盘未能突破43.00元，最后以一个跳空低开低走的阴线宣告上升趋势的结束。我们来看看该股顶部阶段（4根K线）与大盘走势的对比情况。

如图12－9所示，在该股筑顶阶段，我们可以看到4天内的走势明显弱于大盘，虽然大盘在不断创出新高，但该股却双重顶的形态，大盘指数及板块指数分别上涨9.36%及10.49%，该股勉强上涨3.24%，最后的跳空低开形成了突破下跌缺口。同时，伴随着缺口的上攻受阻，宣告此轮上涨趋势的完结。

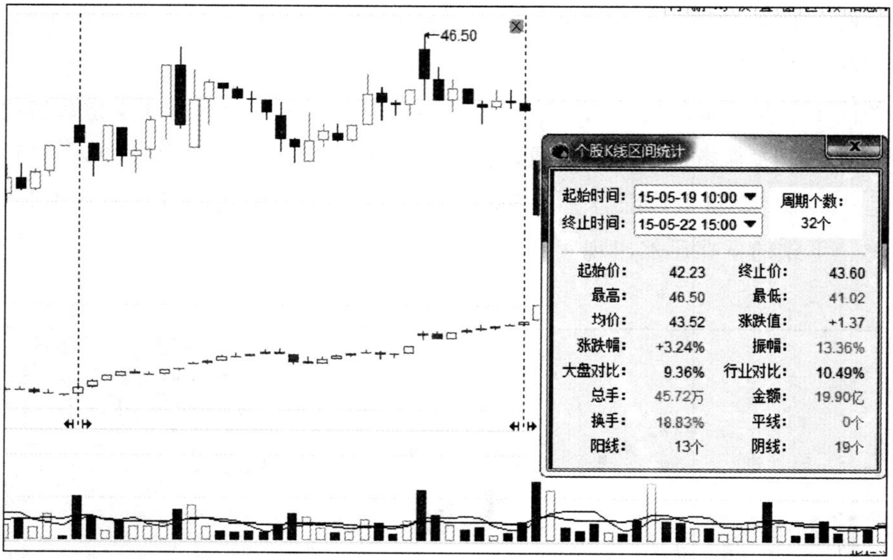

图 12－9　筑顶阶段 30 分钟 K 线走势图

3. 长线买卖点总结

长线投资适合操作极其稳定的超级白马股，比如云南白药、天士力等。另外，结合市场走势及公司基本面的安全边际买入法，在市场相对低迷，公司估值更接近安全边际甚至偏低估的时候买入基本面良好的成长股也是很好的选择。还有，在上市公司基本面出现重大转机前夕买入，这个需要一定的预判性，需要对公司的基本面走向把握很好，这种方法的效率比较高，因为你很快就可享受到公司爆发式增长带来的较大收益。

长线投资的卖点主要发生在以下几种情况：①公司基本面已经或确定即将发生恶化。②公司遭遇概念或题材爆炒后股价高估严重偏离基本面。③你确定有更好的投资目标的可供换股操作。④长线投资的卖点也要结合技术面及心理面，如国家出手抑制股市泡沫时，投资者极度疯狂时，同时长线趋势线的跌破都是需要注意的事项。

人性的弱点——人的本性不是努力去扩大收益，而是努力去扩大获得收益的机会。

有经验的农夫绝不会在播种之后，每隔几分钟就把它们挖起来看看长的怎么样，他们会让谷物发芽，让它们生长。长线交易追逐趋势，认为趋势是自己唯一的真正朋友，是自己利润的来源。长线交易理论上更适合广大投资者，绝大多数投资都有自己的工作和事业，没有时间和精力每天去看盘，去分析。但是长线投资者必须忍受长期持仓所带来的痛苦，必须忍受大幅波动吃掉大部分利润的可能，去忍受必须放弃短期获利机会的可能，亲爱的朋友们，你们准备好了吗？

二、中线投资案例解析

从持仓时间上来说，超短线在 5 天以内，短线一般在一个月之内，中线在一个月到 6 个月之间，长线在 6 个月之上。短线、中线与长线没有严格划分标准，短线也称为周级别之内，中线也称为月级别，一般不超过两个季度，长线一般半年以上时间。一般来说，短线要求有较高的炒股专业技能，要求时时盯盘；而长线要求有较高的经济学知识，能够从大量的资料中分析和研究上市公司的长期发展趋势，而传统中庸理论来说，中线相对方法简单，收益率也较高。

1. 中线投资误区

中线投资介于长线投资与短线投资之间，它既没有长线投资时间长且限制转让的风险，也没有短线投资激烈投机性的风险，因此为多数投资者所采用。在操作时既要避免过多在市场底部耗费时间和精力，又要避免过度的投机性而导致情绪的躁动不安。我们在具体操盘时，应避免以下几种情况：

（1）介入时间：对于中线投资介入的时间不宜过早，也不宜过迟，过早的话可能浪费时间及精力，过晚的话承受不必要的亏损，导致持股时间延长，宜选在有明确的启动迹象时介入。

（2）介入对象：尽量避免暴涨暴跌的股票，选择行业短期内有利好、有热点或者该股有重组、重大投资及分红派息等利好消息时提前买入。

（3）持有时间：当所期待的利好消息属实时，按照技术理论持有并卖出，当所期待的消息属于谣言时，在谣言破灭时第一时间离场。

2. 操盘案例解析

据报道，受异常天气影响，占全球产量三成的巴西和印度 2014—2015 年榨季糖产量有较大幅度的减产。市场担忧全球糖市供应过剩转为紧张，国际糖价有望步入上升周期，2014 年或成为转折年。另外，广西糖会将于 3 月 18 日召开，业内普遍认为，此次糖会出台相关利好政策的可能性颇高。

分析称，随着国际糖价的反弹，配额外进口糖成本已经高出国内糖价 10%以上。鉴于受种植效益下滑以及近期霜冻天气影响，我国 2014—2015 年榨季甘蔗收获面积预计将下滑 5%以上，再加上全球减产，随着夏季消费高峰的启动，我国糖价有望在下半年迎来反转。

这是贵糖股份在 3 月份的一则公开消息，我们来看一下该股的整个运作过程。如图 12 - 10 所示。

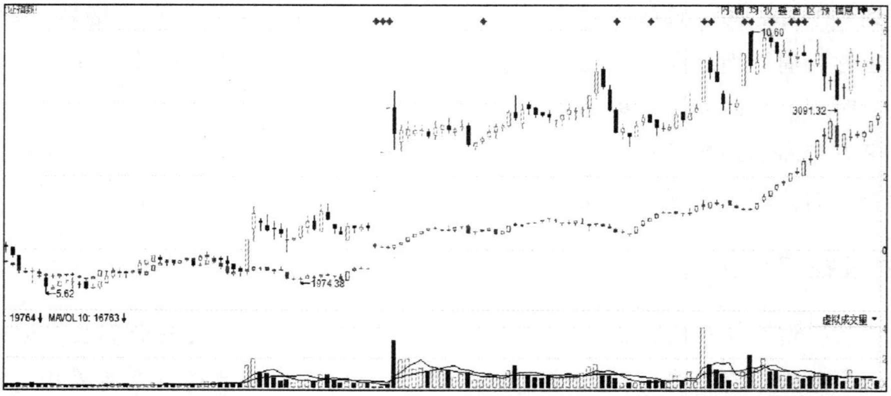

图 12 - 10　贵糖股份 K 线走势图

（1）该股在大盘下跌过程中，以双底构筑底部形态，回调不破颈线位，为第一买点。

（2）涨停板之前明显强于大盘，回调缩量，激进型的投资者可于涨停板当天买入。如图 12 - 11 所示。

（3）连续两根大阳线后回调整理，不破涨停价，大盘破了新低，该股以一根早晨之星形态宣告回调结束，为第二买点。如图 12 - 12 所示。

（4）8 月 25 日晚间，贵糖股份发布重组预案，公司拟向云浮广业硫铁矿集团有限公司、广东省广业资产经营有限公司发行股份购买广东广业云硫矿业有限公司 100%股权，同时拟采用询价方式向特定对象非公开发行股票募集配套资金。此次交易完成后，云硫矿业将成为贵糖股份的子公司，贵糖股份的资产规模和业

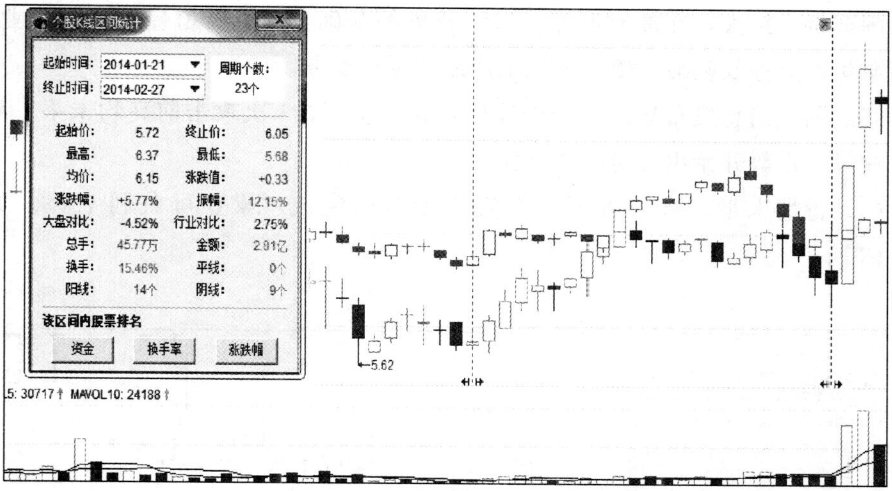

图 12-11 贵糖股份 K 线区间统计

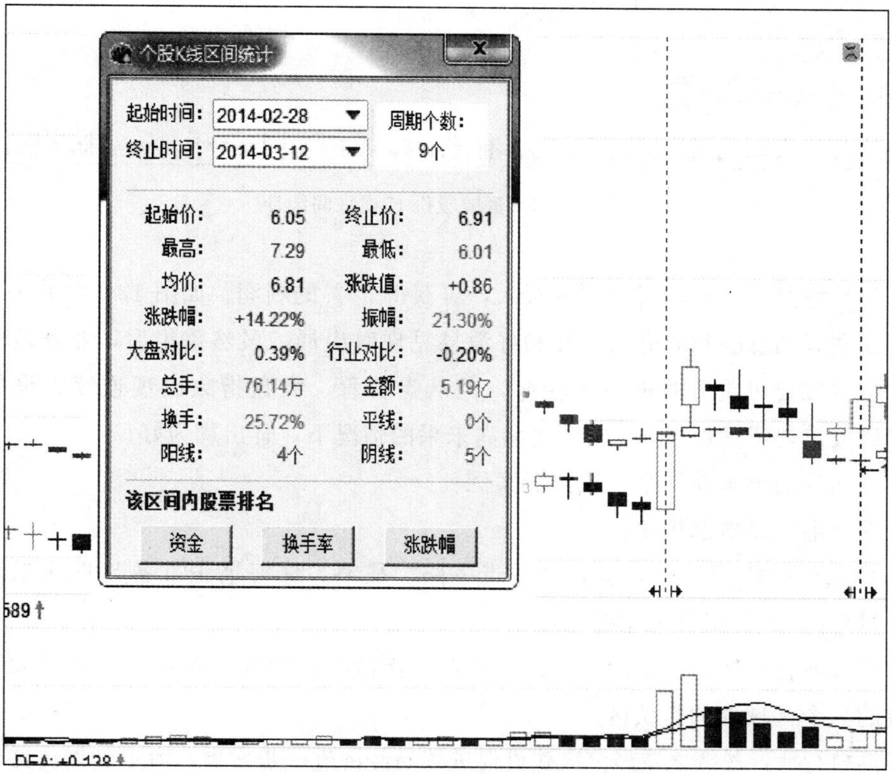

图 12-12 贵糖股份 K 线区间统计

务范围都将会扩大，在原有制糖、造纸业务的基础上，将新增硫铁矿开采业务、硫精矿生产业务及硫酸、磷肥等化工产品的生产业务。

（5）利好消息发布导致3个涨停后，高位震荡，3次攻击前高均未果，阴线开始放量，走势开始出现走缓的迹象。

（6）行情末期，乌云盖顶形态宣告走势的完成，累计可获利70%。如图12-13所示。

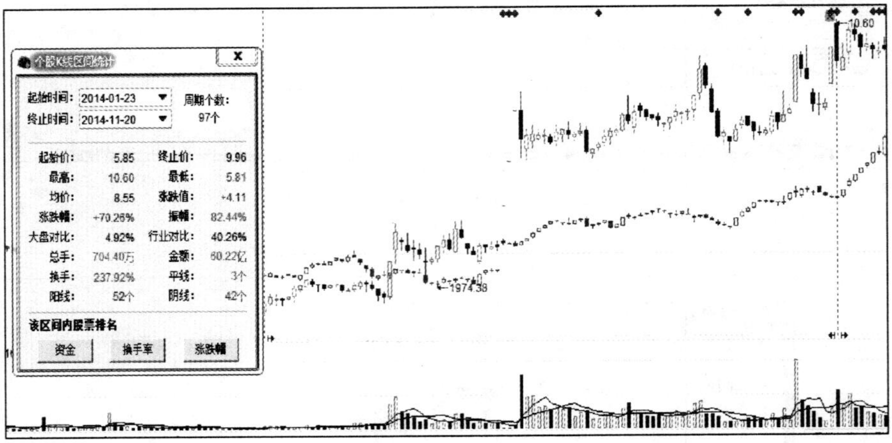

图12-13　贵糖股份K线区间统计

（7）稳健型的投资者逢回调买入，可获得50%的利润。如图12-14所示。

在利好消息朦胧时介入，在利好消息兑现时出局。虽然重组后，业务范围的扩大会导致公司业绩的进一步转好，但从走势看，大盘指数出现连续大涨的行情，该股走势明显放缓，3次攻击前高未果的情况下，宜出局为好。

下面我们再来看一个中线投资案例：

珠海港所属概念板块：

“一带一路”：为响应国家“一带一路”战略，珠海港正准备与瓜达尔港合作，以对接21世纪海上丝绸之路。

粤港澳自贸区：粤港澳自贸区是由广州南沙、深圳前海及珠海横琴三大平台组成的一个区域性的自贸区。

港口行业：丝绸之路经济区建设促进贸易经济进一步发展，海上丝绸之路建设与港口物流行业深度融合，区域政策是交通运输行业2013年以来的最主要催化剂。

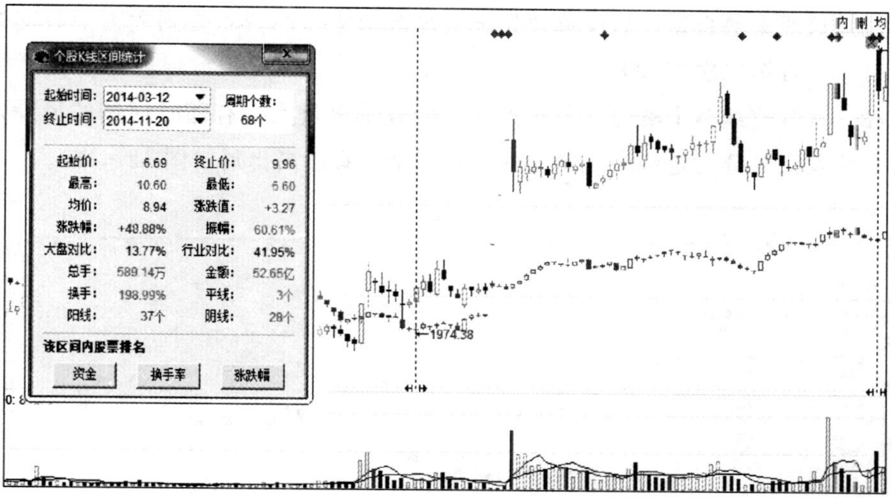

图 12-14　贵糖股份 K 线区间统计

PTA 涨价概念股：与外资巨头合作 PTA 项目，与国际行业巨头联合进行精对苯二甲酸（PTA）生产，与英美石油控股碧辟（中国）BP 环球对珠海碧辟化工注册资本增至 27700 万美元，投资总额至 75900 万美元，建设 PTA 二期。

（1）该股走势与大盘指数走势由黏合开始向上发散，大盘指数创出阶段性新低 3049.11 点后股不创新低，可在当日中线买入（图 12-15）。

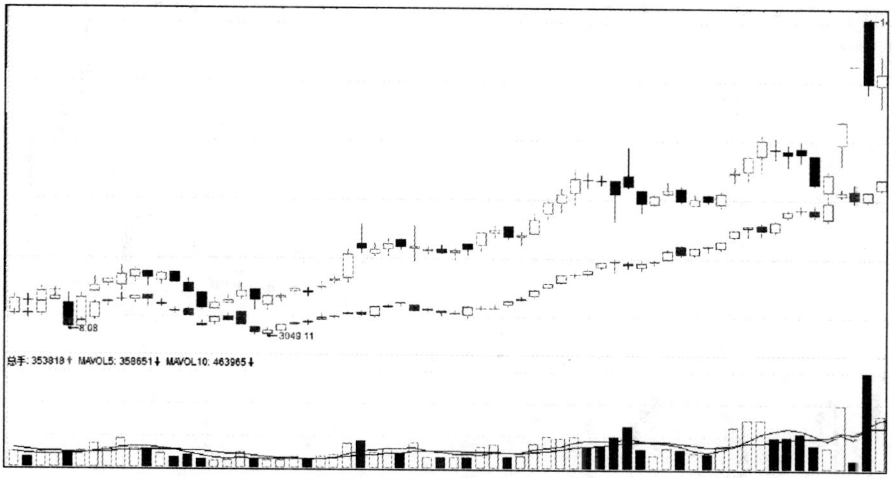

图 12-15　珠海港 K 线走势图

（2）该股走势自发散后保持领先于大盘的走势，回调后受到大盘指数支撑买入，可于当日第二次买入。

（3）次日连续两个涨停，由于离大盘指数乖离过大，有随时回调的风险，同时大阴线及次日分时走势出现明显的出货行情，宜逢高出局（图 12－16）。

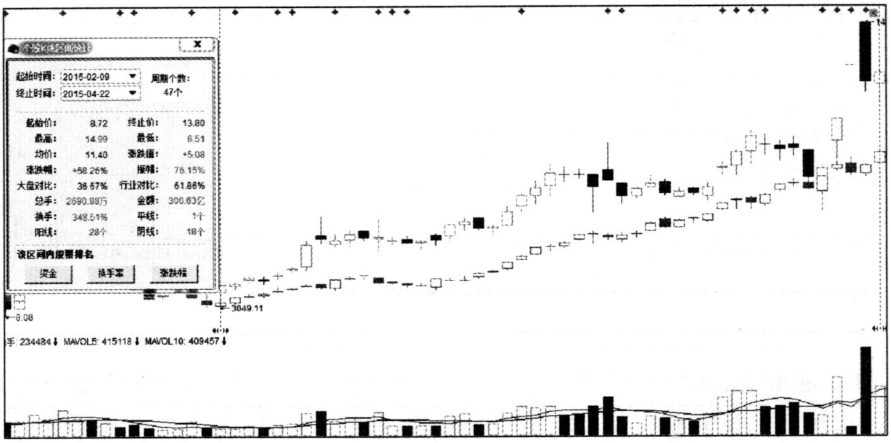

图 12－16　珠海港 K 线区间统计

（4）同时由于角度明显越来越高，风险在不断加大，宜出局观望（图 12－17）。

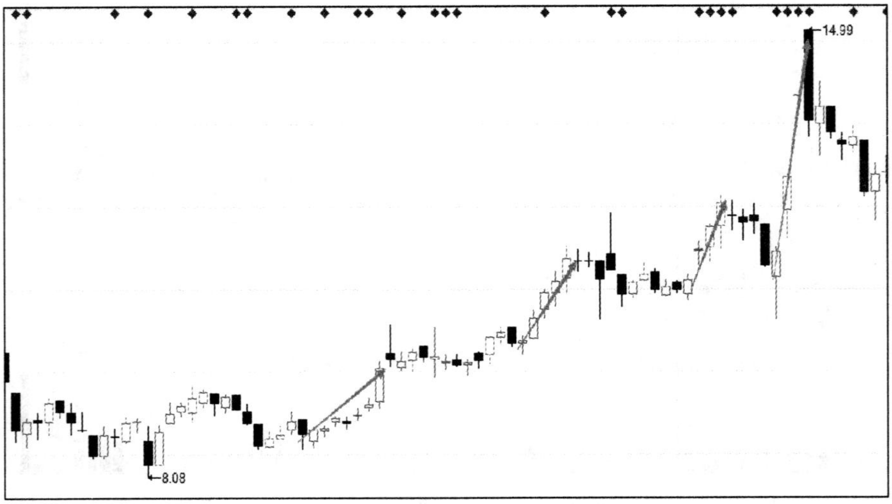

图 12－17　珠海港拉升角度变化

（5）我们来看一下连续 3 天的分时波形（图 12－18 至图 12－23），下跌波形以尖角形波形为主，角度陡，而且有量能放出，上升浪形很平缓，次日在大盘上

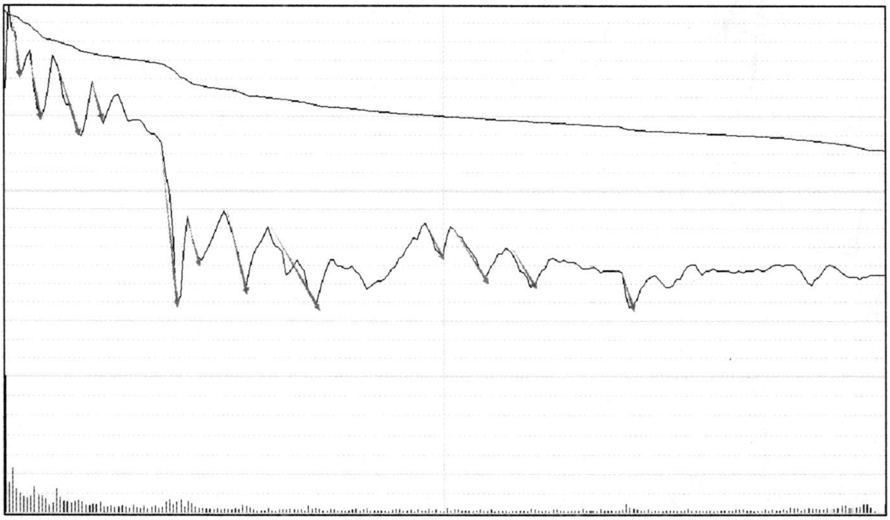

图 12－18　珠海港分时走势图

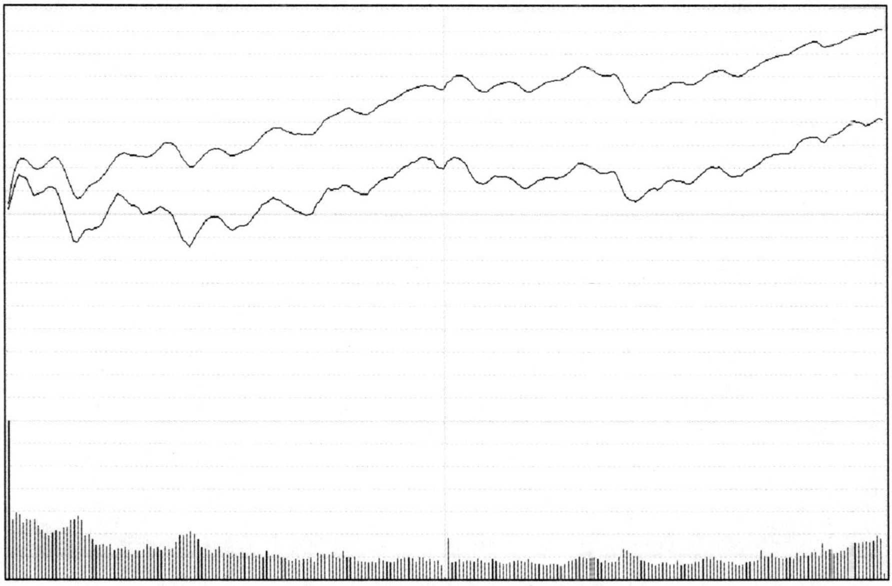

图 12－19　大盘指数分时走势图

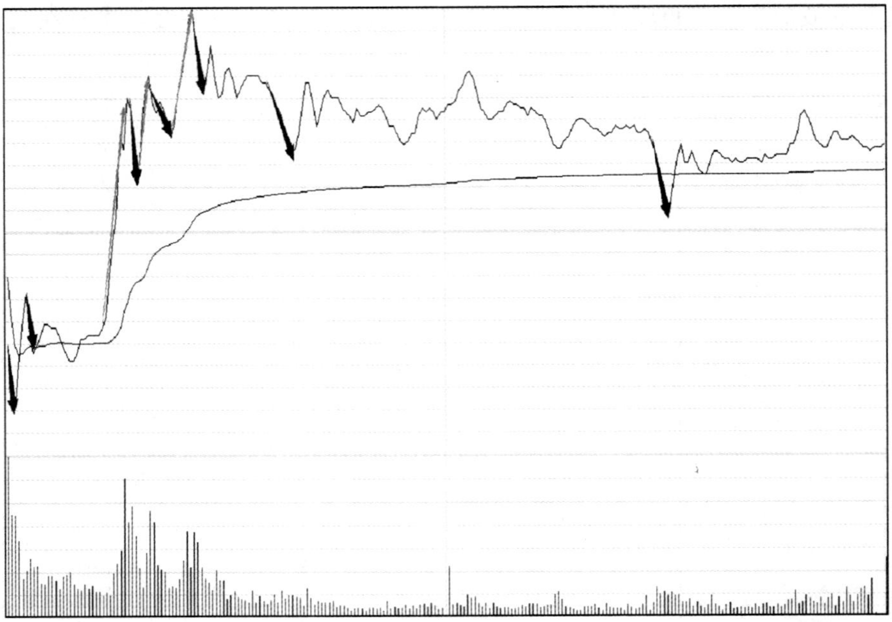

图 12-20　珠海港分时走势图

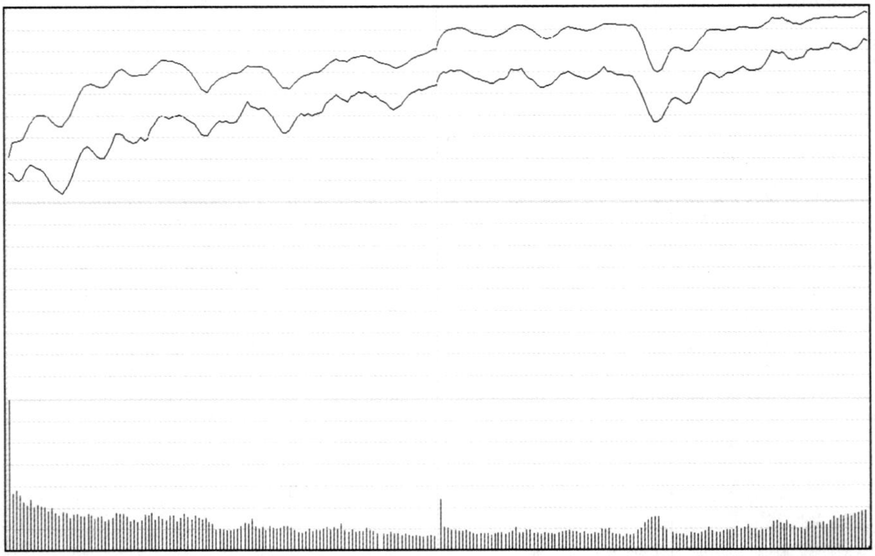

图 12-21　大盘指数分时走势图

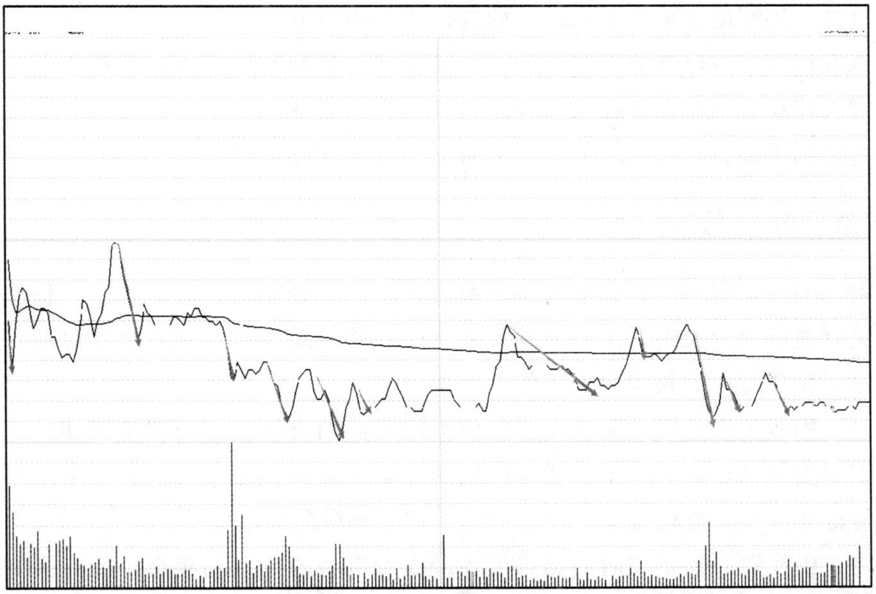

图 12-22　珠海港分时走势图

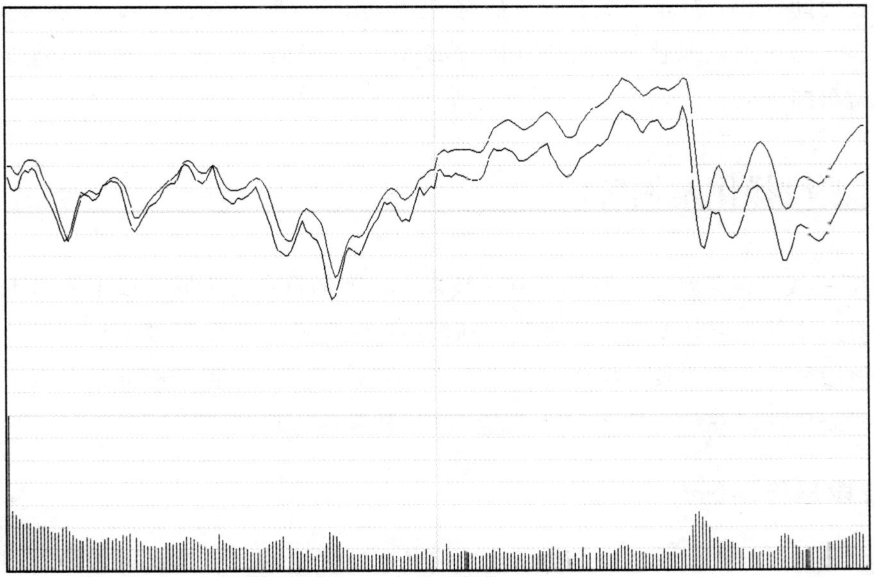

图 12-23　大盘指数分时走势图

升之际五浪拉升，波形的背离，量增价减，重心没有明显上移，都反映了主力诱多的目的。连续的走势告诉我们，此波行情已经结束。

该股行业和战略部署与当时的“一带一路”战略紧密相关，直接参与中巴经济走廊的建设，自贸区3月1日挂牌等，切合当时热点，是中线首选。大阴线次日逢高获利出局，盈利高达60%，是个比较不错的中线操作。

3. 中线买卖点总结

由于中线投资介于长线投资与短线投资之间，既关注行业的热点、概念及题材，又重视技术形态的完美。下面是笔者的一些中线选股技巧及操作经验，介绍给大家，希望对广大投资者有所帮助。

（1）中线投资选股的关键在于股价当时所处的市场位置，即选择那些当前股价处于历史较低位置，在主力成本区域附近的个股择机介入。因为对中线投资而言，价低往往是获胜的关键，也是有效规避市场风险的重要保证。

（2）中线股必须是当时的热点板块，或与市场的热点相契合，拥有良好的市场预期，而且未来一段时间内有实现的可能。

（3）技术形态的完美是操作的必要条件。中线投资的首要目标是跑赢大盘，选择长时间内和大盘走势黏合并开始有向上发散迹象时买入。

（4）当热点兑现后，或者短期内乖离过大，上行趋势过于陡峭，有逢高回调迹象时果断出局。

三、波段操作案例解析

在K线波段异动中，我们谈到了波段，研究的重点是不同阶段中K线与大盘走势对比中的强弱转变。在这里我们利用逆势原理操作进行案例解析。

波段操作介于中长线操作与短线操作之间，它并不拘泥于时间的长短，而是专注于阶段性的开始与结束，适合规律性比较强的走势。

1. 波段操作误区

（1）选股时机：宜选取走势呈波浪式及通道式上涨，且筑底过程中有明显放量的个股。

（2）买卖时机：坚持波谷进、波峰出的操作手法，波谷位于趋势通道的下轨支撑线、成交密集区的边缘线、箱底位置等，波峰位于趋势通道的上轨压力线、成交密集区的边缘线、箱顶位置等。

（3）持股时间：把握波段运行规律，坚持完整的波段行情，而不仅仅局限于时间长短。

2. 操盘案例解析

海南大东海旅游中心股份有限公司是一家以酒店服务为主的企业，主要经营范围为住宿及饮食业（限分公司经营）、摄影、花卉盆景、针纺织品、百货、五金交电、化工产品（专营除外）、日用品、工业生产资料（专营除外）、金属材料、机器设备的经营、代售机车船票。

由于该股是以餐饮住宿为主营业务，营业收入及净利润相对比较稳定（表12－1），现阶段也不是市场操作的热点，走势相对比较稳定，有规律。但如果按照波段操盘的原理来做，依然能获得比较好的收益率。

表12－1　大东海A的经营情况

预测指标	2012（实际值）	2013（实际值）	2014（实际值）	预测2015（平均）	预测2016（平均）	预测2017（平均）
营业收入（万元）	3218.47	2366.08	2020.21	2111.00 +	2283.00 +	2666.50 +
营业收入增长率（%）	-2.44	-26.48	-14.62	4.50 +	7.49 +	15.14 +
利润总额（万元）	212.60	-219.93	250.35	-400.00 +	-500.00 +	-400.00 +
净利润增长率（%）	140.26	-203.45	213.83	-148.48 +	43.75 +	1.54 +
每股现金流（元）	0.00	0.01	0.01	0.01 +	0.09 +	0.12 +
每股净资产	0.23	0.23	0.23	0.22 +	0.21 +	0.20 +
净资产收益率（%）	0.00	0.00	0.00	-0.55 +	-0.85 +	0.05 +
市盈率（动态）	-	-	-	-453.67 +	-340.25 +	-340.25 +

该股呈现比较有规律的上涨，在长方形箱体内低进高出，买卖点把握比较容易，如果按照逆势原理来操作，也是比较有效的。如图12－24所示。

安凯汽车是一家生产高、中档大、中型豪华客车及客车底盘的大型企业。公司主要产品包括营运车、汽车底盘、配件及修车等，其在客车行业率先通过国家"3C"产品强制认证。2010年，新能源客车持续保持领先地位，销量排名第二，其中纯电动客车市场份额累计高达80%，排名第一，是国家级创新型试点企业，国家火炬计划重点高新技术企业。

2014年，公司客车销量连续5年销售过万辆，全年共销售各类客车10454辆，同比上升0.05%，销量位居行业同类客车第六位；2014年安凯总体表现优于行业6

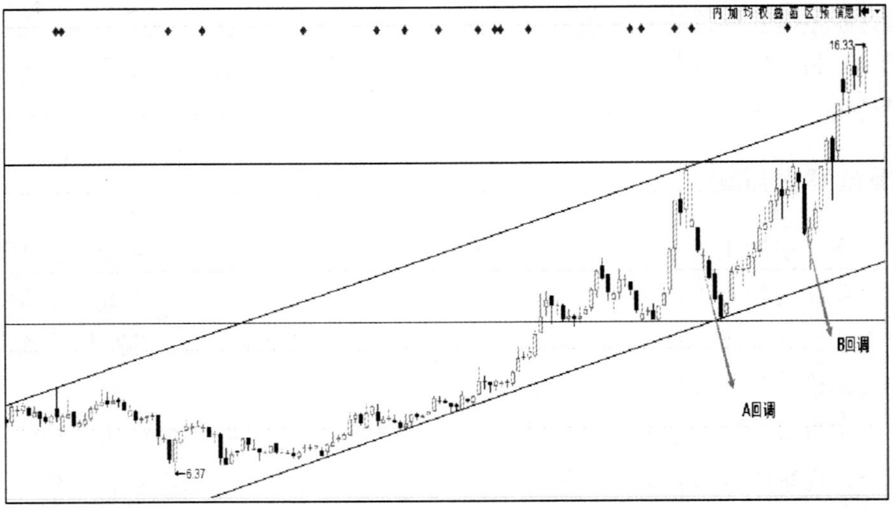

图 12－24　大东海 A 的 K 线走势图

米以上客车市场平均水平。实现销售收入 48.35 亿元，同比增长 36.63％。归属于母公司所有者的净利润为 2354 万元，同比增长 167.78％（表 12－2）。

表 12－2　安凯汽车财务状况分析

科目\年度	2014-12-31	2014-09-30	2014-06-30	2014-03-31	2013-12-31	2013-09-30
基本每股收益(元)	0.03	0.03	0.02	0.01	-0.05	-0.04
净利润(万元)	2,353.75	1,851.60	1,114.24	484.08	-3,472.80	-2,435.15
净利润同比增长率(%)	167.78	176.04	-55.45	-22.09	-136.50	-141.15
营业总收入(万元)	483,529.46	352,067.51	225,028.67	104,859.08	353,904.68	280,192.18
营业总收入同比增长率(%)	36.63	25.65	9.42	31.59	-7.87	5.45
每股净资产(元)	1.78	1.77	1.76	1.75	1.74	1.73
净资产收益率(%)	1.92	1.45	0.92	0.40	-2.77	-1.92
净资产收益率-摊薄(%)	1.90	1.50	0.91	0.40	-2.86	-2.00
资产负债比率(%)	71.19	70.94	69.55	72.32	71.51	71.66
每股资本公积金(元)	0.55	0.55	0.55	0.55	0.55	0.59
每股未分配利润(元)	0.17	0.16	0.15	0.14	0.14	0.15
每股经营现金流(元)	0.18	-0.62	-0.78	-0.48	-0.21	-0.32
销售毛利率(%)	8.28	8.11	7.61	6.02	5.76	8.94
存货周转率	10.63	7.28	4.48	2.06	8.64	6.48

下面我们来分析该股的技术面，以回调趋势线为低点，以主升浪中 A、B、C 三浪作为案例来比较一下，判断趋势未来的延续或逆转。如图 12－25 至图 12－27 所示。

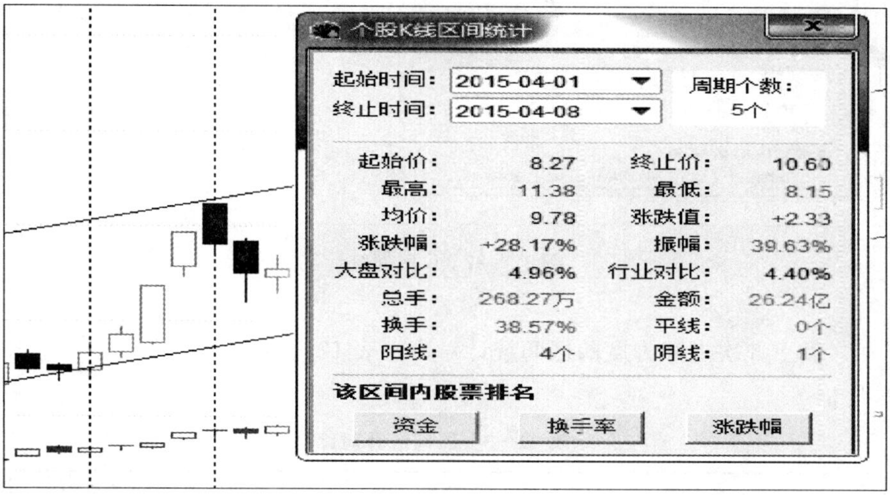

图 12－25　A 区间统计

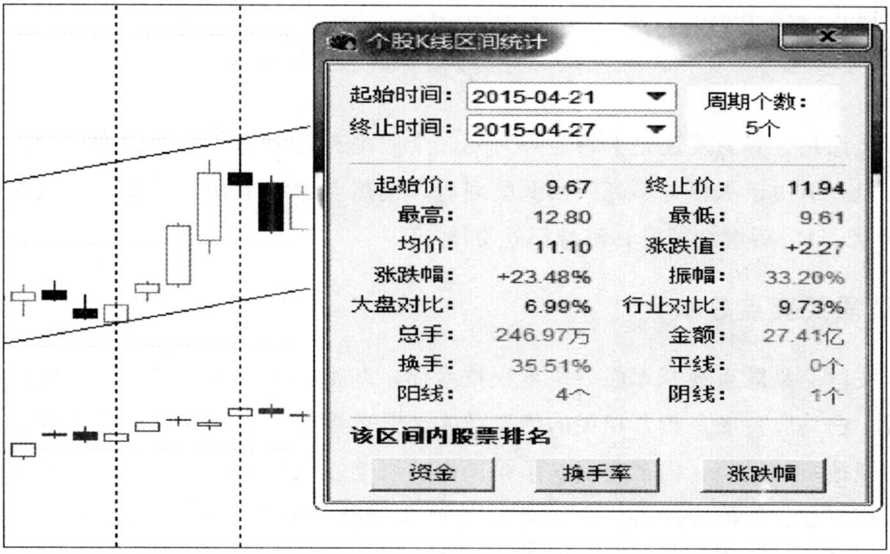

图 12－26　B 区间统计

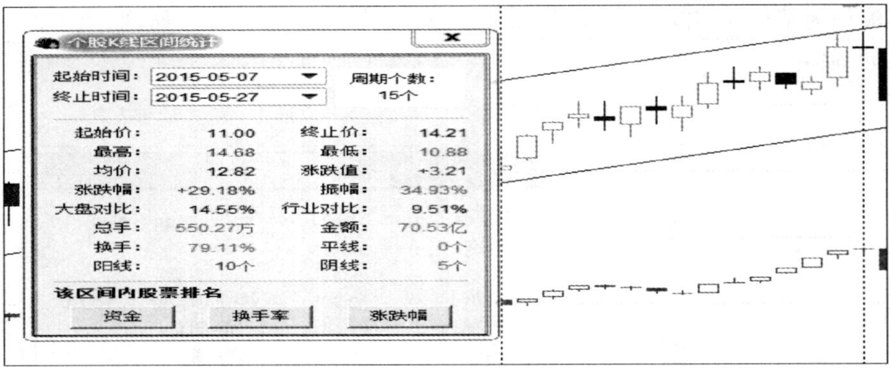

图 12－27　C 区间统计

以上 3 次上涨力度的区间统计对比（表 12－3）：

表 12－3　区间统计对比

	大盘指数	个股走势	逆势力度	上涨天数	平均逆势力度
A 上涨	4.96%	28.17%	23.21%	5 天	4.46%
B 上涨	6.99%	23.48%	16.49%	5 天	3.30%
C 上涨	14.55%	29.18%	14.63%	15 天	0.975%

无论是逆势力度还是平均逆势力度，个股都有趋弱的趋势，短期内的回调不可必免，但由于涨幅并不高，回调整理后，仍然有继续上冲的可能。该股在短期回调 12.41%后继续拉升，涨幅已达 20%。

3. 波段买卖点总结

波段交易既重视基本面，也重视技术面，基本面多选择业绩稳定、优良的白马股。白马股一般是指其相关的信息已经公开的股票，由于业绩较为明朗，很少存在埋地雷的风险，内幕交易、黑箱操作的可能性大大降低，同时又兼有业绩优良、高成长、低风险的特点，因而具备较高的投资价值，往往为投资者所看好。白马股具有“长期绩优、回报率高、炒的人多”的特点。

在技术面上，波段交易宜选择市场中走势规律、呈波浪式上涨的股票，这种股票由于业绩优秀，黑天鹅的可能性很小。逢回调至趋势支撑线、前期高点、成交量密集区等买入，逢上行通道上轨处未能突破时卖出，如突破后未回调或回调后继续延续上升，可继续持有，画出新的支撑线，按照新的通道继续操作。

四、短线交易案例解析

短线交易是指持股时间在一个月以内的投资，最短甚至当天内买进卖出获取差价收益的投资行为，呈短线投资的风险很大，但收益也很大。公司业绩好坏，市盈率高低都不是最重要的，最重要的是短线内股价会出现相当幅度的涨落。

1. 短线交易的误区

（1）不是任何时间都适合做短线。

大盘主升浪时不做短线，因为主升浪阶段相对回调的时间很少，很多个股会像疯牛一样狂奔，而如果这个时候我们还抱有短线思维，难保不会在中途出局，错过后面大好的上涨波段。在单边下跌趋势中也不做短线，在单边下跌行情中，炒短线无异于“虎口拔牙”，相当危险。

（2）不是每个人都可以做短线。

性格优柔寡断者不适合做短线；年龄大的朋友不太适合做短线；害怕个股大涨、不敢追龙头股的人不适合做短线；不能遵守纪律者不适合做短线。

（3）不是每一只股票都适合做短线。

做短线要敢于追龙头股和强势股，按照技术分析找买卖点。

（4）不是每一次都要赚钱。

做投资永远不可能保证100％的胜率，我们做的只能是提高胜率；积少成多，积沙成堆，不要对买入后抱有太大的期望；不需要设定止盈止损，按照趋势操作，对了坚持，错了平仓；不可过分恋战。

2. 实盘案例解析

随着大盘指数飙升以及新股发行注册制渐近，创投类上市公司受益匪浅。但实际上，持有其他上市股权的非创投类上市公司也浮盈不小，交叉持股价值重估的机会将全面来临。德美化工持有天原集团和奥克股份部分股权，均为上市前获得的原始股。目前，德美化工已出清了天原集团的股权，获得投资收益 2.18 亿元，占公司去年净利润的227.63%，若其再出售奥克股份，将继续获得超过3.2亿元的投资收益。

如图12－28所示，对比大盘走势，我们可以清晰地发现，该股A日当天的下跌源于市场午盘的恐慌性暴跌，但早盘健康的拉升动作和尾盘缩量下跌掩盖不了主力拉升的无奈，在大盘暴跌6.5%的映衬下，个股3.95%的跌幅不能不说是一种健康的走势。次日在大盘开盘重挫4%的情况下，该股的下跌却显得不慌不忙，大盘的诡异走势，该股却走得稳健有力，涨幅虽不大，但足矣。虽然没有明确的拉升迹象，但行情已经开始走稳，B日尾盘正是激进型投资者的买点。

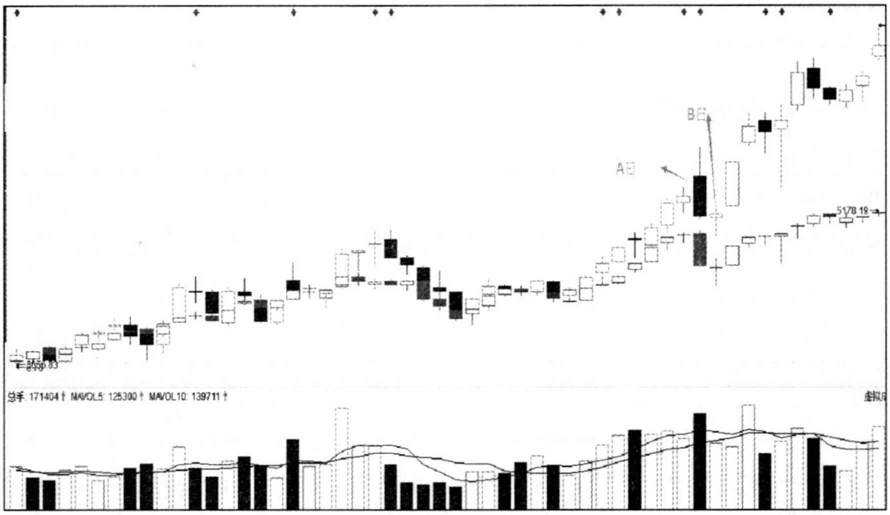

图12－28　德美化工K线走势图

我们来看一个更激进型的例子：

该股在连续3天大盘整理过程中逆势抗跌，大盘下跌4.84%，该股却上涨2.86%，待大盘在第四天企稳后，个股连续4个涨停板。如图12－29所示。

冀东水泥：为落实京津冀协同发展战略，河北已经对顶层设计、协同推动、产业对接、城市布局、生态环境、现代交通、市场一体化等方面做出明确部署，提出了15大类、63项重点工作，并明确了各部门和地市的责任分工。其中，需要对接京津的有31项。我们以京津冀协同发展概念股冀东水泥为例，来分析一下选线时机的捕捉技法。

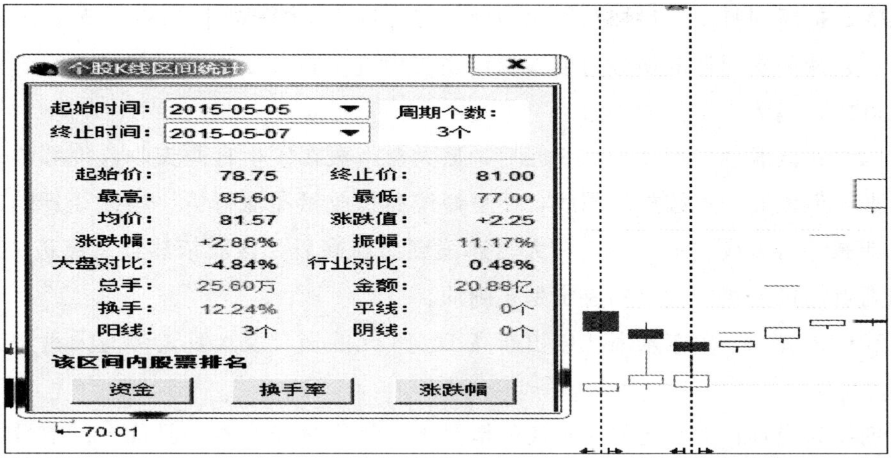

图 12-29　冀东水泥 K 线区间统计

如图 12-30 所示，对比当时大盘走势我们可以看出：

(1) 该股在随大盘下跌过程创出新低后，大盘反弹再次创出新低 1974.38 点，股价重心开始明显上移（黄线处）。

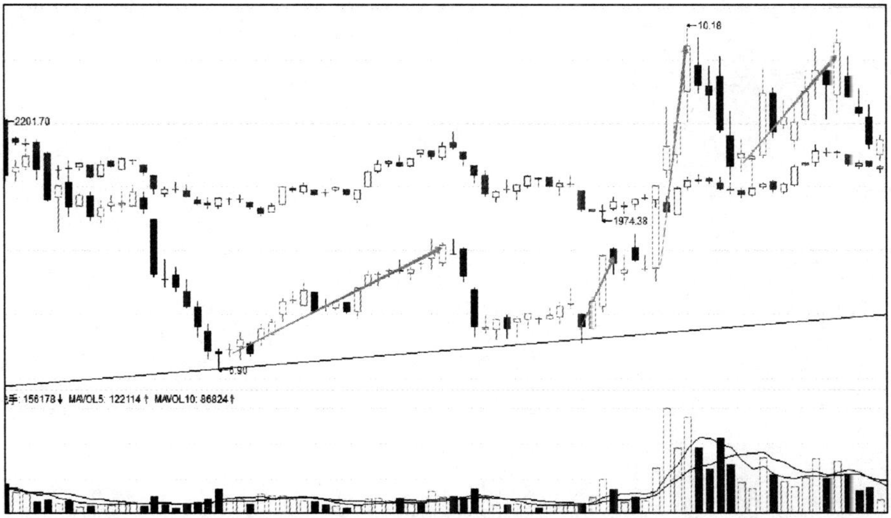

图 12-30　冀东水泥与大盘指数 K 线叠加

（2）股价上行的角度开始变陡，长度开始变长，量能开始放大。首次回调虽然较大，但瞬间打压，后期的回调力度放缓，量能萎缩，上行趋势逐渐显现。

（3）从两次回调的逆势力度来看，逆势力度由负数变正数，明显加强，回调明显减弱，趋势有走强的迹象。

（4）在该股创出新高10.18元后，虽大盘指数在发生日两天收盘价都位于当日之上，但该股却连续放量阴线，明显短线高位放量滞涨行情。连续3日内未能创出新高，为短线卖点。后期在大盘连续创出新高后，该股依然没有突破10.18元的高点，可见我们卖出的决定是正确的。

我们来看一下冀东水泥在创出新高10.18元的当日及次日走势与大盘走势对比图。

创新高当日在大盘走势未背离的情况下，该股量能背离，股价上行中量能跟不上，同时回调期间量能没有做到明显缩量（图12－31、图12－32）。次日走势明显弱于大盘，而且下跌中都是以尖角波出现，量能也集中在股价的底部（图12－33、图12－34）。

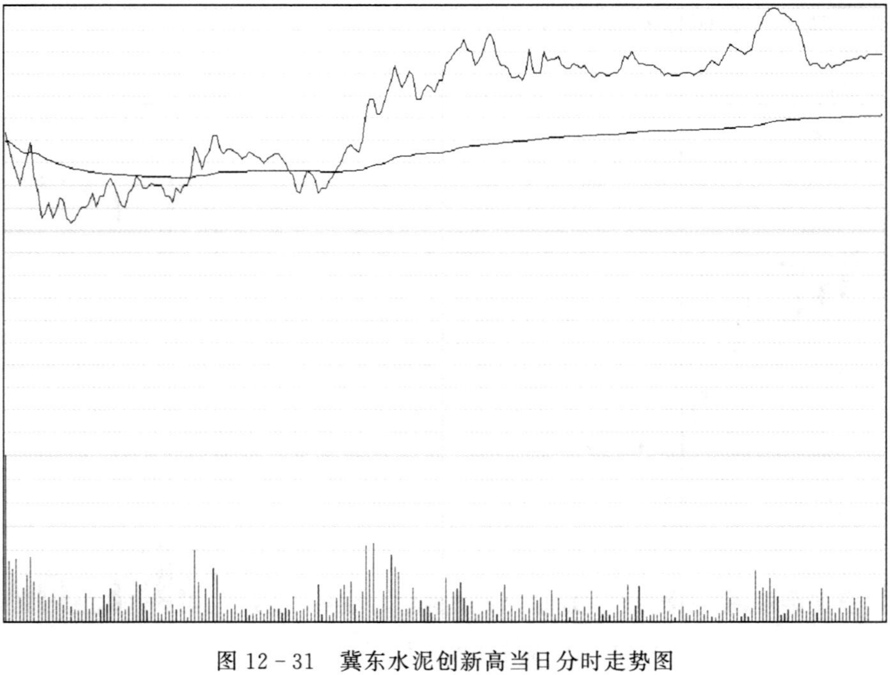

图12－31　冀东水泥创新高当日分时走势图

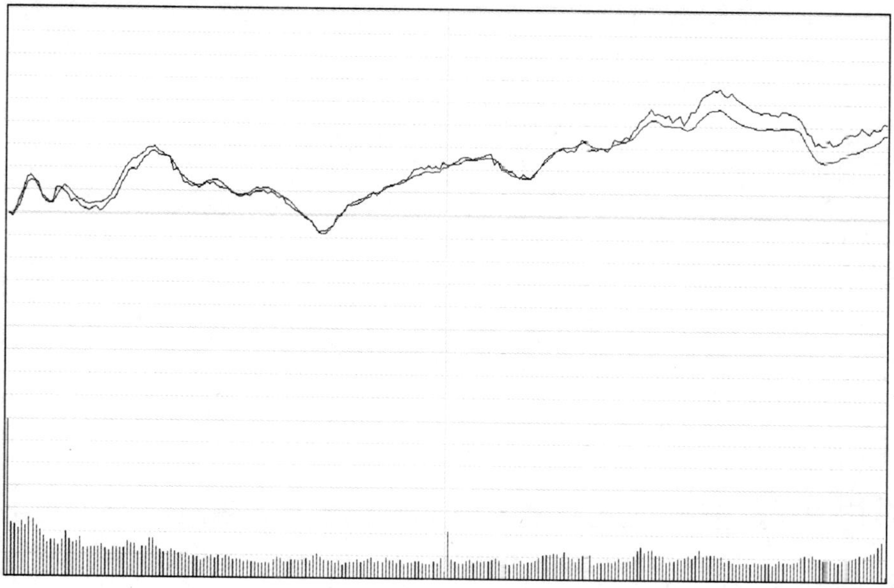

图 12-32　冀东水泥创新高当日大盘指数分时走势图

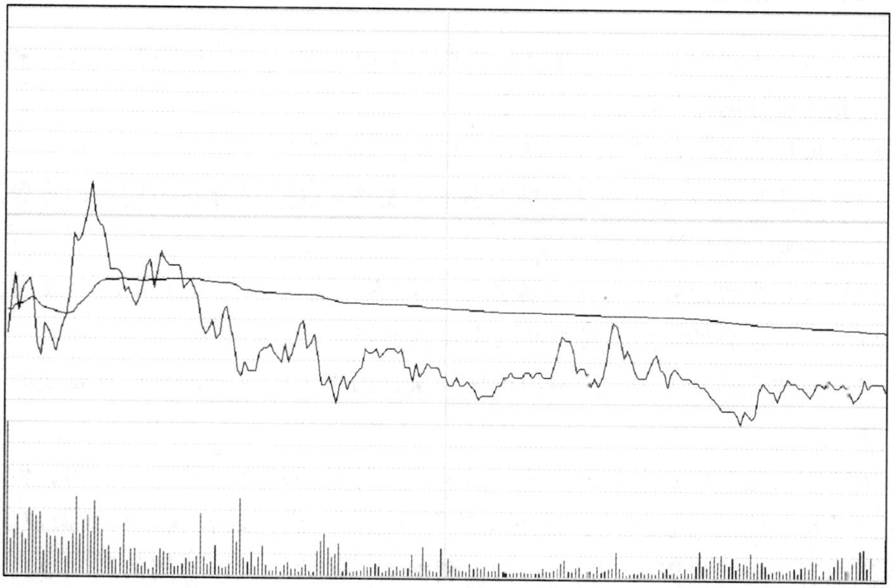

图 12-33　创新高次日冀东水泥分时走势图

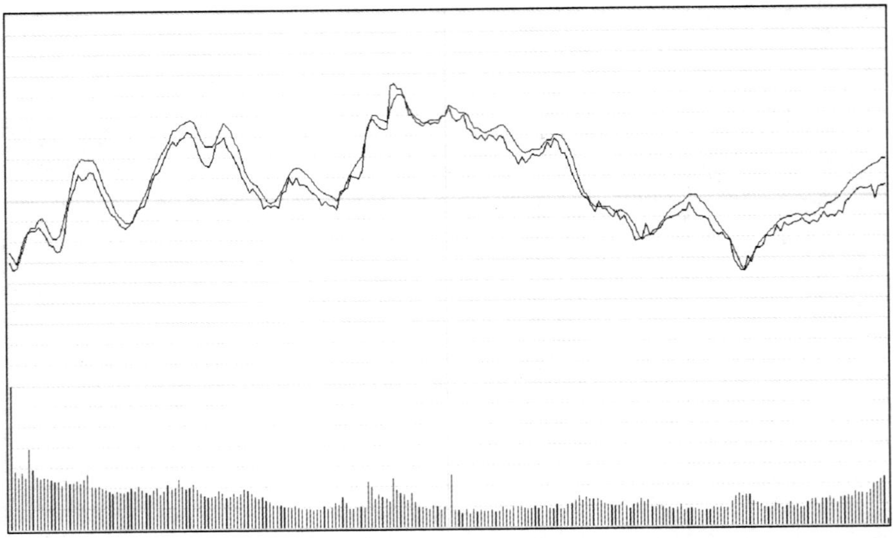

图 12-34　冀东水泥创新高次日大盘指数分时走势图

3. 短线买卖点总结

（1）坚持多看少动，不是自己的买点，坚决不动，到了计划好的卖点果断地抛出，养成良好的操作习惯。

（2）做短线要选择当时的热点股、超跌低价小盘股。

（3）短线买卖点结合 K 线走势及分时走势图，买点选择在短期内即将爆发的股票，但不要在乎能涨多少。

（4）大盘指数走势是短线走势的重要因素，通过与其对比分析个股的强或弱，联系分时走势的应用，是判断买卖点的最好工具。

（5）短线交易最大程度的利用市场气氛，如果风向一变，我们也要随时止盈或止损。

短线交易是利用资金的最大化追求利润，这是短线交易的根本目的。做短线最忌讳的是不能及时止损，导致短线做成中线，中线做成长线，长线做成贡献。从本质上看，短线投资属于投机行为，利润大，风险也大，长期的盈利靠的是日积月累的操作。

五、超短线交易案例解析

在写完短线交易一节后，意犹未尽，超短线交易特意拿出来写一写。一般意义上的超短线交易是指一周以内的交易，即五个交易日以内。在期货及外汇投资中，也泛指日内交易。长久的持有一只股票也是一种折磨和痛苦，那么我们为什么不体验一下“朝三暮四”的感觉呢！

超短线交易以其独有的超高的资金使用效率、超高的利润率，不断吸引着投资者投身其中，但是超短线交易需要极高的市场敏感性及技术分析能力，同时还必须承受别人无法承受的，才能得到别人所无法得到的，风险和收益永远成正比，但是在你决定做超短线交易之前，首先考虑一下，自己是不是真的合适。

不能做到全天 4 小时盯盘，盘后及时复盘的，请不要做超短线；上班族请不要做超短线；家里生活紧张的请不要做超短线；新入市的、没有独立分析能力的，请不要做超短线；优柔寡断的、无法随机应变的，请不要做超短线；风险承受率低的，没有风险意识的，请不要做超短线；对技术一窍不通的，请不要做超短线；内心承受力不好的，请不要做超短线。

1. 超短线操盘误区

（1）操作频率。

大多数人的误区是短线操作应该很频繁，实际上是不对的，超短线不是说操作频率快，而是持股时间短。所以要有把握才能去做。看准了再做，追求成功率而不是频率，因为成功率的提升对于提高个人自信心及技巧的自我强化非常有好处，先追求成功，等你有了一颗强大的心脏之后再去提升频率，这是一条捷径。

（2）恐惧与贪婪。

超短线交易的实质就是追涨杀跌。杀跌，也就是抓低点，这需要比较强的心理素质，同时跟整个环境、板块节奏、个股性格等有关系。比较简单的是追涨、追突破，这样就需要我们克服贪婪的本性。

（3）优柔寡断。

无论是盈利也好，亏损也好，真正的操作结束是平仓。在短线操作之前大多数时候都是无法预计到自己的盈利的，我们总是在不断地调整自己的获利位置或止损位置，如果你过分的优柔寡断，不能依靠主观的判断，用个人的经验和机械的数字来要求自己，用这种简单的方法强制性的对操作进行了结，抑或你连这种方式都控制不了的话，那你还是别做短线交易了，甚至别做交易了。

（4）交易数据的整理。

超短线交易需要实时的掌握市场中发生的信息，并对市场下一步的热点或题材有提前的预判。另一方面，需要实时记录交易中的点点滴滴，并做好复盘工作，进而发现自己交易中的长处及缺点，以便查缺补漏。

2. 实盘案例解析

三维工程：山东三维石化工程股份有限公司控股子公司青岛联信催化材料有限公司获得国家知识产权局颁发的发明专利证书。虽然专利的取得不会对公司生产经营产生重大影响，但有利于保护公司控股子公司的知识产权，保持技术领先，提高公司知名度，从而提高核心竞争能力。

如图 12－35 所示，图中的分时走势图即为该箭头所指当日 K 线的走势，次日的涨停板证明了当日的尾盘杀跌是诱空的动作，可于次日分时走势中，突破前期高点时买入（图 12－36）。在第五天出现长上影线的小阴 K 线，从逆势原理来看，向上反弹至大盘指数受到压力回调是卖出的好时机。

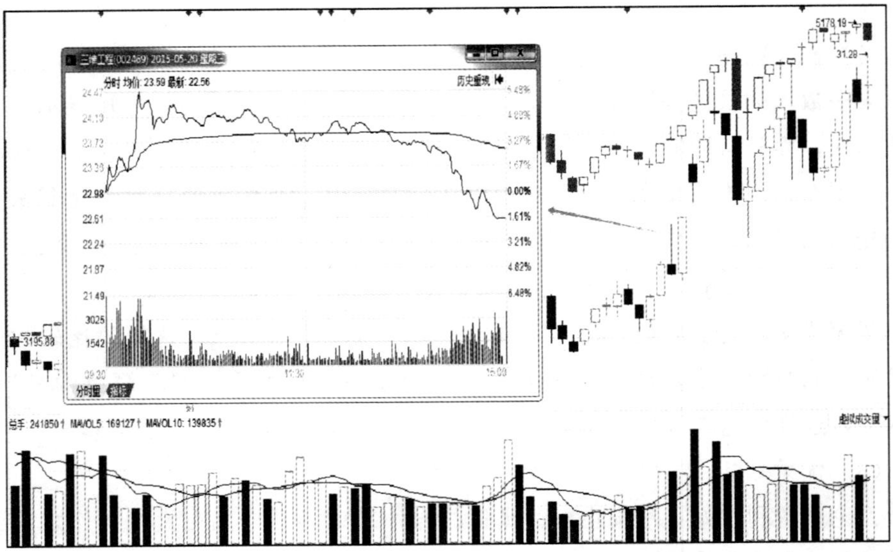

图 12－35　三维工程 K 线走势及当日的分时走势图

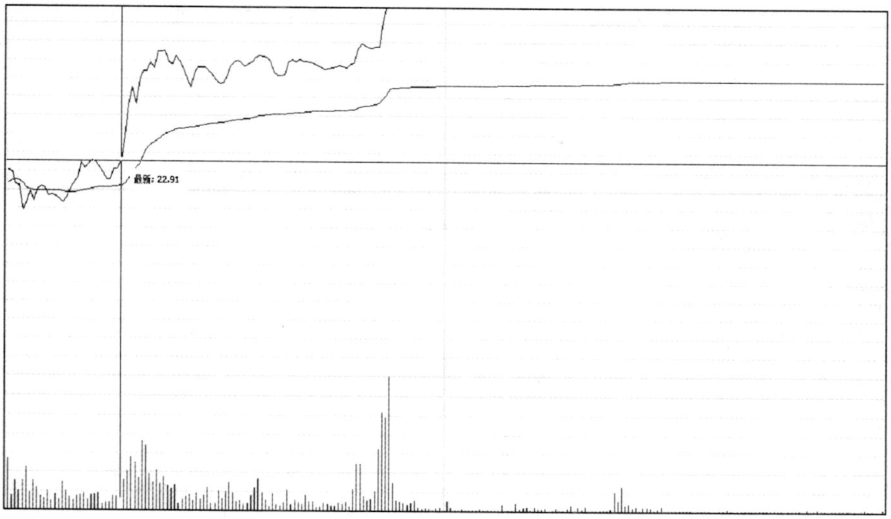

图 12－36　次日涨停板走势的买点

从逆势力度来看，以首日为基准线，后期 4 天的逆势力度分别为 3.08、7.77、13.32、14.24，逆势力度连续放大，有随时回调的风险。

重庆百货：2014 年度红利分配实施，每股派发现金红利 0.365 元（含税），扣除所得税前，每股派发现金红利 0.365 元。扣除所得税后，个人股东和证券投资基金每股派发现金红利 0.34675 元，合格境外机构投资者（QFII）股东每股派发现金红利 0.3285 元，香港中央结算有限公司账户每股派发现金红利 0.3285 元。

下面是连续 4 天的分时走势图（图 12－37），其中蓝线为大盘指数总数图，分时走势曲线在前两日内都在大盘指数下方波动，上行中碰到压力线返回，再次在量价的配合下突破前期高点的连续后，是激进型的买点。回调不破大盘指数线时稳健性的买点。最后一天涨停板的出现，伴随着巨量，涨停板封板前后都有大量成交量放出，为规避风险，可在涨停板当天涨停价卖出。

我们可以看看涨停板次日的走势，如图 12－38 所示。

全天走势一直在分时均价线下方波动，早盘数次冲击未果，可在逢分时均价线回调时卖出。从传统 K 线理论来看，当日收盘全天波动位于涨停板实体范围内，是走势转向的标志之一。

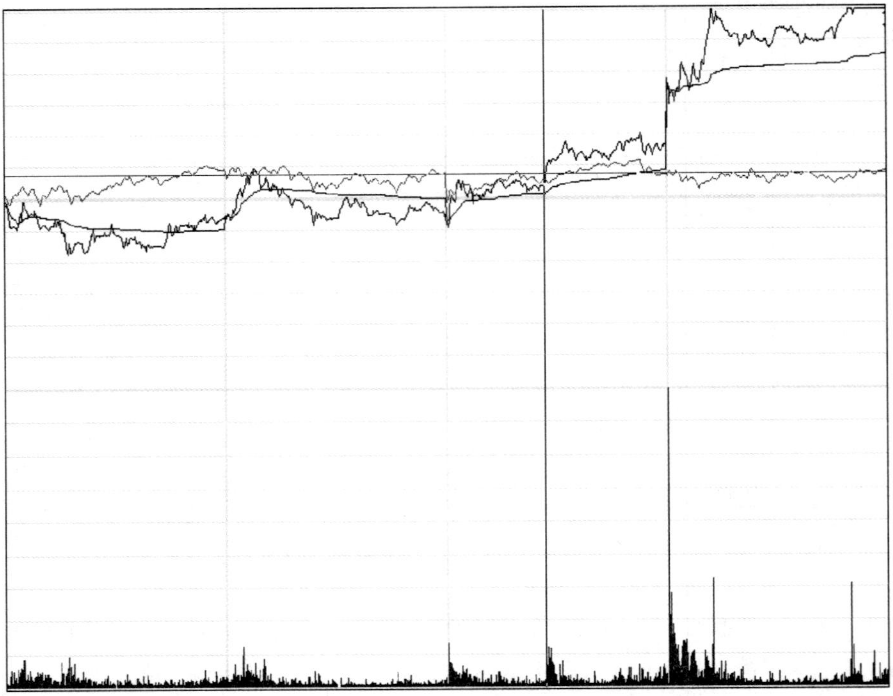

图 12-37　连续 4 天分时走势图

3. 超短线买卖点总结

（1）无论长线、中线，还是短线，都要分析大趋势，趋势良好永远是操盘的首要条件。

（2）买卖点参考分时买卖点，在有明确的趋势逆转或停滞的信号时再操作。

（3）多看少动，没有明确的买点坚决不买，到了设定好的卖点坚决清仓，无论盈亏。

（4）敏锐的市场洞察力，及时发现市场热点。

（5）在热门板块中选取行业中走势最强的龙头股。

超短线交易作为股票投机中最充满生机的乐园，必须具有良好的洞察力及操盘技巧，同时必须具有健全的交易心态。一个成功的超短线交易者，在交易心理、资金控制、方向判断、技术分析、应用能力等方面具有全面的综合素质，盘

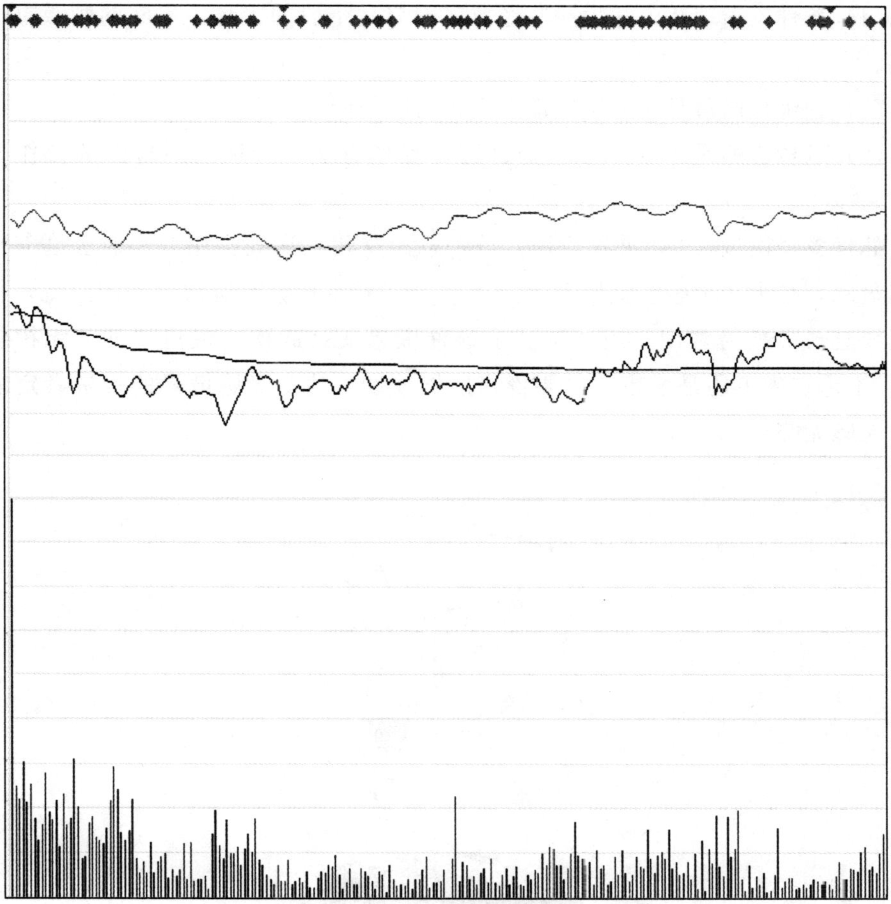

图 12－38　涨停板次日分时走势图

感的灵性也是必不可少的。

盘感就是你一眼看上去，对盘面走势的一种直觉，它是从盘面上观察即时走势时，在心理上做出的第一反应。那么我们怎样养成良好的盘感灵性呢？

（1）通过长时间大量及连续地看盘，和对历史走势的回顾来进行锻炼。

（2）对当天的涨跌幅居于前几位的个股认真浏览、回顾、分析，找出个股走强走弱的原因，发现对自己有用的信号，可选入你的自选池股以备后期关注。

（3）实盘中跟踪自选股实时走势，明确了解其当日开盘、收盘、最高价、最低价的具体含义，以及盘中主力的上拉、抛售、护盘等实际情况，了解量价关系是否正常等。

(4) 条件反射训练。找出一些经典底部启动个股的走势，不断的刺激自己的大脑。

(5) 训练自己每日快速浏览动态大盘情况的能力。

(6) 最核心的是找出一套适合自己的操作方法，严格按照自己的操作方法操作。

林肯曾经说过："如果我想用八分钟砍一棵树，那我会用八小时去磨斧子。"所谓盘感，是指在金融投资里看盘分析K线等技术指标时所领悟到的感觉，特别在短线交易中最为常用。当你达到了这种境界就是武侠小说里说的"无招胜有招"。不论在牛市还是熊市，只要价格能够波动，达到盘感境界的投资者定能盈利于无影无踪。

盘感的训练会给你带来源源不断的财富（图片来自网络）

六、T+0交易案例解析

凡在证券成交当天办理好证券和价款清算交割手续的交易制度，就称为T+0交易。通俗点儿说，就是当天买入的证券在当天就可以卖出。T+0交易曾在中国证券市场实行过，因为它的投机性太大，为了保证证券市场的稳定，目前上海证券交易所和深圳证券交易所对股票和基金交易实行“T+1”的交易方式。即当日买进的，要到下一个交易日才能卖出。同时，对资金仍然实行“T+0”，即当日回笼的资金马上可以使用。

中国股市T+0交易主要有两种方式（前提是手中首先有股票）：一种是高卖低买：①先高卖后低买，这种操作是以当日谋取短期利益为目的；②先低买（新股）后高卖（原有手中股票），这种操作往往利用当日盘中震荡是为摊低成本，但又不愿意增仓。另一种是低卖高买。

1. T+0 交易的误区

股票T+0作为近来大热的股市新型姿态，以它风险低、收益快、灵活性高的特点让众多投资者蜂拥而上。那么，我们在具体操作时应注意些什么呢？

（1）股性必须活跃，上下振幅大。

T+0交易前提是必须手中有股票，而且股票当天的振幅至少要足够抵消当天的交易成本，再加上我们未必能够卖到最高价，买到最低价，当天的振幅要足够大，才能保证我们当天的盈利。

（2）必须严格设立止损，不要因为下跌而不卖。

不止损，短期变中线，中线变长线，长线变贡献。不及时止损所带来的后果往往是极其严重的。我们都知道在投资市场最宝贵的财富就是我们的时间和资金。如果资金长久的套牢在股票里，会使我们的心情变得异常糟糕，从而导致更多的失误，而且在机会来临的时候没有了资金，就像战士上了战场，发现枪里没了子弹一样，不败才怪呢。

（3）一定要做熟悉的个股。

你要能看出或分析出它近期的走势，是盘整期还是单边，只有盘整期才比较适用，你把握了它的高低点，当然也不可能买到最低，也不可能卖在最高。

（4）无计划的频繁交易。

T+0制度使投资者在当天就有机会重新进行选择，但这种制度也是一把双刃剑，由于可以自由选择，使交易选择增多，出错的可能性也增多。如果没有严格按照自己计划操作的话，在盘中很容易因为受情绪的左右而多次判断失误，从而引起操作者的不良情绪，导致交易频繁。所以在这种自由度较大的市场中，投资者更需要控制好自己的情绪，计划好自己的交易，执行好自己的计划。

（5）大盘的走势关系到个股的发展方向。

T+0操作的个股要和大盘结合起来，在趋势上要相对吻合，特别是同热点相吻合。当然，最主要的是对个股的短期走势要有研究。

做T+0操作一天一般只适宜一次，做T+0操作在单边市中最好不动。在单边上扬市中一旦做T+0操作会有踏空的可能，在单边下跌势中做T+0操作会有再被套的危险，并且资金一旦被全数套牢，后期将会失去主动权。当然，对于操作能力更强的投资者在单边市中利用分时走势上做T+0，那就另当别论了。

2. T+0实盘案例解析

如图12－39所示，该股发生的时间是大盘走势高位震荡的时间，中长线投资者适合以平仓为主，但T+0交易对于大盘走势并没有太多的要求。我们可以看到，该股分时走势与大盘走势的对比（图12－40），早盘时间基本和大盘走势一致，在10:00之前震荡下行，如果我们持有该股的话，最适宜的时间是早盘未能突破分时均价线时卖出。该股走势在上午并没有太多的表现，但午盘开盘后走势逐渐趋强，震荡上行至均价线上方，而且量价配合较好。大盘依然延续弱势震荡的格局，大部分时间位于昨日收盘价下方，屡次上攻不破。该股回调力度却很弱，跌破均价线后马上收回是最理想的买点。尾盘的拉升幅度虽然不小，但均价线没有有效跟上，持股的风险在增加。同样，我们来看一下该股次日的走势。

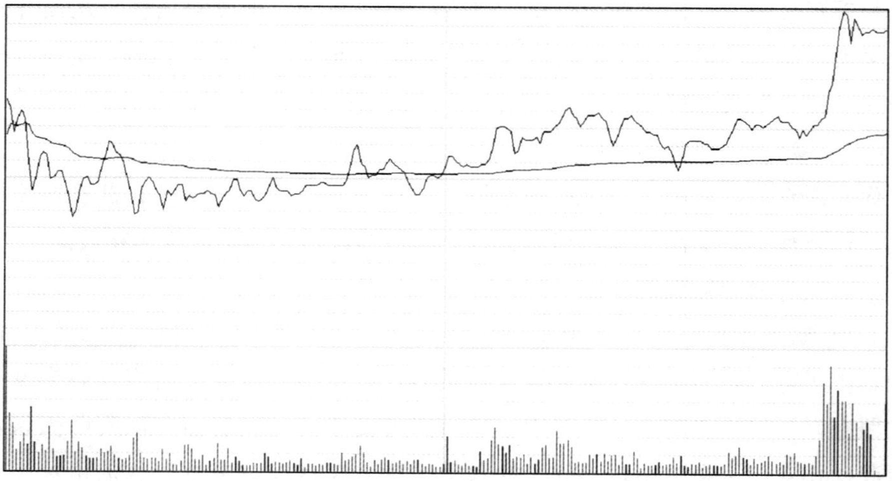

图12－39　个股分时走势图

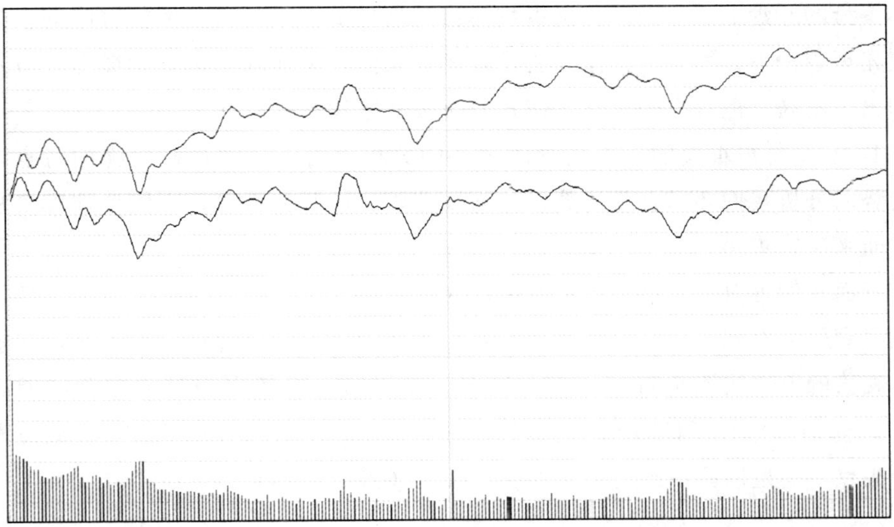

图 12-40　大盘指数分时走势图

如图 12-41 所示，次日早盘延续昨日尾盘的涨势，头肩顶形态的构筑完成，跌破颈线位或分时均价线是理想的卖点。T+0 交易最重要的一点是不要贪，获利就走。那么尾盘是不是一个进入的机会呢？

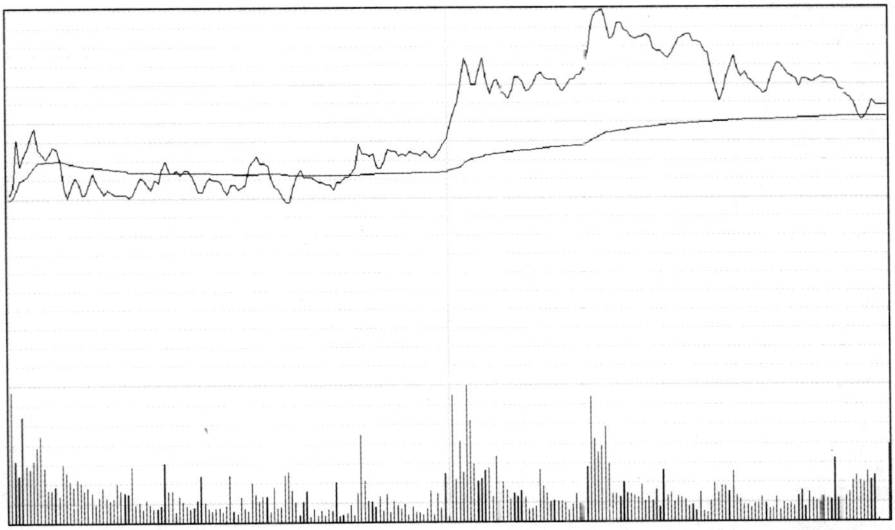

图 12-41　次日个股分时走势图

午盘的开盘上涨，由于大盘指数的相对高位及个股投机性的拉升时间，我们理应先观望一下，第二波的拉升明显背离，纵向及横向量能都开始萎缩，虽然价格创出了新高，但背离的产生，使我们应该另选其他股票了。

T+0 交易很重要的一点是分时走势的分析，由于分时投机性强的特点，分时走势的分析我们要结合量能分析、均线分析、逆势分析等，不能单纯地仅从某一方面来决定买卖。

下面我们再对一个追涨的案例进行分析。

我们可以看到，当日股价突破了前期震荡的高点，随着重心的上移，在前期箱体震荡的上轨线附近进行了 9 个交易日的整理，终于在当日突破了前期高点（图 12－42）。再看当日的分时走势图，股价在量价配合下开始拉升，突破点即为第一买点，缩量回调不破均价线为第二买点（图 12－43）。

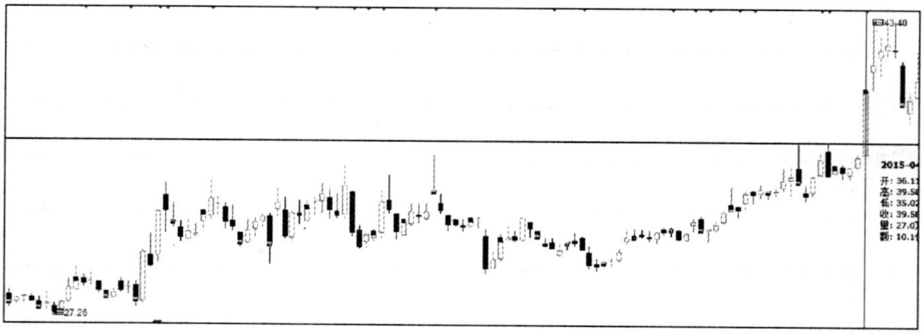

图 12－42　个股 K 线走势图

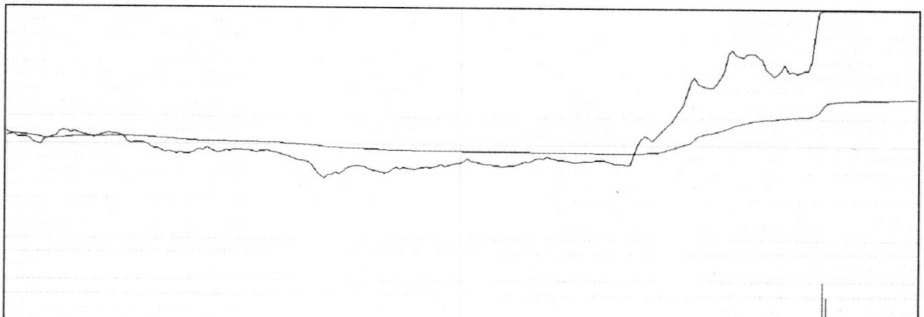

图 12－43　个股当日分时走势图

如图 12－44 所示，这是该股次日的走势，开盘微调后即刻上拉，回调后拉升不过前高是第一卖点。大盘在 10:15 左右的砸盘（图 12－45），该股依然位于昨日收盘价上方，趁大盘企稳之际拉升，但上行的角度越来越小，力度越来越弱。午盘后的上涨没有突破前期高点为第二卖点，也是全天最好的卖点。同时股价上涨期间的均价线没有跟随，说明当天的上涨并没有得到市场的响应。

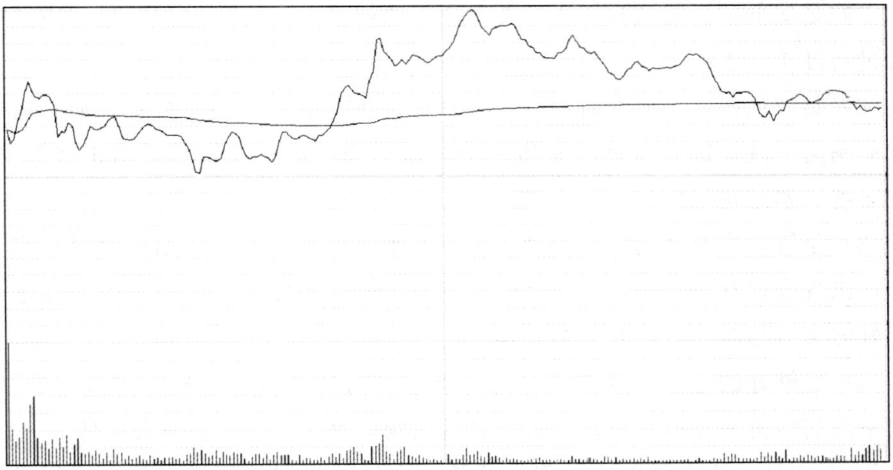

图 12－44　个股次日分时走势图

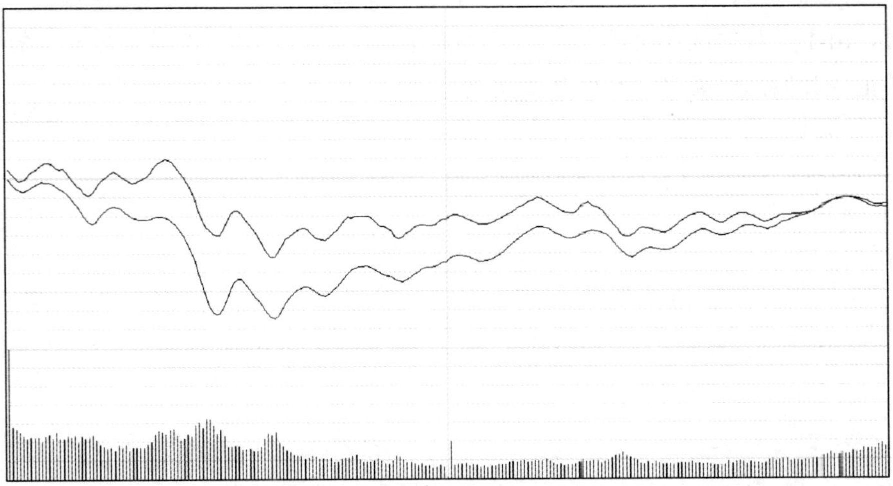

图 12－45　次日大盘分时走势图

3. T+0 买卖点总结

T+0交易的模式对市场环境的要求并不是很高，原则上只要不是单边下跌市就行。但对交易者的要求很高，对大盘指数走势及个股趋势必须有明确的认识，对于K线走势图及分时走势图必须有良好的分析能力。那么除了这些，对投资者还有什么要求呢？

（1）足够低的交易费用。“一人一户”的解禁，交易成本的降低，方便了投资者进行T+0交易。

（2）足够的操作空间及时间。做T+0交易需要全天实时盯盘，而且需要有足够的精力关注，需要对盘面发生的事情做出瞬间的判断，并做出正确的交易，如有干扰，实难正确操作。

（3）足够严格遵守纪律。做T+0必须能够做到不贪、不怕，出现买点立即交易，出现亏损立刻止损，因为T+0交易必须保证你资金的灵活性，保证你在发现好的买点的时候能够有资金来操作。

（4）足够好的心态。首先要考虑正确率的高低，不必过分考虑盈利的高低。正确率提高后再考虑提高收益，这是先后问题，对保持好的心态有用处。

T+0交易只要不是单边上涨或下跌的市场，我们都可以操作，但如果技术不纯熟的话，在大牛市未必能够比持有一只股票的盈利高，甚至难以跑赢大市。T+0交易需要投资者对于行业、热点、板块等必须具有提前预判的能力，在操作时，由于早盘的波动比较大，要随时准备交易，午盘后一般都会对上午的行情做纠正，我们同样要谨慎地处理买卖点。